KB210965

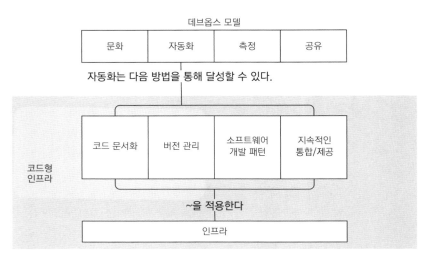

코드형 인프라는 데브옵스 방법론을 적용하여 코드화한 방법을 통해 변경사항을 자동 적용한다. 이러한 방법은 버전 관리와 지속적인 통합 또는 제공을 포함한다.

코드형 인프라의
패턴과 실무

파이썬과 테라폼으로 알아보는

코드형 인프라의
패턴과 실무

로즈마리 왕 지음
이국성 · 김찬규 옮김

i!i
에이콘

 에이콘출판의 기틀을 마련하신 故 정완재 선생님(1935~2004)

로즈마리 왕 Rosemary Wang

인프라, 보안, 애플리케이션 개발 사이의 기술, 문화 장벽을 해소하기 위해 노력한다. 기여자, 대중 연설가, 작가, 그리고 오픈소스 인프라 도구 애드보킷으로서 다루기 힘든 문제를 해결하는 데 매료되어 있다. 화이트보드에 그림을 그리지 않을 때는 노트북에 있는 다양한 인프라 시스템 스택을 디버깅하면서 화분에 물을 준다.

나는 처음 데이터 센터를 견학했을 때 입구의 망막 스캐너, 번쩍이는 조명, 냉각 시스템, 컬러풀한 배선에 매료됐다. 전기공학을 전공했기에 하드웨어 관리의 복잡성을 잘 알고 있었다. 한 회사가 사설 클라우드 플랫폼을 관리하도록 나를 고용했을 때 클라우드 컴퓨팅이라는 혼란스러운 개념을 접하게 되었다. 더 이상 전선을 연결하거나 서버를 제작하지 않았다. 대신 서버 수천 대의 사용자 인터페이스 진행률 표시줄을 살펴보고 서버를 프로비저닝하기 위해 끔찍한 스크립트를 작성했다.

그 시점에 더 많은 것을 배워야 함을 깨달았다. 더 많은 인프라를 자동화하고 다른 팀 구성원이 사용할 수 있는 좀 더 지속 가능한 코드를 작성하고 싶었다. 나의 학습 여정은 클라우드 컴퓨팅과 데브옵스 철학의 성장 과정을 반영한다. 우리는 사업 혁신을 유지하고 중요한 시스템에 영향을 미치지 않도록 인프라를 변경하고 확장하는 방법을 배워야 했다. 공용 클라우드를 통해 필요에 따라 인프라 자원을 더욱 쉽게 확보할 수 있게 되면서 인프라를 소프트웨어에서 확장된 것으로 취급하기 시작했다.

제너럴리스트가 된 나는 험난한 배움의 여정을 떠났다. 선임 자바 개발자와 함께 공용 클라우드 이전 가격을 책정하고(나를 울게 만들었던 업무), 디자인 패턴과 소프트웨어 개발 이론을 코드에 적용하고, 애자일^{Agile} 방법론을 시험했고, 품질 보증 및 보안 전문가에게 많은 질문을 했다. 다양한 관점과 기술 경험을 흡수하면서 컨설턴트로서, 궁극적으로는 오픈소스 인프라 도구에 대한 디벨로퍼 애드보킷^{developer advocate}[1]으로서 다른 사람들의 학습 여정을 돕기 위해 노력했다.

---

1   개발자와 기술 회사 간 가교 역할을 하는 데 중점을 둔 직업이자 역할로, 개발자 지원 및 교육, 개발자 커뮤니티 교육 등의 일을 하는 역할이라고 이해하면 된다. – 옮긴이

상당수의 시스템 관리자, 보안 전문가와 소프트웨어 개발자가 코드형 인프라를 배우고 싶어했고 코드형 인프라를 작성할 수 있는 방법과 패턴을 잘 정리한 자원이 필요하다고 요청하여 이 책을 쓰기로 결정했다. 이 책은 도구와 기술에 관계없이 IaC에 대해 이전에 배우고 싶었던 모든 것과 특정 패턴과 관행을 적용할 때 고려해야 할 내용과 난관을 반영하고 있다.

이렇게 자세한 내용을 책에 담게 될 줄은 몰랐다. 한 장을 끝낼 때마다 누군가로부터 잊어버린 내용에 대한 메모를 받거나 한 주제를 별도의 장으로 다루라는 추천을 받았다. 많은 장은 그 장 자체를 하나의 책 내지는 문서로 다룰 만한 주제를 다루고 있지만, 이 책에서는 일반적이면서도 상위 수준의 취급을 받는 주제를 다루고 있다. 해당 주제를 IaC에 적용하기 위해 알아야 할 가장 중요한 사항에 중점을 두었다.

책의 예제를 보고 "왜 다른 도구를 사용하지 않았는가?"라고 질문할 수도 있다. 나는 높은 수준의 이론과 실용적인 예제 사이에서 균형을 맞추려고 애썼다. 코드 목록은 감수자와 편집자들의 열띤 토론을 불러일으켰고, 그들 중 다수는 다른 언어, 도구 및 플랫폼으로의 확장이나 대체를 제안했다! 패턴을 보여주는 언어, 도구 및 플랫폼 조합을 찾기 위해 최선을 다했다. 책을 쓰는 시점에 파이썬으로 작성하고 하시코프 테라폼으로 배포하여 구글 클라우드 플랫폼^{GCP}에서 실행되는 코드 목록을 찾을 수 있다. 각 코드 목록은 언어, 도구 또는 플랫폼에 관계없이 적용할 수 있는 패턴 및 예제에 대한 높은 수준의 설명을 함께 제공한다.

책을 읽고 더 깔끔한 IaC를 작성하고, 팀끼리 IaC로 협업하고, 회사 전체에서 IaC를 확장하고 보호하는 데 도움이 되는 한두 가지 패턴을 찾을 수 있기를 바란다. 모든 패턴과 예제를 사용하거나 한꺼번에 적용할 수 있으리라고 기대하지 말자. 그러한 생각에 압도될 수도 있다! IaC 문제에 직면할 때 책으로 돌아와서 몇 가지 패턴을 더 참조하기 바란다.

| 감사의 글 |

책을 쓰기 위해서는 여러 사람의 도움이 필요하지만 나를 도와준 분들은 특히 더 대단한 분들이다.

내가 이 책에 집중하고 작업할 수 있는 시간과 많은 커피를 만들어 준 파트너 아담^{Adam}에게 감사드린다. 또한 인프라에 관심을 가질 수 있도록 격려해 준 가족에게도 감사하다는 말을 전하고 싶다. 내가 해결하려고 하는 기술 개념을 이해하지 못했음에도 불구하고 격려의 말을 해주고 경청해 주었다.

매닝 편집자인 크리스 필립스$^{Chris\ Philips}$, 마이크 셰퍼드$^{Mike\ Shepard}$, 트리샤 루바$^{Tricia\ Louvar}$, 프란시스 레프코위츠$^{Frances\ Lefkowitz}$의 인내심, 격려, 지도 및 권고사항에 대해 매우 감사드린다. 초안을 작성하는 동안 일관된 피드백과 헌신을 보내주셔서 감사하다. 또한 책 제작과 홍보를 담당한 팀에게도 감사의 말씀을 전하고 싶다.

원고를 읽고 피드백을 제공하기 위해 시간과 노력을 쏟은 감수자들에게 큰 감사를 보낸다. 코시모 아타나시$^{Cosimo\ Attanasi}$, 데이비드 크리프$^{David\ Krief}$, 데니즈 베비$^{Deniz\ Vehbi}$, 도밍고 살라자르$^{Domingo\ Salazar}$, 에르네스토 카데나스 칸가우알라$^{Ernesto\ Cárdenas\ Cangahuala}$, 조지 헤인즈$^{George\ Haines}$, 구알티에로 테스타$^{Gualtiero\ Testa}$, 제프리 츄$^{Jeffrey\ Chu}$, 제레미 브라이언$^{Jeremy\ Bryan}$, 조엘 클레르몽$^{Joel\ Clermont}$, 존 거스리$^{John\ Guthrie}$, 루시안 말리$^{Lucian\ Maly}$, 마이클 브라이트$^{Michael\ Bright}$, 오냔 디미트로프$^{Ognyan\ Dimitrov}$, 피터 쇼트$^{Peter\ Schott}$, 라비 타미리$^{Ravi\ Tamiri}$, 션 T. 부커$^{Sean\ T.\ Booker}$, 스탠퍼드 S. 길로리$^{Stanford\ S.\ Guillory}$, 스테판 웨이캠프$^{Steffen\ Weitkamp}$, 스티븐 옥슬리$^{Steven\ Oxley}$, 실뱅 마텔$^{Sylvain\ Martel}$, 조로쟈니 무쿠야$^{Zorodzayi\ Mukuya}$ 등의 제안이 더 좋은 책을 쓰는 데 도움이 되었다.

의견을 주고 개념을 검토하고 글을 쓰도록 격려해 준 하시코프 커뮤니티 팀에게도 감사드린다. 여러분은 기술적 문제와 간헐적인 사기꾼 증후군을 겪으면서도 계속해서 글을 쓸 수 있도록 영감을 주었다. 그리고 용감하게 내 코드를 확인하고 책을 여러 번 읽어준 동료이자 기술 교정자 테일러 돌잘Taylor Dolezal에게 특별히 감사드린다.

함께 일했던 시스템 관리자, 테스터, 제품 관리자, 인프라 엔지니어, 사업 분석가, 소프트웨어 개발자, 보안 엔지니어라면 이 책에서 우리가 대화하고 토론한 패턴과 관행 중 일부를 알아차렸을 것이다. 코드형 인프라에 대해 가르쳐 주셔서 감사하다. 당신들과 커뮤니티 덕분에 책을 쓸 수 있었다.

| 옮긴이 소개 |

이국성(gooks09255@gmail.com)

가천대학교에서 전자공학 학사를 마치고, 남서울대에서 빅데이터인공지능 석사 과정을 밟음과 동시에 데브옵스로 직장 생활을 시작했다. 처음 담당한 업무는 온프레미스 환경에서 서버 관리를 함과 동시에 CI/CD 환경을 구축하는 것이었는데, 이를 계기로 인프라에 관심을 갖게 됐다. 당시 개발자들과 협업하여 무역량 통계 데이터 기반 SaaS 성격의 플랫폼 런칭을 성공적으로 할 수 있었으며, 키즈노트에서 데브옵스 엔지니어로 근무하면서 온프레미스 환경을 넘어서 클라우드 환경에서 트래픽이 많은 서비스 CI/CD 환경을 구축 및 관리하면서 파이프라인 작업에 힘써왔다. 현재는 이러한 파이프라인 고도화와 동시에 테라폼을 활용하여 어떻게 코드로 인프라를 관리할 수 있을지를 연구 중에 있다.

김찬규(chk.kim87@gmail.com)

서울시립대학교에서 행정학/국제관계학 학사를 마치고 서울대학교 국제대학원 국제협력학 석사를 마치면서 국제협력 업무를 담당했다. 서울시 청렴건설행정시스템, 행안부의 빅데이터 모범 사례 보고자료를 바탕으로 영문 보고자료를 번역하면서 데이터 및 IT 직무에 관심을 갖게 되었다. 현재는 데이터 엔지니어로 근무하며 대량의 데이터를 효율적이고 안정적으로 처리하기 위한 파이프라인 및 인프라 구축에 관심을 갖고 업무를 진행하고 있다.

2023년 초로 기억한다. 갑작스럽게 번역을 하게 되어 번역과 함께 코드 검증 작업을 업무 중 틈틈이 준비했던 일이 엊그제 같은데, 벌써 출판을 앞두게 되어 감개무량하다. 번역과 코드 검증 작업을 진행하면서 늘 신경을 쓴 점들이 있다. 하나는 우리가 최대한 저자의 의도를 살려서 번역 작업에 임했는가? 그리고 또 다른 하나는 이 서적을 읽을 독자들이 이해할 수 있도록 매끄럽게 번역 작업을 했는가? 이 두 가지를 항상 염두에 둔 채 부지런히 번역을 하여 지금에 이른 것 같다.

이 책은 IaC, 즉 코드형 인프라를 다루고 있다. IaC는 데브옵스 방법론을 적용해 코드를 통해 자동으로 인프라를 변경함으로써 확장성, 복원성, 안전성을 달성한다는 것으로, 쉽게 말해서 코드로써 인프라를 관리한다는 내용이다. 이러한 IaC는 2024년 2월 Firefly 설문조사에 따르면 응답자 3분의 2 이상이 "클라우드 인프라의 절반 이상을 IaC로 코드화했다"라고 답변을 할 정도로, 이미 많은 기업에서 도입할 만큼 보편화되었다. 그렇다면 이 IaC를 어떻게 도입하고 적용해야 할까? 이 책은 이 질문에 대한 해결책으로, IaC가 무엇인지 그리고 어떻게 IaC를 실무에 적용해야 하는지에 대해 파이썬과 테라폼을 통해 여러 사례를 보여줌으로써 인사이트를 제공하고 있다.

이 책은 크게 세 파트로 나뉘어 IaC에 대한 소개부터 여러 경우에 따른 IaC 사례, 클라우드 컴퓨팅 비용에 이르기까지 실무에 사용할 수 있는 여러 예시를 제시하고 있다. 이러한 구성은 IaC를 도입하고자 하는 독자들에게 최고의 솔루션이 될 수 있을 것이라 자신한다.

IaC가 전 세계적으로 보편화되었다고 하지만, 각 기업마다 다른 인프라 환경에 어떻게 최선의 방법으로 IaC를 도입할 수 있을지에 대한 인사이트를 얻기 위해서는 아직까지 해외의 사례들을 참조할 수밖에 없는 것이 현실이다. 관련 책 또한 있기는 하지만, 여타 분야와 다르게 그 수가 적다. 이러한 상황 속에서 이 책을 기점으로 국내에 관련 분야의 책들이 많이 출판되었으면 좋겠다는 생각을 조심스레 해본다.

이 책은 IaC에 관련된 사례들을 보여주기 위해 파이썬과 테라폼을 사용한다. 그러나 파이썬과 테라폼을 몰라도 내용을 이해하는 데 큰 어려움은 없을 것으로 보인다. 다만, 이 서적의 코드를 실행하려면 GCP나 AWS 등에 대한 사전지식이 조금은 필요하다. 천 리 길도 한 걸음부터라고 했다. 이 책을 보면서 하나씩 해나가다 보면, 어려움 없이 해낼 수 있을 거라 믿는다. 모쪼록 IaC로 인프라를 관리하고자 하는 분들에게 이 책이 도움이 되기를 바란다.

번역하는 동안 많은 도움을 주신 에이콘출판사의 황영주 님과 김진아 님에게 감사의 말씀을 드린다. 특히, 번역의 기회를 주신 점에 대해 이 자리를 빌려 다시 한번 감사의 말씀을 전한다. 또한 항상 제 곁에서 저를 응원해 주시는 사랑하는 아버지, 어머니, 동생에게 감사의 말씀을 전한다. 그리고 마지막으로 언제나 사랑하는 여자친구에게도 고마움을 전한다.

— 이국성

그동안 국제협력 업무를 담당하면서 정책 보고서 및 책자를 번역한 적은 있었으나, IT 도서 번역을 진행하게 된 것은 이번이 처음이었다. 최대한 IT의 전문적인 단어 및 표현을 그대로 번역하되 처음 내용을 접하는 독자에게도 매끄럽게 읽힐 수 있도록 많은 고민을 하면서 번역 작업을 진행했고, 그 작업이 결실을 맺어 출판을 앞두게 되어 감사할 뿐이다.

이 책은 인프라를 코드로서 다루고 관리하는 방법을 논의한다. 초반부는 인프라를 코드화할 때 필요한 네 가지 원칙을 소개하며, 이러한 원칙을 구체적으로 적용할 수 있는 각양각색의 패턴을 소개함으로써 다양한 인프라 자원을 그룹화하거나 분리하는 방법을 소개한다. 중반부에서는 실제로 있을 법한 실무 사례를 통해 코드형 인프라를 팀 간, 조직 간 협업할 수 있는 방법, 인프라 배포 전 테스트를 도입하는 방법 및 지속적인 배포 방안을 소개한다.

후반부에서는 다양한 인프라 배포 방법, 배포 실패 시 영향 범위를 최소화하는 방법, 리팩토링 방법 및 클라우드 환경에서의 비용 절감 방법을 다룬다. 이 책을 읽고 나면 코드형 인프라에 대해 잘 모르던 독자도 코드형 인프라를 왜, 어떻게 도입할 수 있는지 감을 잡을 수 있으리라 생각한다.

책에서 주로 사용하는 코드는 파이썬과 테라폼이며 저자는 코드 전후로 자세한 설명을 하고 있기 때문에 책 내용을 수월하게 이해할 수 있을 것이다. 저자는 GCP 환경에 기반하여 인프라를 구축하는 방법을 주로 다루면서도, AWS 및 애저에서 사용할 수 있도록 타 클라우드 환경에서 사용하기 위한 방안을 설명하고 있으므로 다른 클라우드 환경에서 코드형 인프라를 사용하는 데도 큰 어려움은 없을 것이다.

이 책을 번역할 수 있는 용기를 주신 김성현 소장님, 그리고 많은 피드백으로 번역 작업을 도와주신 에이콘출판사 관계자 여러분께 감사의 말씀을 드리고 싶다. 마지막으로 이번 번역에서도, 삶에서도 많은 영감과 격려를 아낌없이 보내주는 아내와 두 아이들, 부모님께도 사랑하고 감사하다는 말씀을 전하고 싶다.

– 김찬규

차 례

들어가며

핵심 사업 시스템에 영향을 주지 않고 인프라 자원을 변경하는 IaC 작성에 도움이 되도록 이 책을 썼다. 책은 인프라 시스템 전반에 걸쳐 개인, 팀 또는 회사에 적용할 수 있는 패턴과 관행에 중점을 둔다. IaC에 적용할 수 있는 높은 수준의 패턴과 사례에 초점을 맞추면서도 구현할 수 있는 구체적인 예제를 제공한다.

대상 독자

이 책은 클라우드 인프라와 IaC를 사용하기 시작하고, 팀이나 회사 전체로 확장하려는 모든 사람(소프트웨어 개발자, 보안 엔지니어, 품질 보증 엔지니어, 인프라 엔지니어)을 위한 책이다. 일부 IaC를 작성한 후 수동 실행하여 공용 클라우드 자원을 생성하게 될 것이다.

그러나 이제 팀 간 또는 전사 규모의 IaC 협업을 촉진하는 과제에 직면하게 되었다. 인프라를 변경하고 보안, 규정 준수 또는 기능 업데이트 요청을 처리하는 과정에서 여러 팀원 간, 팀 간 갈등을 완화해야 한다. 많은 자료가 특정 도구의 관점에서 IaC를 소개하지만, 이 책은 시간이 지남에 따라 발전할 다양한 인프라 사용 사례, 도구 및 시스템에 적용할 수 있는 일반적인 패턴과 사례를 소개한다.

이 책의 구성

이 책은 13개의 장, 3부로 구성되어 있다.

1부는 IaC를 소개하고 어떻게 독자가 작성할 수 있는지 소개한다.

- 1장은 IaC의 개념, IaC의 장점 및 원칙을 정의한다. 하시코프 테라폼을 실행하여 구글 클라우드 플랫폼^{GCP}에 배포하는 파이썬 예제를 포함하고 있음을 설명한다. 또한 IaC 여정에서 접하게 될 도구와 사용 사례에 대해서도 논의한다.
- 2장은 불변성의 원칙을 깊이 있게 다루고 기존 인프라 자원을 IaC로 이전할 수 있는 방법을 설명한다. 또한 깨끗한 IaC 작성 방법도 다룬다.
- 3장은 인프라 자원을 모듈로 나누거나 그룹화하는 패턴을 제공한다. 각 패턴은 예제와 사용 사례를 포함한다.
- 4장은 인프라 자원 및 모듈 간 의존성을 관리하는 방법과 의존성 주입 및 일부 공용 패턴을 사용해 의존성을 분리하는 방법을 다룬다.

2부는 팀 단위로 IaC를 작성하고 협업하는 방법을 묘사한다.

- 5장은 IaC를 다중 저장소 구조로 조직하여 팀 간 공유하는 방법과 고려사항을 다룬다.
- 6장은 인프라 테스트 전략을 제공한다. 각 테스트 유형을 설명하고 IaC로 작성할 수 있는 방법을 묘사한다.
- 7장은 지속적인 제공을 IaC에 적용한다. 상위 수준의 브랜칭 모델을 다루고 팀이 이를 활용하여 인프라를 변경할 수 있는 방법을 설명한다.
- 8장은 테스트와 태깅 방법을 포함하는, 안전하고 규정을 준수하는 IaC를 구축할 수 있는 기술을 제공한다.

3부는 회사 차원에서 IaC를 관리할 수 있는 방법을 다룬다.

- 9장은 인프라 변경 시 불변성을 적용하고, 블루-그린 배포 예제를 다룬다.
- 10장은 거대한 IaC를 리팩토링하여 유지보수성을 개선하고 단일 코드베이스에 대한 실패한 변경사항이 미치는 영향 범위를 완화하는 방법을 다룬다.
- 11장은 IaC 원복과 시스템 롤 포워드 방법을 묘사한다.
- 12장은 IaC를 사용해 클라우드 비용을 관리하는 방법을 제시한다. IaC로 비용을 추정할 수 있는 예제를 포함한다.
- 13장은 IaC 도구를 변경하고 업데이트할 수 있는 방법을 소개하며 책을 마무리 짓는다.

책 전반에 걸쳐 많은 개념이 서로에 기반하여 구축됨을 알게 될 것이며, 이전에 IaC를 연습해 본 적이 없다면 책을 순서대로 읽는 것이 도움이 될 것이다. 그렇지 않으면 IaC 실무에서 직면하는 문제에 가장 잘 적용되는 절을 골라서 읽을 수 있다.

특정 개념을 알기 위해 개별 장을 읽기 전에 먼저 1장이나 부록 A를 읽어 예제를 읽고 실행하는 방법을 이해하고 싶을 수도 있다. 부록 A는 예제와 관련된 라이브러리, 도구, 플랫폼에 대한 추가적인 세부 정보를 제공하고, 부록 B는 실습 문제의 답안을 제공한다.

예제 코드

전체 소스 코드는 깃허브(https://github.com/joatmon08/manning-book)에서 확인할 수 있다. 인프라 설정이 너무 다양하기 때문에 책의 일부 예제는 가독성을 위해 전체 인프라 정의를 포함하지 않는다. 2장부터 12장까지는 개념을 설명하는 예시로서 코드를 포함한다.

코드는 파이썬 3.9 버전, 하시코프 테라폼 1.0 버전, 구글 클라우드 플랫폼을 사용한다. 부록에 예제 및 도구와 라이브러리를 실행하는 자세한 정보가 있다. 나는 도구의 마이너 버전 변경사항을 반영하여 깃허브 소스 코드를 변경했다.

이 책에는 번호가 붙은 코드와 일반 텍스트 형태로 많은 소스 코드 예제가 실려 있다. 두 경우 모두 소스 코드는 일반 텍스트와 구분하기 위해 고정폭 글꼴로 작성했다. 때로는 코드가 기존 코드 줄에 새로운 기능을 추가하는 경우와 같이 이 장의 이전 단계에서 변경된 코드를 강조하기 위해 굵은 글꼴로 표시하기도 한다.

많은 경우 원본의 소스 코드 형식을 재조정했다. 책에서 사용 가능한 페이지 공간을 수용하기 위해 줄바꿈을 추가하고 들여쓰기를 재작업했다. 드문 경우이지만 이 조치로도 충분하지 않은 경우 코드에 줄 연속 표시(➡)를 추가했다. 또한 코드가 텍스트에 설명될 때 소스 코드의 주석이 코드에서 제거되는 경우가 많다. 코드에 주석을 작성하여 중요한 개념을 강조했다.

활성 책 토론 포럼

이 책을 구매하면 매닝의 온라인 독서 플랫폼인 liveBook을 무료로 사용할 수 있다. liveBook의 독점 토론 기능을 사용하면 책 전역에 댓글을 첨부하거나 특정 절이나 단락에 댓글을 첨부할 수 있다. 매우 간단하게 스스로 메모하고, 기술적인 질문과 답변을 하고, 작성자와 다른 사용자로부터 도움을 받을 수 있다. 포럼에 접속하려면 https://livebook. manning.com/book/infrastructure-as-code-patterns-and-practices/discussion으로 이동하자. 또한 https://livebook.manning.com/discussion에서 매닝의 포럼과 행동 규칙에 대해 자세히 알아볼 수 있다.

독자에 대한 매닝의 헌신은 독자끼리 그리고 독자와 저자 사이에 의미 있는 대화가 이뤄질 수 있는 장을 제공하는 것이다. 포럼에 대한 기여는 자발적인(그리고 무급) 상태로 유지되며 저자 측의 특정 의무 참여 횟수에 대한 약속이 아니다. 저자의 관심에서 벗어나지 않도록 몇 가지 어려운 질문을 하는 것이 좋다! 포럼과 이전 토론 기록은 책이 인쇄되는 동안 출판사의 웹사이트에서 확인할 수 있다.

클라우드 업체 관련

예제를 위해 어떤 클라우드 업체를 사용할지 결정하는 데 어려움을 겪었다. 출판물을 위해서는 아마존 웹 서비스^{AWS}나 마이크로소프트 애저^{Azure}를 사용하는 것이 더 인기 있는 선택일 수 있었으나 인프라 생성 시 많은 자원이 필요하다. 예를 들어 네트워크를 사용하려면 네트워크, 서브넷, 라우팅 테이블, 게이트웨이, 보안 그룹이 필요하다. 생성해야 하는 자원 수를 간소화하기 위해 구글 클라우드 플랫폼^{GCP}을 기본 클라우드 업체로 사용하기로 결정했다.

예제에서 GCP를 사용하긴 했으나 특정 도구에 국한되지 않는 개념, 절차, 가이드를 제공하고자 했기 때문에 다른 클라우드 업체에 맞게 조정하여 사용할 수 있을 것이다. AWS 또는 애저를 선호하는 독자를 위해 각 예제는 두 플랫폼에서 제공되는 유사한 서비스 정보를 포함한다. 또한 일부 예제는 코드 저장소에 유사한 항목이 들어 있다.

1장에서 GCP를 사용하는 이유와 애저 및 AWS에서 예제를 실행하는 방법을 자세히 알 수 있다. 부록 A는 애저 및 AWS 사용자를 위한 팁과 함께 GCP에서 예제를 설정하고 실행하는 방법에 대한 지침을 제공한다.

기타 온라인 자원

특정 IaC 도구나 인프라 제공 업체의 온라인 자원을 참고하자. 많은 경우 도구에서 사용하는 관행 및 패턴에 대한 예제를 제공한다.

문의

이 책과 관련해 질문이 있다면 이 책의 옮긴이나 에이콘출판사 편집 팀(editor@acornpub.co.kr)으로 문의해 주길 바란다.

정오표는 에이콘출판사 도서정보 페이지(http://www.acornpub.co.kr/book/infra-code)에서 확인할 수 있다.

Part 1

첫걸음

코드형 인프라^{IaC, Infrastructure as Code}란 무엇이고, 어떻게 작성할 수 있을까? 1부는 IaC의 정의, 사용하는 방법 및 패턴을 소개한다. 1장은 IaC의 동작원리, 문제 해결 방법 및 활용법을 설명한다. 2장은 기존 시스템을 코드형 인프라로 정의하는 방법, 코드형 인프라를 클린 코드^{clean code}로 작성하는 방법을 다룬다.

3, 4장은 인프라 그룹^{infrastructure group}을 **모듈**^{module}화하는 방법 및 모듈 간 존재하는 의존성 패턴에 대해 다룬다. 인프라 모듈 패턴과, 모듈 간 의존성을 분리함으로써 시스템 영향 범위를 최소화하는 구조 변경 방법을 배울 수 있다. 또한 각자의 시스템 상황과 범위에 가장 적합한 코드형 인프라 구성에 필요한 지침을 제공한다.

1

코드형 인프라 소개

1장에서 다루는 내용

- 인프라의 정의
- 코드형 인프라의 정의
- 코드형 인프라의 중요성

공용 클라우드public cloud 서비스나 데이터 센터 인프라data center infrastructure를 갓 도입하기 시작했다면, 새로 배워야 하는 많은 개념에 벅찰 수도 있고, 심지어는 '무엇을' 알아야 하는지 조차 모를 수도 있다. 데이터 센터 인프라 개념, 공용 클라우드가 제공하는 신규 서비스, 컨테이너 오케스트레이터container orchestrator, 프로그래밍 언어programming language, 소프트웨어 개발을 아우르기 위해서는 많은 연구가 필요하다.

가능한 모든 것을 배우는 와중에도 회사의 혁신과 성장을 위한 요구사항도 달성해야 한다. 모든 목표를 달성할 수 있는 시스템 구축은 매우 어려운 일이다. 복잡한 시스템을 지원하고, 유지보수 노력을 최소화하면서 애플리케이션 사용자가 시스템 장애로 인한 불편을 느끼지 않도록 해야 한다.

클라우드 컴퓨팅과 데이터 센터 인프라를 활용하기 위해서는 무엇을 알아야 할까? 어떻게 시스템을 팀과 조직 전체에 걸쳐서 확장할 수 있을까? **코드형 인프라**^{IaC, Infrastructure as Code}는 코드로 인프라 구축을 자동화하여 확장성, 신뢰성, 보안성을 달성함으로써 이 질문에 대한 해법을 제공한다.

시스템 관리자, 사이트 신뢰성 엔지니어^{site reliability engineer}, 데브옵스 엔지니어^{DevOps engineer}, 보안 엔지니어^{security engineer}, 소프트웨어 개발자^{software developer}, 품질 관리 엔지니어^{quality assurance engineer}뿐만 아니라 누구나 IaC를 사용할 수 있다. 방금 코드형 인프라 튜토리얼을 마친 사람도, 혹은 공용 클라우드 인증서를 획득한(그랬다면 축하한다!) 사람도 인프라 단순화, 유지 및 확장을 위해 IaC를 대형 시스템이나 팀에 적용할 수 있다.

이 책은 인프라 관리를 위한 소프트웨어 개발 방법과 패턴을 적용함으로써 실용적인 IaC 구축 방법을 제시한다. 또한 인프라 관점에서 테스트, 지속적인 제공^{CD, Continuous Delivery}, 리팩토링^{refactoring}, 디자인 패턴^{design pattern}을 구축하는 방법을 제시한다. 여기서 다룬 방법과 패턴을 활용함으로써 특정 자동화, 도구, 플랫폼, 기술 여부와 상관없이 인프라를 관리할 수 있다.

책은 3부(그림 1.1)로 나뉜다. 1부는 IaC 작성법을, 2부는 코드형 인프라를 팀에서 활용할 수 있는 방법과 패턴을 설명한다. 3부는 조직 간 코드형 인프라를 확장할 수 있는 방법을 다룬다.

책에서 다루는 많은 패턴과 방법은 이러한 세 가지 관심사와 관련이 있다. 개인이 작성한 좋은 IaC를 통해 팀, 조직 간에 더 좋은 방식으로 인프라를 공유하거나 확장할 수 있다. 점점 더 많은 사람이 코드형 인프라를 활용하고 있는 시점에서, IaC를 잘 작성하면 작업 시 발생하는 문제를 해결할 수 있다.

1부는 **인프라**를 정의하고 일반적인 코드형 인프라 디자인 패턴 및 팀 간 IaC를 확장하는 데 필요한 기초 개념을 다룬다. 책에서 다루는 일부 개념이 익숙하더라도, 좀 더 심화된 개념을 이해하기 위한 복습 관점에서 1부를 읽기 바란다.

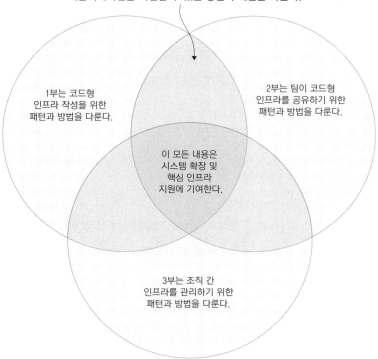

이 책은 개인, 팀, 조직에서 코드형 인프라를 활용하여 실질적으로 시스템과 자원을 확장하고, 핵심 애플리케이션을 지원할 수 있는 방법과 패턴을 다룬다.

1부는 코드형 인프라 작성을 위한 패턴과 방법을 다룬다.

2부는 팀이 코드형 인프라를 공유하기 위한 패턴과 방법을 다룬다.

이 모든 내용은 시스템 확장 및 핵심 인프라 지원에 기여한다.

3부는 조직 간 인프라를 관리하기 위한 패턴과 방법을 다룬다.

그림 1.1 책이 제시하는 개인, 팀, 조직 단위에서 적용할 수 있는 방법을 통해 시스템 확장 및 핵심 인프라 지원에 도움을 받을 수 있다.

2부와 3부에서는 시스템을 확장하고 핵심 애플리케이션을 지원하는 인프라 구축에 필요한 패턴과 방법을 배울 수 있다. 책에서 제시하는 방법은 개인, 팀, 조직 단위에서, 한 애플리케이션의 메트릭 알림을 생성하는 것부터 5만 명의 조직 구성원이 사용하는 네트워크 변경에 이르기까지 다양하다. 많은 용어와 개념이 서로 연관성이 있으므로, 책을 순서대로 읽어야 이해가 더 쉬울 수 있다.

1.1 인프라란 무엇인가?

IaC에 대해 자세히 다루기 전에 **인프라**가 무엇인지 정의하는 것부터 시작하자. 내가 데이터 센터에서 일하기 시작했을 무렵에 문헌에서는 주로 인프라를 동작, 통신, 저장 기능을 제공하는 하드웨어 혹은 기기로 정의했다. 그림 1.2는 어떻게 애플리케이션이 서버에서 동작하고 스위치를 통해 통신하며, 데이터를 디스크에 저장하는지 보여준다.

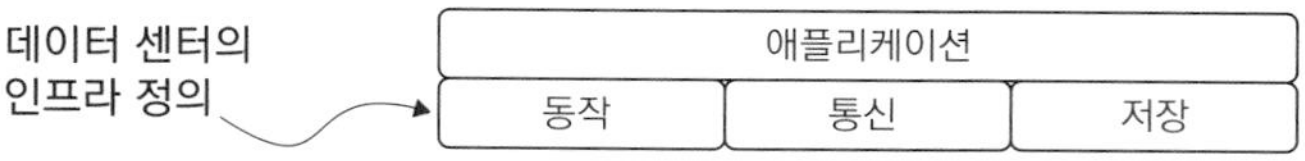

데이터 센터의
인프라 정의

애플리케이션		
동작	통신	저장

그림 1.2 데이터 센터가 정의하는 인프라는 애플리케이션 실행에 필요한 동작, 통신 그리고 저장 자원을 포함한다.

데이터 센터 직원은 이러한 세 가지 범주에 해당하는 물리 장비를 관리했다. 담당자는 ID 인증을 통해 건물에 들어가고, 기계를 연결하고, 명령어 입력을 통해 변경사항을 적용하는 한편, 모든 것이 잘되기를 희망했다. 클라우드 컴퓨팅이 등장했음에도 여전히 위의 범주를 사용해 특정 기기의 가상화에 대해 논의하고 있다.

데이터 센터의 인프라 정의를 현대 서비스에 적용하기는 어렵다. 다른 팀이 개발한 애플리케이션을 당신에게 배포해 달라고 요청했다고 가정해 보자. 배포를 위해 다음 항목을 포함하는 체크리스트를 사용할 것이다.

- 충분한 서버 존재 여부
- 사용자 네트워크 통신 가능 여부
- 애플리케이션 데이터 저장을 위한 데이터베이스 존재 여부

위의 체크리스트 항목만 만족되면 운영 환경에서 팀이 개발한 애플리케이션을 실행할 수 있을까? 반드시 그렇지는 않다. 기존 체크리스트로는 충분한 대수의 서버를 설정했는지, 애플리케이션에 접속하기 위한 적절한 접근 권한을 설정했는지 알 수 없다. 또한 네트워크 지연 시간이 애플리케이션의 데이터베이스 연결에 영향을 미치는지도 알아야 한다.

인프라를 좁은 시각으로 정의할 경우, 운영 환경 배포에 필요한 핵심 업무를 놓칠 수 있다.

- 애플리케이션 모니터링
- 사업 보고서 작성에 필요한 지표 내보내기
- 애플리케이션 운영 팀을 위한 알림 설정
- 서버 및 데이터베이스 상태 모니터링
- 사용자 인증 지원
- 애플리케이션 활동 로깅 및 집계
- 데이터베이스 보안 관리자 암호 관리

애플리케이션을 운영 환경에 안정적으로 안전하게 배포하기 위해서는 위 항목을 만족시켜야 한다. 위 요소는 '운영' 요건으로만 보일 수 있으나, 인프라 자원을 필요로 한다.

공용 클라우드는 인프라 활동뿐만 아니라, 서비스형 플랫폼^{PaaS, Platform as a Service} 서비스를 통해 애플리케이션의 동작, 통신, 저장을 추상화하여 관리하고, 스토리지 버킷과 같은 객체 저장소나 관리형 아파치 카프카^{Apache Kafka}와 같은 스트리밍 플랫폼을 제공한다. 심지어 공용 클라우드는 서비스형 함수^{FaaS, Function as a Service}나 서비스형 컨테이너를 제공함으로써 동작 자원까지도 추상화한다. 호스팅된 애플리케이션 성능 모니터링 소프트웨어와 같은 서비스형 소프트웨어^{SaaS, Software as a Service} 시장이 증가하고 있으며, 이러한 서비스도 애플리케이션 운영에 필요할 수 있고 인프라에 포함될 수 있다.

많은 서비스가 있기 때문에, 인프라를 단순히 동작, 통신, 저장 범주로만 설명할 수 없다. 애플리케이션을 배포할 때는 PaaS, SaaS 혹은 운영에 필요한 인프라도 포함해야 한다. 그림 1.3은 인프라 모델을 수정하여 애플리케이션 배포에 필요한 PaaS, SaaS 같은 신규 서비스를 추가했다.

데이터 센터 관리의 복잡성, 다양한 운영 모델의 존재, 사용자 추상화의 증가 때문에, 인프라를 동작, 통신 또는 저장과 관련된 하드웨어나 물리 장치로만 한정할 수 없다.

정의 **인프라**는 애플리케이션을 운영 환경에 제공하거나 배포하는 소프트웨어, 플랫폼 또는 하드웨어를 의미한다.

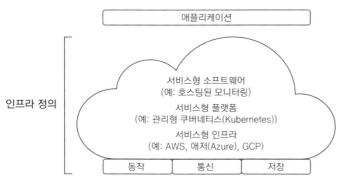

그림 1.3 애플리케이션을 위한 인프라는 공용 클라우드의 대기열, 애플리케이션 실행용 컨테이너, 추가적인 처리를 위한 서버리스 기능, 심지어는 시스템 상태 모니터링 서비스를 포함할 수 있다.

다음은 여러분이 접할 수 있는 대략적인 인프라 목록이다.

- 서버
- 워크로드 오케스트레이션 플랫폼(예: 쿠버네티스, 하시코프 노마드^HashiCorp Nomad)
- 네트워크 스위치
- 로드 밸런서
- 데이터베이스
- 객체 저장소
- 캐시
- 대기열
- 이벤트 스트리밍 플랫폼
- 모니터링 플랫폼
- 데이터 파이프라인 시스템
- 결제 플랫폼

인프라 정의를 확장하면 다양한 목적을 위해 자원을 관리하는 팀 간에 공동으로 사용할 수 있는 언어를 제공한다. 예를 들어, 조직의 지속적인 통합^CI 프레임워크를 관리하는 팀은 지속적인 통합 SaaS 또는 공용 클라우드의 연산 자원을 활용한다. 다른 팀이 해당 프레임워크를 기반으로 작업함으로써 프레임워크는 핵심 인프라가 된다.

1.2 코드형 인프라란 무엇인가?

코드형 인프라를 설명하기 전에 먼저 인프라 수동 설정을 이해해야 한다. 이번 절에서는 해당 방식의 문제점을 간략하게 설명한 후 코드형 인프라를 정의하겠다.

1.2.1 수동 인프라 설정

나는 네트워크 팀에서 일하면서 텍스트 문서의 명령어를 복사 & 붙여넣기 해 네트워크 스위치를 변경하는 방법을 배웠다. 한번은 실수로 네트워크 인터페이스 활성화(no shutdown)가 아닌 비활성화(shutdown) 명령어를 입력한 적이 있었는데, 아무도 눈치를 못 챘으면 하는 마음과 서비스에 어떠한 영향도 없기를 바라는 마음으로 네트워크를 활성화했다. 그러나 일주일 후 전주의 실수로 인해 핵심 애플리케이션 연결이 끊겼었고, 몇몇 고객의 요청에 영향을 주었다는 사실을 알게 되었다.

돌이켜 보면, 인프라 설정을 위해 명령어를 복사 & 붙여넣기 하면서 몇 가지 문제를 겪었다. 먼저 변경한 내용이 어떠한 자원에 영향을 미칠지, **영향 범위**blast radius는 어느 정도인지, 인터페이스를 사용하는 네트워크나 애플리케이션이 무엇인지 몰랐다.

> **정의** **영향 범위**는 잘못된 변경이 시스템에 미치는 영향을 의미한다. 영향 범위가 넓을 경우 더 많은 컴포넌트 혹은 가장 중요한 컴포넌트에 영향을 미친다.

두 번째로, 네트워크 스위치는 입력한 명령어를 테스트하거나 명령어의 의도나 영향도를 파악하지 않고 실행했다. 마지막으로 장애가 발생했을 때 아무도 애플리케이션의 고객 요청 처리에 영향을 미친 요인을 알 수 없었고 잘못 입력한 명령어가 원인이었음을 파악하는 데 일주일이 걸렸다.

인프라를 코드화하면 잘못 입력한 명령어로 네트워크 스위치 변경이 일어나는 것을 어떻게 대응할 수 있을까? 네트워크 스위치 설정 및 자동화를 소스 관리source control해 명령어를 저장할 수 있다. 추후에 같은 실수를 방지하기 위해, 가상 스위치와 테스트를 생성해 스크립트를 실행한 후 인터페이스의 상태를 확인했다.

정확한 명령어가 실행됐는지 테스트한 후, 통과할 경우 변경사항을 운영 환경에 배포하고, 잘못된 명령어를 적용할 경우 인프라 설정을 검색해 어떠한 애플리케이션이 영향을 받았는

지 확인할 수 있다. 6장에서 테스트 방법을, 11장에서 변경사항을 원복하는 방법을 참고할
수 있다.

수동으로 인프라를 설정하면 잘못된 설정을 적용하는 위험도가 높아질 뿐만 아니라 개발 원
동력을 저해할 수도 있다. 한번은 데이터베이스와 애플리케이션을 테스트하는 데 거의 두 달
이 걸린 적이 있었다. 두 달 동안 팀은 데이터베이스 생성, 애플리케이션과 데이터베이스 연
결을 위한 라우팅 설정, 방화벽 해제를 위해 10장 이상의 티켓을 제출해야 했다. 플랫폼 팀
은 공용 클라우드에서 모든 인프라를 수동으로 설정했으며, 개발 팀은 보안 문제로 인해 직
접 접근할 수 없었다.

즉, 수동으로 인프라를 설정할 경우 시스템과 팀이 성장하는 만큼 인프라를 확장하지 못할
수 있다. 수동 변경의 경우 **시스템 변경 실패율을 높이고, 개발 속도를 늦추며, 잠재적인 보안 위협
에 취약점을 노출한다.** 콘솔을 활용해서 일부 값을 업데이트하고 싶은 유혹을 느낄 수 있다.

수동 변경이 누적될 경우 다음에 시스템을 변경하는 사람은 감지되지 않거나 체계적이지 않
은 변경으로 인해 시스템 장애 발생 시 문제 해결이 어려울 수 있다. 개발 프로세스에서 일부
트래픽을 허용하기 위해 방화벽을 변경하는 것과 같은 행위는 의도치 않게 시스템을 공격에
취약하게 할 수 있다.

1.2.2 코드형 인프라

인프라를 수동이 아닌 다른 방법으로 변경하기 위해서는 무엇을 해야 하는가? IaC 형태로
인프라 자원과 설정을 관리함으로써 소프트웨어 개발 수명 주기를 적용할 수 있다. 그러나
인프라 개발 수명 주기는 설정 파일과 스크립트 이상을 의미한다.

인프라는 확장, 장애 관리, 신속한 소프트웨어 개발 및 애플리케이션 보안을 지원해야 한다.
인프라 개발 수명 주기는 협업, 배포 및 테스트를 지원하는 세부적인 패턴과 방법을 포함한
다. 그림 1.4의 간단한 워크플로^{workflow}는 인프라 설정과 스크립트를 버전 관리함으로써 인
프라를 변경하는 방법을 보여준다. 커밋^{commit}이 일어나면 워크플로를 자동으로 실행함으로
써 인프라 변경점을 테스트하고 배포한다.

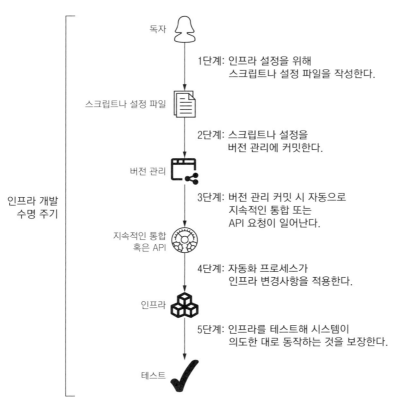

독자

1단계: 인프라 설정을 위해
스크립트나 설정 파일을 작성한다.

스크립트나 설정 파일

2단계: 스크립트나 설정을
버전 관리에 커밋한다.

버전 관리

3단계: 버전 관리 커밋 시 자동으로
지속적인 통합 또는
API 요청이 일어난다.

지속적인 통합
혹은 API

4단계: 자동화 프로세스가
인프라 변경사항을 적용한다.

인프라

5단계: 인프라를 테스트해 시스템이
의도한 대로 동작하는 것을 보장한다.

테스트

인프라 개발
수명 주기

그림 1.4 인프라 개발 수명 주기는 코드의 문서화, 버전 관리, 자동 배포, 테스트를 포함한다.

왜 개발 수명 주기를 기억해야 하는가? 여러분은 개발 수명 주기를 일반 패턴으로 활용해 변경점을 관리하고 변경점이 시스템에 영향을 미치지 않음을 확인할 수 있다. 개발 수명 주기는 **코드형 인프라**를 통해 인프라 변경을 자동화하고, 버전 관리 및 지속적인 제공 같은 데브옵스^{DevOps} 방법론을 적용한다.

> **정의** **코드형 인프라**(IaC)는 데브옵스 방법론을 적용해 코드를 통해 자동으로 인프라를 변경함으로써 확장성, 회복 탄력성, 보안성을 달성한다.

IaC가 데브옵스의 필수 방법으로 언급되는 경우가 종종 있다. 분명 코드형 인프라는 CAMS 모델의 자동화 부분(문화^{culture}, 자동화^{automation}, 측정^{measurement}, 공유^{sharing})을 다룬다. 그림 1.5는 코드형 인프라를 자동화 프로세스 및 데브옵스 철학의 일부로 배치한다. 코드 문서화,

버전 관리, 소프트웨어 개발 패턴 및 지속적인 제공은 이전에 논의한 개발 수명 주기 워크플로와 일치한다.

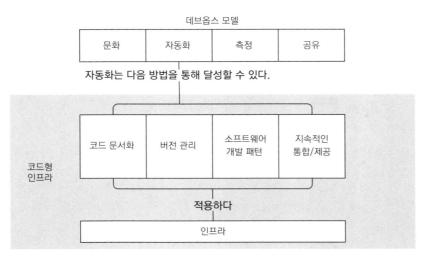

그림 1.5 IaC는 버전 관리, 소프트웨어 개발 패턴, 지속적인 통합, 코드 문서화를 인프라 관리에 적용한다.

왜 IaC를 데브옵스 모델의 자동화로 집중할까? 조직에서 IaC를 사용하기 위해 데브옵스 방법론을 채택할 필요는 없다. IaC는 데브옵스 환경을 개선하고 성과 측정 수단을 제공하지만, 모든 인프라 설정에 IaC를 적용할 수 있다. IaC를 사용해 서비스 운영에 영향을 미치지 않고 인프라 변경 프로세스를 개선할 수 있다.

> 참고 이 책은 일부 데브옵스 사례를 다루고 있지만 데브옵스 이론 및 원리에 중점을 두지 않는다. 데브옵스를 좀 더 잘 이해하기 위해 니콜 폴스그렌(Nicole Forsgren)의 저서 『디지털 트랜스포메이션 엔진(Accelerate)』(에이콘출판, 2020)을 읽어볼 것을 추천한다. 또한 진 킴(Gene Kim)의 『피닉스 프로젝트(The Phoenix Project)』(에이콘출판, 2021)는 데브옵스를 도입하는 기관의 가상 변화를 설명한다.

이 책은 데이터 센터, 클라우드 환경과 관계없이 인프라를 코드화함으로써 확장을 저해하는 요소를 제거하고, 인프라의 신뢰성과 보안성을 유지하는 방법을 다룬다. 버전 관리 설정 파일, CI 파이프라인, 테스트와 같은 소프트웨어 개발 방법을 통해 인프라의 확장, 발전을 이루면서 중단 시간을 줄이고 안전한 설정으로 인프라를 변경할 수 있다.

1.2.3 코드형 인프라가 아닌 것은 무엇인가?

설정을 문서화한다고 IaC를 사용 중이라고 할 수 있을까? 설정을 추가하거나 지시사항을 업무 티켓에 추가하는 것을 IaC를 사용하는 것으로 여길 수 있다. 대기열을 구축하기 위한 튜토리얼이나 서버를 설정하는 셸 스크립트를 IaC라고 주장할 수도 있다. 위 예시에 대해 다음과 같은 활동을 할 수 있다면 IaC로 볼 수 있다.

- 대상 인프라를 신뢰할 수 있고 정확하게 재현한다.
- 특정 버전 또는 시점으로 설정을 원복한다.
- 설정 변경이 미치는 영향 범위를 측정하고 공유한다.

설정 또는 스크립트는 일반적으로 오래되거나, 버전 관리가 안 되거나, 의도가 모호한 경우가 많다. IaC 도구로 작성한 설정을 이해하고 변경하는 것조차 어려울 수도 있다. 도구는 IaC 워크플로를 지원하지만, 시스템이 성장하면서 운영 책임과 변경 실패를 낮출 수 있는 방법과 접근법을 필수적으로 제공하지는 않는다. IaC를 식별하기 위해서는 원칙이 필요하다.

1.3 코드형 인프라 원칙

앞서 언급했듯이 인프라와 관련된 모든 코드나 설정이 중단 시간을 줄이거나 인프라 확장에 기여할 수는 없다. 이 책은 IaC 원칙을 어떻게 특정 코드 목록이나 사례에 적용할 수 있는지 강조한다. 위 원칙을 IaC 평가에 사용할 수도 있다.

다른 사람들이 책의 원칙 목록에 원칙을 추가하거나 삭제할 수 있지만, 나는 RICE 단어로 기억할 수 있는 가장 중요한 네 가지 원칙인 **재현성**reproducibility, **멱등성**idempotency, **결합성**composability, **진화 가능성**evolvability을 명심한다. 다음 절에서 각 원칙을 정의하고 적용해 보겠다.

1.3.1 재현성

누군가가 당신에게 대기열과 서버가 있는 개발 환경 생성을 요청한다고 상상해 보자. 당신은 팀원에게 설정 파일을 공유한다. 팀원은 설정 파일을 활용해 1시간 안에 새로운 환경을 다시 생성한다. 그림 1.6은 당신이 어떻게 설정을 공유하고 팀원이 새 환경을 재현하는지 보여준다. 이것이 IaC의 첫 번째 원칙인 **재현성**이다.

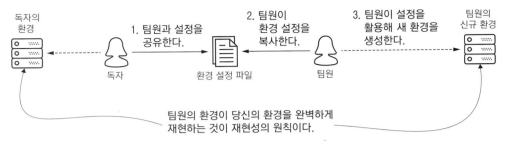

그림 1.6 수동으로 변경할 경우 버전 관리와 실제 환경상에 드리프트(drift)[1]가 생길 수 있고 재현성에 영향을 주기 때문에, 버전 관리를 통해 변경사항을 업데이트한다.

왜 IaC가 재현성 원칙을 준수해야 할까? 인프라 설정을 복사하고 재사용하면 초기 작업 시간이 줄어든다. 새로운 환경이나 인프라 자원을 만들기 위해 새로운 프로세스를 만들 필요는 없다.

정의　**재현성의 원칙**은 동일한 설정을 활용해 환경이나 인프라 자원을 생성하는 것을 의미한다.

그러나 재현성의 원칙을 준수하는 것이 단순히 설정을 복사 & 붙여넣기 하는 것보다 복잡함을 알게 될 것이다. 이 뉘앙스의 차이를 보여주기 위해 네트워크 주소 공간을 /16에서 /24로 줄이는 것을 상상해 보자. 네트워크를 설정하는 IaC를 갖고 있는 상황에서, 주소 공간을 쉽게 변경하기 위해 클라우드에 접속해 텍스트 상자에 /24를 입력하기로 결정했다. 클라우드에 로그인하기 전에, 위 변경이 재현성의 원칙에 부합하는지 생각하면서 다음 질문을 해본다.

- 팀원이 네트워크를 업데이트한 사실을 알 수 있을까?
- 기존 설정 실행 시 네트워크 주소 공간이 /16으로 원복될까?
- 새 설정을 활용해서 환경을 구축할 경우 주소 공간이 /24로 생성이 될까?

수동으로 변경사항 적용 시 늘 성공적으로 재현할 수 있음을 보장하지 못하기에 위 질문에 "아니요"라는 답이 나오게 된다.

1　드리프트는 버전 관리에 명시된 설정과 실제 설정 사이에 차이가 발생하는 상황을 의미한다. – 옮긴이

만일 클라우드 콘솔에서 /24를 입력할 경우, 그림 1.7에 나온 것처럼 변경점이 버전 관리가 되지 않는다. 재현성을 준수하기 위해 버전 관리의 설정값을 /24로 업데이트하고 자동화를 적용한다.

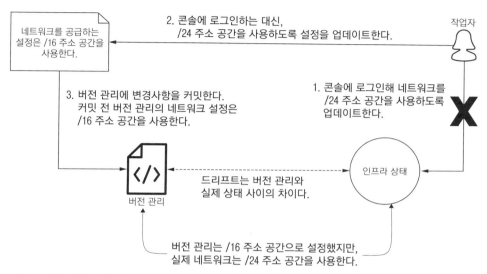

그림 1.7 수동 변경 시 버전 관리와 실제 상태 사이에 차이가 발생하고 재현성을 저해하므로 버전 관리에 변경사항을 업데이트한다.

위 시나리오는 재현성 준수의 어려움을 보여준다. 여러분은 **설정 드리프트**^{configuration drift}라고 하는, 기존 인프라와 변경한 인프라 설정의 간극을 최소화해야 한다.

> **정의** **설정 드리프트**는 인프라 설정과 실제 설정이 달라짐을 의미한다.

실무에서는 버전 관리에 설정 파일을 포함하고 변경점을 최대한 이력으로 관리함으로써 재현성의 원칙을 보장할 수 있다. 재현성의 원칙을 지킴으로써 협업을 더 잘할 수 있고, 운영 환경과 유사한 테스트 환경을 관리할 수 있다.

6장에서는 재현성을 통해 인프라 테스트 환경을 잘 구축할 수 있는 방법을 설명한다. 테스트 인프라의 생산 미러링^{mirroring production}부터 신규 인프라를 배포해 이전 인프라를 대체하는 블루–그린 배포^{blue-green deployment}에 이르기까지 재현성의 원칙을 실무에 적용해 테스트 및 인프라 업그레이드에 활용할 수 있다.

1.3.2 멱등성

일부 IaC는 **반복성**repeatability을 포함하고 있는데, 이는 동일한 자동화를 실행하고 일관적인 결과를 얻는 것을 의미한다. 나는 IaC는 엄격한 요구사항이 필요하다고 주장한다. 자동화를 실행할 경우 인프라 자원은 동일한 **종료 상태**end state를 가져야 한다. 자동화를 작성하는 목표는 결국 여러 번 자동화를 실행하더라도 동일한 결과를 얻는 능력을 갖기 위함이다.

IaC가 좀 더 엄격한 요구사항이 필요한 이유를 고려해 보자. 네트워크 인터페이스를 설정하고 재부팅하는 스크립트를 작성한다고 가정해 보자. 스크립트를 실행하면 네트워크 스위치가 인터페이스를 설정하고 네트워크를 재부팅한다. 이 스크립트를 버전 1로 저장한다.

몇 달 후, 팀원이 스크립트를 다시 실행하도록 요청을 해서 스크립트를 실행한 결과, 네트워크를 재부팅하면서 핵심 애플리케이션 연결이 끊겼다. 이미 네트워크 인터페이스 설정을 변경했는데 스위치를 재부팅할 필요가 있을까?

네트워크 인터페이스를 이미 설정한 경우 스위치 재부팅을 방지하는 방법을 찾았다. 그림 1.8처럼 스크립트 버전 2를 생성해 if 조건문을 추가한다. 조건문은 스위치 재부팅 전에 인터페이스 설정이 완료됐는지 확인하므로, 버전 2 스크립트를 다시 실행하면 애플리케이션 연결이 끊기지 않는다.

조건문은 멱등성 원칙을 준수한다. **멱등성**은 설정을 변경하거나 드리프트가 발생하지 않는 한 인프라에 영향을 주지 않으면서 자동화를 반복 실행할 수 있도록 보장한다. 인프라 설정이나 스크립트가 동일하다면, 자동화를 여러 번 실행해도 자원의 상태나 운용성에 영향을 미치지 않는다.

> **정의** **멱등성의 원칙**은 인프라 자동화를 반복 실행해도 최종 상태에 영향을 미치거나 부작용이 발생하지 않음을 보장한다. 자동화 속성을 업데이트할 경우에만 인프라에 영향을 미치게 된다.

다음 네트워크 스크립트 사례에서처럼, IaC는 왜 멱등성의 원칙을 준수해야 할까? 앞선 예시는 네트워크가 올바르게 작동하도록 네트워크 스위치 재부팅을 방지하고자 했다. 이미 네트워크 인터페이스를 설정했는데 다시 설정할 필요가 있을까? 인터페이스를 재설정하는 경우는 인터페이스가 존재하지 않거나 변경됐을 때뿐이다.

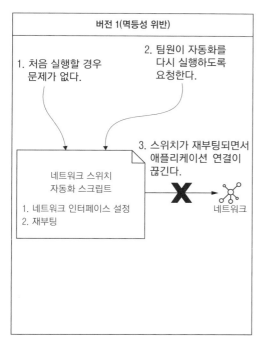
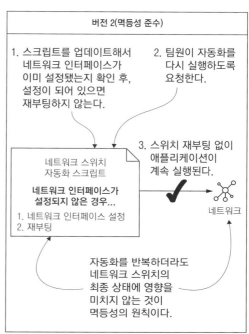

그림 1.8 버전 1 스크립트는 스크립트를 실행할 때마다 스위치를 재부팅한다. 버전 2 스크립트의 경우 스위치를 재부팅하기 전에 네트워크 인터페이스가 설정됐는지 확인하므로 네트워크 작동 상태를 보존할 수 있다.

멱등성이 없으면 자동화가 실수로 중단될 수 있다. 예를 들어 스크립트를 반복 실행해 새로운 서버를 두 배 더 생성할 수 있다. 좀 더 치명적인 경우로는 데이터베이스 변경 프로세스를 자동화하는 과정에서 핵심 데이터베이스를 제거할 수도 있다.

멱등성의 원칙을 준수하기 위해서는 스크립트의 반복 가능성과 설정을 확인해야 한다. 일반적으로는 몇 가지 **조건문**을 추가해 자동화 프로세스 실행 전 설정이 예상되는 설정과 일치하는지 확인해야 한다. 조건문을 사용하면 필요한 경우에만 설정을 변경함으로써 인프라 운영에 영향을 미칠 수 있는 부작용을 방지할 수 있다.

멱등성의 원칙을 고려한 자동화 설계는 시스템의 최종 상태를 보존할 수 있는 로직을 추가하도록 유도함으로써 위험을 낮춘다. 자동화가 실패해 시스템 장애가 일어날 경우, 조직은 자동화의 위험성을 인식하게 돼 자동화를 진행하고 싶어하지 않는다. 11장에서 자동화 변경사항을 미리 확인하고 안전하게 변경사항을 적용하는 방법을 배울 때 멱등성의 원칙을 지침으로 삼게 될 것이다.

1.3.3 결합성

도구나 설정에 관계없이, 어떠한 인프라 컴포넌트라고 할지라도 자유롭게 조합할 수 있어야 한다. 또한 전체 시스템에 영향을 미치지 않으면서 개별 설정을 업데이트해야 한다. 앞선 두 가지 요구사항은 3장과 4장에서 자세히 다룰 모듈화 및 인프라 간 의존성 분리를 장려한다.

예를 들어 사용자가 hello-world.com을 통해 접근하는 애플리케이션의 인프라를 구축한다고 가정해 보자. 안전한 운영 환경 배포가 가능하도록 설정하는 최소 인프라 자원은 다음과 같다.

- 서버
- 로드 밸런서
- 서버용 사설 네트워크^{private network}
- 로드 밸런서용 공용 네트워크^{public network}
- 사설 네트워크 트래픽을 외부로 보내는 라우팅 규칙
- 공개 트래픽을 로드 밸런서로 분산하는 라우팅 규칙
- 로드 밸런서 트래픽을 서버로 보내는 라우팅 규칙
- hello-world.com 도메인 이름

이러한 설정을 처음부터 작성할 수도 있지만, 만약 인프라 컴포넌트를 묶어서 시스템을 설정할 수 있는 **모듈**을 찾았다면 어떨까? 다음을 생성하는 몇 가지 모듈을 찾았다고 가정해 보자.

- 네트워크(사설 및 공용 네트워크, 사설 네트워크 트래픽을 보내는 게이트웨이, 트래픽을 사설 네트워크 외부로 내보내는 라우팅 규칙)
- 서버
- 로드 밸런서(도메인 이름, 로드 밸런서 트래픽을 서버로 보내는 라우팅 규칙)

그림 1.9에서는 운영 환경을 구축하기 위해 네트워크, 서버 그리고 로드 밸런서 모듈을 선택한다. 이후 좀 더 고성능의 로드 밸런서가 필요함을 알게 되어 좀 더 많은 트래픽을 처리할 수 있도록 기존 로드 밸런서를 고성능의 로드 밸런서로 교체한다. 교체 과정에서도 서버와 네트워크는 사용자에게 영향을 주지 않도록 작동한다.

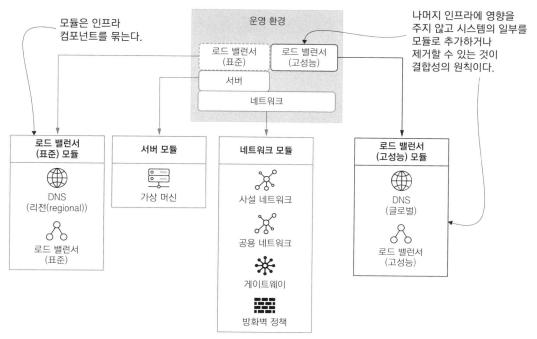

그림 1.9 운영 환경 인프라를 모듈화함으로써 고성능 로드 밸런스와 같은 신규 자원을 쉽게 추가할 수 있다.

팀원은 한 발 더 나아가 로드 밸런서, 서버 혹은 네트워크에 영향을 주지 않으면서 데이터베이스를 환경에 추가할 수도 있다. 여러분은 **결합성**의 원칙을 준수하며 다양한 조합의 인프라 자원을 묶고 선택한다.

> **정의** **결합성**은 다양한 인프라 자원을 조합할 수 있도록 보장하고, 인프라 자원 간 영향을 주지 않으면서 자원을 업데이트할 수 있도록 보장한다.

인프라 설정의 결합성이 높을수록, 좀 더 적은 노력으로 새로운 시스템을 구축할 수 있다. 인프라 설정 요소를 결합해 IaC를 구축한다고 생각해 보자. 전체 시스템을 흔들지 않으면서 하위 인프라 자원을 업데이트하거나 발전시키고 싶을 것이다. IaC의 결합성을 고려하지 않을 경우, 복잡한 인프라 시스템의 알 수 없는 의존성 때문에 변경이 실패할 위험성이 있다.

결합성의 원칙을 준수하는 것만으로도 조직의 성장과 팀원의 시스템과 안정적으로 상호 작용하는 데 기여한다. 3장과 4장에서는 인프라를 좀 더 모듈화하여 구축하고 결합성을 개선하는 데 도움을 주는 몇 가지 패턴을 다룬다.

1.3.4 진화 가능성

시스템의 확장과 성장을 위해 설정 최적화를 너무 빨리 하거나 불필요하게 진행하면 안 된다. 인프라 설정 및 아키텍처는 시간이 지나면서 대부분 바뀌기 때문이다.

초기에 인프라 자원의 이름을 example로 지었다가 나중에 production으로 변경해야 할 수 있다. 수백 개의 태그, 이름, 의존 관계인 자원 등을 찾고 변경하는 작업은 많은 노력이 필요하다.

변경사항을 적용할 때 몇 가지 필드를 변경하는 것을 잊어버렸다는 사실을 알게 되고, 인프라 변경은 실패하고 만다. 미래에 진화할 이름과 태그, 다른 메타데이터를 고려해 이름 대신 변수를 생성하고, 인프라 설정이 해당 변수를 참조하도록 한다. 그림 1.10에서는 전역 변수인 NAME을 업데이트하면 전체 시스템에 변경사항이 전파된다.

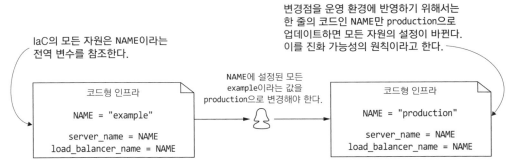

그림 1.10 최상위 변수를 선언하고 자원 이름으로 사용하면 일일이 인스턴스 이름을 찾아 바꾸지 않아도 된다.

예시는 너무 간단해 보이는데, 이름을 변경하는 것이 왜 중요할까? **진화 가능성**의 원칙을 준수하는 IaC는 시스템 변경에 필요한 노력(시간, 비용) 및 변경 실패의 위험성을 최소화한다.

> **정의** **진화 가능성의 원칙**은 인프라 변경에 들어가는 노력과 실패의 위험성을 최소화하면서 시스템 성장 및 확장을 고려한 인프라 자원 변경을 보장한다.

시스템 진화는 이름 변경 같은 작은 변화에서부터, 구글 클라우드 빅테이블^{Google Cloud Bigtable}을 아마존 일래스틱 맵리듀스^{EMR, Elastic Map Reduce}로 교체하는 인프라 아키텍처상의 큰 변화를 포함한다. 교체에 필요한 애플리케이션의 경우 두 공용 클라우드를 지원하고, 미래에 전망이 좋은 오픈소스 분산 데이터베이스인 아파치 HBase를 사용할 경우 데이터베이스 엔드포인트^{endpoint}만 변경해도 된다.

IaC 진화를 고려해 두 공용 클라우드에 대응하는 데이터베이스 엔드포인트를 설정함으로써 무대 뒤에서 두 환경에 부합하는 애플리케이션을 확보하고 업데이트를 완료한다. 아마존 웹 서비스^{AWS, Amazon Web Services}의 데이터베이스를 테스트한 후, 애플리케이션 사용 시 활용할 수 있도록 엔드포인트를 설정한다.

> **참고** 이 책은 아키텍처 진화 이론에 대해 완벽히 다루지 않으며, 더 자세히 알고 싶다면 변경사항을 고려해 인프라 아키텍처를 구축하는 방법을 다루는 닐 포드(Neal Ford)의 『진화적 아키텍처(Building Evolutionary Architectures)』(한빛미디어, 2023) 책을 적극 추천한다.

그동안 시스템을 변경하기 위한 패턴과 사례를 사용하지 않았었다면 시스템 진화가 어려울 수 있다. 유용한 IaC는 미래의 진화에 기여하는 기술에 초점을 맞춘다. 이 책은 진화 가능성을 유지하면서도 핵심 시스템 변경 시 미치는 영향을 최소화할 수 있는 패턴을 보여준다.

1.3.5 네 가지 원칙 적용

재현성, 멱등성, 결합성, 진화 가능성의 정의는 세부적으로는 다르게 보이지만, 모두 인프라 아키텍처를 제한하고 많은 IaC 도구의 동작을 정의하는 데 유용하다. IaC 네 가지 원칙에 모두 부합해야 회사의 확장, 협업 향상 및 변화를 이끌어 낼 수 있다. 그림 1.11은 네 가지 중요한 원칙 및 정의를 요약하고 있다.

IaC 작성 시 네 가지 원칙을 모두 준수하는지 확인해 보자. 원칙을 준수하면 더 적은 노력으로 IaC 작성 및 공유가 가능하고 시스템 변경의 영향을 최소화할 수 있다. 원칙을 준수하지 않을 경우 인프라 자원 업데이트를 방해하거나, 잠재적인 장애 영향 범위가 넓어질 수 있다.

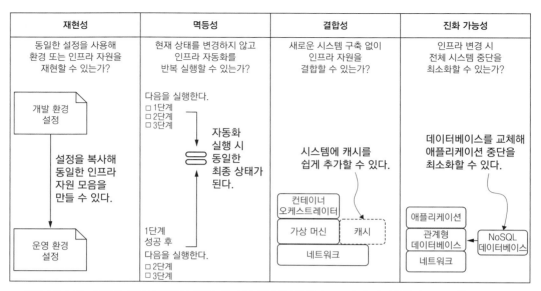

재현성	멱등성	결합성	진화 가능성
동일한 설정을 사용해 환경 또는 인프라 자원을 재현할 수 있는가?	현재 상태를 변경하지 않고 인프라 자동화를 반복 실행할 수 있는가?	새로운 시스템 구축 없이 인프라 자원을 결합할 수 있는가?	인프라 변경 시 전체 시스템 중단을 최소화할 수 있는가?

그림 1.11 IaC는 재현성, 멱등성, 결합성, 진화 가능성을 만족시켜야 한다. IaC가 네 가지 원칙에 모두 부합하는지 스스로에게 질문할 수 있다.

IaC를 사용할 때, 설정이나 도구가 원칙에 부합하는지 다음과 같은 질문을 통해 확인해 보자.

- 도구를 사용해 전체 환경을 재구축할 수 있는가?
- 설정을 변경하기 위해 도구를 재실행하면 어떻게 되는가?
- 다양한 설정 요소^{snippet}를 조합해 새로운 인프라 컴포넌트 모음을 만들 수 있는가?
- 도구가 다른 시스템에 영향을 주지 않고 인프라 자원이 진화할 수 있는 기능을 제공하는가?

이 책은 원칙을 사용해 이러한 질문에 답하면서 회복 탄력성과 확장성을 고려해 인프라를 테스트, 업그레이드 및 배포하는 데 필요한 기술을 제공한다.

실습 1.1

조직 내 인프라 스크립트나 설정을 선택하여 IaC 원칙을 준수하는지 평가하자. 해당 스크립트나 설정이 재현성을 촉진하고 멱등성을 사용하며, 결합성에 기여하고 진화 가능성을 용이하게 하는가?

정답은 부록 B를 참고하자.

1.4 왜 코드형 인프라를 사용하는가?

IaC는 일반적으로 데브옵스 사례로 여겨지나 전체 조직에 데브옵스를 적용하지 않아도 사용할 수 있다. 변경 실패율을 낮추고 평균 복구 시간^{MTTR, Mean Time To Resolution}을 줄일 수 있도록 인프라를 관리함으로써 운영자일 경우 주말에 더 많은 휴식을, 개발자의 경우 업무 시간 중 코드 작성에 더 많은 시간을 할애할 수 있다. 필요하지 않을 것 같아도 IaC를 사용해야 하는 이유가 몇 가지 있다.

1.4.1 변경 관리

특정 인프라를 변경했는데 누군가가 문제가 생겼다고 보고하면 가슴이 철렁할 수 있다. 조직은 단계 및 검토로 이뤄진 **변경 관리**^{change management}를 통해 변경사항이 운영에 영향을 미치는 것을 방지하고자 한다. 변경 관리 프로세스는 종종 변경 검토 위원회를 소집해 변경점을 확인하거나, 시스템 반영 시간을 제한하기도 한다.

> **정의** **변경 관리**는 운영 환경에 변경사항 적용 후 장애가 발생하는 것을 방지하기 위해 회사에서 수행하는 일련의 단계 및 검토 내용을 간략하게 설명한다.

그러나 모든 변경사항에서 위험 요소를 없앨 수는 없다. 하지만 IaC 원칙을 적용해 인프라를 모듈화하고(3장) 변경사항을 순차적으로 적용함으로써(11장) 변경의 위험을 낮추고 영향 범위를 제한할 수 있다.

이전에 변경의 위험을 낮추기 위해 IaC를 사용해야 한다는 직감을 무시한 적이 있었다. 서버에 새로운 이진 파일을 배포해야 했고, 파일에 의존 관계를 가진 서비스를 재시작해야 했다. 스크립트를 작성한 후 동료에게 검토를 부탁한 뒤, 스크립트 실행을 승인하도록 변경 검토 위원회에 요청했다. 주말에 변경사항을 적용한 후, 월요일에 출근하자 재조정 애플리케이션 서버가 밤새 내려갔었다는 메시지를 받았다. 동료가 원인을 추적한 결과, 내 스크립트에 존재하는 의존성과 오래된 운영체제가 서로 호환되지 않는 문제임을 확인했다.

돌이켜 보면 IaC가 변경의 위험을 줄일 수 있었는데, RICE 원칙을 변경에 적용하니 다음과 같은 내용을 잊고 있었음을 깨달았다.

- **재현성**: 다양한 서버 상황을 모방하는 테스트 인스턴스에서 스크립트를 재현하지 않았다.
- **멱등성**: 명령을 실행하기 전에 운영체제를 확인하는 로직을 스크립트에 포함하지 않았다.
- **결합성**: 영향 범위를 좀 더 작고 덜 중요한 서버에 영향을 미치도록 제한하지 않았다.
- **진화 가능성**: 최신 운영체제로 서버를 업데이트하지 않았고 인프라 간 존재하는 편차를 줄이지 않았다.

편차를 줄이면 실제 설정이 자동화 프로세스에서 사용되는 설정과 일치하게 된다. 이 경우 변경점의 직관성과 적용 과정에서의 신뢰성을 높이게 되며, 인프라 진화 및 위험도 감소에 기여한다. 7장에서는 IaC를 변경 관리 프로세스에 어떻게 적용할지에 대해 다룬다.

1.4.2 시간 투자 대비 수익

IaC 도입과 시간 투자의 정당성을 입증하는 것은 특히 사용하는 기기나 하드웨어가 적절한 자동화 인터페이스를 갖고 있지 않은 경우 어려울 수 있다. 또한 연 1회나 10년에 한 번 실행하는 작업을 자동화하기 위해 투자하는 시간의 정당성을 입증하기 어려울 수도 있다. IaC는 적용에 추가적인 시간이 소요되나, 장기적으로는 변경 시간을 줄일 수 있다. 어떻게 가능할까?

10대의 서버에서 동일한 패키지를 업데이트해야 한다고 상상해 보자. IaC 없이 진행할 경우 수동으로 로그인해 패키지를 업데이트하고 모든 것이 올바르게 작동하는지 확인한 후 발견된 오류를 수정한 다음, 다음 작업으로 진행할 것이다. 평균적으로 전체 서버 변경에 10시간 정도 걸렸다.

그림 1.12는 IaC로 수행하지 않은 변경의 경우 늘 일정한 수준의 노력이 필요한 것을 보여준다. 만일 추가적인 변경사항이 있을 경우 시스템을 고치거나 변경하는 데 몇 시간을, 변경이 실패할 경우 며칠에 걸쳐 시스템을 고치기 위해 노력해야 할 수도 있다.

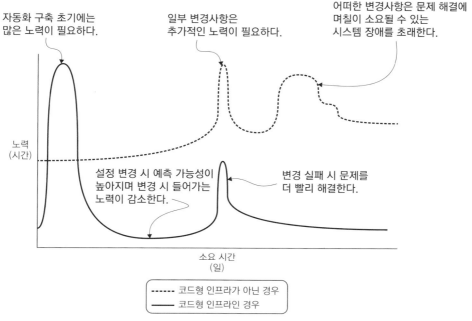

자동화 구축 초기에는
많은 노력이 필요하다.

일부 변경사항은
추가적인 노력이 필요하다.

어떠한 변경사항은 문제 해결에
며칠이 소요될 수 있는
시스템 장애를 초래한다.

노력
(시간)

설정 변경 시 예측 가능성이
높아지며 변경 시 들어가는
노력이 감소한다.

변경 실패 시 문제를
더 빨리 해결한다.

소요 시간
(일)

---- 코드형 인프라가 아닌 경우
—— 코드형 인프라인 경우

그림 1.12 IaC는 초기 자동화에는 많은 노력이 필요하지만 이후 시간이 지남에 따라 더 적은 노력이 든다. IaC가 없으면 변경 적용에 걸리는 시간 편차가 클 수 있다.

서버 변경용 IaC를 작성하는 데 시간을 투자하기로 결정(그림 1.12의 실선)할 경우, 서버의 설정 드리프트를 줄이는 데 약 40시간 정도가 걸린다. 초기 시간 투자 이후에는 변경사항을 적용하기 위해 모든 서버를 변경하는 데 5분 미만의 시간이 걸린다.

IaC 도입에 필요한 시간과 노력의 관계를 왜 이해해야 할까? 문제를 예방하면 문제 해결에 들어가는 노력을 줄일 수 있기 때문이다. IaC가 없으면 주요 시스템 장애를 해결하기 위해 몇 주 단위의 노력이 필요할 수도 있다. 문제를 해결하기 위해 수동 변경사항을 역추적하거나 특정 변경사항을 원복해야 할 수도 있고, 최악의 경우 처음부터 신규 시스템을 다시 구축하면서 몇 주의 시간을 보낸다.

IaC 작성에 들어가는 초기 노력이 과도해 보이더라도 시간을 투자해야 한다. 장기적으로는 실패한 설정을 디버깅하거나 고장 난 시스템을 복구하는 데 필요한 시간이 감소함으로써 시간을 절약하는 데 유용하다. 어느 날 시스템이 완전히 망가지더라도, IaC를 실행해 인프라를 쉽게 재현할 수 있다.

자동화와 테스트는 변경의 결과를 예측 가능하게 하고 변경 실패의 영향 범위를 제한하며 변경 실패율과 평균 복구 시간을 낮춘다. 인프라 시스템이 진화하고 확장함에 따라, 책에서 다루는 테스트 방법을 적용해 시스템 변경 실패율을 개선하고 향후 시스템 변경 부담을 줄일 수 있다.

1.4.3 지식 공유

IaC는 인프라 아키텍처와 설정을 공유함으로써 휴먼 오류^{human error}를 줄이고 신뢰성을 향상하는 데 도움을 준다. 예전 네트워크 엔지니어가 비활성 데이터 센터(백업용) 네트워크 스위치를 변경하기 위한 IaC를 작성할 필요가 없다며, 그가 작성한 설정을 한 번만 적용하면 다시는 건드릴 필요가 없기 때문에 불필요하다고 말했다.

네트워크 엔지니어는 스위치 설정 후 얼마 되지 않아 조직을 떠났다. 이후 규정을 준수하기 위해 비활성 데이터 센터를 활성 상태로 전환해야 했다. 공황 상태에서, 스위치 설정을 역공학^{RE, Reverse Engineer}하기 위해 서둘렀다. 네트워크 연결을 파악하고, 스위치 설정을 재작업해 IaC 형태로 관리하는 데 대략 2개월이 걸렸다.

작업이 불명확하거나 인프라 설정 팀이 한 명뿐이라고 하더라도, 인프라 설정을 '코드'로 접근하기 위해 시간과 노력을 투자하는 것은 인프라 시스템과 팀이 확장에 발맞춰 인프라가 진화하는 데 도움이 될 수 있다. 누군가가 장애를 보고하거나 새로운 팀원에게 서버 설정을 알려줄 때, 장애에 대응하거나 가르쳐 주는 시간보다 불명확한 스위치를 어떻게 설정했는지 기억하는 데 더 많은 시간을 보낸다는 것을 알게 된다.

작업을 '코드'로 작성하는 **코드 문서화**^{code as documentation}를 통해 인프라의 예상 상태와 시스템 아키텍처를 전달한다.

> **정의** **코드 문서화**는 코드를 통해 소프트웨어나 시스템의 의도를 추가적인 문서 참조 없이도 알 수 있도록 보장한다.

시스템에 익숙하지 않은 사람은 인프라 설정을 분석하고 그 의도를 이해해야 한다. 실용적인 측면에서 모든 코드를 참고 문서로 활용할 수는 없으나 코드는 인프라 아키텍처와 시스템에 기대되는 내용의 대부분을 반영해야 한다.

1.4.4 보안

IaC 설정에 보안상 위험이 있는지 감지하고 체크하는 것은 개발 초기 단계에 보안 문제점을 강조할 수 있다. 이를 **원점 회귀 보안**^{shifting security left}이라고 한다. 보안 검사를 초기 프로세스에 통합하면 이후 시스템 운영 시 취약점을 적게 발견할 수 있다. 8장에서 보안 패턴과 사례에 대해 더 배울 수 있다.

예를 들면, 개발 프로세스에서는 누구나 읽고 쓸 수 있도록 객체 저장소에 대한 접근 권한을 일시적으로 늘릴 수 있다. 이를 운영 환경에 반영할 경우, 저장소에 있는 일부 객체를 모두가 읽고 쓸 수 있다. 이것은 단순한 실수처럼 보이지만, 해당 저장소에 고객 정보가 들어 있으면 심각한 영향을 미친다.

> **참고** 보안이 취약한 인프라 설정의 더 많은 사례를 찾으려면, 객체 저장소를 잘못 설정해 운전 면허 정보를 노출한 기사나 기본 비밀번호를 사용해 수백만 명의 신용카드 정보가 유출된 기사를 검색해 볼 수 있다. 일부 보안 위반사항은 정당할 수 있으나, 대부분의 경우 보안에 취약한 설정으로 인해 발생한다. 잘못된 설정을 처음부터 방지하는 조직은 설정을 점검하고 접근 제어를 감시하며, 영향 범위를 평가하고 보안 침해를 빠르게 해결할 수 있다.

IaC는 설정을 단일화해 접근 제어를 단순화한다. IaC를 사용하면 설정을 테스트함으로써 객체 저장소가 공개 접근을 허용하지 않도록 보장할 수 있다. 또한 운영 환경을 검사함으로써 정책이 특정 객체에 읽기 권한만 부여하는 것을 검증할 수 있다. 방화벽 정책과 같은 데이터센터의 보안 정책도 IaC로 표현할 수 있고, 감시 기능을 통해 알려진 소스에서만 인바운드^{inbound} 연결을 허용하도록 보장할 수 있다.

보안 침해 발생 시 IaC를 사용해 설정을 점검하고, 접근 제어를 신속하게 감시해 영향 범위를 평가하고 침해를 해결할 수 있다. 모든 종류의 변경사항을 만들기 위해 동일한 IaC 사례를 사용할 수 있으며, 이 책에서 IaC 원칙을 준수해 인프라를 감시하고 안전하게 만드는 몇 가지 사례를 발견할 수 있다.

1.5 도구

IaC를 다양한 자원에 적용할 수 있기 때문에, 사용하는 도구 또한 방대하다. 대부분의 도구는 각자 다른 기능과 동작을 보여주지만 크게 다음과 같은 세 가지 사용 사례를 보여준다.

- 프로비저닝provisioning
- 설정 관리configuration management
- 이미지 빌딩image building

이 책은 인프라 자원 모음을 배포하고 관리하는 데 사용하는 프로비저닝 도구에 초점을 맞춘다. 그러나 프로비저닝과의 접근 방식 차이를 강조하기 위해 설정 관리 및 이미지 빌딩에서 사용하는 부가 설명과 예제도 추가했다.

1.5.1 책에서 소개하는 사례

도구나 플랫폼에 구애받지 않는 구체적인 예제를 만드는 것은 어려웠다. 패턴과 방법을 소개하는 책이기에, 도구의 로직을 재작성하지 않고 일반 프로그래밍 언어로 개념을 표현하는 방법을 찾아야 했다.

파이썬과 테라폼

그림 1.13은 코드 목록과 예제의 워크플로를 보여준다. 자세한 내용은 기술 구현을 상세히 설명하는 부록 A를 참고하기 바란다. 파이썬Python으로 코딩해 공용 클라우드 및 다른 인프라 제공 업체에서 사용하는 프로비저닝 도구인 하시코프 테라폼HashiCorp Terraform용 제이슨 JSON, JavaScript Object Notation 파일을 생성했다.

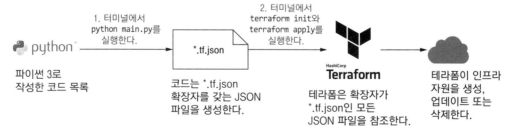

그림 1.13 이 책의 예제는 파이썬을 사용해 테라폼이 사용할 수 있는 JSON 파일을 생성한다.

`python run.py` 명령어를 실행해 파이썬 스크립트를 실행하면, 코드는 테라폼에 맞는 구문을 사용하는 *.tf.json 파일 확장자를 가진 JSON 파일을 생성한다. 그런 다음 *.tf.json 파일이 있는 디렉토리로 이동해 `terraform init` 및 `terraform apply` 명령어를 실행해 자원을 생성할 수 있다. 파이썬 코드가 불필요한 추상화를 추가하는 것처럼 보이지만, 플랫폼과 도구에 관계없이 구체적인 예제를 제공할 수 있도록 보장한다.

이 워크플로의 복잡성은 무의미해 보이나 두 가지 목적을 달성한다. 먼저 파이썬 파일은 프로그래밍 언어로 패턴과 사례를 적용하는 일반화된 구현 방법을 제공한다. JSON 설정 파일은 추상화하지 않고 도구를 사용해 자원을 생성하고 실행할 수 있도록 한다.

> **참고** 책의 전체 코드는 깃허브(https://github.com/joatmon08/manning-book)에서 확인할 수 있다.

코드 예제를 이해하기 위해 파이썬이나 테라폼을 깊게 알 필요가 없다. 예제를 실행해 자원을 생성하고 싶다면, 테라폼 또는 파이썬의 입문 학습을 통해 구문과 명령어를 배우는 것을 추천한다.

> **참고** 테라폼과 파이썬에 관한 다양한 자료를 찾을 수 있다. 스콧 윙클러(Scott Winkler)가 쓴 『Terraform in Action』(Manning, 2021), 나오미 시더(Naomi R. Cedar)의 『The Quick Python Book』(Manning, 2018), 레우벤 러너(Reuven M. Lerner)의 『Python Workout』(Manning, 2020)을 확인하기 바란다.

구글 클라우드 플랫폼

출판 시점에는 AWS나 마이크로소프트 애저$^{Microsoft\ Azure}$가 더 인기가 많은 클라우드였지만, 구글 클라우드 플랫폼$^{GCP,\ Google\ Cloud\ Platform}$을 다음 세 가지 이유로 인해 사용하기로 결정했다. 첫째, GCP는 비슷한 아키텍처를 구현하는 데 전반적으로 더 적은 자원이 필요하기에 예제가 장황해지는 것을 줄이고 설정 대신 패턴과 접근법에 중점을 맞출 수 있다.

둘째, GCP 서비스 이름이 좀 더 직관적이고 일반적인 인프라 용어를 사용한다. 데이터 센터에서 일한다면, GCP 서비스가 무엇을 생성하는지 알 수 있다. 예를 들어, 구글 클라우드의 SQL은 SQL 데이터베이스를 생성한다. 예제를 실행하면 GCP의 다음 자원을 사용하게 된다.

- 네트워킹(네트워크, 로드 밸런서, 방화벽)
- 연산

- 관리 대기열(Pub/Sub)

- 저장소(클라우드 저장소)

- 신원 및 접근 관리IAM, Identity and Access Management

- 쿠버네티스 제품(쿠버네티스 엔진과 클라우드 Run)

- 데이터베이스(클라우드 SQL)

각 서비스의 세부 사항을 알 필요는 없다. 위 서비스를 인프라 자원 간 존재하는 의존성 관리를 보여주기 위해 사용했으며, 머신러닝machine learning과 같이 각 클라우드 플랫폼마다 다른 전문 서비스를 사용하는 것을 지양했다.

AWS와 애저에서 사용하기

각 예제는 특정 패턴과 기술을 더욱 확고하게 하기 위해 AWS와 애저의 유사 서비스에 대한 부가 설명을 포함하고 있다. 여러분이 사용하는 클라우드에 예제를 적용하기 위해서는 일부 언어나 의존성을 업데이트해야 할 수 있다. 예를 들어 네트워크의 경우 GCP는 내장 게이트웨이를 포함해 네트워크를 생성할 수 있지만, AWS에서는 명시적으로 게이트웨이를 구축해야 한다.

일부 예제는 AWS에서 사용할 수 있는 코드(https://github.com/joatmon08/manning-book)를 제공한다. 부록 A에서 AWS나 애저를 설정해서 예제를 실행하기 위한 좀 더 많은 정보를 찾을 수 있다.

GCP용 예제를 작성한 세 번째 이유는 비용 때문이다. GCP는 무료 체험판을 제공한다. GCP로 새 계정을 만들면 최대 $300(출판 당시 기준)까지 무료 프로그램을 추가 비용 없이 사용할 수 있다. 기존 계정은 무료 등급free usage tier 서비스를 사용할 수 있다.

구글 클라우드 플랫폼 사용하기

GCP의 무료 프로그램에 관한 자세한 정보는 https://cloud.google.com/free 웹 페이지를 참조하자.

모든 예제를 실행하기 위해 별도의 GCP 프로젝트를 생성하는 것을 추천한다. 별도의 프로젝트로 기존 자원과 분리된 자원을 사용하면 실습 후 프로젝트와 자원만 삭제하면 된다. http://mng.bz/e7QG에서 GCP 프로젝트 생성 학습 내용을 확인하자.

1.5.2 프로비저닝

프로비저닝 도구^{provisioning tool}는 공용 클라우드, 데이터 센터 또는 호스팅된 모니터링 솔루션 등 서비스 제공 업체를 위한 인프라 자원 모음을 생성 및 관리한다. **제공 업체**^{provider}는 인프라 자원을 제공하는 데이터 센터, IaaS, PaaS 또는 SaaS를 의미한다.

> **정의** **프로비저닝 도구**는 공용 클라우드, 데이터 센터 또는 호스팅된 모니터링 솔루션을 위한 인프라 자원 모음을 생성 및 관리한다.

일부 프로비저닝 도구는 특정 서비스 제공 업체와만 작동하며, 다른 도구는 여러 제공 업체에서 사용할 수 있다(표 1.1).

표 1.1 프로비저닝 도구 및 제공 업체

도구	제공 업체
AWS 클라우드포메이션(AWS CloudFormation)[2]	아마존 웹 서비스(Amazon Web Services)
구글 클라우드 배포 관리자(Google Cloud Deployment Manager)	구글 클라우드 플랫폼(Google Cloud Platform)
애저 리소스 관리자(Azure Resource Manager)	마이크로소프트 애저(Microsoft Azure)
바이셉(Bicep)[3]	마이크로소프트 애저
하시코프 테라폼(HashiCorp Terraform)	다양함(전체 목록은 www.terraform.io/docs/providers/index.html 참고)
플루미(Pulumi)[4]	다양함(전체 목록은 www.pulumi.com/docs/intro/cloud-providers/ 참고)
AWS 클라우드 개발 키트(AWS Cloud Development Kit)	아마존 웹 서비스
쿠버네티스 매니페스트(Kubernetes manifests)	쿠버네티스(컨테이너 오케스트레이터)

---

2   AWS에서 지원하는 코드형 인프라 서비스다. - 옮긴이
3   선언적 구문을 사용해 애저 자원을 배포하는 도메인 특정 언어다. - 옮긴이
4   테라폼과 유사한 코드형 인프라 플랫폼이다. - 옮긴이

대부분의 프로비저닝 도구는 시스템 변경사항을 미리 확인하고 인프라 자원 간 의존성을 표현할 수 있는 **드라이 런**dry run[5] 기능을 제공한다.

정의 **드라이 런**은 자원을 변경하기 전에 전에 인프라에 대한 예상 변경사항을 분석하고 출력한다.

예를 들어, 네트워크와 서버 간 의존성을 표현할 수 있다. 네트워크를 변경하면 프로비저닝 도구가 서버도 변경될 수 있음을 보여준다.

1.5.3 설정 관리

설정 관리configuration management 도구는 서버 및 컴퓨터 시스템이 원하는 상태에서 실행되도록 보장한다. 대부분의 설정 관리 도구는 서버 설치 및 유지보수와 같은 장치 설정 기능이 탁월하다.

정의 **설정 관리** 도구는 호스팅되는 패키지와 속성을 위한 서버 또는 자원 모음을 설정한다.

예를 들어, 데이터 센터에 10,000대의 서버가 있다면 보안 팀이 승인한 특정 버전의 패키지가 모든 서버에서 실행되는 것을 어떻게 보장할 수 있을까? 1만 대의 서버에 로그인해 수동으로 검토 명령어를 입력하는 것은 확장성이 없다. 설정 관리 도구를 사용해 서버를 설정할 경우, 한 번의 명령어를 통해 10,000대의 서버를 검토하고 패키지 업데이트를 실행할 수 있다.

이러한 문제를 해결하기 위한 일부 설정 관리 도구 목록은 다음과 같다.

- 셰프Chef[6]
- 퍼펫Puppet[7]
- 레드햇 앤서블Red Hat Ansible[8]
- 솔트Salt[9]
- CF엔진CFEngine[10]

5 　실제 변경 이전에 기능을 수행해 보는 사전 수행을 의미한다. – 옮긴이
6 　오픈소스 클라우드 설정 관리 도구다. – 옮긴이
7 　루비(Ruby) 기반의 설정 관리 도구다. – 옮긴이
8 　파이썬 기반의 설정 관리 도구다. – 옮긴이
9 　파이썬 기반의 설정 관리 도구다. – 옮긴이
10 　독립형 오픈소스 설정 관리 도구다. – 옮긴이

이 책은 프로비저닝 도구와 다중 제공자 시스템 관리에 중점을 두지만, 인프라 테스트, 업데이트 및 보안 설정 관리 사례에 대해서도 다룰 것이다. 설정 관리는 서버 및 네트워크 인프라 조정을 도울 수 있다.

> **참고** 사용하고자 하는 설정 관리 도구에 대한 추가 정보를 얻고자 한다면 도구의 디자인적 접근 방법에 특화된 세부 가이드를 제공하는 책을 읽거나 학습하기를 권장한다.

더 혼란스럽게도, 일부 설정 관리 도구가 데이터 센터와 클라우드의 통합을 제공한다는 사실을 알 수 있다. 따라서 사용하던 설정 관리 도구를 프로비저닝 도구로 사용하는 것을 고려할 수 있다. 기존 설정 관리 도구를 사용하는 것도 가능하나, 인프라 자원 간 의존성을 다루기 위해 다른 디자인적 접근 방식을 갖고 있기에 이상적이지 않을 수 있다. 다음 장에서 이 뉘앙스의 차이를 탐구한다.

1.5.4 이미지 빌딩

서버를 생성할 때는 운영체제가 포함된 머신 이미지를 지정해야 한다. **이미지 빌더**^{image builder}는 컨테이너든 서버든 상관없이 애플리케이션 실행에 사용하는 이미지를 빌딩한다.

> **정의** **이미지 빌더**는 컨테이너 또는 서버와 같은 애플리케이션 실행을 위한 머신 이미지를 빌딩한다.

대부분의 이미지 빌더는 런타임 환경과 빌드 대상을 지정할 수 있다.

표 1.2는 몇 가지 도구가 지원하는 런타임 환경, 빌드 대상 및 플랫폼을 설명한다.

표 1.2 이미지 빌더 및 제공 업체 예시

도구	실행 환경	빌드 대상
하시코프 패커(HashiCorp Packer)[11]	컨테이너와 서버	다양함(전체 목록은 www.packer.io/docs/builders 참고)
도커(Docker)	컨테이너	컨테이너 레지스트리
EC2 이미지 빌더(EC2 Image Builder)	서버	아마존 웹 서비스
애저 VM 이미지 빌더(Azure VM Image Builder)	서버	마이크로소프트 애저

---

11 미국의 오픈소스 소프트웨어 회사의 범용 이미지 빌딩 도구다. – 옮긴이

이 책에서는 이미지 빌더에 대해 자세하게 논의하지 않는다. 그러나 6~8장에서 테스트, 배포 및 규정 준수를 설명할 때 이미지 빌딩에 대한 부가 설명이 있다. 2장에서는 이미지 빌더의 접근 방식을 결정하는 중요한 패러다임인 불변성에 대해 배우게 된다.

그림 1.14는 이미지 빌딩, 설정 관리 및 프로비저닝 도구가 어떻게 함께 작동하는지 보여준다. 새로운 서버 설정을 배포하는 과정은 보통 설정 관리 도구를 사용해 기초를 구축하거나 서버 설정이 정확한지 테스트하는 것부터 시작한다.

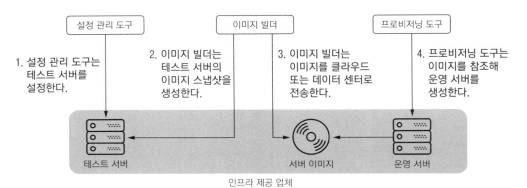

그림 1.14 각 유형의 IaC 도구는 설정부터 이미지 생성 및 배포에 이르기까지 서버 인프라 자원의 수명 주기에 기여한다.

원하는 서버 설정을 만든 후, 이미지 빌더를 사용해 버전과 런타임 기준으로 이미지를 보존한다. 마지막으로, 프로비저닝 도구가 이미지 빌더의 스냅샷을 참조해 원하는 설정을 갖는 신규 운영 서버를 생성한다.

이 워크플로는 IaC 도구를 사용해 서버를 관리하고 배포하는 이상적인 종단적 접근법을 나타낸다. 그러나 인프라는 복잡할 수 있으며 워크플로를 모든 사례에 적용할 수는 없다. 다양한 인프라 시스템과 의존성으로 인해 프로비저닝이 복잡해지므로, 이 책에서는 해당 부분에 중점을 두었으며 프로비저닝 도구를 사용해 예제를 작성했다.

요약

- 인프라는 애플리케이션을 운영 환경에 제공하거나 배포하는 소프트웨어, 플랫폼 또는 하드웨어다.

- 코드형 인프라는 신뢰성, 확장성 및 보안을 달성하기 위해 인프라를 자동화하는 데브옵스 사례다.

- IaC의 원칙은 재현성, 멱등성, 결합성, 진화 가능성이다.

- IaC 원칙을 따르면 변경 관리 프로세스를 개선하고, 장기적으로 실패한 시스템 복구에 들어가는 시간을 줄이며, 지식과 맥락 정보를 공유하고, 인프라 보안을 구축할 수 있다.

- IaC 도구는 프로비저닝, 설정 관리 그리고 이미지 빌더를 포함한다.

2

코드형 인프라 작성

2장에서 다루는 내용

- 현재 인프라 상태가 인프라 재현성에 미치는 영향
- 가변 변경으로 인한 인프라 드리프트 감지 및 복구
- 재현 가능한 코드형 인프라 작성을 위한 모범 사례 적용 방법

hello-world 애플리케이션 개발 환경을 만들었다고 가정해 보자. 컴포넌트가 필요할 때마다 추가하면서 환경을 유기적으로 구축했다. 궁극적으로는 사용자가 공개적으로 접근할 수 있는 운영 환경에 설정을 재현해야 하고 고가용성을 위해 세 리전으로 확장해야 한다.

이러한 운영 환경을 구축하기 위해서는 신규 네트워크에 방화벽, 로드 밸런서, 서버, 데이터 베이스를 생성하고 업데이트해야 한다. 그림 2.1은 운영 환경에 필요한 방화벽, 로드 밸런서, 서버, 데이터베이스 및 컴포넌트가 포함된 개발 환경의 복잡성을 보여준다.

그림 2.1은 개발과 운영 환경 간의 차이점도 제시한다. 운영 설정은 세 서버를 구축함으로써 높은 고가용성을 제공하고, 방화벽 정책을 확장해 모든 HTTP 트래픽을 허용해야 하며, 서 버가 데이터베이스에 연결하기 위해 좀 더 엄격한 방화벽 정책을 필요로 한다. 모든 차이점 을 검토하고 나면, 변경사항을 가장 쉽고 최선의 방법으로 수행하기 위한 많은 궁금증이 생 길 수 있다.

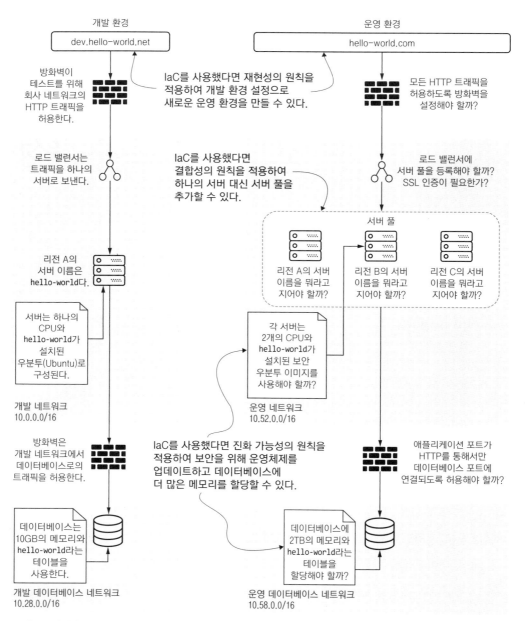

그림 2.1 개발 환경 기반으로 운영 환경을 만들 때는 새로운 인프라 설정에 대한 많은 질문에 답하고 개발 환경의 기능을 역공학해야 한다.

왜 코드형 인프라가 **개발** 환경에 없으면 **운영** 환경을 구축하는 데 영향을 미치는지 궁금할 수 있다. 첫 번째 이유는 인프라 자원을 쉽게 **재현**할 수 없기 때문이다. 1주일 분량의 수동 설정 내용을 역공학하는 대신 IaC를 사용하면 설정 일부를 복사 & 붙여넣기 하고 운영 환경에 맞게 수정하면 된다.

둘째, 인프라 자원을 새로운 자원과 쉽게 **결합**할 수 없다. 운영 환경에 단일 서버 대신 서버 풀이 필요할 경우, 인프라 모듈을 생성하면 모듈을 벽돌처럼 사용해 설정을 처음부터 업데이트하지 않고 여러 서버를 만들 수 있다.

마지막으로, 특정 요구사항에 맞게 운영 환경이 쉽게 **진화**할 수 없다. 운영 환경은 안전한 운영체제와 더 큰 데이터베이스 같은 인프라 자원이 필요하다. 개발 환경에서 실행하지 않은 설정이 되게끔 수동으로 조정해야 한다.

두 가지 방법을 사용해 이러한 어려움을 극복하고 재현성, 결합성 및 진화 가능성을 개선할 수 있다. 첫째, 수동으로 설정한 인프라를 IaC로 이전하는 방법이 필요하다. 둘째, 재현성과 진화 가능성을 증진하기 위해 IaC를 깔끔하게 작성해야 한다.

이 장의 첫 번째 부분은 IaC 작성 및 기존 인프라를 코드로 이전하기 위한 기본 개념을 설명한다. 두 번째 부분은 코드 위생^{code hygiene}을 인프라에 적용하는 내용을 다룬다. 이러한 사례를 결합하면 재현 가능한 IaC를 작성하고 시스템의 미래와 진화를 위한 기반을 마련하는 데 유용하다.

2.1 인프라 변화 표현

1장에서 언급했듯이 IaC는 변경을 자동화한다. 많은 변경사항을 복제하고 자동화하려면 많은 노력이 필요하다. GCP에 서버를 프로비저닝하고 관리하기 위해 일반적으로는 다음과 같은 변경을 하게 된다.

1. 콘솔, 터미널 또는 코드를 사용해 GCP에 서버를 생성한다.
2. GCP 서버를 확인하여 올바른 사양, 예를 들어 운영체제가 우분투 18.04 버전인지 확인한다.[1]

---

1 저자가 작업할 당시의 우분투 버전으로, 해당 버전은 2023년 5월 장기지원(LTS)이 종료됐다. – 옮긴이

3. 공개 접근이 가능한 네트워크 주소에 로그인하여 GCP 서버를 업데이트한다.

4. 더 이상 필요하지 않은 GCP 서버를 삭제한다.

좀 더 복잡한 업데이트를 수행하거나, 다른 환경에 서버를 재현하려면 다음과 같은 단계를 수행한다.

1. 서버를 생성한다.

2. read 명령어를 사용해 서버가 이미 존재하는지 확인한다.

3. 로그인이 필요한 경우 서버를 업데이트한다.

4. 더 이상 필요하지 않은 서버를 삭제한다.

어떤 자원을 자동화하든, 변경 작업을 CRUD인 생성^{create}, 조회^{read}, 업데이트^{update}, 삭제^{delete}로 나눌 수 있다. 인프라 자원을 생성하고, 메타데이터를 검색하여 속성을 변경하고, 필요하지 않을 경우 삭제한다.

참고 일반적으로 '서버 읽기' 활동을 명시적으로 기록하지는 않는다. 기록은 일반적으로 자원 생성이나 업데이트를 검증하기 위한 읽기 단계를 내포하고 있다.

CRUD를 사용하면 인프라를 특정 단계별로 자동화할 수 있다. 이러한 **명령형 방식**^{imperative} ^{style}은 인프라 설정 방법을 설명하며, 일종의 설명서로 생각할 수 있다.

정의 **명령형** IaC는 인프라 자원을 단계별로 설정하는 방법을 설명한다.

명령형 방식은 직관적으로 보이지만, 시스템 변경이 늘어날수록 확장이 어렵다. 예전에는 개발 환경을 기반으로 새로운 데이터베이스 환경을 생성해야 했었다. 2년간 개발 환경에 적용된 200가지의 변경점을 재구성하기 시작했다. 각 변경 요청은 자원 생성, 변경 삭제가 필요한 일련의 단계가 되었는데 1달 반 동안 변경사항을 다 적용했음에도 기존 개발 환경과 여전히 다른 환경이 만들어졌다.

번거롭게 모든 단계를 다시 진행하는 대신, 도구를 사용해 현재 개발 환경의 상태를 기반으로 새 데이터베이스 환경을 만들고 싶었다. 대부분의 IaC는 **선언형 방식**$^{declarative\ style}$을 사용해 환경을 재현하는 편이 더 수월함을 알 수 있다. 선언형 방식은 인프라 자원의 최종 상태를 설명한다. 도구가 인프라 자원을 설정하는 데 필요한 단계를 결정한다.

선언형 IaC는 인프라 자원의 최종 상태를 설명한다. 자동화와 도구가 사용자의 지식 없이 최종 상태를 달성하는 방법을 결정한다.

선언형 IaC는 몇 가지 단계를 거친다. 먼저 인벤토리 소스^{inventory source}를 검색하여 데이터베이스 서버에 대한 정보를 얻는다. 그런 다음, 데이터베이스 IP 주소를 얻는다. 마지막으로, 얻은 정보를 활용하여 설정을 작성한다.

버전 관리에 명시된 설정이 인프라의 **진실 공급원**^{source of truth}이 된다. 목표를 달성하지 못할 수도 있는 일련의 단계를 설명하는 대신, 새로운 데이터베이스 환경의 최종 상태를 선언한다.

인프라 **진실 공급원**은 인프라 시스템 상태 정보를 일관되고 단일하게 구조화한다.

모든 변경은 인프라 진실 공급원에서 실행한다. 그러나 이상적인 환경에서도(예: 7장의 깃옵스 ^{GitOps}) 시간이 지남에 따라 수동 변경으로 인한 설정 드리프트가 발생할 수 있다. 선언형 방식을 사용하고 진실 공급원을 생성함으로써 인프라 변경 시 불변성을 사용해 실패 위험을 낮출 수 있다.

실습 2.1

다음 인프라 설정이 명령형 또는 선언형 방식을 사용하는가?

```
if __name__ == "__main__":
    update_packages()
    read_ssh_keys()
    update_users()
    if enable_secure_configuration:
        update_ip_tables()
```

정답은 부록 B를 참고하자.

2.2 불변성 이해하기

어떻게 설정 드리프트를 방지하고 빠르게 인프라를 재현할 수 있을까? 이는 변경에 대한 생각을 바꾸는 것에서 시작한다. 예를 들어 파이썬 2가 설치된 서버를 생성한다고 가정해 보자. 서버에 로그인하여 서버 재시작 없이 스크립트를 변경하고 파이썬을 업그레이드할 수 있다. 서버를 재부팅하지 않고 서버를 직접 변경함으로써 서버를 **가변 인프라**^{mutable infrastructure}
로 다룰 수 있다.

> **정의** **가변 인프라**는 인프라 자원을 재생성하거나 서버 재부팅 없이 직접 업데이트할 수 있는 인프라를 의미
> 한다.

그러나 서버를 가변 인프라로 다룰 경우 문제가 발생한다. 서버에 있는 다른 패키지는 파이
썬 3에서 동작하지 않을 수 있다. 모든 패키지를 업데이트하고 서버를 망가뜨리기보다는, 파
이썬 3와 동작하는 패키지로 구성된 '새로운' 서버를 생성하도록 업데이트 스크립트를 변경
할 수 있다. 그런 다음 구 파이썬 2 서버를 삭제할 수 있다.

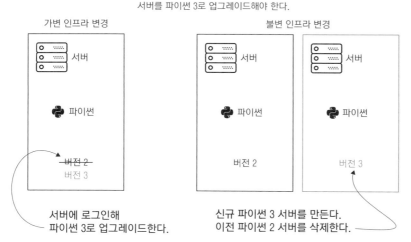

그림 2.2 서버에 로그인하여 파이썬 패키지 버전을 업데이트하는 경우에는 서버를 가변적으로 다룬다. 반면에 파이썬
3로 업그레이드된 새로운 서버를 생성하여 이전 서버와 교체하는 것은 서버를 불변적으로 다룬다.

새 스크립트는 서버를 **불변 인프라**^{immutable infrastructure}로 다루며, 인프라를 직접 업데이트하지
않고 기존의 인프라를 새로운 인프라로 교체할 수 있다. **불변성**^{immutability}은 자원 생성 후 설
정을 변경하지 않는 것을 뜻한다.

> **정의** **불변 인프라**는 인프라 설정 변경 시 새로운 자원을 생성해야 하며, 자원 생성 후 수정하지 않는 것을
> 의미한다.

서버 업데이트를 두 가지 방식으로 처리하는 이유는 일부 변경사항은 자원을 망가뜨릴 수 있기 때문이다. 실패 위험을 줄이기 위해 불변성을 활용하여 변경사항이 포함된 전체 자원을 새로 생성하고 기존 자원을 제거할 수 있다.

불변성은 변경사항에 대한 일련의 생성 및 삭제 과정에 의존한다. 신규 자원 생성 시 IaC에 명시된 자원과 일치하는 인프라가 만들어짐으로써 드리프트(실제와 예상되는 설정의 차이)를 완화할 수 있다. 불변성은 서버 자원을 넘어 서버리스 함수 또는 전체 인프라 클러스터까지 확대할 수 있다. 기존 자원을 업데이트하는 대신 변경사항이 반영된 신규 자원을 생성하여 교체하도록 선택할 수 있다.

> **참고** 머신 이미지 빌더는 불변 인프라 개념으로 작동한다. 서버 업데이트 시 빌더가 생성하고 제공하는 신규 머신 이미지가 필요하다. IP 주소 등록과 같은 서버 수정사항은 이미지 빌더에서 정의한 시작 스크립트에 매개변수로 전달해야 한다.

불변성을 강제 적용하면 변경 방식에 영향을 미친다. 새로운 자원을 생성할 때 재현성의 원칙이 필요하다. 결과적으로 IaC는 변경 시 불변성을 적용하는 데 적합하다. 예를 들어, 방화벽을 업데이트할 때마다 신규 방화벽을 생성할 수 있다. 신규 방화벽은 누군가가 IaC가 아닌 방식으로 추가한 수동 정책을 무효화함으로써 보안을 강화하고 드리프트를 줄인다.

또한 불변성은 시스템 가용성을 촉진하고 핵심 애플리케이션의 장애를 완화한다. 기존 자원을 변경하는 대신 신규 자원을 생성하면 변경점은 신규 자원에만 적용되기에, 문제 발생 시 영향 범위를 제한할 수 있다. 이 부분은 9장에서 더 자세히 다룬다.

그러나 불변성은 때로 시간과 노력을 대가로 지불해야 한다. 그림 2.3은 가변 인프라와 불변 인프라의 영향을 비교한다. 서버를 가변 자원으로 다룰 경우, 직접 변경함으로써 파이썬의 영향을 제한한다. 파이썬 업데이트는 전체 서버의 상태 중 일부에만 영향을 미친다. 서버를 불변 자원으로 다룰 경우 '전체' 서버의 상태를 교체하기에 서버에 의존하는 모든 자원에 영향을 미친다.

이때 불변성을 위해 전체 상태를 교체하는 것은 가변 인프라 변경보다 시간이 '오래' 걸릴 수 있다. 모든 인프라를 항상 불변 자원으로 다룰 수는 없다. 수만 대의 서버를 불변 방식으로 처리할 경우, 모든 서버를 재생성하는 데 며칠이 걸린다. 장애가 발생하지 않는다면 직접 변경하는 작업은 하루 만에 끝날 수 있다.

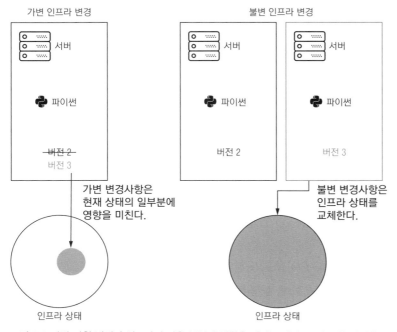

그림 2.3 가변 자원 변경이 인프라의 작은 부분에 영향을 미치는 반면, 불변 자원 변경은 전체 자원 상태를 대체한다.

상황에 따라 인프라를 가변적 또는 불변적으로 다룰 것이다. 불변 인프라는 시스템 전반에 걸친 잠재적인 장애 위험을 완화하는 데 도움이 되며, 가변 인프라는 변경 속도가 빠르다. 시스템을 고쳐야 할 경우 인프라를 종종 가변적으로 다루는데, 어떻게 인프라 특성을 변경할 수 있을까?

2.2.1 대역 외 변경사항 교정

인프라를 변경할 때마다 새로운 자원을 매번 배포할 수는 없다. 때론 변경사항의 범위나 영향력이 작아 보일 수 있으며, 해당 변경사항을 가변적으로 처리하기로 결정한다.

친구와 커피숍에서 만난다고 가정해 보자. 친구가 유제품이 들어가지 않은 카푸치노를 주문했는데 바리스타가 실수로 우유를 추가했다면, 우유가 전체 컵에 영향을 미치기 때문에 새 카푸치노를 만들어야 한다. 친구가 5~10분을 더 기다리는 동안 나는 커피를 주문하며 우유와 설탕을 추가한다. 이 경우 설탕이 충분하지 않다면 설탕을 더 넣기만 하면 된다.

불변적인 친구의 카푸치노를 바꾸는 것보다, 가변적인 내 커피를 변경하는 시간이 더 적게 걸린다. 마찬가지로 가변 자원을 변경하는 데는 시간, 노력 및 비용이 훨씬 적게 소모된다. 일시적으로 인프라를 가변 자원으로 다룰 경우에는 **대역 외 변경**^{out-of-band change}을 수행한다.

정의 **대역 외 변경**은 불변 인프라를 일시적으로 가변 인프라로 처리하여 빠르게 변경한다.

불변성을 위반하여 대역 외 변경을 수행하면 변경 시간은 줄어들지만, 미래의 다른 변경에 영향을 미칠 위험성이 증가한다. 대역 외 변경을 수행한 후 진실 공급원을 업데이트하여 불변 인프라로 돌아와야 하는데 이 복구 프로세스를 어떻게 시작할 수 있을까?

대역 외 변경을 실행할 때는 실제 상태와 원하는 상태를 조화시켜야 한다. 그림 2.4의 서버 예제에 이를 적용해 보자. 먼저 서버에 로그인하여 파이썬 3로 업그레이드한다. 이후 버전 관리에서 새로운 서버가 파이썬 3를 설치하도록 설정을 변경한다. 실제 서버 상태와 버전 관리 내 진실 공급원의 설정이 일치하게 된다.

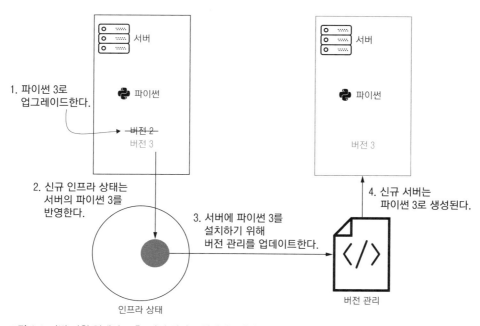

그림 2.4 가변 자원 업데이트 후, 버전 관리도 업데이트하여 대역 외 변경사항을 반영해야 한다.

왜 대역 외 변경사항을 IaC에 업데이트해야 할까? 1장에서 살펴봤듯이 수동 변경 시 재현성에 영향을 미칠 수 있음을 기억하자. 가변 인프라의 변경사항을 미래의 불변 인프라로 전환하여 재현성을 보존하는 것이 중요하다. 대역 외 변경사항을 IaC에 추가한 후, 변경사항을 내 서버에 반복 배포하더라도 아무것도 변경되지 않아야 한다. 이러한 동작은 멱등성을 준수한다.

많은 가변 변경사항을 적용했다면 인프라 상태와 진실 공급원을 계속 조화시켜야 한다. 재현성을 증진하기 위해 불변성을 **우선시**해야 한다. 커피 예시처럼 바리스타는 설탕 통을 가변적인 커피에 쏟게 되더라도 늘 음료를 교체할 수 있어야 한다. 조직의 변경 절차를 사용해 대역 외 변경을 제한하고 업데이트 사항이 IaC 설정과 일치하도록 보장하는 것을 권장한다. 실패한 가변 변경을 수정하기 위해 불변 인프라 구성을 언제든지 사용할 수 있다.

실습 2.2

다음 중 불변성 원칙의 혜택을 받는 변경사항은 무엇인가? (해당하는 답을 모두 고르시오.)

    A. IP 주소를 적게 갖도록 네트워크 축소하기

    B. 관계형 데이터베이스에 열(column) 추가하기

    C. 기존 DNS 항목에 새 IP 주소 추가하기

    D. 서버 패키지를 하위 호환되지 않는 버전으로 업데이트하기

    E. 인프라 자원을 다른 리전으로 이전하기

정답은 부록 B를 참고하자.

2.2.2 코드형 인프라로 이전하기

IaC를 통한 불변성은 버전 관리를 통해 인프라 설정을 진실 공급원으로 관리하고 미래에 재현하는 것을 용이하게 한다. 불변성 준수는 매번 새로운 자원을 생성하는 것을 의미한다. 이는 활성 자원이 없는 **그린필드**greenfield2 환경에 적합하다.

---

2   기존 인프라가 없는 상황에서 새로운 환경을 만드는 경우를 뜻한다. – 옮긴이

그러나 대부분의 조직은 활성 서버, 로드 밸런서 및 네트워크가 존재하는 **브라운필드**brownfield 3 환경을 갖고 있다. 이전 장의 예제는 hello-world라는 브라운필드 개발 환경을 포함하고 있다. 여러분은 직접 인프라 업체가 제공하는 환경에 접속하여 일련의 자원을 수동으로 만들었다.

일반적으로, 브라운필드 환경은 인프라를 가변적으로 취급한다. 가변적인 인프라를 수동으로 변경하는 관행을 불변적인 IaC가 자동으로 업데이트하는 방식으로 변경해야 한다. 인프라 환경 자원을 불변성으로 이전하는 방법은 무엇일까?

hello-world 개발 환경을 불변적인 IaC로 이전해 보자. 시작하기 전에 환경에 존재하는 인프라 자원 목록을 작성한다. 목록은 네트워크, 서버, 로드 밸런서, 방화벽, DNSDomain Name System 항목을 포함한다.

기본 인프라

이전하기 위해 다른 자원이 필요로 하는 기본 인프라를 찾는다. 예를 들어 모든 인프라 자원은 개발 환경 네트워크에 의존한다. 그렇기에 서버, 로드 밸런서, 데이터베이스를 실행하는 기반인 네트워크, 데이터베이스 IaC부터 작성한다. 네트워크가 코드로 존재하지 않으면 네트워크에서 실행되는 모든 자원을 재구성할 수 없다.

그림 2.5에서는 터미널을 사용해 인프라 제공 업체의 애플리케이션 프로그래밍 인터페이스 API, Application Programming Interface에 접근한다. 터미널 명령어는 개발 데이터베이스 네트워크 및 개발 네트워크의 이름, IP 주소 범위(클래스리스 도메인 간 라우팅Classless Inter-Domain Routing, 즉 CIDR 블록)를 출력한다. 각 네트워크의 이름과 CIDR 블록을 IaC에 복사하여 각 네트워크를 재구성한다.

IaC에서 네트워크를 역공학하고 재현해야 하는 이유는 무엇일까? IaC를 네트워크의 실제 자원 상태와 정확하게 일치시켜야 한다. 일치하지 않으면 **드리프트**drift가 발생하며, IaC가 실수로 네트워크(및 그 위에 있는 모든 것)를 망가뜨릴 수 있다!

---

3   기존 시스템을 고려하면서 새로운 환경을 만드는 경우를 뜻한다. – 옮긴이

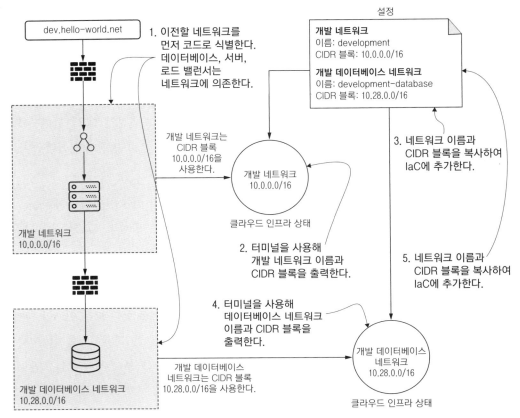

그림 2.5 데이터베이스와 서버 네트워크를 역공학하고, 설정을 코드로 작성하자.

가능하다면, 자원을 IaC 상탯값으로 가져와야 한다. 이미 존재하는 자원을 프로비저닝 도구가 인식할 수 있도록 해야 한다. 가져오기 단계는 기존 자원을 IaC 관리로 이전한다. 네트워크 자원 이전을 완료하려면 IaC를 다시 실행하고 드리프트가 없는지 확인한다.

많은 프로비저닝 도구는 자원을 가져오는 기능이 있다. 클라우드포메이션[CloudFormation]은 resource import 명령어를, 테라폼은 terraform import 명령어를 제공한다.

프로비저닝 도구 없이 IaC를 작성하면 직접 가져오기 기능이 필요하지 않다. 대신, 새로운 자원을 생성하기 위해 코드를 작성한다. 때로는 재현성을 사용해 새로운 자원을 생성하는 것이 더 쉽다. 새로운 자원을 쉽게 만들 수 없는 경우, 자원이 존재하는지 확인하는 조건문을 포함하여 코드를 작성한다.

그림 2.6은 네트워크를 재구성하고 자원을 불변적으로 이전할 수 있는 프로비저닝 도구를 사용할 수 있는지 결정하는 전체 의사결정 워크플로를 보여준다.

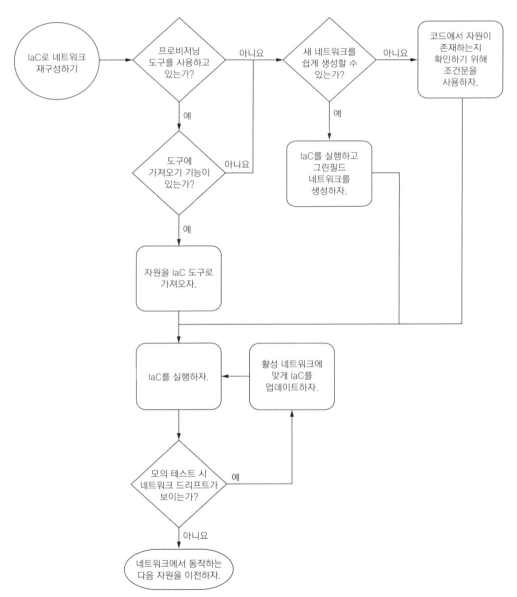

그림 2.6 이 의사결정 워크플로는 어떻게 프로비저닝 도구를 사용해 인프라를 가져올지, 자원을 재생성할지 또는 조건문을 작성하여 자원을 확인한 후 가져올지 결정하는 데 도움을 준다. 어떤 방식을 선택하더라도 IaC를 다시 실행하고 드리프트를 조정해야 한다.

다이어그램은 새 자원을 생성하거나 기존 자원에 대한 조건문을 작성하는 데 고려해야 할 사항을 포함한다. 이전 작업 중에 IaC를 여러 번 실행하여 드리프트를 확인한다.

불변성으로 이전하기 위한 의사결정 워크플로가 왜 이렇게 많을까? 모든 방법은 재현성, 멱등성 및 결합성 원칙을 준수한다. IaC의 자원을 가능한 한 정확하게 재현하려고 한다. 자원을 가져올 수 없더라도 최소한 새로운 자원을 재현할 수는 있다.

또한 코드를 다시 실행하는 것은 멱등성의 원칙을 사용해 불필요한 경우 자원을 재생성하지 않는 것을 보장한다. 드리프트를 조정하면 멱등성의 원칙은 현재 활성 네트워크를 변경하지 않아야 한다. 마찬가지로 결합성을 통해 자원을 각각 이전하면서 시스템을 방해하지 않을 수 있다.

다른 자원을 작업하는 동안 의사결정 워크플로를 기억하고 IaC로 이전하는 각 자원에 적용하여 이전을 완료할 수 있다. 10장에서 IaC를 리팩토링할 때 의사결정 워크플로의 일부를 다시 활용한다.

기본 인프라에 의존하는 자원

기본 네트워크 인프라 재구축 후 서버 및 기타 컴포넌트를 작업할 수 있다. 터미널을 사용해 hello-world 서버의 속성을 출력해 보면 우분투 운영체제와 하나의 CPU를 사용해 리전 A에서 실행되고 있음을 확인할 수 있다. 서버 사양을 설정에 기록하면서 개발 네트워크에 대한 의존성에 주목한다. 마찬가지로 터미널을 사용해 데이터베이스가 10GB의 메모리를 사용하는 것을 알아낸 뒤 IaC에 복사하고 개발 데이터베이스 네트워크 사용을 기록한다. 그림 2.7은 서버 및 데이터베이스를 코드로 이전하는 과정을 보여준다.

네트워크를 사용하는 두 번째 자원 모음을 이전하려고 한다. 결합성을 사용해 인프라 자원을 분리하고 자원별 업데이트를 수행할 수 있다. 하위 인프라의 작은 변경사항은 대규모 시스템 장애를 예방하는 데 유용하다. 7장에서 작은 인프라 변경사항을 배포하는 방법을 더 자세히 배울 예정이다.

다음 자원 모음으로 이동하기 전에 IaC를 실행하고 드리프트를 확인하여 이전을 완료해야 한다. 네트워크, 서버, 데이터베이스의 IaC에 변경사항이 없음을 보장해야 한다. 드리프트가 발생한 경우 조정 후 나머지 자원(DNS, 방화벽 정책, 로드 밸런서)을 처리하면 된다.

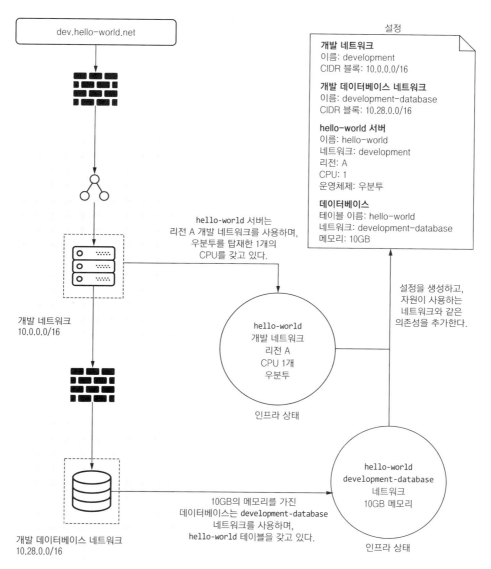

설정

개발 네트워크
이름: development
CIDR 블록: 10.0.0.0/16

개발 데이터베이스 네트워크
이름: development-database
CIDR 블록: 10.28.0.0/16

hello-world 서버
이름: hello-world
네트워크: development
리전: A
CPU: 1
운영체제: 우분투

데이터베이스
테이블 이름: hello-world
네트워크: development-database
메모리: 10GB

dev.hello-world.net

hello-world 서버는
리전 A 개발 네트워크를 사용하며,
우분투를 탑재한 1개의
CPU를 갖고 있다.

설정을 생성하고,
자원이 사용하는
네트워크와 같은
의존성을 추가한다.

개발 네트워크
10.0.0.0/16

hello-world
개발 네트워크
리전 A
CPU 1개
우분투

인프라 상태

hello-world
development-database
네트워크
10GB 메모리

인프라 상태

10GB의 메모리를 가진
데이터베이스는 development-database
네트워크를 사용하며,
hello-world 테이블을 갖고 있다.

개발 데이터베이스 네트워크
10.28.0.0/16

그림 2.7 네트워크와 같은 기본 인프라를 이전한 후 서버 및 데이터베이스 자원을 이전한다. 서버 및 데이터베이스 자원은 기본 인프라에 의존하지만 자원끼리는 서로 의존하지 않는다.

마지막으로 그림 2.8은 DNS, 방화벽 정책, 로드 밸런서 설정을 재구성한다. 해당 자원은 서버 및 데이터베이스의 기존 설정에 따라 달라지고 다른 자원이 이들에 의존하지 않는다.

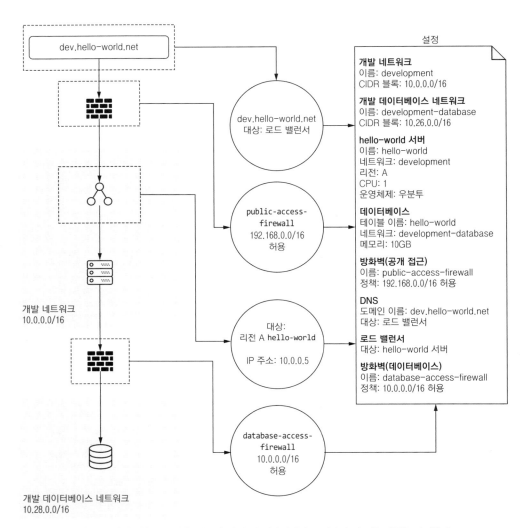

개발 네트워크
10.0.0.0/16

개발 데이터베이스 네트워크
10.28.0.0/16

설정

개발 네트워크
이름: development
CIDR 블록: 10.0.0.0/16

개발 데이터베이스 네트워크
이름: development-database
CIDR 블록: 10.26.0.0/16

hello-world 서버
이름: hello-world
네트워크: development
리전: A
CPU: 1
운영체제: 우분투

데이터베이스
테이블 이름: hello-world
네트워크: development-database
메모리: 10GB

방화벽(공개 접근)
이름: public-access-firewall
정책: 192.168.0.0/16 허용

DNS
도메인 이름: dev.hello-world.net
대상: 로드 밸런서

로드 밸런서
대상: hello-world 서버

방화벽(데이터베이스)
이름: database-access-firewall
정책: 10.0.0.0/16 허용

그림 2.8 마지막으로, 가장 적은 의존성을 갖거나 서버 및 데이터베이스 설정이 필요한 자원을 이전한다.

다양한 수준의 인프라를 재구축하는 세세한 과정을 왜 거쳐야 할까? 기존 브라운필드 환경은 일관된 진실 공급원이 없기 때문에 새로운 진실 공급원을 구축해야 한다. 인프라 자원을 설정에 추가한 후 진실 공급원을 재구축하면 IaC를 통해 브라운필드 환경을 불변 인프라로 처리할 수 있다.

예제 외의 경우에도 기본부터 최상위 자원까지 불변성으로 이전할 것이다. 이전을 시작할 때 다른 사람들이 많이 사용하는 자원을 식별하자. 네트워크, 계정 또는 프로젝트, IAM 같은 하위 수준 자원을 IaC로 작성하자.

다음으로 서버, 대기열, 데이터베이스 같은 자원을 선택한다. 방화벽, 로드 밸런서, DNS, 경고는 서버, 대기열, 데이터베이스에 의존한다. 가장 의존성이 낮은 자원은 가장 나중에 이전해도 된다. 인프라 의존성에 대해서는 4장에서 더 자세히 논의할 예정이다.

> **참고** **의존성 그래프**(dependency graph)는 인프라 자원 간 의존성을 나타낸다. 테라폼 같은 IaC 도구는 의존성 그래프를 사용해 변경사항을 구조적으로 적용한다. 자원을 이전할 때 의존성 그래프를 재구축한다. 인프라 상태를 실시간으로 매핑하고 의존성을 강조하는 도구를 조사하여 이전 작업을 쉽게 수행할 수 있다.

이전 단계

일반적으로 기존 자원을 IaC로 이전할 때 다음 단계를 따라 의존성을 평가하고 구조화한다.

1. **초기 로그인, 계정, 제공 업체 자원의 분리 구조**를 이전한다. 예를 들어 클라우드 계정 또는 프로젝트 설정, 그리고 초기 서비스 계정의 설정을 작성하여 자동화를 구현한다.

2. 이전 가능한 **네트워크, 서브네트워크, 라우팅, 루트 DNS 설정**을 이전한다. 루트 DNS 설정에 보안 소켓 레이어^{SSL, Secure Sockets Layer} 인증서를 포함할 수 있다. 나는 dev. hello-world.net 같은 하위 도메인을 준비하기 위해 루트 도메인 hello-world.net 과 SSL 인증서를 만들었다.

3. 애플리케이션 서버 또는 데이터베이스 같은 **연산 자원**^{computing resource}을 이전한다.

4. **연산 오케스트레이션 플랫폼**^{compute orchestration platform}을 사용할 경우 플랫폼과 **컴포넌트**를 이전한다. 예를 들어, 쿠버네티스 클러스터를 이전하여 서버 간 워크로드^{workload}를 스케줄링한다.

5. 연산 오케스트레이션 플랫폼을 사용하는 경우, **애플리케이션 배포를 연산 오케스트레이션 플랫폼으로** 이전한다. 예를 들어, 쿠버네티스에 배포한 hello-world 애플리케이션의 설정을 백포트^{backport}한다.

6. **메시지 대기열, 캐시** 또는 **이벤트 스트리밍 플랫폼**을 이전한다. 이러한 서비스는 재구축하기 전에 애플리케이션에 의존한다. 예를 들어, hello-world와 다른 애플리케이션 간 통신을 위해 메시지 대기열 설정을 작성한다.

7. **DNS 하위 도메인, 로드 밸런서, 방화벽**을 이전한다. 예를 들어, hello-world 애플리케이션과 해당 데이터베이스 간 방화벽 정책 설정을 다시 생성한다.

8. 자원 **경고 또는 모니터링** 자원을 이전한다. 예를 들어, hello-world 애플리케이션에 장애가 발생하면 알림을 받기 위한 설정을 다시 생성한다.

9. 마지막으로, 애플리케이션에 의존성이 없는 데이터 처리 또는 저장소와 같은 **SaaS 자원**을 이전한다. 예를 들어, GCP의 데이터 변환 작업은 데이터베이스에만 의존한다.

각 단계별로 설정을 재실행해서 초기 자원이 올바르게 이전됐는지 확인해야 한다. 첫 번째 시도에서 필요한 모든 매개변수와 의존성을 설정하는 경우는 드물다.

> **참고** 이전한 설정을 재실행해도 멱등성으로 인해 기존 인프라가 변하지 않아야 한다. 설정을 다시 적용하고 테스트를 진행해야 한다. 테스트 중 설정이 바뀌면 실제 자원 상태를 정확하게 포착하지 못한 것이다.

설정을 실행하여 결과가 바뀌면 설정을 고치는 데 시행착오가 필요하다. 따라서 각 자원 모음을 테스트하고 검증할 것을 권장한다.

불변성으로 이전하는 것은 드리프트를 줄이는 연습이다. 이 과정은 설정이 실제 상태와 크게 달라진 극단적인 상황을 보여준다. 버전 관리에 설정을 업데이트함으로써 진실 공급원과 실제 상태를 조화시킨다. 기존 자원을 새 진실 공급원으로 가져오는 프로세스는 IaC를 리팩토링하게 되는데, 이에 대해서는 10장에서 논의할 예정이다.

2.3 깨끗한 코드형 인프라 작성하기

불변성 사용 외에도, 설정을 깔끔하게 작성하여 재현성을 촉진할 수 있다. **코드 위생**code hygiene은 코드의 가독성과 구조를 향상하기 위한 일련의 관행을 의미한다.

> **정의** **코드 위생**은 코드의 가독성과 유지보수성을 향상하기 위한 일련의 관행과 스타일이다.

IaC 위생은 설정을 재사용하는 시간을 절약하는 데 유용하다. 종종 인프라 설정값이 하드코딩되어 해당 값을 복사 & 붙여넣기 혹은 편집하는 경우를 본다. 하드코딩된 값은 가독성과 재현성을 감소시킨다. 이러한 관행은 소프트웨어 개발에서 많이 나오지만, 인프라에 특화된 몇 가지 사례를 제안한다.

2.3.1 버전 관리는 맥락을 전달한다

어떻게 버전 관리를 효과적으로 사용해 재현성을 확보할 수 있을까? 버전 관리 관행을 구조화하면 설정을 빠르게 재현하고 가독성 있게 변경할 수 있다. 예를 들어, 개발 환경의 방화벽 정책을 업데이트하여 app-network에서 shared-services-network로 트래픽을 허용할 수 있다. 다음 커밋 메시지를 추가하여 접근을 허용한 이유를 설명한다.

```
$ git commit -m "앱이 대기열에 접속할 수 있도록 허용. 앱 네트워크가 대기열을 사용하기 위해 공유 서비스 네트워크에 접속해야 하며, 모든 포트가 열려야 함."
```

몇 주 후 운영 환경에 네트워크를 재현하는데, 왜 허용했는지 이유를 잊어버렸다. 커밋 기록을 검토하면서 작성한 커밋 메시시를 기억하고, 애플리케이션이 대기열에 접근해야 한다는 정보를 얻는다.

IaC 커밋 메시지를 작성할 때, 변경사항이 설정을 보여주기에 설정 자체를 설명할 필요는 없다. 대신 커밋 메시지를 사용해 변경한 이유와, 변경이 다른 인프라에 미치는 영향을 설명해야 한다.

> **참고**   이 책에서는 IaC에 특화된 버전 관리 사례를 다룬다. 버전 관리에 대해 더 알아보려면 http://mng.bz/ pOBR의 '버전 관리 시작하기(Getting Started—About Version Control)' 깃 튜토리얼을 확인하자. 좋은 커밋 메시지 작성에 관한 자세한 내용은 http://mng.bz/OoMj의 '분산형 깃: 프로젝트에 기여하기 (Distributed Git—Contributing to a Project)'를 참고하자. 두 자료 모두 스콧 샤콘(Scott Chacon)과 벤 스트라웁(Ben Straub)이 작성한 『Pro Git』(Apress, 2014) 내용이다.

메시지 추적을 위해 커밋 메시지에 이슈 번호 또는 티켓 번호를 접두사로 붙여달라는 요구사항이 있을 수 있다. 예를 들어, TICKET-002를 통해 애플리케이션과 공유 서비스 간 트래픽 허용 요청 작업을 진행할 때 커밋 메시지의 시작 부분에 티켓 번호를 추가한다.

```
$ git commit -m "TICKET-002는 앱이 대기열을 사용할 수 있도록 앱 네트워크가 공유 서비스 네트워크에 접속하도
록 허용, 모든 포트를 허용함."
```

작업 또는 티켓 정보를 커밋 메시지에 추가하면 변경사항 추적이 쉽다. 설정은 인프라 자원
의 진실 공급원이기에 설정 변경은 문서 변경이 된다. 버전 관리 또한 변경사항을 문서화하
는 메커니즘이 된다. 버전 관리 및 설정을 검토하여 변경 이력을 재구축하고 환경을 재현할
수 있다.

2.3.2 린팅 및 포맷팅

코드를 커밋하기 전에 린팅과 포맷팅을 수행하고 싶을 것이다. IaC는 공백을 빼거나, 필드명
을 잘못 사용할 경우 실행되지 않는다. 필드명이 잘못되면 오류가 발생할 수 있다. 코드를
정렬하지 않으면 설정을 잘못 읽거나, 건너뛸 수 있다.

서버 설정 시 ip_address라는 필드가 필요하다고 가정해 보자. 필드를 ip로 잘못 입력하여
나중에 IaC로 서버 생성을 할 수 없다는 사실을 알게 된 경우, 필드를 ip_address로 작성했
는지 어떻게 보장할 수 있을까?

린팅linting을 사용해 코드를 분석하여 잘못되거나 표준이 아닌 설정을 확인할 수 있다. 대부분
의 도구는 설정이나 코드 린팅을 제공한다. ip_address를 린팅하면 개발 초기에 필드 이름이
ip로 잘못 입력된 것을 포착할 수 있다.

> **정의** **린팅**은 코드 스타일을 자동으로 확인하여 비표준 설정을 감지한다.

왜 비표준 혹은 잘못된 설정을 확인해야 할까? 정확한 설정을 작성하고 중요 구문을 놓치지
않아야 한다. 도구에 린팅 기능이 없다면 프로그래밍 언어를 사용해 자체 린팅 규칙을 작성
하거나 커뮤니티 확장 기능을 사용할 수 있다. 비밀정보가 버전 관리에 커밋되지 않는 등 린
팅 규칙을 적용하여 보안 규정을 준수할 수 있다(8장 참고).

린팅 외에도 **포맷팅**formatting을 사용해 공백이나 설정 형식을 체크할 수 있다. 포맷팅은 소프
트웨어 개발 관행으로 당연하게 보일 수 있으나, IaC에서 더욱 중요하다.

> **정의** **포맷팅**은 올바른 간격 및 형식에 맞게 코드를 자동으로 정렬한다.

대부분의 도구는 프로그래밍 언어보다 상위 단계의 추상화를 제공하는 도메인 특화 언어^{DSL,} Domain-Specific Language를 사용한다. DSL은 프로그래밍 언어를 모르는 경우 진입장벽이 더 낮다. 이러한 언어는 YAML 또는 특정 형태의 JSON 형식을 사용한다. YAML 파일에서 공백을 빠뜨렸는지와 같이 포맷팅을 체크할 수 있는 도구를 사용하는 것은 유용하다.

코드를 커밋하기 전에 포맷팅 검사 버전 컨트롤 후크를 추가할 수도 있다. 예를 들어 YAML을 사용하는 클라우드포메이션으로 인프라 자원을 생성할 수 있다. 인프라 자원 필드 및 값을 검증하기 위해 AWS 클라우드포메이션 린터^{CloudFormation Linter}(http://mng.bz/YGrj)를 사용하거나 AWS 클라우드포메이션 템플릿 포맷터^{CloudFormation Template Formatter}(http://mng.bz/GEVA)로 YAML 파일의 형태를 지정한다.

매번 명령어를 입력하는 대신, 커밋 전 깃 훅^{pre-commit Git hook}을 사용해 명령어를 추가할 수 있다. 커밋을 실행할 때마다 명령어가 설정이나 형식이 정확한지 확인한 후 저장소에 변경사항을 푸시한다. 7장에서 다루는 지속적 배포 워크플로에 린팅이나 포맷팅을 추가할 수도 있다.

2.3.3 자원 이름 지정

IaC가 문서가 되면, 자원, 설정 그리고 변수를 설명하는 이름이 필요하다. 예전에 테스트를 위해 `firewall-rule-1`이라는 방화벽 정책을 생성한 적이 있었다. 2주 후 운영 환경에 방화벽 정책을 재현하고자 할 때, 왜 개발 환경에 특정 방화벽 정책을 생성했는지 기억이 나지 않았다.

돌이켜 보면 방화벽 정책 이름을 기술적으로 지었어야 했다. 결국 방화벽 정책의 IP 주소와 허용량 추적에 30분이 더 걸렸다. 이름 짓기^{naming}는 인프라가 무엇을 하고 다른 환경과 어떻게 다른지 이해하는 데 걸리는 시간에 영향을 줄 수 있다.

자원 이름은 **환경**, 인프라 **자원 유형** 및 **목적**을 포함해야 한다. 그림 2.9는 `dev-firewall-rule-allow-hello-world-to-database`로 방화벽 정책 이름이 환경(dev), 자원 유형(firewall-rule), 목적(allow-hello-world-to-database)을 모두 포함하는 것을 보여준다.

```
        자원 유형(선택사항)
           |
     ┌─────┴─────┐
dev-firewall-rule-allow-hello-world-to-database
└┬┘                └────────────┬────────────┘
환경                            목적
```

그림 2.9 자원 이름은 환경, 유형, 목적을 포함해야 한다.

왜 이름이 많은 정보를 포함해야 할까? 문제 해결, 자원 공유 및 감지를 위해 자원을 빨리 식별해야 한다. 한눈에 환경을 확인하면 인프라를 필요한 만큼만 정확하게 생성한다. 목적은 다른 사람 및 자신에게 자원의 기능을 알려준다.

자원 유형도 이름에 포함할 수 있다. 나는 일반적으로 자원 메타데이터를 통해 자원 유형을 식별하므로 이름에 유형을 추가하지는 않는다. 자원 유형을 제외하면 클라우드 업체의 글자 수 제한 내에서 이름 짓기가 용이하다. 자원의 목적이나 종류에 관한 더 많은 정보를 추가하고 싶다면 자원 태그에 추가할 수 있다(8장 참고).

> **다른 사람에게 자원 설명하기**
>
> 자원의 이름을 지을 때는 다른 사람에게 이름만으로 자원을 설명할 수 있도록 노력하자. 다른 사람이 이름을 보고 자원을 이해할 수 있다면 좋은 이름이다. 그러나 누군가가 환경이나 자원 유형에 대해 추가 질문을 한다면, 더 많은 정보가 필요한 것을 알 수 있다.
>
> 본 실습은 구체적인 설명을 위해 이름을 좀 길게 지었다. 이름을 통해 자원의 목적을 인식하면 환경을 재구축하는 소중한 시간을 절약할 수 있다.

자원 이름 외에 변수와 설정도 가능한 한 기술적으로 만들어야 한다. 많은 인프라 제공 업체는 구체적인 자원 속성 이름을 갖고 있다. AWS는 네트워크 IP 주소를 CidrBlock으로, 애저는 address_space라고 부른다.

나는 이후의 변경이나 재현을 위해 제공 업체의 문서를 찾기 쉽도록 제공 업체의 이름을 사용하는 경향이 있다. 만일 애저 설정을 cidr_block이라고 바꿀 경우 해당 매개변수를 애저에서 사용하려면 address_space로 변경해야 한다는 것과 다른 제공 업체나 환경을 위해서는 변수와 설정의 필드 이름을 더 일반적인 형태로 번역해야 한다는 것을 기억해야 한다.

2.3.4 변수와 상수

변수 이름 짓기 외에도, 어떤 값을 변수로 정해야 하는지는 어떻게 알 수 있을까? 예를 들어, hello-world 애플리케이션이 항상 8080 포트에서 실행된다고 가정해 보자. 포트를 자주 바꿀 계획이 없으므로 초기에는 application_port = 8080으로 설정하고 인프라 자원 이름 속성에 hello-world를 직접 하드코딩했다.

1년 후, 3000 포트에서 신규 hello-world 버전용 환경을 재현하게 되었다. 이름을 `hello-world-v2`로 바꾸고, `application_port`를 `3000`으로 업데이트한다. 포트를 변수로 지정하면 설정 전체에서 `application_port` 변수만 참조하면 되므로 포트 값을 한 곳에 저장할 수 있다. 나는 설정의 모든 인스턴스를 찾아 `8080`을 `3000`으로 교체하지 않아도 됨을 자축했으나 `hello-world`로 입력된 모든 인스턴스의 이름을 변경하는 데 1시간이 걸렸다.

이 예제에서는 두 유형의 입력값을 갖는다. **변수**^{variable}는 인프라 설정이 참조하는 값을 저장한다. 대부분의 경우 인프라 값은 변수를 사용해 처리하는 편이 좋다.

> **정의** **변수**는 인프라 설정이 참조하는 값을 저장한다. 새로운 자원이나 환경을 생성할 때 언제든 변수의 값을 변경하게 된다.

애플리케이션 이름인 `hello-world`는 환경, 버전, 용도에 따라 달라지기 때문에 변수로 설정해야 한다. 그러나 포트는 변하지 않는다. **상수**^{constant}는 인프라 자원이 공통으로 사용하는 값을 저장하며 환경이나 용도에 따라 변경되는 경우가 드물다.

> **정의** **상수**는 인프라 설정이 공통으로 사용하는 값을 저장하며, 자주 변경하지 않는다.

설정값을 변수나 상수로 만들 때, 값을 변경할 경우 미치는 영향이나 보안을 고려해야 하며 변경 빈도는 중요하지 않다. 인프라 의존성에 영향을 주거나 민감한 정보를 노출한다면 해당 값을 변수로 설정해야 한다. 이름 또는 환경은 항상 변수로 설정해야 한다.

상수가 적은 소프트웨어 개발과 달리, IaC는 **변수보다 상수를 사용한다**. 변수를 너무 많이 사용하는 것은 유지가 어려우므로 지양한다. 대신 로컬 변수를 정적으로 정의하여 상수로 사용할 수 있다.

예를 들어, 테라폼은 로컬 값(www.terraform.io/docs/language/values/locals.html)을 상수로 사용한다. 일반적으로 운영체제, 태그, 계정 식별자 또는 도메인 이름을 상수로 사용한다. 인프라 제공 업체의 표준 네트워크 유형을 설명하기 위해 사용하는 `internal` 또는 `external` 같은 값도 상수가 될 수 있다.

2.3.5 의존성 매개변수화

서버를 생성할 때는 서버가 사용하는 네트워크를 지정해야 한다. 초기에는 네트워크 이름을 development로 하드코딩해서 표현한다. 설정을 읽으면 서버가 어떤 네트워크를 사용하는지 정확히 알 수 있다.

하지만 네트워크를 운영 환경에 재현해야 할 때가 되면, 설정에 존재하는 development를 전부 찾아서 production으로 변경해야 한다. 심지어 development를 여러 곳에서 참조하고 있기에 오랜 시간이 걸리는 지루한 작업이 된다.

코드 예제

다른 환경, 네트워크로 서버를 재현할 수 있도록 GCP 네트워크를 변수로 처리한다. 네트워크 이름을 변수로 전달하면, 참조하는 모든 서버 네트워크 이름이 바뀐다. 코드 2.1처럼 네트워크 이름을 변수로 전달해 보자.

코드 2.1 네트워크를 매개변수로 전달하기[*]

```
import json

def hello_server(name, network):                                    ❶
    return {
        'resource': [
            {
                'google_compute_instance': [                        ❷
                    {
                        name: [
                            {
                                'allow_stopping_for_update': True,
                                'zone': 'us-central1-a',
                                'boot_disk': [
                                    {
                                        'initialize_params': [
                                            {
                                                'image': ubuntu-2004-lts'
                                            }
                                        ]
                                    }
                                ]
                            }
                        ],
```

```python
                                'machine_type': 'f1-micro',
                                'name': name,
                                'network_interface': [
                                    {
                                        'network': network                  ❸
                                    }
                                ],
                                'labels': {
                                    'name': name,
                                    'purpose': 'manning-infrastructure-as-code'
                                }
                            }
                        ]
                    }
                ]
            }
        ]
    }

if __name__ == ""__main__"":
    config = hello_server(name='hello-world', network='default')          ❹

    with open('main.tf.json', 'w') as outfile:                             ❺
        json.dump(config, outfile, sort_keys=True, indent=4)               ❺
```

❶ 이름과 네트워크 매개변수를 hello_server() 함수에 전달한다.

❷ 테라폼의 google_compute_instance를 사용해 서버를 설정한다.

❸ 'network' 변수에 매개변수 네트워크 값을 저장한다.

❹ 스크립트 실행 시 네트워크 매개변수를 default로 설정한다.

❺ 서버 객체 JSON 파일을 만들고 테라폼으로 실행한다.

*옮긴이 주석

저자의 깃허브 저장소(https://github.com/joatmon08/manning—book)를 보면, 서버 인스턴스 생성 시 OS 버전을 우분투 18.04 lts 버전 기준으로 작성했다. 그러나 역자가 저자의 저장소에 적힌 OS 버전인 우분투 18.04 lts를 기준으로 코드 실습을 했던 시점에는 해당 버전으로 GCP에 서버 인스턴스 생성이 되지 않아 오류가 발생하여 코드 검증을 할 수 없었다. 이에, 우분투 20.04 lts 버전으로 OS 버전을 바꿔서 코드 검증을 진행했다. 그래서 해당 코드는 우분투 20.04 lts 기준으로 검증이 진행되었으나, GCP에서 지원하는 OS 버전을 확인하여 다른 OS로 진행해도 무방하다. gcloud compute images list 명령어를 입력하여 GCP에서 지원하는 OS 이미지를 선택하여 실습해 보는 것도 추천한다. 이 내용은 이 책에서 이후 서술될 모든 코드에도 공통적으로 해당되는 내용이다.

왜 이름과 네트워크를 변수로 전달해야 할까? 종종 환경에 따라 이름과 네트워크를 변경하므로 해당 값을 매개변수화하면 재현성과 결합성 준수에 유용하다. 이 경우 충돌 걱정 없이 신규 자원을 다른 네트워크에 생성하고 여러 자원을 구축할 수 있다.

예제 실행하기

hello-world 서버를 생성하기 위해 예제를 단계별로 실행한다. 예제에 필요한 도구는 1장을, 사용 방법에 대한 내용은 부록 A를 참조한다. 실행 단계는 다음과 같다.

1. 터미널에 명령어를 입력하여 파이썬 스크립트를 실행한다.

   ```
   $ python main.py
   ```

   명령어는 *.tf.json 확장자 파일을 생성한다. 테라폼은 파일 확장자를 자동으로 검색하여 자원을 생성한다.

2. 터미널에서 파일 목록을 나열하여 파일이 존재하는지 확인한다.

   ```
   $ ls *.tf.json
   ```

   출력 결과는 다음과 같아야 한다.

   ```
   main.tf.json
   ```

3. 터미널에서 GCP에 로그인한다.

   ```
   $ gcloud auth login
   ```

4. 사용할 GCP 프로젝트를 `CLOUDSDK_CORE_PROJECT` 환경 변수로 설정한다.

   ```
   $ export CLOUDSDK_CORE_PROJECT=<당신의 GCP 프로젝트>
   ```

5. 터미널에서 GCP 플러그인을 검색하기 위해 테라폼을 초기화한다.

```
$ terraform init
```

출력 시 다음을 포함해야 한다.

```
Initializing the backend...

Initializing provider plugins...

- Finding latest version of hashicorp/google...
- Installing hashicorp/google v3.58.0...
- Installed hashicorp/google v3.58.0 (signed by HashiCorp)

Terraform has created a lock file .terraform.lock.hcl to
record the provider selections it made above.
Include this file in your version control repository
so that Terraform can guarantee to make the same
selections by default when
you run "terraform init" in the future.

Terraform has been successfully initialized!

You may now begin working with Terraform. Try running
"terraform plan" to see any changes that are
required for your infrastructure. All Terraform commands
should now work.

If you ever set or change modules or backend configuration
for Terraform, rerun this command to reinitialize
your working directory. If you forget, other
commands will detect it and remind you to do so if necessary.
```

6. 터미널에서 테라폼 설정을 적용한다. 변경사항을 적용하고 인스턴스를 생성하려면 yes를 입력한다.

```
$ terraform apply
```

출력 결과가 서버 인스턴스의 설정 및 이름을 포함해야 한다.

```
Do you want to perform these actions?
  Terraform will perform the actions described above.
  Only 'yes' will be accepted to approve.

  Enter a value: yes

google_compute_instance.hello-world: Creating...
google_compute_instance.hello-world: Still creating... [10s elapsed]
google_compute_instance.hello-world: Still creating... [20s elapsed]
google_compute_instance.hello-world: Creation complete after 24s
➡[id=projects/infrastructure-as-code-book/zones
➡/us-central1-a/instances/hello-world]

Apply complete! Resources: 1 added, 0 changed, 0 destroyed.
```

> **참고** 이 책에서 테라폼의 모든 세부 사항을 다루지는 않는다. 테라폼을 시작하는 방법에 관한 자세한 정보는 해시코프의 '시작하기(Get Started)' 튜토리얼(https://learn.hashicorp.com/terraform)을 참고한다. 테라폼을 GCP에서 실행하는 방법에 관한 추가 문서는 http://mng.bz/Kx2g에서 찾을 수 있다.

7. GCP 콘솔로 서버 네트워크 및 메타데이터를 확인할 수 있다. 그렇지 않으면, 터미널에서 Cloud SDK 명령줄 인터페이스^{CLI}를 사용해 네트워크를 확인할 수 있다. hello-world 서버를 필터링하는 명령어를 입력한다.

```
$ gcloud compute instances list --filter="name=( 'hello-world' )" \
  --format="table(name,networkInterfaces.network)"
```

출력 결과는 네트워크 GCP URL을 포함해야 한다.

```
NAME          NETWORK
hello-world   ['https://www.googleapis.com/compute/v1/projects/
➡<당신의 GCP 프로젝트>/global/networks/default']
```

GCP 서버는 예제에서 변수로 전달한 default 네트워크를 사용한다. 네트워크를 변경할 경우, 신규 변수로 업데이트하면 IaC 도구가 변경사항을 감지하고 새로운 서버를 생성한다.

서버를 삭제하려면 터미널에서 테라폼 명령어를 사용할 수 있다. 서버를 완전히 제거하기 위해 yes를 입력해야 한다.

```
$ terraform destroy
```

변수로 의존성을 정의하면 두 인프라 자원을 느슨하게 결합할 수 있다. 4장에서는 인프라 자원과 의존성을 더욱 분리하는 패턴을 다룬다. 최대한 의존성을 하드코딩하지 않고 매개변수로 전달하는 것이 바람직하다.

2.3.6 비밀 유지하기

IaC는 종종 제공 업체에 대한 변경을 실행하기 위해 토큰, 비밀번호, 키와 같은 **비밀정보**secret를 사용해야 한다.

정의 **비밀정보**는 비밀번호, 토큰, 키와 같은 민감한 정보다.

GCP에 서버를 만들 때 프로젝트 및 서버 자원에 접근하는 서비스 계정 키 또는 토큰이 필요하다. 자원을 생성할 수 있도록 비밀정보를 인프라 설정의 일부로 유지한다. 설정에 비밀정보를 포함하면 문제가 발생할 수 있다. 누군가가 비밀정보를 읽게 된다면 GCP 계정에 접근하여 자원을 만들고 제한된 데이터에 접근할 수 있다.

설정의 일부로 비밀정보를 전달해야 할 수도 있다. 예를 들어, IaC를 사용해 로드 밸런서의 SSL 인증서를 설정한다고 가정해 보자. SSL 인증서가 만료되고 이후 환경을 다시 만들 때 인증서의 암호화된 문자열이 만료됐다는 사실을 발견할 경우 문자열을 복호화할 수 없어 새 인증서를 발급해야 한다.

그림 2.10은 인증서를 안전하게 보관하면서도 인증서의 진화 가능성을 향상하는 방법을 보여준다. 인증서를 입력 변수로 전달하여 각 환경에 대해 다른 인증서를 사용할 수 있다. 그런 다음 새 인증서를 보안 관리자secrets manager에 저장하여 인증서를 관리한다.

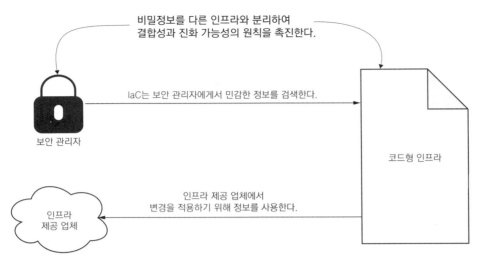

비밀정보를 다른 인프라와 분리하여
결합성과 진화 가능성의 원칙을 촉진한다.

IaC는 보안 관리자에게서 민감한 정보를 검색한다.

보안 관리자

코드형 인프라

인프라 제공 업체에서
변경을 적용하기 위해 정보를 사용한다.

인프라
제공 업체

그림 2.10 인프라 제공 업체의 자원을 변경하기 위해 보안 관리자에게서 민감한 정보를 획득한다.

인증서가 변경될 때마다 보안 관리자에 업데이트한다. IaC는 보안 관리자에게서 인증서를 읽을 때 설정을 업데이트한다. 인증서 관리를 설정에서 분리함으로써 추후 인증서 만료 문제를 방지한다.

IaC 외부에 비밀정보를 저장하는 이유는 뭘까? 결합성과 진화 가능성의 원칙을 적용하여 비밀정보를 다른 인프라 자원과 분리했다. 비밀 정보를 분리하면 누군가가 IaC를 검사해도 비밀번호나 사용자 이름을 얻을 수 없도록 보장한다. 또한 IaC를 다시 실행하여 비밀정보를 변경할 때 실패 영향을 최소화한다.

항상 IaC에 변수로 비밀정보를 전달하고 메모리 안에서 사용해야 한다. 비밀정보는 SSH^{Secure} ^{Shell Protocol} 키, 인증서, 개인 키, API 토큰, 비밀번호 및 기타 로그인 정보를 포함한다. 비밀 인증 데이터와 같은 민감한 데이터는 보안 관리자 같은 별도의 엔티티에 저장하고 관리해야 한다. 비밀 관리 분리는 재현을 용이하게 하며, 각 환경마다 다른 비밀번호와 토큰이 필요할 때 특히 유용하다. 비밀정보를 평문으로 버전 관리에 하드코딩하거나 커밋해서는 절대 안 된다.

요약

- 불변성을 우선시하면 설정 드리프트를 줄이고 진실 공급원을 유지하며 재현성이 향상된다.
- 불변성을 준수하기 위해, 자원 변경 시 완전히 새로운 자원을 생성하고 기존 자원과 대체한다.
- 가변 변경사항을 만든 경우, 변경사항을 설정에 반영해야 한다.
- IaC 작성 시 버전 관리의 커밋을 사용해 변경사항과 맥락을 전달하고 가독성을 위해 코드를 포맷팅한다.
- 이름, 환경 및 다른 인프라에 대한 의존성을 매개변수화한다. 속성이 자원 전체 범위에 영향을 줄 경우 상수로 설정할 수 있다.
- 비밀정보는 항상 변수로 전달되어야 하며 하드코딩하거나 평문으로 버전 관리에 커밋해서는 안 된다.
- 스크립트 작성 시 자원을 재현하기 위한 생성, 읽기, 업데이트, 삭제 동작을 단순화해야 한다.

3

인프라 모듈 패턴

3장에서 다루는 내용

- 기능에 따라 인프라 자원을 조합 가능한 모듈로 묶기
- 소프트웨어 개발 디자인 패턴을 사용해 인프라 모듈 구축하기
- 공통 인프라 사용 사례에 모듈 패턴 적용하기

2장에서는 코드형 인프라의 기본 사례를 다뤘다. 방법을 알고 있었지만, 처음 파이썬 자동화 스크립트를 작성할 때 코드를 하나의 파일에 복잡하게 함수로 작성했었다. 몇 년 후 소프트 웨어 디자인 패턴을 배우면서, 표준 패턴 모음을 사용해 스크립트를 쉽게 변경하고 다른 팀 원에게 유지보수를 맡길 수 있게 되었다.

3장과 4장에서는 디자인 패턴을 IaC 설정 및 의존성에 적용하는 방법을 보여준다. 소프트웨 어 **디자인 패턴**^{design pattern}은 공통 문제를 식별하고 재사용 가능한 객체 지향 솔루션을 구축 하는 데 유용하다.

정의 **디자인 패턴**은 소프트웨어의 공통 문제에 대한 반복 가능한 해결책이다.

IaC에 소프트웨어 디자인 패턴을 적용할 때 함정이 있다. IaC에는 재사용 가능한 객체(인프 라 자원)가 있는데, 객체의 독단적인 행동과 DSL은 소프트웨어 디자인 패턴에 직접 매핑되지 않는다.

IaC는 불변적인 추상화 계층을 제공하므로, 이번 장은 인프라를 구체화하기 위해 객체 생성에 사용하는 **창조적** 디자인 패턴과 객체 구조화에 사용되는 **구조적** 디자인 패턴을 모두 차용한다. 대부분의 IaC는 불변성에 초점을 맞추어 변경 시 자동으로 새로운 자원을 생성한다. 따라서 가변성에 의존하는 디자인 패턴은 적용할 수 없다.

> **참고** IaC의 많은 패턴은 에릭 감마(Erich Gamma)가 저술한 『GoF의 디자인 패턴』(프로텍미디어, 2015)에서 채용했다. 원본 소프트웨어 디자인 패턴에 대해 더 알고 싶다면 해당 책을 참고하길 추천한다.

예제에는 테라폼 JSON 파일을 생성하는 파이썬 코드 목록을 포함했다. 코드는 GCP 자원을 참조한다. 패턴을 테라폼, 클라우드포메이션, 바이셉^{Bicep}과 같은 DSL에 확장할 수 있다. 사용하는 DSL 및 도구에 따라 다른 메커니즘이나 기능을 사용할 수 있으나 AWS 및 애저에서 사용할 수 있는 방법만 기록한다.

3.1 싱글톤

처음부터 GCP에 데이터베이스 서버를 생성해야 한다고 가정해 보자. 데이터베이스 시스템은 GCP 프로젝트, 데이터베이스 네트워크, 서버 템플릿, 서버 그룹이 필요하다. 서버 템플릿은 각 서버에 패키지를 설치하고, 서버 그룹은 필요한 데이터베이스 서버 수를 설명한다.

그림 3.1은 프로젝트, 데이터베이스 네트워크, 서버 템플릿, 서버 그룹을 하나의 디렉토리에 추가하는 방법을 보여준다. 먼저 GCP 프로젝트 이름과 조직의 속성을 결정한다. 그런 다음 개발용 데이터베이스 네트워크의 이름을 10.0.3.0/16 IP 주소 범위를 갖는 `development-database-network`로 결정한다. 마지막으로, MySQL용 템플릿을 사용하는 3개의 서버를 갖는 데이터베이스임을 표현한다. 모든 속성을 코드로 작성하여 하나의 설정 파일에 저장한다.

데이터베이스 시스템 설정은 **싱글톤 패턴**$^{singleton\ pattern}$을 사용해, 시스템 내에서 자원 모음을 단일 인스턴스로 선언한다.

> **정의** **싱글톤 패턴**은 시스템에서 자원 모음을 단일 인스턴스로 선언한다. 이 패턴은 모든 자원을 단일 명령 어로 배포한다.

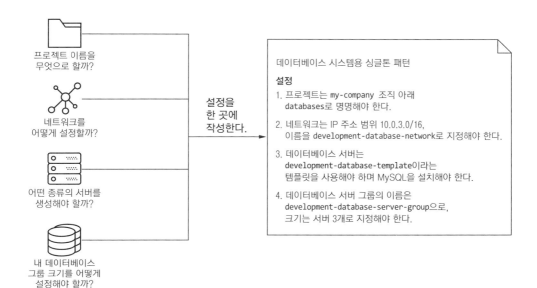

그림 3.1 싱글톤 패턴은 프로젝트, 네트워크, 데이터베이스와 같은 초기 자원 설정을 하나의 파일로 표현하여 자원 간 관계를 한 장소에서 포착할 수 있다.

왜 이 패턴을 '싱글톤' 패턴이라고 부를까? 이 패턴은 정적 설정을 가진 하나의 파일 또는 디렉토리를 만들고 하나의 명령어로 모든 인프라 자원을 만들기 위해 여러 매개변수를 인라인으로 정의한다. 설정은 생성한 환경별로 고유하고 특정한 자원을 나타낸다.

싱글톤 패턴은 모든 설정을 하나의 설정 파일에 넣으므로 IaC 작성이 단순하다. 모든 인프라 자원을 하나의 설정에 표현하면 문제 해결 및 디버깅 시 단일 참조를 통해 프로비저닝 순서 및 필요한 매개변수를 확인할 수 있다.

그러나 싱글톤 패턴으로 작성하면 나중에 문제가 발생할 가능성이 높다. 내가 싱글톤 패턴을 사용하기 시작했을 때는 인프라 설정을 불특정 물건이나 다른 곳에 넣을 수 없는 물건을 뒤죽박죽으로 저장하는 서랍장처럼 다뤘었다. 서랍장은 무언가를 찾을 수 없을 때 가장 먼저 찾는 곳이 된다(그림 3.2 참고).

그림 3.2 객체를 넣을 장소를 모르는 경우 모든 자원을 모으기 위해 뒤죽박죽인 서랍장(싱글톤 패턴)에 객체를 추가한다.

인프라 자원을 어디에 설정할지 몰라서 하나의 파일에 추가했기에 결국 싱글톤 패턴은 뒤죽박죽인 서랍장처럼 지저분해졌다. 인프라 자원을 찾기 위해 싱글톤을 검색해야 했고, 또한 싱글톤의 인프라 자원이 많을수록 자원의 식별, 변경, 생성에 많은 시간이 걸리게 된다.

더 많은 자원이 포함되어 시스템이 성장할수록 싱글톤 패턴은 재현성의 원칙을 준수하기 어렵다. 운영 환경에 설정을 생성하는 것은 새 설정 파일에 기존 설정을 복사 & 붙여넣기 하는 것을 의미한다. 많은 자원을 변경할 경우 설정을 복사 & 붙여넣기 하는 것은 확장성이 없다. 싱글톤은 확장성과 결합성을 희생하게 되며, 일부 인프라 자원에서는 잘 작동하지만 복잡한 시스템에 확장하여 적용할 수 없다.

언제 싱글톤을 사용해야 할까? 싱글톤은 GCP 프로젝트와 같이 단일 인스턴스를 사용하고 거의 변하지 않는 자원이 있을 때 가장 잘 작동한다. 네트워크, 데이터베이스 서버 템플릿, 서버 그룹은 다른 설정 파일에 들어가야 한다.

모든 GCP 프로젝트는 고유 식별자를 가져야 하므로, 싱글톤 패턴을 사용하는 것이 이상적이다. 프로젝트는 단일 인스턴스만 가질 수 있다. 예를 들어, 'databases'라는 이름의 프로젝트를 생성하고 현재 시스템 사용자 이름을 기반으로 고유 식별자를 생성할 수 있다. 다음은 시스템 사용자 이름을 사용해 GCP 프로젝트를 생성하는 싱글톤 패턴을 구현하는 코드 예제를 보여준다.

```python
import json
import os

class DatabaseGoogleProject:
    def __init__(self):                                        ❶
        self.name = 'databases'                                ❷
        self.organization = os.environ.get('USER')             ❸
        self.project_id = f'{self.name}-{self.organization}'   ❹
        self.resource = self._build()                          ❺

    def _build(self):
        return {
            'resource': [
                {
                    'google_project': [                        ❷
                        {
                            'databases': [
                                {
                                    'name': self.name,           ❷
                                    'project_id': self.project_id  ❹
                                }
                            ]
                        }
                    ]
                }
            ]
        }

if __name__ == ""__main__"":
    project = DatabaseGoogleProject()                          ❺

    with open('main.tf.json', 'w') as outfile:                 ❻
        json.dump(project.resource, outfile, sort_keys=True, indent=4)  ❻
```

❶ database 구글 프로젝트 객체를 생성한다.

❷ 테라폼 자원의 이름을 databases로 설정하여 구글 프로젝트를 설정한다.

❸ 운영체제의 사용자 값을 가져와서 조직 변수로 설정한다.

❹ GCP가 프로젝트를 만들 수 있도록 프로젝트 이름과 사용자를 기반으로 고유 프로젝트 ID를 만든다.

❺ 프로젝트의 JSON 설정을 생성하기 위해 DatabaseGoogleProject를 생성한다.

❻ 나중에 테라폼에서 실행할 수 있도록 파이썬 딕셔너리 객체를 JSON 파일로 작성한다.

데이터베이스 프로젝트 서버를 생성한다고 가정해 보자. `DatabaseGoogleProject` 싱글톤을 호출하고 JSON 설정에서 프로젝트 식별자를 추출할 수 있다. 싱글톤은 모듈 호출로 참조할 수 있는 고유 자원을 포함하고 있다. 예를 들어, `database` 프로젝트를 참조하면 다른 프로젝트가 아닌 정확한 프로젝트를 항상 얻을 수 있다.

GCP 프로젝트에 싱글톤을 사용하는 이유는 한 번만 생성하면 되고 거의 변경하지 않기 때문이다. 거의 변경하지 않는 **전역**^{global} 자원인 공급 업체 계정, 프로젝트, 도메인 이름 등록, 루트 SSL 인증서에 싱글톤 패턴을 적용할 수 있다. 싱글톤 패턴은 적게 사용하는 데이터 센터 환경과 같은 정적 환경에도 적용할 수 있다.

3.2 컴포지트

데이터베이스 시스템을 하나의 싱글톤으로 표현하는 대신, 컴포넌트를 모듈화할 수 있다. **모듈**^{module}은 기능이나 사업 도메인을 공유하는 인프라 자원을 묶는다. 모듈을 사용하면 전체 인프라에 영향을 미치지 않고 일부만 자동으로 변경할 수 있다.

> **정의** **모듈**은 인프라 자원을 기능 또는 사업 도메인별로 구성하는 것을 말한다. 다른 도구나 자원은 모듈을 **인프라 스택**(infrastructure stack) 또는 **세트**(set)로 참조할 수 있다.

모듈을 벽돌처럼 사용해서 시스템을 구축할 수 있다. 다른 팀도 모듈을 사용해 고유 인프라 시스템을 구축할 수 있다.

그림 3.3은 회사가 팀을 조직하여 보고 체계를 만드는 방식을 보여준다. 각 팀 또는 관리자는 상급 관리자에게 보고하고 최고 경영진까지 보고가 이뤄진다. 회사는 공통 목표를 달성하기 위해 팀을 구성하여 활용한다.

회사는 컴포지트 패턴을 사용해 팀을 정의하고
보고 체계 구축을 위한 요소를 결합한다.

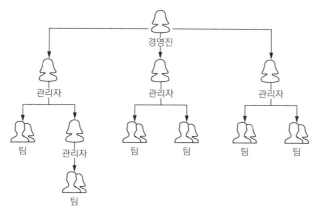

그림 3.3 회사가 컴포지트 패턴을 사용해 직원들을 보고 체계 단위로 그룹화하여 관리자가 팀과 목표를 조직화할 수 있도록 한다.

왜 회사가 보고 체계를 모듈화할까? 이러한 패턴은 새로운 이니셔티브나 사업 기회를 담당하는 팀을 갖도록 보장한다. 이는 회사가 성장할수록 결합성과 진화 가능성을 촉진한다.

대부분의 IaC는 **컴포지트 패턴**composite pattern을 사용해 모듈 집합을 묶고, 순위를 매기고, 구조화한다. 컴포지트 패턴은 객체를 계층으로 구성하기 때문에 구조 패턴으로 분류한다.

> **정의** **컴포지트 패턴**은 인프라 모듈을 하나의 인스턴스로 취급하며, 시스템 내에서 모듈을 조립하고 묶어 순위를 매길 수 있도록 한다.

도구는 대개 모듈화 기능을 갖고 있다. 테라폼과 바이셉은 자체 모듈 프레임워크를 사용해 모듈을 중첩하고 구성한다. 클라우드포메이션의 스택이나 스택셋StackSet을 사용해 템플릿(모듈)을 재사용하거나 리전 간 스택을 생성할 수 있다. 앤서블 같은 설정 관리 도구를 사용하면 상위 플레이북top-level playbook을 만들어 다른 작업을 가져올 수 있다.

모듈을 인프라에 어떻게 적용할 수 있을까? 데이터베이스 서버용 네트워크를 설정해야 한다고 가정해 보자. 서버는 서브넷이 필요하다. 그림 3.4처럼 네트워크와 서브넷을 모듈로 구성하고, 어떻게 최초 네트워크를 설정할지 작성한다. 이후 서브넷 설정을 작성하여 모듈에 추가한다.

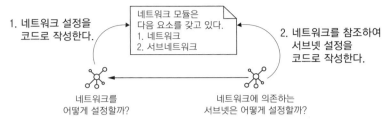

1. 네트워크 설정을
   코드로 작성한다.

네트워크 모듈은
다음 요소를 갖고 있다.
1. 네트워크
2. 서브네트워크

2. 네트워크를 참조하여
   서브넷 설정을
   코드로 작성한다.

네트워크를
어떻게 설정할까?

네트워크에 의존하는
서브넷은 어떻게 설정할까?

그림 3.4 네트워크 모듈은 컴포지트 패턴을 사용해 네트워크 및 서브넷 자원을 묶을 수 있다.

해당 모듈은 네트워크와 서브넷 설정을 모두 포함하고 있다. 네트워크 시스템을 운영 환경에 재현하는 경우, 전체 모듈을 복사하여 새로운 네트워크와 서브넷을 생성할 수 있다. 네트워크를 컴포지트 패턴으로 구성하여 서로 의존하는 자원 그룹을 항상 재현할 수 있다.

모듈 내 네트워크 설정 시 컴포지트 패턴을 적용할 수 있다. 다음 코드는 모듈이 네트워크와 서브넷을 생성하는 것을 보여준다. CIDR 범위를 네트워크와 서브넷에 전달하여 네트워크의 표준 이름을 생성한다.

코드 3.2 네트워크 및 서브넷 생성

```python
import json

class Network:                                              ❶
    def __init__(self, region='us-central1'):               ❷
        self._network_name = 'my-network'                   ❸
        self._subnet_name = f'{self._network_name}-subnet'  ❹
        self._subnet_cidr = '10.0.0.0/28'                   ❺
        self._region = region                               ❷
        self.resource = self._build()                       ❻

    def _build(self):                                       ❻
        return {
            'resource': [
                {
                    'google_compute_network': [             ❸
                        {
                            f'{self._network_name}': [      ❸
                                {
                                    'name': self._network_name   ❸
                                }
```

```
                                    ]
                                }
                            ]
                        },
                        {
                            'google_compute_subnetwork': [                    ❼
                                {
                                    f'{self._subnet_name}': [                  ❽
                                        {                                      ❽
                                            'name': self._subnet_name,         ❽
                                            'ip_cidr_range': self._subnet_cidr, ❾
                                            'region': self._region,            ❷
                                            'network': f'${{google_compute_network
                                            ➥.{self._network_name}.name}}'}    ❼
                                        }
                                    ]
                                }
                            ]
                        }
                    ]
                }

if __name__ == ""__main__"":
    network  = Network()                                                       ❿

    with open(f'main.tf.json', 'w') as outfile:                                ⓫
        json.dump(network.resource, outfile, sort_keys=True, indent=4)         ⓫
```

❶ 컴포지트 패턴을 사용해 네트워크와 서브넷을 묶는 네트워크 모듈을 생성한다.

❷ 리전을 기본 리전인 us-central1로 설정한다.

❸ my-network 테라폼 자원을 사용해 구글 네트워크를 설정한다. GCP는 네트워크 CIDR 블록을 정의할 필요가 없다.

❹ my-network-subnet 테라폼 자원을 사용해 구글 서브넷을 설정한다.

❺ 서브넷 CIDR 블록을 10.0.0.0/28로 설정한다.

❻ 모듈을 사용해 네트워크 및 서브넷 JSON 설정을 생성한다.

❼ 테라폼 변수를 사용해 네트워크에 구글 서브넷을 생성한다. 테라폼은 네트워크 ID를 동적으로 참조하여 서브넷 설정에 입력한다.

❽ my-network-subnet 테라폼 자원을 사용해 구글 서브넷을 설정한다.

❾ 서브넷 CIDR 블록을 10.0.0.0/28로 설정한다.

❿ 모듈을 사용해 네트워크 및 서브넷 JSON 설정을 생성한다.

⓫ 나중에 테라폼에서 실행할 수 있도록 파이썬 딕셔너리 객체를 JSON 파일로 작성한다.

GCP 네트워크와 서브넷을 AWS VPC와 서브넷, 또는 애저의 가상 네트워크와 서브넷으로 볼 수 있다. 그러나 AWS와 애저는 각 서브넷별로 게이트웨이와 라우팅 테이블을 정의해야 한다. GCP는 네트워크 생성 시 게이트웨이와 라우팅 테이블을 자동으로 정의한다.

왜 네트워크와 서브넷을 모듈로 구성해야 할까? 서브넷이 없으면 GCP 네트워크를 사용할 수 없다. 모듈로 구성하면 필요한 자원 모음을 함께 생성할 수 있다. 필요한 자원을 묶어서 제공하면 네트워크에 대해 잘 모르는 팀원도 쉽게 사용할 수 있다. 컴포지트 패턴은 자원을 묶고 조직하여 한 번에 배포되도록 함으로써 결합성을 개선한다.

인프라 자원은 계층 구조를 갖고 있기에 컴포지트 패턴과 잘 어울린다. 컴포지트 패턴을 준수하는 모듈은 자원 간 관계를 반영하고 자원 관리를 용이하게 한다. 라우팅 업데이트가 필요할 경우, 네트워크 컴포지트 설정을 업데이트하면 된다. 네트워크 설정을 참조하여 서브넷의 CIDR 범위를 결정하고 네트워크 주소 공간을 계산할 수 있다.

컴포지트 패턴을 적용하여 기능, 사업 단위 혹은 운영 영역별로 자원을 묶을 수 있다. 초기에 모듈을 작성할 때 변수를 추가하여 매개변수를 좀 더 유연하게 사용하거나 설정값을 다른 팀에 전달할 수 있다. 모듈을 공유하는 방법은 5장에서 다룰 예정이다. IaC의 재현성을 향상하기 위해 일반적인 컴포지트 패턴 외에 다른 패턴을 적용할 수도 있다.

3.3 팩토리

처음에는 싱글톤 패턴을 적용하여 데이터베이스 시스템용 GCP 프로젝트를 생성했고, 이후에는 컴포지트 패턴을 적용하여 다양한 모듈을 활용해 네트워크를 구축했다. 데이터베이스 네트워크를 3개의 서브넷으로 나누어야 한다는 것을 알게 된 후, 3개의 서브넷을 복사 & 붙여넣기 하여 생성하는 대신, 서브넷 이름과 IP 주소를 입력받아 생성하도록 설정을 만들고자 한다.

3개의 서브넷과 네트워크를 생성하는 설정은 많은 매개변수가 필요하며, 매개변수를 추가 및 유지보수하는 작업이 번거로울 수 있다. 초기 설정값을 갖는 자원을 제조할 수 있는 공장이 있다면 어떨까? 그림 3.5는 네트워크 공장을 만들어 유사한 네트워크를 찍어낼 수 있음을 보여준다. 기존과 달리 매개변수를 2개 입력받아 처리하고 그 밖의 설정은 기본값으로 설정하여 매개변수 개수를 줄일 수 있다.

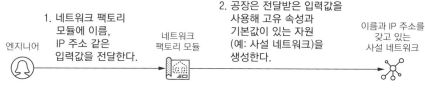

그림 3.5 팩토리 패턴 모듈은 자원 설정을 최소화하기 위한 기본값 모음과 입력받은 변수를 통해 맞춤형 자원 생산이 가능하다.

네트워크의 공통 속성을 알면 입력 매개변수를 최소화하고 적은 노력으로 많은 자원을 생성할 수 있다. 이러한 접근법을 **팩토리 패턴**^{factory pattern}이라고 한다. 팩토리 패턴을 사용하는 모듈은 이름, IP 주소와 같은 입력값을 받아 인프라 자원을 생성한다.

정의 **팩토리 패턴**은 입력 변수와 상수를 활용하여 인프라 자원을 생성한다.

서브넷 IP 주소와 이름만 유연하게 변경하면 된다. 일반적으로 모듈은 사용자가 속성을 커스터마이즈할 수 있는 범위를 제공하는 것과, 기본 속성을 강제로 적용하는 정책 사이에서 균형을 찾아야 한다. 결국 자원의 재현 가능성과 진화 가능성을 동시에 달성하고 싶어 한다. 자원을 공유하는 방법은 5장에서, 모듈을 안전하게 사용하는 표준 방법에 대해서는 8장에서 더 자세히 다룰 예정이다.

이전 예제로 돌아가 보면, 서브넷 이름을 변수로 전달하지 않고 3개의 서브넷을 어떻게 만들수 있을까? 모듈이 서브넷 이름을 하드코딩하는 대신 자동으로 생성하게 만들 수 있다. 그림 3.6은 네트워크 팩토리 모듈이 네트워크 주소를 기반으로 표준화한 서브넷 이름을 생성하는 방법을 보여준다.

그림 3.6 네트워크 팩토리 모듈은 서브넷 주소를 계산하고 여러 서브넷 자원을 생성하도록 바꿀 수 있다.

팩토리 패턴을 사용하는 모듈은 일반적으로 입력 변수 대신 표준 템플릿을 사용해 이름이나 식별자를 생성한다. 팩토리 패턴을 사용해 네트워크 모듈을 코드로 구현할 때 SubnetFactory 모듈을 추가한다. 코드 3.3은 서브넷 이름을 생성하는 팩토리 모듈을 구축한다.

코드 3.3 팩토리 패턴을 사용해 GCP에 3개의 서브넷 생성하기

```
import json
import ipaddress


def _generate_subnet_name(address):                              ❶
    address_identifier = format(ipaddress.ip_network(            ❶
        address).network_address).replace('.', '-')             ❶
    return f'network-{address_identifier}'                       ❶


class SubnetFactory:                                             ❷
    def __init__(self, address, region):
        self.name = _generate_subnet_name(address)              ❶
        self.address = address                                  ❸
        self.region = region                                    ❹
        self.network = 'default'                                ❺
        self.resource = self._build()                           ❻

    def _build(self):                                           ❻
        return {
            'resource': [
                {
                    'google_compute_subnetwork': [              ❼
                        {                                       ❼
                            f'{self.name}': [                   ❼
                                {                               ❼
                                    'name': self.name,          ❼
```

```
                                    'ip_cidr_range': self.address,          ❼
                                    'region': self.region,                  ❼
                                    'network': self.network                 ❼
                                }                                           ❼
                            ]                                               ❼
                        }                                                   ❼
                    ]                                                       ❼
                }                                                           
            ]
        }

if __name__ == "__main__":
    subnets_and_regions = {                                                 ❽
        '10.0.0.0/24': 'us-central1',                                       ❽
        '10.0.1.0/24': 'us-west1',                                          ❽
        '10.0.2.0/24': 'us-east1',                                          ❽
    }                                                                       ❽

    for address, region in subnets_and_regions.items():                    ❽

        subnetwork = SubnetFactory(address, region)                        ❻

        with open(f'{_generate_subnet_name(address)}.tf.json',
                'w') as outfile:                                           ❾
            json.dump(subnetwork.resource, outfile,                        ❾
                sort_keys=True, indent=4)                                  ❾
```

❶ 주어진 서브넷의 IP 주소 범위를 대시(-)로 구분하고 '네트워크'에 추가하여 서브넷 이름을 생성한다.

❷ 팩토리 패턴을 사용해 서브넷을 생성하는 모듈을 생성한다.

❸ 서브넷 주소를 팩토리에 전달한다.

❹ 서브넷 리전 값을 팩토리에 전달한다.

❺ 이 예제의 'default' 네트워크 서브넷을 만든다.

❻ 모듈을 사용해 네트워크 및 서브네트워크에 대한 JSON 설정을 만든다.

❼ 구글 서브네트워크를 이름, 주소, 리전, 네트워크를 기반으로 하는 테라폼 자원을 사용해 생성한다.

❽ IP 주소 범위와 리전 값을 사용해 각 서브넷을 생성한다.

❾ 설정값을 JSON 파일로 쓰고, 테라폼에서 실행한다.

왜 서브네트워크를 개별 팩토리 모듈로 분리할까? 서브네트워크용 모듈을 만드는 것은 진화
가능성의 원칙을 촉진한다. 서브네트워크 모듈을 통해 네트워크 이름 설정 로직을 변경할 수
있고 네트워크에 영향을 주지 않으면서 서브네트워크 이름 형식을 업데이트할 수도 있다.

대부분의 팩토리 모듈은 **속성 변환이나 동적 생성** 기능을 포함한다. 예를 들어, 네트워크 팩토리 모듈을 수정하여 서브넷의 IP 주소 범위를 바꾸고 주소 범위에 맞게 자동으로 정확한 개수의 사설 또는 공용 서브넷을 구축할 수 있다.

하지만 팩토리 모듈에 변환 과정을 추가하면 자원 설정이 복잡해지므로 최대한 추가하지 않기를 권장한다. 변환 작업이 복잡할수록 검증을 위해 더 많은 테스트가 필요하다. 6장에서 모듈과 인프라 설정을 테스트하는 방법을 설명한다.

팩토리 패턴은 인프라 자원의 재현성과 진화 가능성을 조율한다. 패턴은 이름, 크기 또는 속성에 있어 약간의 차이점을 갖는 유사한 인프라를 생성한다. 네트워크 또는 서버와 같이 일반적으로 구축하는 자원을 설정할 경우 팩토리 모듈을 사용하고 싶을 것이다.

팩토리 모듈을 실행할 때마다, 요청한 특정 자원을 얻을 수 있다. 모듈은 어떠한 자원을 생성할지를 결정하는 로직을 갖고 있지 않고 자원의 속성을 설정하는 것에 집중한다.

팩토리 모듈 작성 시 **많은 상수**와 **적은 입력 변수**를 사용해 입력값을 유지하거나 검증하는 비용을 줄일 수 있다. 팩토리 모듈을 주로 사용하는 인프라는 네트워크 및 서브네트워크, 서버 클러스터, 관리된 데이터베이스, 관리된 대기열 또는 관리된 캐시가 있다.

3.4 프로토타입

이제 모듈을 사용해 데이터베이스 서버를 생성할 수 있다. 그러나 데이터베이스 시스템의 모든 자원에 고객 이름, 사업 단위, 비용 센터를 태그해야 한다. 감사 팀은 자동 자원을 식별하기 위해 automated = true 설정을 추가할 것을 요청한다.

이상적으로는 태그(GCP의 라벨)는 모든 자원에 일관되어야 한다. 태그를 변경하면 자동화를 통해 모든 자원의 태그를 변경해야 한다. 8장에서 태깅의 중요성에 대해 더 자세히 알아볼 수 있다.

모든 태그를 한 곳에 놓고 변경할 수 있다면 어떨까? 그림 3.7은 모든 태그를 하나의 모듈에서 처리하는 방법을 보여준다. 데이터베이스 서버는 태그에 대한 공통 모듈을 참조하고 서버에 정적 변수를 적용한다.

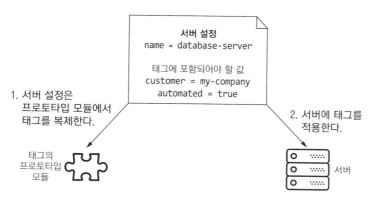

그림 3.7 프로토타입 모듈은 다른 인프라 자원이 사용하는 태그와 같은 정적 값을 반환한다.

모든 태그 값을 하드코딩하지 않고 **프로토타입 패턴**^{prototype pattern}을 구현한 모듈을 만들어 다른 모듈이 사용하는 정적 변수를 제공했다. 프로토타입 모듈은 다른 자원에 추가하기 위한 설정을 생성한다.

> **정의** **프로토타입 패턴**은 입력 변수를 받아 다른 모듈이 사용하는 정적 변수를 만든다. 패턴은 일반적으로 인프라 자원을 직접 만들지 않고 값을 전달한다.

프로토타입 패턴을 단어와 정의를 저장하는 사전으로 생각할 수 있다(그림 3.8). 사전 제작자는 단어와 정의를 변경하고, 사용자는 사전을 참조하여 텍스트나 단어를 업데이트할 수 있다.

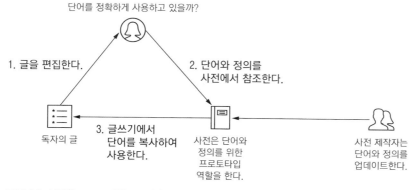

그림 3.8 사전을 프로토타입으로 사용해 단어와 정의를 참조하여 글을 업데이트한다.

프로토타입 모듈로 공통 메타데이터를 참조하면 진화 가능성과 재현성이 증진된다. 이는 자원 간 일관된 설정을 보장하고 공통 설정의 진화를 용이하게 한다. 파일 안에서 문자열을 찾아서 바꾸지 않아도 된다!

프로토타입 패턴으로 태그 모듈을 구현해 보자. 코드 3.4는 표준 태그를 반환하는 프로토타입 패턴 모듈을 생성한다. 인프라 자원은 태그를 참조하기 위해 StandardTags 모듈을 사용한다. 모듈은 태그 자원을 생성하지 않고 사전 정의된 태그의 복사본을 반환한다.

코드 3.4 프로토타입 패턴을 사용한 태깅 모듈 생성하기

```
import json

class StandardTags():                                               ❶
    def __init__(self):                                             ❶
        self.resource = {                                           ❶
            'customer': 'my-company',                               ❶
            'automated': True,                                      ❶
            'cost_center': 123456,                                  ❶
            'business_unit': 'ecommerce'                            ❶
        }                                                           ❶

class ServerFactory:                                                ❷
    def __init__(self, name, network, zone='us-central1-a', tags={}): ❸
        self.name = name
        self.network = network
        self.zone = zone
        self.tags = tags                                            ❸
        self.resource = self._build()                               ❹

    def _build(self):
        return {
            'resource': [
                {
                    'google_compute_instance': [                    ❺
                        {
                            self.name: [
                                {
                                    allow_stopping_for_update': True,
                                    'boot_disk': [
                                        {
```

```
                                'initialize_params': [
                                    {
                                        'image': 'ubuntu-2004-lts'
                                    }
                                ]
                            }
                        ],
                        'machine_type': 'f1-micro',
                        'name': self.name,
                        'network_interface': [
                            {
                                'network': self.network
                            }
                        ],
                        'zone': self.zone,
                        'labels': self.tag                              ❻
                    }
                ]
            }
        ]
    }

if __name__ == "__main__":
    config = ServerFactory(                                            ❼
        name='database-server', network='default',                    ❼
        tags=StandardTags().resource)                                  ❽

    with open('main.tf.json', 'w') as outfile:                         ❾
        json.dump(config.resource, outfile,                            ❾
                sort_keys=True, indent=4)                              ❾
```

❶ 고객, 비용 센터, 사업 단위와 같은 표준 태그 복사본을 반환하는 프로토타입 모듈을 생성한다.

❷ 이름, 네트워크, 태그를 기반으로 구글 가상 머신 인스턴스(서버)를 생성하는 팩토리 모듈을 생성한다.

❸ 서버 모듈에 태그를 변수로 전달한다.

❹ 모듈을 사용해 'default' 네트워크 서버의 JSON 설정을 생성한다.

❺ 테라폼 자원을 사용해 구글 가상 머신 인스턴스(서버)를 생성한다.

❻ 변수에 저장한 태그를 구글 가상 머신 인스턴스 자원에 추가한다.

❼ 모듈을 사용해 'default' 네트워크 서버의 JSON 설정을 생성한다.

❽ 서버에 태그를 추가하기 위해 표준 태그 모듈을 사용한다.

❾ 나중에 테라폼에서 실행할 수 있도록 파이썬 딕셔너리 객체를 JSON 파일로 작성한다.

3장_ 인프라 모듈 패턴   111

파이썬 스크립트를 실행하여 코드 3.5에 나와 있는 서버 설정을 생성해 보자. 서버용 JSON 결과물을 확인해 보면, 프로토타입 모듈의 표준 태그 값과 일치하는 라벨이 포함되어 있음을 확인할 수 있다.

코드 3.5 태그 모듈을 사용해 서버 설정 생성하기

```
{
    "resource": [
        {
            "google_compute_instance": [                        ❶
                {
                    "database-server": [                        ❷
                        {
                            "allow_stopping_for_update": true,
                            "boot_disk": [
                                {
                                    "initialize_params": [
                                        {
                                            "image": ubuntu-2004-lts"
                                        }
                                    ]
                                }
                            ],
                            "labels": {                         ❸
                                "automated": true,             ❸
                                "business_unit": "ecommerce",  ❸
                                "cost_center": 123456,         ❸
                                "customer": "my-company"       ❸
                            },
                            "machine_type": "f1-micro",
                            "name": "database-server",          ❷
                            "network_interface": [
                                {
                                    "network": "default"
                                }
```

```
                    ],
                    "zone": "us-central1-a"                    ❹
                }
            ]
        }
    ]
    }
  ]
}
```

❶ JSON 파일은 테라폼 자원을 사용해 구글 가상 머신 인스턴스를 정의한다.

❷ 테라폼은 자원을 데이터베이스 서버로 식별한다. JSON 설정값은 파이썬으로 작성한 서버 팩토리 모듈이 정의한 값과 일치한다.

❸ 표준 태그 프로토타입 모듈의 태그 값을 서버 설정의 labels 필드에 추가한다.

❹ JSON 설정이 영역 변수를 가져와 JSON 파일에 반영한다.

서버 설정이 운영체제 및 머신 유형과 같은 많은 하드코딩된 값을 갖고 있음을 알 수 있다. 해당 값은 전역 변수처럼 작동하며, 시간이 지남에 따라 팩토리 모듈이 넘칠 정도로 더 많은 전역 변수를 추가하게 된다!

전역 변숫값이 꼬이지 않도록 프로토타입 모듈에 변수를 정의할 수 있다. 모듈은 시간이 지남에 따라 변숫값의 진화 및 다른 값과의 결합이 쉬워지도록 돕는다. 프로토타입은 자원에 대해 잘 정의한 정적 변수가 된다.

위와 같은 상황에서, 인프라의 알림 기능용 팩토리 모듈을 작성했다. 초기에는 알림과 알림 설정을 매개변수화하기 위해 환경 이름과 측정 임곗값을 전달했으나 이후 환경 이름이 불필요하다는 것과, 측정 임곗값이 환경 간에는 변하지 않음을 발견했다.

결과적으로 나는 이 프로토타입 모듈로 변경했다. 시스템에 알림을 추가해야 하는 팀은 모듈을 사용해 모듈이 정의한 알림 자원을 시스템 설정에 추가했다.

> **도메인 특화 언어**
>
> 테라폼, 쿠버네티스, 클라우드포메이션, 바이셉용 DSL은 프로그래밍 언어가 갖고 있는 전역 상수가 없으나 모듈 참조 및 객체 구조를 지원한다. 프로토타입 모듈을 객체로 생성하면 DSL, 프로그래밍 언어 상관없이 동일한 패턴을 사용할 수 있다.

프로토타입 모듈은 표준 자원 및 설정 생성을 용이하게 하고 입력값 처리 과정에서 불확실성을 제거한다. 예외 처리가 필요할 경우 자원에 따라 설정을 재정의하거나 추가할 수 있다. 내 경우에는 표준 태그에 자원별로 상이한 커스텀 태그 값을 추가한다.

태그 외에도 리전, 가용 영역 또는 계정 식별자를 다룰 때 프로토타입 모듈을 주로 사용하며, **많은 전역 변수나 복잡한 변환을 거치는 정적 설정값**을 갖는 경우에도 프로토타입 패턴으로 모듈을 생성한다. 예를 들어 SSL 사용 시 서버를 초기화하는 스크립트가 있을 경우, SSL 사용 여부에 따라 스크립트를 템플릿화할 수 있는 프로토타입 모듈을 사용할 수 있다.

3.5 빌더

프로젝트를 생성하기 위해 싱글톤 패턴을, 네트워크를 생성하기 위해 팩토리 패턴을, 그리고 데이터베이스 서버 태그를 설정하기 위해 프로토타입 패턴을 사용하는 방법을 배웠다. 이제 로드 밸런서를 구축하여 데이터베이스에 연결해 보자.

로드 밸런서 구축을 위해서는 도전적인 요구사항을 만족시켜야 하는데, 먼저 모듈이 개인 또는 공용 로드 밸런서를 생성할 수 있어야 한다. 개인 로드 밸런서는 공용 로드 밸런서와 다른 서버 및 네트워크 설정이 필요하다. 즉, 모듈은 개인 또는 공용 밸런서와 해당 밸런서에 부합하는 서버, 네트워크 설정을 유연하게 생성할 수 있어야 한다.

그림 3.9는 로드 밸런서 유형에 따라 방화벽과 서버 설정을 선택하는 모듈을 보여준다. 모듈을 사용해 내부 또는 외부 로드 밸런서를 생성하고 정확한 방화벽 정책을 수립한다.

모듈은 원하는 시스템을 구축할 수 있는 선택지를 제공하여 진화 가능성과 결합성을 촉진한다. 모듈은 **빌더 패턴**builder pattern을 사용해 일부 기본값을 제공하지만 시스템을 원하는 대로 구성할 수 있도록 돕는다. 빌더 패턴은 원하는 시스템 구축을 위한 자원을 활성화하거나 비활성화할 수 있다.

정의 **빌더 패턴**은 원하는 설정으로 인프라를 구축하기 위해 인프라 자원을 활성화 또는 비활성화할 수 있다.

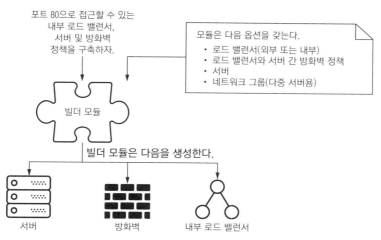

포트 80으로 접근할 수 있는
내부 로드 밸런서,
서버 및 방화벽
정책을 구축하자.

모듈은 다음 옵션을 갖는다.
• 로드 밸런서(외부 또는 내부)
• 로드 밸런서와 서버 간 방화벽 정책
• 서버
• 네트워크 그룹(다중 서버용)

빌더 모듈

빌더 모듈은 다음을 생성한다.

서버   방화벽   내부 로드 밸런서

그림 3.9 데이터베이스용 빌더 모듈은 모듈이 생성해야 하는 로드 밸런서 유형 및 방화벽 정책을 선택할 수 있는 매개 변수를 포함한다.

데이터베이스 모듈을 빌더 패턴으로 구현하면 사용자 선택을 반영하는 자원 조합을 생성할 수 있다. 빌더 패턴이 입력값을 통해 어떤 자원을 구축할지 결정한다면 팩토리 모듈은 입력 변숫값을 참조하여 자원의 설정값을 결정한다. 빌더 패턴은 부동산 개발을 위해 주택을 건설 하는 것과 유사하다. 미리 준비된 청사진을 참고하여 빌더에게 기존 레이아웃에 대해 어떤 부분을 변경하는지 알려준다(그림 3.10). 예를 들어 어떤 빌더는 차고를 제거하고 방을 추가 할 수 있다.

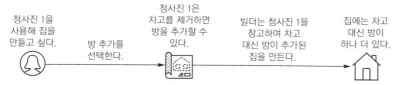

청사진 1을
사용해 집을
만들고 싶다.

방 추가를
선택한다.

청사진 1은
차고를 제거하면
방을 추가할 수
있다.

빌더는 청사진 1을
참고하여 차고
대신 방이 추가된
집을 만든다.

집에는 차고
대신 방이
하나 더 있다.

그림 3.10 빌더 모듈은 미리 설정한 청사진을 사용해 레이아웃 변경(방 추가 등)이 가능한 집을 만든다.

다음 코드와 같이 빌더 패턴을 구현해 보자. 먼저 팩토리 패턴을 사용해 로드 밸런서를 정의 한다. 팩토리 패턴을 사용해 로드 밸런서를 커스터마이즈(GCP에서 말하는 **컴퓨트 포워드 규칙** compute forwarding rule)한다. 모듈은 로드 밸런서를 외부 또는 내부로 설정한다.

```
class LoadBalancerFactory:                                              ❶
    def __init__(self, name, region='us-central1', external=False):     ❶
        self.name = name
        self.region = region
        self.external = external                                        ❶
        self.resources = self._build()                                  ❷

    def _build(self):
        scheme = 'EXTERNAL' if self.external else 'INTERNAL'            ❸
        resources = []
        resources.append({
            'google_compute_forwarding_rule': [{                       ❹
                'db': [
                    {
                        'name': self.name,
                        'target': r'${google_compute_target_pool.db.id}',  ❺
                        'port_range': '3306',                          ❻
                        'region': self.region,
                        'load_balancing_scheme': scheme,
                        'network_tier': 'STANDARD'
                    }
                ]
            }
            ]
        })
        return resources
```

❶ 내부 또는 외부 로드 밸런서를 생성하기 위해 팩토리 패턴을 사용해 로드 밸런서 모듈을 생성한다.

❷ 모듈을 사용해 로드 밸런서의 JSON 설정을 생성한다.

❸ 내부 또는 외부 로드 밸런싱을 위한 스키마를 설정한다. 로드 밸런서는 기본적으로 내부 설정에 따라 생성된다.

❹ 테라폼 자원을 사용해 구글 컴퓨트 포워드 규칙(GCP의 로드 밸런싱)을 생성한다.

❺ 로드 밸런싱 대상을 데이터베이스 서버 그룹으로 설정한다. 테라폼의 내장 변수 보간 기능을 사용해 데이터베이스
서버 그룹 ID를 동적으로 처리한다.

❻ MySQL 데이터베이스 포트인 3306 포트로 트래픽을 허용한다.

외부 로드 밸런서는 추가적인 방화벽 정책 설정이 필요하다. 외부 소스에서 데이터베이스 포트로 트래픽을 허용해야 한다. 다음과 같이 외부 소스 트래픽을 허용하는 방화벽 정책을 위한 팩토리 패턴 모듈을 정의해 보자.

코드 3.7 방화벽 정책용 팩토리 모듈 사용하기

```
class FirewallFactory:                                          ❶
    def __init__(self, name, network='default'):
        self.name = name
        self.network = network
        self.resources = self._build()                          ❷

    def _build(self):
        resources = []
        resources.append({
            'google_compute_firewall': [{                       ❸
                'db': [
                    {
                        'allow': [                              ❹
                            {                                   ❹
                                'protocol': 'tcp',              ❹
                                'ports': ['3306']               ❹
                            }                                   ❹
                        ],                                      ❹
                        'name': self.name,
                        'network': self.network,
                        'source_ranges': ['0.0.0.0/0']
                    }
                ]
            }]
        })
        return resources
```

① 방화벽 정책 모듈을 팩토리 패턴으로 생성한다.
② 모듈을 사용해 로드 밸런서의 JSON 설정을 생성한다.
③ 테라폼 자원을 사용해 구글 클라우드 방화벽 정책(GCP 방화벽 정책)을 생성한다.
④ 방화벽 정책은 기본적으로 3306 포트로 TCP 트래픽을 허용해야 한다.

결합성의 원칙 덕분에 로드 밸런서 및 팩토리 모듈을 빌더 모듈에 포함한다. 모듈은 로드 밸런서 유형 및 트래픽 허용을 위한 방화벽 정책 포함 여부를 판단하기 위해 변수가 필요하다.

코드 3.8에서 데이터베이스 빌더 모듈을 구현할 때는 기본적으로 데이터베이스 서버 그룹과 네트워크를 생성하도록 설정한다. 이후 빌더가 로드 밸런서 유형과 방화벽 정책 옵션을 받도록 설정한다.

코드 3.8 빌더 패턴으로 데이터베이스 구축하기

```
import json
from server import DatabaseServerFactory               ①
from loadbalancer import LoadBalancerFactory            ①
from firewall import FirewallFactory                    ①

class DatabaseModule:                                   ②
    def __init__(self, name):
        self._resources = []
        self._name = name
        self._resources = DatabaseServerFactory(self._name).resources   ③

    def add_internal_load_balancer(self):               ④
        self._resources.extend(
            LoadBalancerFactory(
                self._name, external=False).resources)

    def add_external_load_balancer(self):               ⑤
        self._resources.extend(
            LoadBalancerFactory(
                self._name, external=True).resources)

    def add_google_firewall_rule(self):                 ⑥
        self._resources.extend(
            FirewallFactory(
                self._name).resources)
```

```python
    def build(self):                                             ❼
        return {                                                 ❼
            'resource': self._resources                          ❼
        }                                                        ❼

if __name__ == ""__main__"":
    database_module = DatabaseModule('development-database')     ❽
    database_module.add_external_load_balancer()                 ❽
    database_module.add_google_firewall_rule()                   ❽

    with open('main.tf.json', 'w') as outfile:                   ❾
        json.dump(database_module.build(), outfile,              ❾
                  sort_keys=True, indent=4)                      ❾
```

❶ 데이터베이스 서버 그룹, 로드 밸런서, 방화벽을 생성하기 위해 팩토리 모듈을 가져온다.

❷ 데이터베이스 서버 그룹, 네트워크, 로드 밸런서, 방화벽을 생성할 수 있는 빌더 패턴의 데이터베이스 모듈을 생성한다.

❸ 항상 팩토리 모듈을 사용해 빌더 모듈에 필요한 데이터베이스 서버 그룹과 네트워크를 생성한다.

❹ 내부 로드 밸런서를 구축할 수 있도록 메서드를 추가한다.

❺ 외부 로드 밸런서를 구축할 수 있도록 메서드를 추가한다.

❻ 데이터베이스로 트래픽을 허용하는 방화벽 정책을 구축할 수 있는 메서드를 추가한다.

❼ 빌더 모듈을 사용해 커스텀 데이터베이스 자원용 JSON 설정을 반환한다.

❽ 데이터베이스 빌더 모듈을 사용해 외부 접근(로드 밸런서 및 방화벽 정책)이 가능한 데이터베이스 서버 그룹을 만든다.

❾ 나중에 테라폼에서 실행할 수 있도록 파이썬 딕셔너리 객체를 JSON 파일로 작성한다.

파이썬 스크립트를 실행하면 인스턴스 템플릿, 서버 그룹, 서버 그룹 관리자, 외부 로드 밸런서, 방화벽 정책이 포함된 긴 JSON 설정 파일을 찾을 수 있다. 빌더는 외부에서 접근 가능한 데이터베이스 구축에 필요한 모든 자원을 생성한다. 다음 코드는 가독성을 위해 다른 설정을 생략했다.

코드 3.9 간소화한 데이터베이스 시스템 설정

```json
[
    {
        "google_compute_forwarding_rule": [          ❶
            {
                "db": [
                    {
                        "load_balancing_scheme": "EXTERNAL",    ❷
```

```json
                        "name": "development-database",
                        "network_tier": "STANDARD",
                        "port_range": "3306",                              ❸
                        "region": "us-central1",
                        "target": "${google_compute_target_pool.db.id}"    ❹
                    }
                ]
            }
        ]
    },
    {
        "google_compute_firewall": [                                       ❺
            {
                "db": [
                    {"
                        "allow": [                                         ❸
                            {                                              ❸
                                "ports": [                                 ❸
                                    "3306"                                 ❸
                                ],                                         ❸
                                "protocol": "tcp"                          ❸
                            }                                              ❸
                        ],
                        "name": "development-database",
                        "network": "default"
                    }
                ]
            }
        ]
    }
]
```

❶ 이 JSON 파일은 테라폼 자원을 사용해 구글 컴퓨트 포워드 규칙과 방화벽을 정의한다. 가독성을 위해 인스턴스 템플릿, 서버 그룹, 서버 그룹 관리자 등 다른 설정은 생략했다.

❷ EXTERNAL scheme으로 접근 가능한 로드 밸런서를 생성한다.

❸ MySQL 데이터베이스 포트인 3306 포트로 TCP 트래픽을 허용하는 방화벽을 생성한다.

❹ 로드 밸런서 대상을 데이터베이스 서버 그룹으로 설정한다. 테라폼의 내장 변수 보간 기능을 사용해 데이터베이스 서버 그룹 ID를 동적으로 처리한다.

❺ 이 JSON 파일은 테라폼 자원을 사용해 구글 컴퓨트 포워드 규칙과 방화벽을 정의한다. 가독성을 위해 인스턴스 템플릿과 서버 그룹은 생략했다.

빌더 패턴은 진화 가능성의 원칙을 준수하는 데 유용하다. 사용자는 필요한 자원을 선택할 수 있으며 올바른 속성과 자원을 조합하는 어려움을 해소할 수 있다.

또한 빌더 패턴을 사용해 클라우드 자원을 래핑하여 일반 인터페이스로 사용할 수 있다. 파이썬 예제는 GCP 컴퓨트 포워드 규칙을 `add_external_load_balancer` 메서드로 래핑하는 방법을 보여준다. 모듈을 사용하면 옵션은 GCP 포워드 규칙이 아닌 일반 로드 밸런서 구축 의도를 설명한다.

도메인 특화 언어

일부 DSL은 빌더 패턴에서 사용할 수 있는 `if-else`(조건문)나 루프(반복문)를 제공한다. 테라폼은 `count` 인자를 통해 조건에 따라 일정 개수의 자원을 생성할 수 있다. 클라우드포메이션은 사용자 입력을 통해 스택을 선택할 수 있는 조건문을 지원한다. 바이셉은 배포 조건을 사용하고, 앤서블은 조건부 가져오기를 사용해 작업이나 플레이북을 선택할 수 있다.

예를 들어, `add_external_load_balancer`라는 부울 변수를 설정할 수 있다. 만일 `true` 값을 전달하면 DSL은 외부 로드 밸런서를 생성하기 위한 조건문을 추가하고, 그 외의 경우에는 내부 로드 밸런서를 생성한다.

일부 DSL은 조건문을 제공하지 않는데 그런 경우에는 이 책의 코드 예제와 유사한 코드가 필요하다. 예를 들어, 헬름(Helm)을 사용해 쿠버네티스 YAML 파일을 템플릿화하고 릴리스할 수 있다.

빌더 패턴은 쿠버네티스와 같은 컨테이너 오케스트레이터 구성, 클러스터 아키텍처 플랫폼, 애플리케이션 및 시스템 메트릭 대시보드 등 여러 자원을 생성하는 모듈에 가장 어울린다. 이러한 사례에 빌더 모듈을 적용할 경우 특정 입력값을 전달하지 않고도 원하는 자원을 선택할 수 있다.

그러나 빌더 모듈은 다른 모듈과 여러 자원을 참조하기 때문에 복잡할 수 있고, 모듈을 잘못 설정할 위험성이 매우 높을 수 있다. 6장에서는 빌더 모듈의 기능과 보안성을 보장하기 위한 테스트 전략을 다룬다.

3.6 패턴 선택하기

이번 장에서는 데이터베이스 시스템의 자원을 다양한 모듈 패턴으로 그룹화하는 방법을 다뤘다. 어떤 모듈 패턴을 사용해야 할까? 그리고 책에서 언급하지 않은 다른 데이터베이스 시스템 자원은 어떻게 처리해야 할까?

사업 기능과 목적별로 신규 인프라 자원을 별도의 모듈로 생성할 수 있다. 이번 장에서 사용한 데이터베이스 예제는 예제별로 모듈을 분리한다(구글 프로젝트(싱글톤), 네트워크(팩토리), 데이터베이스 클러스터(팩토리)). 모듈별로 다른 입력 변수와 기본값을 가지며, 각자 다른 자원으로 진화한다.

예제는 모든 모듈 패턴을 시스템에서 결합하기 위해 컴포지트 패턴을 사용했다. 네트워크, 로드 밸런서, 데이터베이스 클러스터 모듈을 팩토리 패턴으로 구성하여 사용자가 전달한 속성에 따른 커스텀 자원을 생성했다. 종종 동일한 메타데이터를 다루는 태그를 처리하기 위해 주로 프로토타입 패턴을 사용한다. 모듈 작성 시 대부분의 경우 팩토리 패턴과 프로토타입 패턴을 사용하면 결합성, 재현성, 진화 가능성을 촉진할 수 있다.

반면 구글 프로젝트는 다른 사람이 프로젝트 내 단일 인스턴스의 속성을 변경하지 않으므로 싱글톤 패턴으로 구축했다. 프로젝트는 변경이 거의 일어나지 않으므로 덜 복잡한 패턴을 사용했다. 데이터베이스 시스템 구축과 같은 복잡한 문제를 해결하기 위해서는 빌더 패턴을 사용했다. 빌더 모듈을 통해 구체적인 자원을 선택하여 생성할 수 있다.

그림 3.11은 어떤 패턴을 사용할지 결정할 수 있는 의사결정 트리를 제공한다. 모듈의 목적, 재사용 및 업데이트 주기, 다양한 자원의 결합성에 대해 질문을 하고, 답변에 따라 특정 패턴으로 모듈을 작성한다.

의사결정 트리를 통해 결합성과 진화 가능성을 촉진하는 모듈을 구축할 수 있다. 기본 속성을 고정값으로 제공하면서도 특정 자원을 위해 설정값을 오버라이딩할 수 있도록 균형 잡힌 모듈을 구축해야 한다. 모듈의 패턴이 하나라고 생각할 필요는 없다. 미래에는 다른 패턴으로 모듈을 구축하게 될 수도 있다.

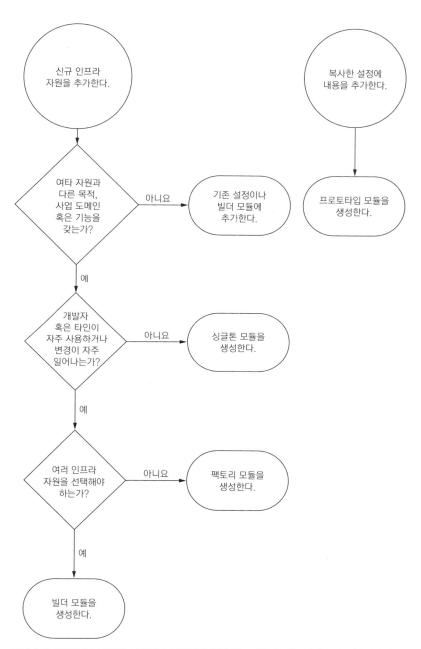

그림 3.11 어떤 모듈 패턴을 사용할지 결정하기 위해서는 자원의 기능 및 용도를 평가해야 한다.

다음 IaC는 어떤 모듈 패턴을 사용하는가? (해당하는 답을 모두 고르시오.)

```python
if __name__ == "__main__":
    environment = 'development'
    name = f'{environment}-hello-world'
    cidr_block = '10.0.0.0/16'

    # NetworkModule은 서브넷과 네트워크를 반환한다.
    network = NetworkModule(name, cidr_block)

    # tags는 기본 태그 목록을 반환한다.
    tags = TagsModule()

    # ServerModule은 단일 서버를 반환한다.
    server = ServerModule(name, network, tags)
```

   A. 팩토리
   B. 싱글톤
   C. 프로토타입
   D. 빌더
   E. 컴포지트

정답은 부록 B를 참고하자.

이번 장의 많은 패턴은 IaC 도구를 사용해 모듈을 생성하는 데 초점을 맞췄다. IaC 지원을 받을 수 없어 프로그래밍 언어로 자동화 모듈을 구축해야 할 수도 있는데 주로 레거시 인프라 환경에서 나타난다. 예를 들어 GCP에 데이터베이스 시스템을 구축해야 하지만, IaC 도구 없이 GCP API를 통해서만 직접 생성해야 할 수도 있다.

GCP API로 데이터베이스 시스템을 구축하기 위해서는 각 인프라 자원을 생성, 조회, 업데이트, 삭제 기능을 제공하는 팩토리 모듈로 구축해야 한다. 자원에 대한 변경은 위 기능의 조합을 통해 처리한다. 각 자원을 처리하는 과정에서 기능별로 오류가 있는지 확인할 수 있다.

그림 3.12는 서버, 네트워크, 로드 밸런서 모듈을 팩토리 패턴으로 구현했다. 모듈을 통해 각 자원을 생성, 조회, 업데이트, 삭제할 수 있다. 데이터베이스용 빌더 모듈은 컴포지트 패턴을 사용해 네트워크, 서버, 로드 밸런서를 생성, 조회, 업데이트, 삭제할 수 있다.

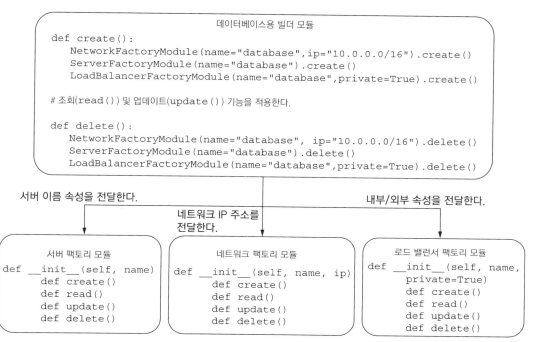

데이터베이스용 빌더 모듈

```
def create():
    NetworkFactoryModule(name="database",ip="10.0.0.0/16").create()
    ServerFactoryModule(name="database").create()
    LoadBalancerFactoryModule(name="database",private=True).create()

# 조회(read()) 및 업데이트(update()) 기능을 적용한다.

def delete():
    NetworkFactoryModule(name="database", ip="10.0.0.0/16").delete()
    ServerFactoryModule(name="database").delete()
    LoadBalancerFactoryModule(name="database",private=True).delete()
```

서버 이름 속성을 전달한다.

네트워크 IP 주소를
전달한다.

내부/외부 속성을 전달한다.

서버 팩토리 모듈
```
def __init__(self, name)
    def create()
    def read()
    def update()
    def delete()
```

네트워크 팩토리 모듈
```
def __init__(self, name, ip)
    def create()
    def read()
    def update()
    def delete()
```

로드 밸런서 팩토리 모듈
```
def __init__(self, name,
        private=True)
    def create()
    def read()
    def update()
    def delete()
```

그림 3.12 자동화 스크립트 작성을 위해 자원별로 팩토리 모듈을 생성하고, 자원을 생성, 조회, 업데이트, 삭제할 수 있는 기능을 추가한다.

자원 변경을 4개의 기능으로 나누어 자동화를 구현한다. 심지어 빌더 패턴도 생성, 조회, 업데이트, 삭제 기능을 사용한다. 기능은 자원 설정 시 필요한 자동화 동작을 정의한다. 그러나 각 기능이 멱등성의 원칙을 준수하는지 테스트해야 한다. 언제 기능을 수행하더라도 늘 동일한 결과를 얻어야 한다.

이번 장에서 배운 모듈 패턴을 적용하여 모든 인프라에 IaC 및 자동화를 도입할 수 있다. IaC를 고도화하면서 어떻게 인프라 시스템을 모듈로 나눌 수 있는지 파악해야 한다. 언제, 무엇을 모듈화할지 결정하기 위해 다음 사항을 고려하자.

- 자원을 공유하는가?
- 어떠한 사업 도메인 자원인가?
- 어떠한 환경에서 사용하는 자원인가?
- 어떠한 팀이 인프라를 관리하는가?

- 자원이 다른 도구를 사용하는가?
- 모듈에 영향을 미치지 않고 어떻게 자원을 변경할 수 있는가?

자원이 사업 단위, 팀, 기능과 어떻게 관련이 있는지 파악하여 인프라 자원을 좀 더 작은 모음으로 구축한다. 일반적으로는 모듈이 최대한 적은 자원을 처리하도록 작성해야 한다. 적은 자원을 다루는 모듈은 배포 속도가 빠르고 실패 시 영향 범위를 최소화할 수 있다. 좀 더 중요한 점은 작은 모듈의 경우 광범위한 시스템에 도입하기 전에 배포, 테스트, 디버깅할 수 있다는 것이다.

자원을 모듈로 그룹화하는 것은 담당자, 팀, 그리고 회사에 이득이다. 담당자의 경우 모듈화를 통해 인프라 자원의 확장성과 회복 탄력성을 높이고, 모듈 변경의 영향 범위를 최소화함으로써 전반적인 시스템의 회복 탄력성을 높일 수 있다.

팀의 경우 다른 팀원이 모듈을 활용하여 인프라를 구축할 수 있도록 함으로써 셀프서비스 메커니즘을 제공한다. 팀원은 인프라 자원 속성을 변경하는 대신 모듈에 변수를 전달함으로써 커스텀 인프라 자원을 구축할 수 있다. 5장에서 모듈을 공유하는 방법에 대해 더 배울 수 있다.

조직의 경우 모듈을 통해 자원 간 우수한 인프라 구축 및 보안 관행을 수립할 수 있다. 동일한 설정을 활용하여 로드 밸런서나 방화벽 정책을 만들 수 있다. 모듈은 8장에서 다루듯 보안 팀이 여러 팀의 자원을 감시하고 보안 관행을 강제할 수 있도록 한다.

요약

- 싱글톤, 팩토리, 프로토타입, 빌더 패턴을 활용하여 결합 가능한 인프라 설정을 구축할 수 있다.
- 컴포지트 패턴을 활용하여 인프라 자원을 자동화가 가능하도록 계층별로 그룹화하자.
- 싱글톤 패턴을 활용하여 거의 변경이 일어나지 않는 단일 인스턴스 인프라 자원을 관리하자.
- 프로토타입 패턴을 사용해 태그와 공통 설정값과 같은 전역 매개변숫값을 적용하자.

- 팩토리 모듈은 입력값을 통해 특정 설정값을 갖는 인프라 자원을 생성한다.
- 빌더 모듈은 입력값을 통해 어떠한 자원을 생성할지 결정한다. 빌더 모듈은 여러 팩토리 모듈을 결합하여 만들 수 있다.
- 무엇을 어떻게 모듈화할지 결정하기 위해서는 인프라 설정이 어떠한 기능이나 사업 도메인을 다루는지 측정해야 한다.
- 인프라 자동화를 위한 스크립트 작성 시, 생성, 조회, 업데이트, 삭제 기능을 갖는 팩토리 모듈을 생성하고, 빌더 모듈이 참조하게 하자.

인프라 의존성 패턴

인프라 시스템은 서로 의존하는 자원의 모음으로 이뤄진다. 예를 들어 서버는 네트워크에 의존한다. 서버 생성 시 네트워크가 존재하는 것을 어떻게 확인할 수 있을까? **인프라 의존성** infrastructure dependency을 통해 특정 자원을 생성하거나 수정하기 전에 다른 자원이 필요한 경우를 나타낼 수 있다.

정의 **인프라 의존성**은 인프라 자원의 구축 및 속성이 또 다른 자원에 의존하는 관계를 나타낸다.

일반적으로 네트워크 식별자를 하드코딩함으로써 서버의 네트워크 의존성을 확인할 수 있다. 하지만 이 경우 서버와 네트워크 간 의존성을 더 강하게 만든다. 네트워크를 변경할 때마다, 하드코딩한 의존성을 변경해야 한다.

2장에서 재현성과 진화 가능성을 위해 변수나 값을 하드코딩하지 않는 방법을 배웠다. 네트워크 식별자를 변수로 처리하면 서버와 네트워크 관계를 분리할 수 있다. 하지만 변수는 동일한 모듈 내 자원 간에만 사용할 수 있다. 어떻게 모듈 간 의존성을 나타낼 수 있을까?

이전 장에서는 결합성을 강조하기 위해 자원을 모듈로 결합했다. 이번 장에서는 패턴을 통해 인프라 의존성을 관리하고 진화 가능성을 제고할 수 있는 방법을 다룬다. 모듈 간 의존성이 낮을수록 모듈 교체가 쉽다.

실제 인프라 시스템은 매우 복잡하고, 시스템에 영향을 미치지 않으면서 모듈을 변경하지 못할 수도 있다. 느슨하게 연결된 의존성은 모듈 변경 실패에 대한 영향도를 낮추지만, 가용성을 100% 보장하지는 않는다!

4.1 단방향 관계

의존성 관계에 따라 인프라 변경 방법이 달라진다. 새로운 애플리케이션을 생성할 때마다 방화벽 정책을 세운다고 상상해 보자. 방화벽 정책은 트래픽을 허용하기 위해 애플리케이션의 IP 주소에 **단방향 의존성**^{unidirectional dependency}을 갖는다. 애플리케이션 변경 시 방화벽 정책에도 반영된다.

> **정의** **단방향 의존성**은 하나의 자원이 다른 하나의 자원만을 참조하는 단방향 관계를 나타낸다.

어떠한 자원이나 모듈에 대해서도 단방향 의존성을 나타낼 수 있다. 그림 4.1은 방화벽 정책과 애플리케이션 간 단방향 관계를 나타낸다. 정책은 애플리케이션에 **의존**하기에, 애플리케이션보다 상위 인프라 스택이 된다.

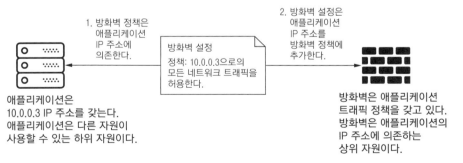

그림 4.1 방화벽 정책은 애플리케이션의 IP 주소에 단방향으로 의존한다.

의존성을 표현하면 애플리케이션 같은 **하위 자원**^{low-level resource}에 의존하는 방화벽 같은 **상위 자원**^{high-level resource}을 갖는다.

> **정의** **상위 자원**은 또 다른 자원 또는 모듈에 의존한다. **하위 자원**은 해당 자원에 의존하는 상위 자원을 갖는다.

보고^{reporting} 애플리케이션이 방화벽 정책 목록을 갖고 있다고 가정해 보자. 애플리케이션은 감사^{auditing} 애플리케이션에 정책을 전달한다. 그러나 방화벽은 보고 애플리케이션의 IP 주소를 알아야 한다. 보고 애플리케이션의 IP 주소와 방화벽 정책 중 무엇을 먼저 업데이트해야 할까? 그림 4.2는 어떤 애플리케이션을 먼저 업데이트할지 결정하는 어려운 문제에 답한다.

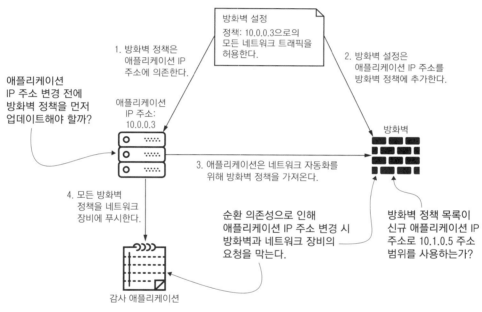

그림 4.2 보고 애플리케이션과 방화벽은 순환 의존성을 갖고 있어 서로의 변경사항이 애플리케이션 접속을 막는다.

위 사례는 닭이 먼저인지 달걀이 먼저인지와 같은 순환 참조^{circular dependency} 문제가 발생한다. 다른 자원에 영향을 주지 않으면서 자원을 변경할 수 없다. 감지 애플리케이션의 IP 주소를 변경하면 방화벽 정책도 바뀌어야 한다. 방화벽 정책이 바뀌지 않으면 접근 요청이 막히기 때문에 보고 애플리케이션이 접근할 수 없다!

순환 참조는 변경 과정에서 예상치 못한 행동을 초래하여 궁극적으로 결합성과 진화 가능성을 저해한다. 어떤 자원을 먼저 업데이트해야 하는지 알 수 없다. 반면 모듈이 하위 모듈인지 상위 모듈인지 식별할 수 있는 단방향 의존성을 갖고 있으면 변경 과정을 예측할 수 있다. 결국 인프라 변경을 위해서는 예측 가능성^{predictability}과 분리성^{isolation}이 중요하다.

4.2 의존성 주입

단방향 의존성은 하위 모듈 변경이 상위 모듈에 미치는 영향을 최소화할 수 있는 방법을 제시한다. 예를 들어 네트워크 변경 시 대기열, 애플리케이션 또는 데이터베이스와 같은 상위 단계 자원에 영향을 주면 안 된다. 이번 절에서는 소프트웨어 개발의 의존성 주입 개념을 인프라에 도입하여 단방향 의존성을 분리한다. 의존성 주입은 제어 역전과 의존성 역전 원칙을 포함한다.

4.2.1 제어 역전

인프라에 단방향 관계를 적용할 때, 상위 자원은 하위 자원의 정보를 얻어서 변경을 진행한다. 즉, 네트워크가 정보를 전달하기 전에 서버가 네트워크의 ID와 IP 주소를 요청한다(그림 4.3).

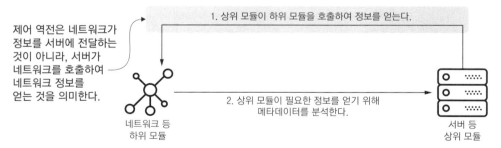

그림 4.3 제어 역전을 통해 상위 자원이나 모듈이 하위 모듈을 호출하여 필요한 의존성에 대한 메타데이터를 분석한다.

서버는 **제어 역전**$^{inversion\ of\ control}$ 소프트웨어 개발 원칙을 적용하여 네트워크를 호출한다. 상위 자원은 업데이트 전에 하위 자원을 호출하여 정보를 얻는다.

> **정의** **제어 역전**은 상위 자원이 필요한 속성을 얻거나 참조하기 위해 하위 자원을 호출하는 원칙이다.

비기술적인 사례를 들자면, 병원 측에서 자동으로 예약을 잡는 것이 아니라 환자가 전화를 걸어 예약을 잡는 방식도 제어 역전이다. 제어 역전을 적용하여 네트워크에 서버 의존성을 주입해 보자. 다음 코드에서는 네트워크 모듈을 사용해 네트워크 생성 및 메타데이터를 terraform.tfstate 파일에 저장한다. 서버 등의 상위 자원은 JSON 파일에서 네트워크 이름을 얻을 수 있다.

코드 4.1 네트워크 모듈로 JSON 파일 생성하기

```
{
    "outputs": {                                  ❶
        "name": {                                 ❷
            "value": "hello-world-subnet",        ❷
            "type": "string"                      ❷
        }
    }                                             ❸
}
```

❶ 테라폼으로 네트워크 생성 시 생성 목록에 대한 정보를 갖는 JSON 파일을 생성한다. 테라폼은 파일을 사용해 생성한 자원을 추적한다.

❷ 네트워크 모듈은 서브넷 이름을 문자열로 반환한다.

❸ 나머지 JSON 파일은 가독성을 위해 생략했다.

제어 역전을 사용해 서버는 코드 4.2 네트워크 모듈의 terraform.tfstate 파일을 **호출**^{call}하여 서브넷 이름을 읽는다. 서버가 서브넷 이름(hello-world-subnet)을 얻기 위해서는 JSON 파일을 파싱해야 한다.

코드 4.2 제어 역전을 활용하여 서버 생성하기

```
import json

class NetworkModuleOutput:                                              ❶
    def __init__(self):
        with open('network/terraform.tfstate', 'r') as network_state:
            network_attributes = json.load(network_state)
        self.name = network_attributes['outputs']['name']['value']       ❷

class ServerFactoryModule:                                              ❸
    def __init__(self, name, zone='us-central1-a'):                     ❹
```

```python
        self._name = name
        self._network = NetworkModuleOutput()                    ❺
        self._zone = zone
        self.resources = self._build()                           ❻

    def _build(self):                                            ❻
        return {
            'resource': [{
                'google_compute_instance': [{                    ❹
                    self._name: [{
                        'allow_stopping_for_update': True,
                        'boot_disk': [{
                            'initialize_params': [{
                                'image': ubuntu-2004-lts'
                            }]
                        }],
                        'machine_type': 'f1-micro',
                        'name': self._name,                      ❹
                        'zone': self._zone,                      ❹
                        'network_interface': [{
                            'subnetwork': self._network.name     ❼
                        }]
                    }]
                }]
            }]
        }

if __name__ == "__main__":                                      ❽
    server = ServerFactoryModule(name='hello-world')             ❽
    with open('main.tf.json', 'w') as outfile:                   ❽
        json.dump(server.resources, outfile, sort_keys=True, indent=4)
```

❶ 네트워크 모듈 출력물의 스키마를 포착하는 객체를 생성한다. 서버는 이를 활용하여 쉽게 서브넷 이름을 얻을 수 있다.

❷ 모듈은 network_attributes JSON 객체의 서브넷 이름을 파싱한다.

❸ 팩토리 패턴을 사용해 서버 모듈을 생성한다.

❹ 테라폼 자원의 이름과 영역(zone)을 사용해 구글 가상 머신 인스턴스를 생성한다.

❺ 서버 모듈은 NetworkModuleOutput() 객체를 호출하여 객체가 JSON 파일의 서브넷 이름을 파싱한다.

❻ 모듈로 획득한 서브넷 이름을 사용하는 JSON 서버 설정 파일을 생성한다.

❼ 서버가 네트워크 출력물 이름을 참조하여 'subnetwork' 필드에 전달한다.

❽ 나중에 테라폼에서 실행할 수 있도록 파이썬 딕셔너리 객체를 JSON 파일로 작성한다.

제어 역전을 적용하면 서버 모듈이 서브넷을 직접 참조하지 못하게 하고 상위 자원이 참조하
는 네트워크 정보를 제어하거나 제한할 수 있다. 더 중요한 것은 다른 서버나 상위 자원을 생
성할 때 네트워크 모듈의 서브넷 이름을 사용할 수 있기 때문에 결합성을 개선할 수 있다는
점이다.

만일 상위 자원이 하위 자원의 속성이 필요할 경우에는 어떻게 할까? 예를 들어, 서브넷 IP
주소 범위가 필요한 대기열을 생성해야 한다면 서브넷 IP 주소 범위를 출력하도록 네트워크
모듈을 개선할 수 있다. 대기열은 필요한 IP 주소 범위를 참조할 수 있다.

제어 역전은 상위 자원이 다양한 속성을 요구할 경우 진화 가능성을 개선할 수 있다. 상위 자
원의 코드형 인프라 변경 없이 하위 자원이 진화할 수 있다. 단, 상위 자원이 하위 자원의 이
름이나 속성을 업데이트하지 않도록 방어해야 한다.

4.2.2 의존성 역전

제어 역전은 상위 모듈의 진화 가능성을 촉진하기는 하나 모듈을 하위 모듈 변경으로 인한
영향으로부터 보호하지는 못한다. 네트워크 이름을 ID 값으로 변경한다고 가정해 보자. 서
버 모듈에 변경사항을 배포할 경우 네트워크 ID를 인지하지 못해 문제가 생긴다!

네트워크 출력값 변경에 대해 서버 모듈을 보호하기 위해서는 네트워크 출력값과 서버 사이
에 추상화 계층이 필요하다. 그림 4.4에서는 서버가 네트워크 속성을 출력값이 아닌 API나
저장한 설정을 통해 접근한다. 이러한 인터페이스는 네트워크의 메타데이터를 얻기 위한 추
상화 계층이 된다.

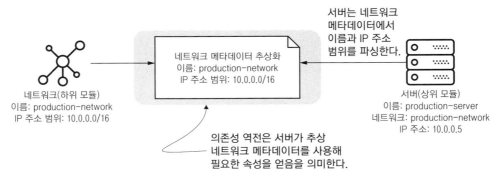

그림 4.4 의존성 역전 원칙은 추상화한 하위 자원의 메타데이터를 해당 자원에 의존하는 상위 모듈에 반환한다.

의존성 역전을 사용해 하위 모듈의 변경점을 분리하고 의존성에 미치는 영향을 완화할 수 있다. **의존성 역전**dependency inversion은 상위/하위 자원의 의존성이 추상화를 통해 처리되도록 한다.

정의 **의존성 역전**은 상위/하위 모듈이나 자원 간 의존성을 추상화하여 표현하는 원칙이다.

추상화 계층은 필요한 속성을 전달하는 번역자 역할을 수행한다. 계층은 하위 모듈의 변경을 상위 모듈과 분리하는 완충제buffer로 작동한다. 일반적으로 세 가지 유형의 추상화를 선택할 수 있다.

- 자원 속성 보간(모듈 내)
- 모듈 출력값(모듈 간)
- 인프라 상태(모듈 간)

자원 속성 보간 또는 모듈 출력값 같은 추상화는 도구에 의존한다. 인프라 추상화는 사용하는 도구나 인프라 API에 의존한다. 그림 4.5는 네트워크 메타데이터를 서버에 전달하는 속성 보간, 모듈 출력값, 인프라 상태를 보여준다.

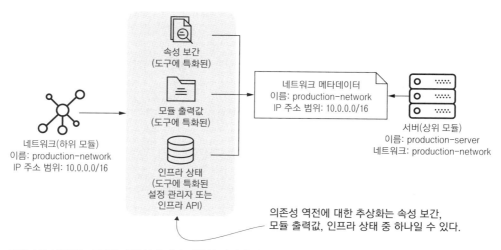

그림 4.5 사용하는 도구와 의존성에 따라 의존성 역전 추상화는 속성 보간, 모듈 출력값 또는 인프라 상태를 사용할 수 있다.

코드 4.3을 통해 네트워크와 서버 모듈을 만들 때 어떻게 세 가지 유형의 추상화를 사용할 수 있는지 알아보자. 먼저 속성 보간부터 알아보자면, 속성 보간은 모듈이나 설정 안에서 자원 또는 작업에 속성을 전달한다. 파이썬을 사용해 서브넷은 네트워크 객체에 접근하여 얻은 네트워크 이름을 보간한다.

코드 4.3 속성 보간을 사용한 네트워크 이름 획득

```python
import json

class Network:                                          ❶
    def __init__(self, name="hello-network"):           ❶
        self.name = name
        self.resource = self._build()                   ❷

    def _build(self):                                   ❷
        return {
            'google_compute_network': [                 ❶
                {
                    f'{self.name}': [
                        {
                            'name': self.name            ❶
                        }
```

```python
                    ]
                }
            ]
        }

class Subnet:                                                ❸
    def __init__(self, network, region='us-central1'):       ❹
        self.network = network                               ❹
        self.name = region                                   ❸
        self.subnet_cidr = '10.0.0.0/28'
        self.region = region
        self.resource = self._build()

    def _build(self):
        return {
            'google_compute_subnetwork': [                   ❸
                {
                    f'{self.name}': [
                        {
                            'name': self.name,               ❸
                            'ip_cidr_range': self.subnet_cidr,
                            'region': self.region,
                            'network': self.network.name     ❺
                        }
                    ]
                }
            ]
        }

if __name__ == "__main__":
    network = Network()                                      ❻
    subnet = Subnet(network)                                 ❼

    resources = {                                            ❽
        "resource": [                                        ❽
            network.resource,                                ❻
            subnet.resource                                  ❼
        ]                                                    ❽
    }                                                        ❽

    with open(f'main.tf.json', 'w') as outfile:              ❾
        json.dump(resources, outfile, sort_keys=True, indent=4)  ❾
```

❶ 'hello-network'라는 테라폼 자원을 사용해 구글 네트워크를 생성한다.

❷ 모듈을 사용해 네트워크용 JSON 설정을 생성한다.

❸ us-central1 리전용 테라폼 자원을 사용해 구글 서브네트워크를 생성한다.

❹ 전체 네트워크 객체를 서브넷에 전달한다. 서브넷은 필요한 속성을 객체에서 호출한다.

❺ 객체에서 획득한 네트워크 이름을 보간한다.

❻ 모듈을 사용해 네트워크용 JSON 설정을 생성한다.

❼ 모듈을 사용해 서브넷용 JSON 설정을 생성하고 네트워크 객체를 서브넷에 전달한다.

❽ 네트워크 및 서브넷 JSON 객체를 테라폼과 호환되는 JSON 형태로 합친다.

❾ 나중에 테라폼에서 실행할 수 있도록 파이썬 딕셔너리 객체를 JSON 파일로 작성한다.

> **도메인 특화 언어**
>
> DSL을 사용하는 IaC 도구는 자체적인 변수 보간 형식을 제공한다. 테라폼의 경우 google_compute_network.hello-world-network.name을 사용해 네트워크 이름을 동적으로 서브넷에 전달한다. 클라우드포메이션의 경우 Ref를 사용해 매개변수를 참조할 수 있다. 바이셉은 자원의 properties를 참조할 수 있다.

속성 보간은 설정 안에 존재하는 모듈 혹은 자원 사이에서 동작한다. 그러나 보간은 특정 도구에만 적용되며 모든 도구에서 사용할 수 있는 것은 아니다. 더 많은 자원이나 모듈이 존재할 경우 보간을 사용할 수 없다.

속성 보간의 대안으로 명시적인 모듈 출력값을 사용해 자원 속성을 모듈 간에 전달하는 방법이 있다. 필요한 스키마나 매개변수에 적합하게 출력값을 조정할 수 있다. 예를 들어 서브넷과 네트워크를 하나의 모듈로 그룹화하고, 속성을 서버에서 사용하도록 전달할 수 있다. 다음 코드로 서브넷과 네트워크 코드를 리팩토링하여 서버 클래스를 추가해 보자.

코드 4.4 서브넷 이름을 출력하는 모듈 만들기

```
import json


class NetworkModule:                                    ❶
    def __init__(self, region='us-central1'):           ❷
        self._region = region
        self._network = Network()                       ❷
        self._subnet = Subnet(self._network)            ❷
```

```python
        self.resource = self._build()                    ❸

    def _build(self):                                    ❸
        return [                                          ❸
            self._network.resource,                      ❸
            self._subnet.resource                        ❸
        ]                                                 ❸

    class Output:                                         ❹
        def __init__(self, subnet_name):                 ❹
            self.subnet_name = subnet_name               ❹

    def output(self):                                     ❺
        return self.Output(self._subnet.name)            ❺

class ServerModule:                                       ❻
    def __init__(self, name, network,                    ❼
                zone='us-central1-a'):
        self._name = name
        self._subnet_name = network.subnet_name          ❽
        self._zone = zone
        self.resource = self._build()                    ❾

    def _build(self):                                    ❾
        return [{
            'google_compute_instance': [{
                self._name: [{
                    'allow_stopping_for_update': True,
                    'boot_disk': [{
                        'initialize_params': [{
                            'image': ubuntu-2004-lts'
                        }]
                    }]
                    'machine_type': 'e2-micro',
                    'name': self._name,
                    'zone': self._zone,
                    'network_interface': [{
                        'subnetwork': self._subnet_name
                    }]
                }]
            }]
        }]
```

```
if __name__ == "__main__":
    network = NetworkModule()                                       ❿
    server = ServerModule("hello-world",                           ❻
                           network.output())                       ❼
    resources = {                                                   ⓫
        "resource": network.resource + server.resource            ⓫
    }                                                               ⓫

    with open(f'main.tf.json', 'w') as outfile:                    ⓬
        json.dump(resources, outfile, sort_keys=True, indent=4)    ⓬
```

❶ 가독성을 위해 네트워크와 서브넷 객체는 생략했다.

❷ 네트워크와 서브넷 생성이 모듈을 통해 이뤄지도록 리팩토링한다. 이 모듈은 컴포지트 패턴을 기반으로 설계됐으며, 테라폼 자원을 활용해 구글 네트워크와 서브넷을 설정한다.

❸ 모듈을 사용해 네트워크와 서브넷용 JSON 설정을 생성한다.

❹ 네트워크 모듈 출력을 위해 중첩 클래스(nested class)를 생성한다. 중첩 클래스는 상위 속성이 사용할 수 있는 서브넷 이름을 전달한다.

❺ 네트워크 모듈의 출력값을 생성하는 메서드로 네트워크 출력값을 획득 및 전달한다.

❻ 이 모듈은 테라폼 자원을 사용해 구글 컴퓨트 인스턴스(서버)를 생성한다.

❼ 서버 모듈의 입력값인 네트워크 출력값을 전달한다. 서버는 필요한 속성을 선택한다.

❽ 네트워크 출력값 객체를 사용해 서브넷 이름을 서버의 서브넷 이름 속성에 지정한다.

❾ 모듈을 사용해 서버용 JSON 설정을 생성한다.

❿ 네트워크와 서브넷 생성이 모듈을 통해 이뤄지도록 리팩토링한다. 이 모듈은 컴포지트 패턴을 기반으로 설계됐으며, 테라폼 자원을 활용해 구글 네트워크와 서브넷을 설정한다.

⓫ 네트워크 및 서버 JSON 객체를 테라폼과 호환되는 JSON 형태로 합친다.

⓬ 나중에 테라폼에서 실행할 수 있도록 파이썬 딕셔너리 객체를 JSON 파일로 작성한다.

도메인 특화 언어

클라우드포메이션, 바이셉, 테라폼과 같은 프로비저닝 도구를 사용해 상위 모듈이나 스택이 사용할 수 있도록 출력값을 생성할 수 있다. 앤서블 같은 설정 관리 도구는 자동화 작업 간에 사용할 수 있는 표준 출력값(standard output)으로 변수를 전달한다.

모듈 출력값은 상위 자원이 사용하는 특정 매개변숫값 확인을 돕는다. 해당 접근법은 값을 복사하여 반복하여 출력한다. 그러나 출력값은 복잡할 수도 있으며, 사용자가 어떠한 출력값을 얻었는지, 그 값의 이름은 무엇인지 기억하지 못할 수도 있다. 6장에서 다루는 계약 테스트contract test는 모듈 출력값을 규정하는 데 도움을 줄 것이다.

출력값을 사용하는 대신, 파일이나 인프라 제공 업체의 API 메타데이터를 활용하여 얻은 인프라 상태를 사용할 수 있다. 많은 도구는 소위 **도구 상태**^{tool state}라고 하는 인프라 상태에 대한 복사본을 갖고 있으며, 이를 활용하여 실제 자원 현황과 설정 사이의 드리프트를 감지하고, 인프라가 관리하는 자원을 추적한다.

> 정의 **도구 상태**는 IaC 도구가 저장한 인프라 상태를 나타내며, 도구가 관리하는 자원의 설정을 추적한다.

도구는 주로 상탯값을 파일에 저장한다. 코드 4.2에서 도구 상태를 사용하는 예제를 이미 다뤘다. 예제에서는 terraform.tfstate 파일의 네트워크 이름을 파싱해서 사용했는데, 파일이 바로 테라폼의 도구 상태다. 그러나 모든 도구가 상태 파일을 제공하는 것은 아니며 도구에 따라 하위 자원의 속성을 파싱하는 것이 어려울 수도 있다.

만약 시스템에 다양한 도구나 서비스를 사용하고 있다면 크게 두 가지 방법을 사용할 수 있다. 첫 번째는 메타데이터를 전달하기 위한 표준 인터페이스로 **설정 관리자**^{configuration manager}를 사용하는 방법이다. 설정 관리자는 키-값 저장소^{key-value store}처럼 필드와 필드 값을 관리한다.

설정 관리자는 도구 상태를 위한 사용자만의 추상화 계층을 생성할 수 있도록 돕는다. 예를 들어 네트워크 자동화 스크립트는 키-값 저장소에 저장한 IP 주솟값을 읽을 수 있다. 다만 설정 관리자를 관리해야 하며 IaC가 접근할 수 있어야 한다.

두 번째는 인프라 제공 업체의 API를 활용하는 방법이다. 인프라 API는 자주 바뀌지 않으며, 인프라에 대한 자세한 정보를 제공하고 상태 파일이 포함하지 않는 수동 변경사항에 대해서도 알려줄 수 있다. 클라이언트 라이브러리를 사용해 인프라 API를 통해 정보를 접근할 수 있다.

도메인 특화 언어

많은 도구는 인프라 API를 호출할 수 있는 기능을 제공한다. 예를 들어, AWS 특화 매개변숫값이나 클라우드포메이션의 `Fn::ImportValue`는 AWS API나 그 밖의 서비스에서 값을 가져올 수 있다. 바이셉은 `existing`이라는 키워드를 사용해 현재 상태 파일에 없는 자원의 속성값을 가져올 수 있다.

테라폼은 데이터 소스(data source)[1]를 사용해 API에서 가져온 인프라 자원의 메타데이터를 읽는다. 유사한 방식으로 모듈은 자원이나 인프라 환경에 대한 메타데이터를 갖고 있는 앤서블 팩트(fact)를 참조할 수 있다.

---

1   데이터 소스란 AWS, GCP, 애저 같은 클라우드 플랫폼이나 기타 인프라 자원과 연동하여 이미 존재하는 자원의 데이터를 가져오는 데 필요한 기능이다. – 옮긴이

인프라 API 사용에는 몇 가지 단점이 존재한다. IaC가 네트워크 접근이 가능해야 한다. 그리고 IaC를 실행하여 API를 호출하기 전에는 특정 속성값을 알 수 없다. 만일 인프라 API에 장애가 발생하면 IaC는 하위 자원의 속성값을 못 가져올 수도 있다.

의존성 역전을 추상화할 경우, 상위 자원이 하위 자원의 속성값을 변경하지 못하도록 막을 수 있다. 모든 장애나 방해 요인을 막을 수는 없지만, 하위 자원을 업데이트하면서 발생하는 영향 범위나 장애를 최소화할 수 있다. 이는 계약과 유사하다. 만일 상위, 하위 자원이 모두 필요한 속성값이 일치한다면, 각자 독립적으로 진화할 수 있다.

4.2.3 의존성 주입 적용하기

제어 역전과 의존성 역전을 결합하면 무슨 일이 일어날까? 그림 4.6은 두 원칙을 결합하여 서버와 네트워크를 분리하는 방법을 나타낸다. 서버는 네트워크 모듈을 호출하고, 모듈의 결괏값인 메타데이터를 인프라 API나 상탯값을 활용하여 파싱한다. 만일 네트워크 이름을 변경할 경우 메타데이터를 업데이트한다. 서버는 최신 메타데이터를 활용하여 네트워크 모듈과 독립적으로 설정값을 조정한다.

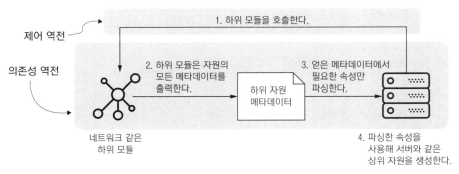

그림 4.6 의존성 주입은 제어 역전과 의존성 역전을 결합하여 인프라 의존성을 낮추고 상위 자원과 하위 자원을 분리한다.

두 원칙의 강점을 활용하면 추상화 계층이 시스템 블록 간 완충 역할을 담당하게 됨으로써 진화 가능성과 결합성을 증진할 수 있다. **의존성 주입**dependency injection을 사용해 제어 역전과 의존성 역전을 결합한다. 제어 역전은 상위 모듈과 자원의 변경을, 의존성 역전은 하위 자원의 변경을 분리한다.

정의 **의존성 주입**은 제어 역전과 의존성 역전 원칙을 결합한다. 상위 모듈이나 자원은 추상화를 통해 하위
모듈이나 자원의 속성을 호출한다.

코드 4.5처럼 GCP API용 라이브러리인 아파치 립클라우드^{Apache Libcloud}를 사용해 서버와
네트워크 예제에 의존성을 주입해 보자. 립클라우드를 활용하여 네트워크를 검색한다. 서버
는 GCP API를 호출하여 서브넷 이름을 얻고 API 메타데이터를 파싱하여 네트워크 범위 내
5번째 IP 주소를 스스로 설정한다.

코드 4.5 의존성 주입을 사용해 네트워크에 서버 생성하기*

```
import credentials
import ipaddress
import json
from libcloud.compute.types import Provider                         ❶
from libcloud.compute.providers import get_driver                   ❶

def get_network(name):                                              ❷
    ComputeEngine = get_driver(Provider.GCE)                        ❸
    driver = ComputeEngine(                                         ❹
        credentials.GOOGLE_SERVICE_ACCOUNT,                         ❹
        credentials.GOOGLE_SERVICE_ACCOUNT_FILE,                    ❹
        project=credentials.GOOGLE_PROJECT,                         ❹
        datacenter=credentials.GOOGLE_REGION)                       ❹
    return driver.ex_get_subnetwork(                                ❺
        name, credentials.GOOGLE_REGION)                            ❺

class ServerFactoryModule:                                          ❻
    def __init__(self, name, network, zone='us-central1-a'):
        self._name = name
        gcp_network_object = get_network(network)                  ❷
        self._network = gcp_network_object.name                    ❼
        self._network_ip = self._allocate_fifth_ip_address_in_range(  ❽
            gcp_network_object.cidr)                                ❽
        self._zone = zone
        self.resources = self._build()

    def _allocate_fifth_ip_address_in_range(self, ip_range):       ❽
        ip = ipaddress.IPv4Network(ip_range)                       ❽
        return format(ip[-2])                                      ❽
```

```python
        def _build(self):                                          ❾
            return {
                'resource': [{
                    'google_compute_instance': [{                  ❻
                        self._name: [{
                            'allow_stopping_for_update': True,
                            'boot_disk': [{
                                'initialize_params': [{
                                    'image': ubuntu-2004-lts'
                                }]
                            }],
                            'machine_type': 'f1-micro',
                            'name': self._name,
                            'zone': self._zone,
                            'network_interface': [{
                                'subnetwork': self._network,       ❿
                                'network_ip': self._network_ip     ⓫
                            }]
                        }]
                    }]
                }]
            }


if __name__ == "__main__":
    server = ServerFactoryModule(name='hello-world', network='default')   ⓬
    with open('main.tf.json', 'w') as outfile:                            ⓭
        json.dump(server.resources, outfile, sort_keys=True, indent=4)    ⓭
```

코드 4.5에서 datacenter=credentials.GOOGLE_REGION을 datacenter='us-central1-a'와 같이 바꿔야 한다. datacenter 변수에 credentials.GOOGLE_REGION이 아니라 'us-central1-a'라고 할당한 다음에, 코드 4.5를 파이썬으로 실행해야 main.tf.json 파일을 정상적으로 생성하는 것을 확인할 수 있다. 역자가 코드 검증을 진행한 결과, 책 코드 기준으로는 datacenter에 리전 값인 us-central1이 할당되어 사용되는 것으로 코드가 작성되어 있지만, 실제로 실행해 보면 '존' 값인 'us-central1-a' 같은 값을 입력해 주라는 오류가 나왔다. 이에 datacenter 변수에 'us-central1-a'를 할당해 주었다. 존 값이 할당되어야 하는데, 저자의 코드상에는 리전 값인 us-central1을 할당하도록 되어 있어서 오류가 생긴 것으로 추정된다.

❶ GCP API를 사용할 수 있는 립클라우드 라이브러리를 가져온다. 라이브러리에서 provider와 구글 driver 객체를 가져와야 한다.

❷ 메서드는 립클라우드 라이브러리를 사용해 네트워크 정보를 얻는다. 네트워크와 서브넷은 별도로 생성되어 있으며, 가독성을 위해 코드는 생략했다.

❸ 립클라우드의 구글 가상 서버(Compute Engine) 드라이버를 가져온다.

❹ GCP 계정 정보를 전달하여 립클라우드가 GCP API에 접근하게 한다.

❺ 립클라우드 드라이버를 사용해 서브넷 이름에 해당하는 정보를 얻는다.

❻ 이 모듈은 테라폼 자원을 사용해 구글 컴퓨트 인스턴스(서버)를 생성한다.

❼ 립클라우드가 반환한 GCP 네트워크 객체의 서브넷 이름을 파싱한 후 사용해 서버를 생성한다.

❽ GCP 네트워크 객체의 CIDR 블록을 파싱한 후 사용해 네트워크의 5번째 IP 주소를 계산한다. 서버는 계산 결괏값을 네트워크 IP 주소로 사용한다.

❾ 모듈을 사용해 서버의 JSON 설정 객체를 생성한다.

❿ GCP 네트워크 객체의 서브넷 이름을 파싱한 후 사용해 서버를 생성한다.

⓫ GCP 네트워크 객체의 CIDR 블록을 파싱한 후 사용해 네트워크의 5번째 IP 주소를 계산한다. 서버는 계산 결괏값을 네트워크 IP 주소로 사용한다.

⓬ 이 모듈은 테라폼 자원을 사용해 구글 컴퓨트 인스턴스(서버)를 생성한다.

⓭ 나중에 테라폼에서 실행할 수 있도록 파이썬 딕셔너리 객체를 JSON 파일로 작성한다.

AWS와 애저에서 사용하기

코드 4.5를 사용하기 위해 IaC를 업데이트하여 아마존 일래스틱 컴퓨트 클라우드(EC2, Elastic Compute Cloud) 인스턴스나 애저 리눅스 가상 머신을 생성해야 한다. 그리고 립클라우드 드라이버를 아마존 EC2 드라이버(http://mng.bz/wo95)나 애저 ARM 컴퓨트 드라이버(http://mng.bz/qY9x)로 업데이트해야 한다.

인프라 API를 추상화 계층으로 사용하면 서버와 독립적으로 네트워크를 진화할 수 있다. 예를 들어 네트워크 IP 주소 범위를 변경하면 무슨 일이 일어날까? 서버용 IaC를 실행하기 전에 네트워크 업데이트 사항을 먼저 배포한다. 이후 서버는 인프라 API를 호출하여 네트워크 속성의 새로운 IP 주소 범위를 인지하고, 5번째 IP 주소를 새로 계산한다.

그림 4.7은 의존성 주입을 통해 서버가 변경사항에 대응하는 방법을 보여준다. 네트워크의 IP 주소 범위를 변경하면, 서버가 변경된 값을 받아 필요한 IP 주소를 재할당한다.

의존성 역전 덕에 의존성 문제 없이 하위 자원이 독립적으로 진화할 수 있다. 제어 역전은 상위 자원이 하위 자원의 변경사항에 대응할 수 있도록 한다. 이 두 가지를 의존성 주입으로 결합하면 상위 자원을 하위 자원 위에 추가할 수 있게 됨으로써 시스템의 결합성을 보장한다. 의존성 주입으로 인한 분리는 시스템 내 모듈 간 변경 실패의 영향 범위를 최소화하는 데 도움을 준다.

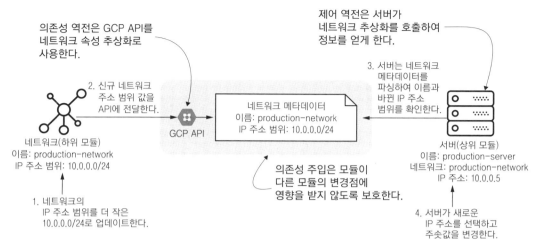

의존성 역전은 GCP API를
네트워크 속성 추상화로
사용한다.

2. 신규 네트워크
주소 범위 값을
API에 전달한다.

제어 역전은 서버가
네트워크 추상화를 호출하여
정보를 얻게 한다.

3. 서버는 네트워크
메타데이터를
파싱하여 이름과
바뀐 IP 주소
범위를 확인한다.

네트워크 메타데이터
이름: production-network
IP 주소 범위: 10.0.0.0/24

GCP API

네트워크(하위 모듈)
이름: production-network
IP 주소 범위: 10.0.0.0/24

서버(상위 모듈)
이름: production-server
네트워크: production-network
IP 주소: 10.0.0.5

1. 네트워크의
IP 주소 범위를 더 작은
10.0.0.0/24로 업데이트한다.

의존성 주입은 모듈이
다른 모듈의 변경점에
영향을 받지 않도록 보호한다.

4. 서버가 새로운
IP 주소를 선택하고
주솟값을 변경한다.

그림 4.7 의존성 주입은 하위 모듈(네트워크)을 변경하고 자동으로 변경사항이 상위 모듈(서버)에 반영되도록 한다.

일반적으로 인프라 의존성 관리를 위해 의존성 주입을 핵심 원칙으로 삼아야 한다. 인프라 설정 작성 시 의존성 주입을 적용하면 의존성을 충분히 분리함으로써 다른 인프라에 영향을 미치지 않고 변경할 수 있다. 모듈을 고도화할수록 좀 더 적절한 패턴으로 모듈을 리팩토링하고 인프라 내 자원 및 모듈을 유형별로 분리할 수 있다.

4.3 퍼사드

의존성 주입을 적용하면 의존성을 표현할 때도 비슷한 패턴을 만들게 되는데, 이는 소프트웨어 개발에서 사용하는 구조적 디자인 패턴과 일맥상통한다. 나는 의존성을 분리하는 IaC 작성 시 세 가지 유사한 패턴을 사용한다.

정적 파일을 저장하기 위한 버킷 저장소^{storage bucket}를 구축한다고 상상해 보자. GCP API의 접근 제어를 활용하여 누가 파일에 접근할 수 있는지 통제할 수 있다. 그림 4.8은 버킷을 생성하고 버킷 이름을 출력값에 지정한다. 버킷에 대한 제어 권한 정책은 출력값을 사용해 버킷 이름을 가져온다.

| 1. 퍼사드가
저장 모듈의
이름을 출력한다. | 퍼사드가 버킷 저장소
이름을 출력한다.

name = "hello-worldstorage-
bucket" | 2. 접근 제어 모듈이
버킷 저장소 이름을 얻기
위해 퍼사드를 호출한다. |

클라우드 버킷 저장소를 이름
(hello-world-storage-bucket)
혹은 지역(US) 기준으로 생성한다.

접근 제어 모듈이
버킷 저장소 이름을
사용해 사용자 접근
정책을 생성한다.

그림 4.8 퍼사드는 버킷 저장소 이름 속성을 단순하게 만들어 접근 제어 모듈이 사용하기 쉽도록 한다.

이 장의 전반부에서 해당 내용을 다루었기에, 출력값과 추상화 계층을 사용하는 패턴이 매우 친숙할 것이다. 모르는 사이에 이미 모듈 간에 여러 개의 속성을 전달하는 과정에서 퍼사드 패턴을 사용하고 있었다!

퍼사드 패턴^{facade pattern}은 모듈 출력값을 의존성 주입에 있어서의 추상화 계층처럼 사용한다. 퍼사드는 거울처럼 다른 모듈이나 자원의 속성을 비추어 전달한다.

정의 **퍼사드 패턴**은 의존성 주입을 위해 모듈 내 자원의 속성을 출력한다.

퍼사드는 속성값을 보여주기만 하며, 상위/하위 자원 간 의존성을 분리함으로써 의존성 주입 원칙을 준수한다. 상위 자원은 하위 자원을 호출하여 정보를 얻을 수 있으며, 호출의 출력값이 추상화 계층 역할을 한다.

다음 코드는 출력 메서드를 생성함으로써 퍼사드 패턴을 적용하는 방법을 보여준다. 버킷 모듈은 버킷 객체 및 이름을 출력 메서드를 통해 반환한다. 접근 모듈은 출력 메서드를 통해 버킷 객체를 얻고 버킷 이름에 접근한다.

코드 4.6 접근 제어 정책이 사용할 버킷 이름을 퍼사드 패턴으로 출력하기*

```
import json
import re

class StorageBucketFacade:                          ❶
    def __init__(self, name):                       ❶
        self.name = name                            ❶

class StorageBucketModule:                          ❷
    def __init__(self, name, location='US'):        ❸
```

```python
        self.name = f'{name}-storage-bucket'
        self.location = location
        self.resources = self._build()

    def _build(self):
        return {
            'resource': [
                {
                    'google_storage_bucket': [{        ❸
                        self.name: [{
                            'name': self.name,
                            'location': self.location,
                            'force_destroy': True        ❹
                        }]
                    }]
                }
            ]
        }

    def outputs(self):        ❺
        return StorageBucketFacade(self.name)

class StorageBucketAccessModule:        ❻
    def __init__(self, bucket, user, role):        ❼
        if not self._validate_user(user):        ❽
            print("Please enter valid user or group ID")
            exit()
        if not self._validate_role(role):        ❾
            print("Please enter valid role")
            exit()
        self.bucket = bucket        ❼
        self.user = user
        self.role = role
        self.resources = self._build()

    def _validate_role(self, role):        ❾
```

코드 4.6을 테라폼으로 실행하면 404 오류가 발생하는데, 오류가 발생할 경우 저자가 깃허브 저장소에서 언급했듯 terraform apply 명령어를 실행한 후 코드를 재실행하면 된다. 오류는 테라폼이 버킷 생성 전에 버킷에 대한 접근 제어를 시도하는 과정에서 발생하는 것으로 추정된다.

```
        valid_roles = ['READER', 'OWNER', 'WRITER']
        if role in valid_roles:
            return True
        return False

    def _validate_user(self, user):                                    ❽
        valid_users_group = ['allUsers', 'allAuthenticatedUsers']
        if user in valid_users_group:
            return True
        regex = r'^[a-z0-9]+[\._]?[a-z0-9]+[@]\w+[.]\w{2,3}$'
        if (re.search(regex, user)):
            return True
        return False

    def _change_case(self):
        return re.sub('[^0-9a-zA-Z]+', '_', self.user)

    def _build(self):
        return {
            'resource': [{
                'google_storage_bucket_access_control': [{
                    self._change_case(): [{
                        'bucket': self.bucket.name,               ❿
                        'role': self.role,
                        'entity': self.user
                    }]
                }]
            }]
        }

if __name__ == "__main__":
    bucket = StorageBucketModule('hello-world')
    with open('bucket.tf.json', 'w') as outfile:
        json.dump(bucket.resources, outfile, sort_keys=True, indent=4)

    server = StorageBucketAccessModule(
        bucket.outputs(), 'allAuthenticatedUsers', 'READER')
    with open('bucket_access.tf.json', 'w') as outfile:
        json.dump(server.resources, outfile, sort_keys=True, indent=4)
```

❶ 퍼사드 패턴을 사용해 버킷 이름을 포함하여 저장소 객체를 출력한다. 의존성 역전을 활용하여 추상화함으로써 불필요한 버킷 속성을 제거한다.

❷ 팩토리 패턴을 적용하여 버킷을 구축하는 GCP 버킷 저장소 하위 모듈을 생성한다.

❸ 버킷 이름과 지역 변수를 활용하여 테라폼 자원으로 구글 버킷 저장소를 생성한다.

❹ 테라폼 자원을 삭제할 경우 구글 버킷 저장소를 강제 삭제하도록 속성값을 설정한다.

❺ 버킷 저장소의 속성 목록을 반환하는 출력 메서드를 생성한다.

❻ 버킷 저장소의 접근 제어 정책을 추가할 수 있는 상위 모듈을 생성한다.

❼ 버킷 출력값 퍼사드를 상위 모듈에 전달한다.

❽ 모듈이 전달받은 사용자가 권한을 갖고 있는 사용자 그룹에 속해 있는지, 권한을 받은 사용자인지 검증한다.

❾ 모듈이 전달받은 역할(role)이 GCP의 역할과 일치하는지 검증한다.

❿ 테라폼 자원을 사용해 구글 버킷 저장소 접근 제어 정책을 생성한다.

AWS와 애저에서 사용하기

GCP 버킷 저장소는 아마존의 간단한 저장 서비스(S3, Simple Storage Service)의 버킷이나 애저의 개체 저장소(Blog Storage)와 비슷하다.

왜 저장소 이름뿐만 아니라 전체 버킷 객체를 출력해야 할까? 의존성 역전을 위해 추상화 계층을 만들어야 함을 명심하자. 만일 버킷 위치에 의존하는 모듈을 만들게 된다면 버킷 객체의 퍼사드가 버킷 이름과 위치만 출력하도록 업데이트하면 되며, 접근 제어 모듈에는 영향을 미치지 않는다.

퍼사드 패턴을 적용하면 적은 노력으로 의존성을 분리하는 이점을 얻을 수 있다. 얻을 수 있는 이점 중 하나로, 유연하게 다른 모듈에 영향을 주지 않고 업데이트 사항을 분리하여 독립적으로 적용할 수 있다. 신규 상위 의존성을 추가하는 수고도 줄어든다.

퍼사드 패턴은 문제 디버깅이 용이하다. 추가 파싱 로직 없이 출력값을 가져오므로 문제의 원인을 찾고 시스템을 고치는 것이 단순하다. 11장에서는 실패한 변경사항을 원복하는 방법을 더 다룬다.

도메인 특화 언어

DSL을 사용하면 사용자가 지정한 이름을 가진 출력 변수를 사용함으로써 퍼사드 패턴을 모방할 수 있다. 이때 상위 자원은 사용자의 출력물 이름을 참조한다.

실무에서는 퍼사드를 활용하여 한두 개의 필드를 전달하는 것부터 시작할 것이다. 항상 상위 자원이 사용하는 필드의 개수를 최소화해야 한다. 몇 주 간격으로 필드를 확인하여 사용하지 않는 필드를 정리하자.

퍼사드 패턴을 사용해 몇 개의 상위 모듈이 1개의 하위 모듈을 참조하는 식의 단순한 의존성을 처리할 수 있다. 만일 상위 모듈을 많이 추가하고 모듈 간 의존도가 높아지면 하위 모듈의 퍼사드 패턴을 유지하기가 어려워질 것이다. 이 경우 출력값의 필드명을 변경하기 위해 해당 필드를 참조하는 모든 모듈을 변경해야 한다. 만일 하나의 하위 모듈을 수백 개의 자원이 참조하고 있다면, 출력값을 변경하는 것은 확장성이 없다.

4.4 어댑터

퍼사드는 앞서 말한 대로 한 모듈의 출력값을 모방하여 상위 모듈에 전달한다. 퍼사드 패턴은 의존 관계가 단순할 경우 유용하지만, 모듈이 복잡할 경우에는 문제가 발생한다. 복잡한 모듈은 일대다 의존 관계를 갖거나 다양한 인프라 제공 업체를 포함한다.

인프라를 설정할 수 있는 사용자와 역할 목록을 전달하는 식별 모듈이 있다고 가정해 보자. 그림 4.9는 사용자 이름과 read, write, admin 같은 권한을 매핑하는 JSON 형식의 객체를 출력한다. 팀은 사용자 이름과 권한을 GCP 용어와 매핑해야 한다. GCP는 read, write, admin 대신 viewer, editor, owner 권한을 사용한다.

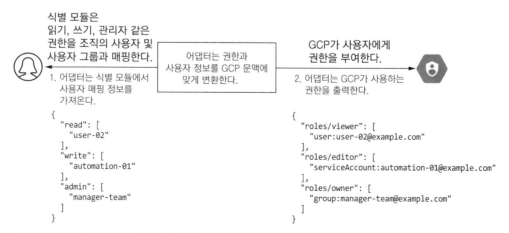

그림 4.9 어댑터 패턴은 상위 모듈이 사용할 수 있도록 속성을 다른 인터페이스로 변경한다.

일반 역할 목록을 특정 인프라의 역할과 어떻게 매핑할 수 있을까? 매핑은 여러 인프라에서 사용할 수 있어야 하고, 재현 및 진화 가능해야 한다. 추후 모듈을 확장하여 다양한 플랫폼 간 동일한 역할을 사용자에게 추가하려고 한다.

이에 대한 해결책으로 **어댑터 패턴**^{adapter pattern}은 하위 자원의 메타데이터를 변환하여 상위 자원이 사용할 수 있도록 한다. 어댑터는 여행용 플러그와 같다. 국가 콘센트 규격에 맞게 플러그를 변경하여 전자기기를 사용할 수 있다.

> **정의** **어댑터 패턴**은 하위 자원이나 모듈의 메타데이터를 변경 및 출력하여 상위 자원 또는 모듈이 사용 가능하게 한다.

먼저 역할과 사용자를 매핑하는 딕셔너리^{dictionary} 객체를 생성한다. 코드 4.7은 감사 팀과 두 명의 사용자에게 읽기 전용 역할을 할당한다. 이 사용자 이름과 역할은 GCP가 사용하는 권한, 역할과 일치하지 않는다.

코드 4.7 역할을 사용자 이름에 매핑하는 정적 객체 생성하기

```
class Infrastructure:
    def __init__(self):
        self.resources = {
            'read': [                          ❶
                'audit-team',                  ❶
                'user-01',                     ❶
                'user-02'                      ❶
            ],
            'write': [                         ❷
                'infrastructure-team',         ❷
                'user-03',                     ❷
                'automation-01'                ❷
            ],
            'admin': [                         ❸
                'manager-team'                 ❸
            ]                                  ❸
        }
```

❶ 감사 팀, user-01, user-02에 읽기 전용 역할을 할당한다. 매핑은 사용자가 인프라 정보를 조회만 할 수 있음을 나타낸다.

❷ Infrastructure-team, user-02, automation-01에 쓰기 역할을 할당한다. 매핑은 사용자가 인프라 정보를 변경할 수 있음을 나타낸다.

❸ 매니저 팀에 관리자 역할을 할당한다. 매핑은 사용자가 모든 인프라를 관리할 수 있음을 나타낸다.

그러나 정적인 역할 매핑 객체로는 아무것도 할 수 없다. GCP는 매핑의 사용자 이름이나 역할을 이해하지 못한다! 어댑터 패턴을 구현하여 일반 권한을 인프라용 권한으로 매핑하자.

다음 코드는 GCP 특화 권한 식별 어댑터를 구축하여 read 같은 일반 권한을 roles/viewer 같은 GCP 용어로 매핑한다. GCP는 매핑을 활용하여 사용자, 계정 및 그룹을 정확한 역할에 추가할 수 있다.

코드 4.8 어댑터 패턴을 사용해 권한 변환하기*

```
import json
import access

class GCPIdentityAdapter:                                    ❶
    EMAIL_DOMAIN = 'example.com'                              ❷

    def __init__(self, metadata):
        gcp_roles = {                                        ❸
            'read': 'roles/viewer',                          ❸
            'write': 'roles/editor',                         ❸
            'admin': 'roles/owner'                           ❸
        }
        self.gcp_users = []
        for permission, users in metadata.items():           ❹
            for user in users:                               ❹
                self.gcp_users.append(                       ❹
                    (user, self._get_gcp_identity(user),     ❺
                        gcp_roles.get(permission)))           ❹
```

```
    def _get_gcp_identity(self, user):                              ❺
        if 'team' in user:                                          ❻
            return f'group:{user}@{self.EMAIL_DOMAIN}'              ❻
        elif 'automation' in user:                                  ❼
            return f'serviceAccount:{user}@{self.EMAIL_DOMAIN}'    ❼
        else:                                                       ❽
            return f'user:{user}@{self.EMAIL_DOMAIN}'              ❽

    def outputs(self):                                              ❾
        return self.gcp_users                                       ❾

class GCPProjectUsers:                                              ❿
    def __init__(self, project, users):
        self._project = project
        self._users = users
        self.resources = self._build()                             ⓫

    def _build(self):                                              ⓫
        resources = []
        for (user, member, role) in self._users:                   ⓬
            resources.append({
                'google_project_iam_member': [{                    ⓭
                    user: [{                                       ⓭
                        'role': role,                              ⓭
                        'member': member,                          ⓭
                        'project': self._project                   ⓭
                    }]                                             ⓭
                }]                                                 ⓭
            }]
        return {
            'resource': resources
        }
```

실제로 코드 실습을 위해서는 다음과 같은 과정이 필요하다.

1. gcp 프로젝트 IAM에 멤버가 존재해야 한다.
2. main.py 파일의 EMAIL_DOMAIN 값을 설정한 메일 도메인으로 바꾼다.
3. access.py 파일에 명시된 사용자 이름을 IAM에 등록된 계정 이름으로 바꾼다.

자세한 내용은 저자의 깃허브 저장소인 https://github.com/joatmon08/manning-book.git의 ch04/s04를 참조하기 바란다.

```
if __name__ == "__main__":
    users = GCPIdentityAdapter(access.Infrastructure().resources).outputs()    ⑭

    with open('main.tf.json', 'w') as outfile:                                 ⑮
        json.dump(                                                             ⑮
            GCPProjectUsers(                                                    ⑮
                'infrastructure-as-code-book',                                 ⑮
                users).resources, outfile, sort_keys=True, indent=4)           ⑮
```

❶ 역할 유형을 구글 역할 유형에 매핑하는 어댑터를 생성한다.

❷ 사용자에게 추가할 이메일 도메인을 상수로 설정한다.

❸ 역할을 GCP 권한 및 역할에 매핑하는 딕셔너리 객체를 생성한다.

❹ 권한 및 사용자별로 사용자, GCP ID, 역할이 포함된 튜플을 생성한다.

❺ 사용자 이름을 사용자 유형 및 이메일 주소를 사용하는 GCP 사용자 용어로 변환한다.

❻ 사용자 이름에 '팀(team)'이 있는 경우 GCP ID에 'group' 접두사와 이메일 도메인 접미사를 추가한다.

❼ 사용자 이름에 '자동화(automation)'가 있는 경우 GCP ID에 'serviceAccount' 접두사와 이메일 도메인 접미사를
추가한다.

❽ 그 외 사용자의 경우 GCP ID에 'user' 접두사와 이메일 도메인 접미사를 추가한다.

❾ 사용자, GCP ID, 역할을 포함하는 튜플 객체를 출력한다.

❿ 팩토리 패턴을 사용해 GCP 프로젝트에 역할과 사용자를 연결하는 모듈을 생성한다.

⓫ 모듈을 사용해 프로젝트 사용자 및 역할에 대한 JSON 설정 객체를 생성한다.

⓬ 일반 역할을 GCP 관련 권한 및 역할에 매핑하기 위한 딕셔너리 객체를 생성한다.

⓭ 테라폼 자원을 사용해 구글 프로젝트 IAM 구성원 목록을 생성한다. 목록은 GCP ID, 역할, 프로젝트를 확인하여
GCP 사용자에게 읽기, 쓰기 또는 관리자 권한을 부여한다.

⓮ 역할 유형을 구글 역할 유형에 매핑하는 어댑터를 생성한다.

⓯ 나중에 테라폼에서 실행할 수 있도록 파이썬 딕셔너리 객체를 JSON 파일로 작성한다.

AWS와 애저에서 사용하기

AWS에서 사용하도록 코드를 변환하려면, GCP 프로젝트 대신 AWS 계정을 참조하도록 매핑해야 한다.
GCP 프로젝트는 AWS의 IAM 사용자 및 권한과 일치한다. 마찬가지로, 애저 구독을 생성하고 애저 활성
디렉토리(Active Directory)에 사용자 계정과 API 권한을 추가해야 한다.

역할 어댑터를 확장하여 접근 권한 딕셔너리 객체를 AWS나 애저 같은 인프라에 매핑할 수
있다. 일반적으로 어댑터는 특정 인프라, 혹은 프로토타입 모듈에 특화된 언어를 일반 용어
로 바꾼다. 이 패턴은 다양한 인프라에서 동작하거나 다양한 의존성을 갖는 모듈에 적합하

다. 나는 일관된 인터페이스를 생성하거나 자원 매개변숫값을 부실하게 정의한 인프라를 다룰 때 어댑터 패턴을 사용한다.

좀 더 복잡한 예시를 들어보자면, 두 클라우드 환경에 가상 사설 네트워크$^{VPN, Virtual Private}$ ^{Network} 연결을 설정하는 경우를 상상해 보자. 퍼사드를 활용하여 네트워크 정보를 각 클라우드에 전달하는 대신, 그림 4.10처럼 어댑터를 사용한다. 각 클라우드 네트워크 모듈은 이름, IP 주소 같은 일반적인 필드 값을 네트워크 객체로 출력한다. 어댑터를 사용할 경우 언어 간 용어의 차이(예: GCP 클라우드의 VPN 게이트웨이와 AWS의 고객 게이트웨이)를 조화시킨다.

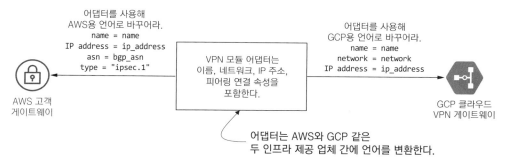

그림 4.10 어댑터는 두 클라우드 간 언어와 속성을 번역한다.

왜 어댑터를 사용해 결합성과 진화 가능성을 촉진할까? 어댑터 패턴은 의존성 역전을 강력하게 활용하여 자원 간 속성 변화를 추상화한다. 어댑터는 모듈 간 계약 역할을 한다. 두 모듈이 어댑터에 명시된 계약에 동의하는 한, 상위, 하위 모듈을 독립적으로 변경할 수 있다.

그러나 어댑터 패턴은 모듈 간 존재하는 **계약을 유지**할 경우에만 사용할 수 있다. 어댑터를 구축하여 GCP용 사용자 이름과 권한으로 변경한 것을 다시 기억해 보자. 만일 팀원이 실수로 읽기 전용 역할을 roles/reader라는 존재하지 않는 이름으로 변경하면 어떻게 될까? 그림 4.11은 GCP 역할을 정확하게 사용하지 않으면 IaC가 실패함을 보여준다.

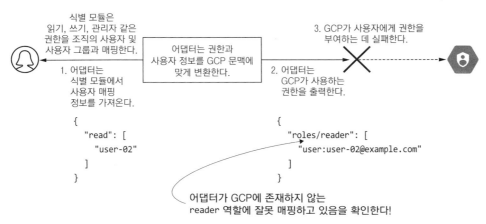

그림 4.11 어댑터가 필드를 정확하게 매핑하도록 문제 해결 및 테스트를 진행해야 한다.

예제에서는 일반 역할과 GCP 역할 간 계약이 파기되어 IaC가 실패했다! 장애를 최소화하기 위해 어댑터가 정확한 매핑을 유지하도록 유지 및 업데이트해야 한다.

어댑터를 사용하면 문제 해결이 더욱 어려울 수도 있다. 어댑터 패턴은 특정 어댑터 속성에 따라 자원 식별을 어렵게 한다. 소스 모듈이 잘못된 필드 값을 출력하는 건지, 어댑터 속성이 잘못된 건지, 종속 모듈이 틀린 필드 값을 사용해서 오류가 발생하는지 조사해야 한다. 5장, 6장에서 다루는 모듈 버전 관리 및 테스트를 통해 어댑터를 좀 더 잘 활용하고 문제 발생 시 해결할 수 있다.

4.5 중재자

어댑터와 퍼사드 패턴은 변경사항을 분리하고 단일 의존성을 쉽게 관리할 수 있도록 한다. 그러나 IaC는 복잡한 자원 의존성을 포함하는 경우가 많다. 복잡하게 얽힌 의존성을 풀기 위해 독선적인 자동화를 구축하여 IaC가 자원의 생성 시기와 방법을 구조화할 수 있다.

표준 서버 및 네트워크에 SSH 접속을 허용하는 방화벽 정책을 추가한다고 가정해 보자. 이때 서버가 존재하는 경우에 방화벽 정책을 생성할 수 있다. 또한 네트워크가 존재하는 경우에 서버를 생성할 수 있다. 방화벽, 서버, 네트워크 간 복잡한 관계를 포착하기 위해서는 자동화가 필요하다.

네트워크, 서버, 방화벽 정책 생성 로직을 파악해 보자. 자동화는 어떤 자원을 먼저 생성할지 **중재**^{mediate}하는 데 도움을 준다. 그림 4.12는 자동화 워크플로를 보여준다. 생성하는 자원이 서버인 경우 IaC는 네트워크를 생성한 후 서버를 생성한다. 생성하는 자원이 방화벽 정책인 경우 IaC는 네트워크, 서버, 방화벽 정책 순으로 자원을 생성한다.

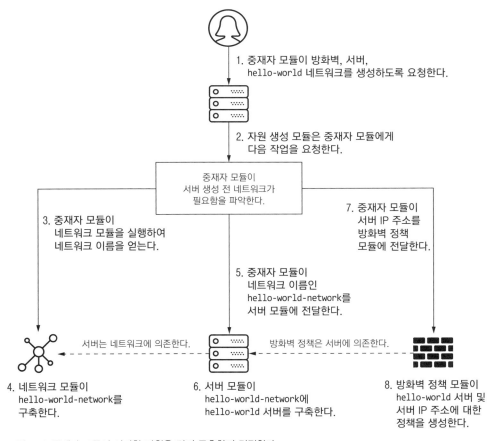

그림 4.12 중재자 모듈이 어떠한 자원을 먼저 구축할지 결정한다.

IaC는 의존성 주입을 적용하여 네트워크, 서버 및 방화벽 간 의존성을 추상화하고 제어한다. 이는 기존 자원과 상관없이 지속적으로 실행되고 동일한 최종 상태(네트워크, 서버, 방화벽)를 달성하는 멱등성 원칙에 의존한다. 결합성의 원칙은 인프라 자원 및 의존성을 구축하는 데 도움을 준다.

중재자 패턴^{mediator pattern}은 공항 관제소처럼 동작하여 이착륙하는 항공편을 제어하고 관리한다. 중재자의 유일한 목적은 자원 간 의존성을 설정하고 필요에 따라 객체를 생성하거나 삭제하는 것이다.

> **정의** **중재자 패턴**은 인프라 자원 간 의존성을 관리하며 의존성에 따라 객체를 생성하거나 삭제하는 로직을 포함한다.

네트워크, 서버, 방화벽 구축에 중재자 패턴을 적용해 보자. 파이썬으로 중재자 패턴을 구축하기 위해서는 몇 번의 `if-else` 문을 사용해 자원 속성을 체크하고 하위 자원을 생성해야 한다. 코드 4.9는 방화벽이 서버와 네트워크에 의존함을 보여준다.

코드 4.9 중재자 패턴을 사용해 서버와 의존성 관리하기

```
import json
from server import ServerFactoryModule                              ①
from firewall import FirewallFactoryModule                          ①
from network import NetworkFactoryModule                            ①

class Mediator:                                                     ②
    def __init__(self, resource, **attributes):
        self.resources = self._create(resource, **attributes)

    def _create(self, resource, **attributes):                     ③
        if isinstance(resource, FirewallFactoryModule):            ④
            server = ServerFactoryModule(resource._name)           ④
            resources = self._create(server)                       ④
            firewall = FirewallFactoryModule(                      ⑤
                resource._name, depends_on=resources[1].outputs()) ⑤
            resources.append(firewall)                             ⑤
        elif isinstance(resource, ServerFactoryModule):            ⑥
            network = NetworkFactoryModule(resource._name)         ⑥
            resources = self._create(network)                      ⑥
```

```
            server = ServerFactoryModule(                     ❼
                resource._name, depends_on=network.outputs()) ❼
            resources.append(server)                          ❼
        else:                                                 ❽
            resources = [resource]                            ❽
        return resources

    def build(self):                                          ❾
        metadata = []                                         ❾
        for resource in self.resources:                       ❾
            metadata += resource.build()                      ❾
        return {'resource': metadata}                         ❾

if __name__ == "__main__":
    name = 'hello-world'
    resource = FirewallFactoryModule(name)                    ❿
    mediator = Mediator(resource)                             ❿

    with open('main.tf.json', 'w') as outfile:                ⓫
        json.dump(mediator.build(), outfile, sort_keys=True, indent=4)  ⓫
```

❶ 네트워크, 서버, 방화벽 구축용 팩토리 모듈을 가져온다.

❷ 중재자 모듈을 생성하여 어떻게, 어떠한 순서로 자원 변경을 자동화할지 결정한다.

❸ 중재자 모듈을 호출하여 네트워크, 서버, 방화벽 자원 생성 시 중재자 모듈이 모든 자원을 설정할 수 있도록 한다.

❹ 방화벽 정책을 자원으로 구축할 경우, 중재자 모듈이 스스로를 반복 호출하여 서버를 먼저 생성한다.

❺ 중재자 모듈이 서버 설정을 생성한 후, 방화벽 정책 설정을 생성한다.

❻ 서버를 자원으로 생성할 경우, 중재자 모듈이 스스로를 반복 호출하여 네트워크를 먼저 생성한다.

❼ 중재자 모듈이 네트워크 설정을 생성한 후, 서버 설정을 생성한다.

❽ 그 외 자원을 중재자 모듈(예: 네트워크)에 전달할 경우, 기본 설정대로 생성한다.

❾ 모듈을 사용해 자원 목록과 JSON 설정을 생성한다.

❿ 방화벽 자원을 중재자 모듈에 전달한다. 중재자 모듈이 네트워크, 서버 생성 후 방화벽 설정을 생성한다.

⓫ 나중에 테라폼에서 실행할 수 있도록 파이썬 딕셔너리 객체를 JSON 파일로 작성한다.

AWS와 애저에서 사용하기

GCP 방화벽 정책은 AWS의 보안 그룹 혹은 애저의 네트워크 보안 그룹과 유사하다. 모두 IP 주소 범위에서 태그가 지정된 대상으로의 수신 및 송신 트래픽을 제어한다.

로드 밸런서 같은 신규 자원이 있는 경우 중재자 모듈을 확장하여 서버나 방화벽 생성 이후 구축하도록 할 수 있다. 중재자 패턴은 다양한 수준의 의존성을 갖거나 여러 시스템 컴포넌트를 갖는 모듈과 가장 잘 동작한다.

그러나 중재자 모듈을 구성하는 것은 어려울 수 있다. 중재자 모듈은 반드시 멱등성의 원칙을 준수해야 한다. 모듈을 여러 번 실행하더라도 동일한 자원 상태를 달성해야 한다. 중재자 모듈 내 모든 로직을 작성하고 테스트해야 한다. 중재자 모듈을 테스트하지 않으면 실수로 자원이 망가질 수 있고, 모듈 작성에 많은 코드가 필요하다.

다행히도 중재자 모듈을 직접 만드는 경우가 많지는 않다. 대부분의 IaC 도구는 중재자 모듈처럼 동작하여 복잡한 의존성을 해결하고 자원을 어떻게 생성해야 할지 결정한다. 대다수의 프로비저닝 도구는 중재자 모듈을 갖고 있어 의존성을 식별하고 동작 순서를 파악한다. 예를 들어, 쿠버네티스의 컨테이너 오케스트레이션은 중재자를 사용해 클러스터 내 자원의 변화를 조정한다. 앤서블은 중재자를 사용해 어떻게 다양한 설정 모듈을 순서대로 자동으로 수행할지 결정한다.

> **참고** 일부 IaC 도구는 그래프 이론을 사용해 자원 간 의존성을 매핑함으로써 중재자 패턴을 구현한다. 자원은 노드(node) 역할을 한다. 링크(link)는 속성을 의존하는 자원에게 전달한다. 도구 없이 자원을 생성하려는 경우 시스템 내 의존성을 다이어그램으로 직접 도식화할 수 있다. 다이어그램은 자동화와 코드를 구성하고, 분리할 수 있는 모듈을 식별하는 데 도움을 준다. 의존성을 도식화하는 것은 중재자 모듈 구현에 유용할 수 있다.

나는 중재자 패턴을 도구에서 제공하지 않거나, 도구 간 필요한 기능이 있을 때 구현한다. 예를 들어 쿠버네티스 클러스터를 생성하는 도구와, 쿠버네티스 클러스터에 서비스를 배포하는 도구를 제어하기 위해 중재자 패턴을 작성한다. 모듈은 두 번째 도구에서 클러스터에 서비스를 배포하기 전에 클러스터 헬스를 체크하는 등 두 도구의 자동화를 조정한다.

4.6 사용할 패턴 결정하기

퍼사드, 어댑터, 중재자 패턴은 의존성 주입을 활용하여 상위 및 하위 모듈 간 변경사항을 분리한다. 어떠한 패턴을 사용하더라도 모듈 간 의존성을 표현하고 변경점을 분리할 수 있다. 시스템이 성장할수록, 모듈의 구조에 따라 사용하는 패턴을 변경해야 할 수도 있다.

어떤 패턴을 선택할지는 하위 모듈이나 자원이 갖는 의존성 수에 따라 달라진다. 퍼사드 패턴은 하나의 하위 모듈이 몇 개의 상위 모듈과 의존성을 갖는 경우 적합하다. 만일 하위 모듈이 많은 상위 모듈과 의존성을 갖는다면 어댑터 패턴을 고려해 보자. 모듈 간 의존성이 많은 경우에는 중재자 패턴을 도입하여 자원 생성 자동화를 제어해야 할 수도 있다. 그림 4.13은 어떤 패턴을 사용할지 결정하는 의사결정 트리를 보여준다.

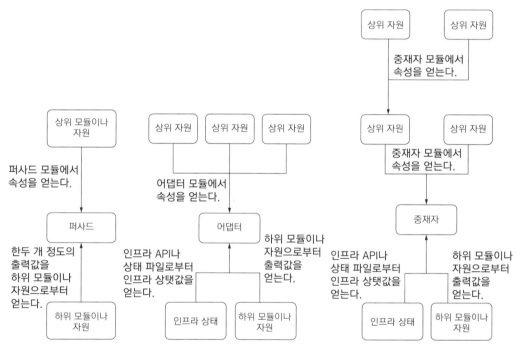

그림 4.13 추상화를 선택하는 것은 의존 관계가 모듈 내에 존재하는지, 일대일 관계인지 혹은 일대다 관계인지에 따라 달라진다.

모든 패턴은 의존성 주입을 통해 멱등성, 결합성 및 진화 가능성을 촉진한다. 왜 퍼사드 패턴으로 시작하고 이후 어댑터나 중재자 패턴을 고려해야 할까? 시스템이 성장함에 따라 의존성 관리를 최적화하여 변경으로 인한 운영 부담을 줄여야 한다.

그림 4.14는 문제 해결 및 구현 노력과 확장성 및 분리성에 대해, 퍼사드, 중재자, 어댑터 패턴의 특성을 보여준다. 퍼사드 패턴은 구현 및 문제 해결에 필요한 노력이 적지만 더 많은 자원을 활용할 경우 확장성이 있거나 변경사항을 분리할 수 없다. 어댑터와 중재자는 문제 해결 및 구현 노력이 더 필요한 대신 확장이 용이하고 변경사항을 분리하여 적용할 수 있다.

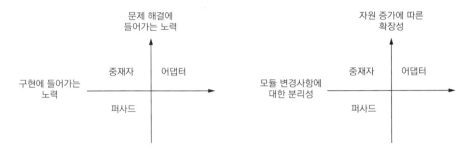

어댑터 패턴의 경우 문제 해결 및 구현에 많은 노력이 들어가지만,
자원 증가에 대한 확장성 및 모듈 변경에 대한 분리성이 우수하다.

그림 4.14 일부 패턴은 문제 해결 및 구현 비용이 낮으나, 확장이 어렵고 모듈 변경사항을 분리할 수 없다.

중재자 기능을 구현하는 도구를 사용함으로써 초기에 들어가는 노력을 줄이자. 이후 도구가 제공하는 퍼사드 기능을 사용해 모듈이나 자원 간 의존성을 관리하자. 만일 퍼사드 패턴으로 서로 의존하는 여러 시스템을 관리하기가 어려워질 경우 어댑터나 중재자 패턴을 연구하자.

어댑터 패턴은 구현에 더 많은 노력이 필요하지만 인프라 시스템 확장 및 성장을 위한 최고의 기반을 제공한다. 하위 모듈 변경에 대한 걱정 없이 언제든지 새로운 인프라와 시스템을 추가할 수 있다. 그러나 구현과 문제 해결에 시간이 걸리기 때문에 모든 모듈에 어댑터 패턴을 사용할 수 없다.

중재자 패턴이 있는 도구는 언제 무슨 요소를 업데이트해야 하는지 결정한다. 기존 도구를 사용하면 전반적인 구현 노력이 줄어들지만 문제 해결 시 몇 가지 조심할 부분이 있는데 도구의 동작원리를 알아야 의존성 변경에 대한 실패 문제를 해결할 수 있다. 도구를 어떻게 사용하느냐에 따라 다르나, 중재자 패턴을 사용하는 도구는 확장은 가능하나 모듈의 변경사항을 완전히 분리하지 못할 수 있다.

실습 4.1

다음 IaC에서 데이터베이스가 네트워크에 갖는 의존성을 어떻게 잘 분리할 수 있을까?

```python
class Database:
    def __init__(self, name):
        spec = {
            'name': name,
            'settings': {
                'ip_configuration': {
                    'private_network': 'default'
                }
            }
        }
```

A. 이 접근 방식은 데이터베이스와 네트워크를 적절하게 분리한다.
B. 네트워크 ID를 default로 하드코딩하지 않고 변수로 전달한다.
C. 모든 네트워크 속성값을 갖는 NetworkOutput 객체를 구현하고 데이터베이스 모듈에 전달한다.
D. 네트워크 모듈에 함수를 추가하여 네트워크 ID를 데이터베이스 모듈에 푸시한다.
E. 데이터베이스 모듈에 인프라 API를 호출하는 함수를 추가하여 default 네트워크 ID 값을 가져온다.

정답은 부록 B를 참고하자.

요약

- 퍼사드, 어댑터, 중재자와 같은 의존성 패턴을 인프라에 도입하여 모듈과 자원을 분리하고, 모듈 변경사항을 분리하여 적용할 수 있도록 하자.
- 제어 역전은 하위 자원이 상위 자원을 호출하여 속성값을 얻는 것을 말한다.
- 의존성 역전은 상위 자원이 하위 자원의 메타데이터를 추상화를 통해 활용해야 하는 원칙을 말한다.
- 의존성 주입은 제어 역전과 의존성 역전 원칙을 결합한다.
- 사용 가능한 패턴이 보이지 않을 경우, 의존성 주입을 통해 상위 자원이 하위 자원을 호출하고, 필요한 값을 객체로부터 파싱하여 사용하게 할 수 있다.

- 간단한 속성값을 언어와 참조할 수 있도록 퍼사드 패턴을 사용하자.
- 한 자원의 메타데이터를 다른 자원에서 사용할 수 있도록 어댑터 패턴을 사용하자. 어댑터 패턴은 프로토타입 모듈이나 서로 다른 인프라 업체 간 사용하는 자원을 관리할 때 가장 유용하다.
- 중재자 패턴은 자원 간 의존성을 관리하여 필요한 객체를 생성하거나 삭제한다. 대부분의 도구는 자원 간 중재자 역할을 담당한다.

Part 2

팀으로 확장하기

학습한 코드형 인프라 작성법과 패턴을 팀과 공유하고 싶을 수 있다. 2부는 IaC를 공유하고 협업할 때 고려할 사항과 지침을 다룬다. 여러 팀 간 협업 패턴을 설정하면 업무 충돌과 잠재적인 실패 가능성이 최소화된다.

5장에서는 모든 팀원이 안전하게 모듈을 변경할 수 있도록 모듈 구조화, 버전 관리, 릴리스 방법을 설명한다. 6장에서는 IaC 테스트 전략을 배울 수 있으며, 테스트를 통해 운영 환경 배포 전에 업데이트 안정성을 검증할 수 있다.

7장에서 다루는 개발 및 배포 모델을 활용하여 제공 파이프라인에 테스트 기능을 추가하게 된다. 이때 브랜치를 생성하거나 생성하지 않는 경우에 대해 다룬다. 마지막으로 8장은 보안과 규정을 준수하여 IaC를 테스트하고 제공 파이프라인을 구축할 수 있는 사례를 다룬다.

5
모듈 구조화 및 공유

앞서 코드형 인프라를 작성하는 방법과 패턴, 그리고 인프라 컴포넌트를 그룹 단위로 분류하는 방법을 배웠다. 그러나 가장 최적의 설정을 작성하더라도 시스템 장애 위험성을 관리하거나 완화하는 것은 여전히 어려울 수 있다. 이는 인프라 모듈 변경 시 팀 간 표준화한 협업 관행이 없기 때문에 발생한다.

채소 판매 회사^{Datacenter for Veggies}가 허브 양식 작업을 자동화하기 시작했다고 가정해 보자. GCP의 애플리케이션이 허브 성장이 가장 잘 이뤄질 수 있도록 양식 과정을 모니터링하고 조정한다. 각 팀은 싱글톤 패턴을 활용하여 고유한 인프라 설정을 구축한다.

시간이 지나 회사 상품이 인기를 얻고 사업을 모든 채소로 확장하기 위해 허브부터 잎채소, 뿌리채소에 이르기까지 다양한 채소 재배용 소프트웨어 전문 애플리케이션 개발 팀을 새로 고용한다. 각 팀은 다른 팀과 독립적인 인프라 설정을 구축한다.

회사가 과일을 재배하기 위한 애플리케이션 개발자로 당신을 고용한다. 확인해 보니 각 채소 팀별로 독자적인 인프라 설정을 사용하기 때문에 인프라 설정을 재사용할 수 없음을 깨닫는다. 회사는 일관성 있고 재사용 가능하며 안전한 인프라를 구축하고 유지할 필요가 있다.

3장에서 배운 모듈 패턴을 활용해 인프라 설정을 모듈화하여 결합성을 증진할 수 있음을 깨닫는다. 여러 팀의 인프라를 구성하고 조정하기 위해 그림 5.1의 다이어그램을 그린다. 허브, 뿌리채소, 잎채소, 과일 팀은 표준 네트워크, 데이터베이스, 서버 설정을 사용할 수 있다.

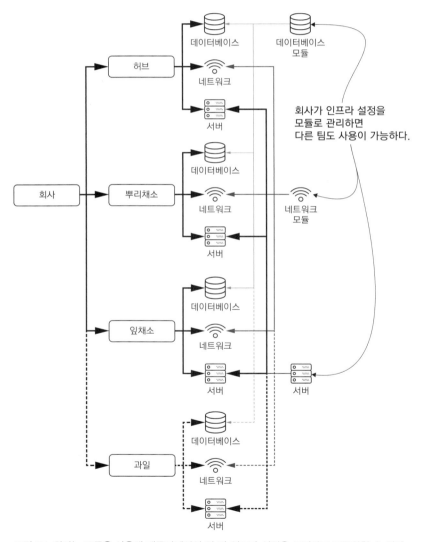

그림 5.1 회사는 모듈을 사용해 애플리케이션 팀 간 인프라 설정을 조직하고 표준화할 수 있다.

팀 간 모듈을 공유하면 재현성, 결합성, 진화 가능성을 촉진할 수 있다. 팀은 기존 인프라 설정을 재현하면 되기에 IaC 구축에 시간을 많이 투자할 필요가 없다. 팀원은 시스템을 어떻게 구성할지 선택하고, 필요에 맞게 설정을 오버라이딩할 수 있다.

표준 모듈의 이점을 완전히 실현하기 위해서는 일반 인프라 변경과는 별도의 개발 수명 주기로 모듈을 다뤄야 한다. 이번 장에서는 인프라 모듈을 공유하고 구성하는 사례를 다루며 상위 의존성에 중대한 장애가 발생하지 않으면서 안정적으로 모듈을 릴리스하기 위한 기술과 사례를 배우게 될 것이다.

5.1 코드 저장소 구조

회사의 각 팀이 인프라를 싱글톤 패턴으로 사용한다고 가정해 보자. 허브와 잎채소 팀은 서버, 네트워크, 데이터베이스를 비슷하게 설정했음을 깨달았다. 두 팀의 인프라 설정을 하나의 모듈로 합칠 수 있을까?

각 팀의 설정을 복사 & 붙여넣기 하는 대신, 두 팀은 설정을 한 곳에서 업데이트하고 참조하고 싶다. 이때 모든 인프라를 단일 저장소에 넣어야 할까, 아니면 모듈을 다중 저장소로 분할하여 저장해야 할까?

5.1.1 단일 코드 저장소

처음에는 각 팀이 인프라 설정을 단일 코드 저장소에 저장한다. 각 팀은 설정이 섞이지 않도록 전용 디렉토리에 설정을 구성한다. 팀은 로컬 파일 경로를 참조하여 모듈을 가져온다.

그림 5.2는 회사가 단일 코드 저장소를 어떻게 구성하는지 보여준다. 저장소는 2개의 최상위 폴더를 기준으로 모듈과 환경을 구분한다. 회사는 환경 디렉토리 밑에 팀별(예: 잎채소 팀)로 환경 설정을 세분화한다. 팀은 설정을 개발 및 운영 환경별로 분리한다.

잎채소 팀원이 데이터베이스를 생성하려면, modules 폴더에 있는 데이터베이스 모듈을 사용할 수 있다. 잎채소 팀 IaC는 로컬 경로를 설정하여 모듈을 가져와 데이터베이스 팩토리 모듈을 사용해 운영 환경에 자원을 구축할 수 있다.

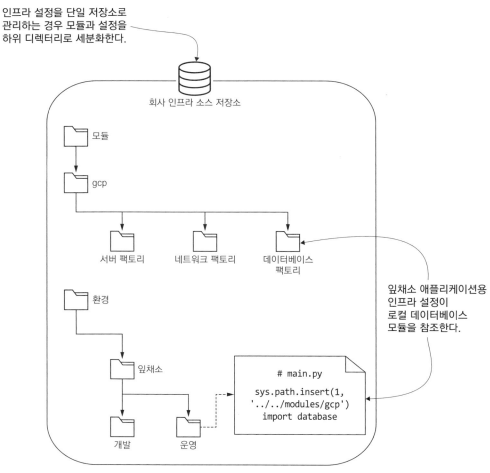

인프라 설정을 단일 저장소로
관리하는 경우 모듈과 설정을
하위 디렉터리로 세분화한다.

회사 인프라 소스 저장소

모듈

gcp

서버 팩토리　　네트워크 팩토리　　데이터베이스
　　　　　　　　　　　　　　　　　팩토리

환경

잎채소

```
# main.py
sys.path.insert(1,
'../../modules/gcp')
import database
```

개발　　운영

잎채소 애플리케이션용
인프라 설정이
로컬 데이터베이스
모듈을 참조한다.

그림 5.2 잎채소 팀 개발 및 운영 환경은 단일 저장소에서 서버, 네트워크 및 데이터베이스 팩토리 모듈이 있는 디렉토리를 사용한다.

회사는 모든 팀의 설정과 모듈을 저장한 **단일 저장소**^{single repository}(또는 **모노 저장소**^{mono repository}, 모노레포^{monorepo}로도 불림)로 인프라를 정의하기 시작했다.

정의 **단일 저장소(모노 저장소, 모노레포)**는 한 팀이나 기능을 위한 모든 IaC(설정 및 모듈)를 포함하는 구조다.

일반적으로 회사는 단일 저장소 구조를 선호한다. 모든 팀은 복사 & 붙여넣기를 통해 설정을 재현할 수 있으며, 모듈 디렉토리에 새 폴더를 추가함으로써 쉽게 신규 자원을 구성할 수 있다. 코드 5.1에서 잎채소 팀이 신규 데이터베이스 목록을 구축한다. 파이썬을 사용해 sys. path 메서드를 통해 로컬 파일 경로를 입력한다. 그리고 코드에 모듈을 가져옴으로써 데이터베이스를 사용한다.

코드 5.1 다른 디렉토리 인프라 모듈 참조하기[*]

```python
import sys
sys.path.insert(1, '../../modules/gcp')                    ❶

from database import DatabaseFactoryModule                 ❷
from server import ServerFactoryModule                     ❷
from network import NetworkFactoryModule                   ❷

import json
```

*옮긴이 주석

실습에 앞서 저자의 깃허브 저장소인 https://github.com/joatmon08/manning-book에서 수정이 필요한 부분이 존재한다. Ch05/s01/s01/modules/gcp/server.py 파일의 23 라인을 다음과 같이 수정했다.

```
...
                'allow_stopping_for_update': True,
                'boot_disk': [{
                    'initialize_params': [{
                    'image': 'ubuntu-2004-lts'
                    }]
                }],
...
```

테라폼을 적용하여 인스턴스를 생성할 때, 생성될 인스턴스 os에 해당하는 이미지 부분으로, 이 책에서는 ubuntu-1804-lts를 사용했으나 현재 GCP에서 생성할 수 없는 OS 버전이므로 ubuntu-1804-lts를 ubuntu-2004-lts로 바꿔주어야 한다.

저자의 깃허브 저장소 중 ch05/s01/s01/modules/gcp/database.py에서 8번째 줄에 해당하는 내용인 tier='db-e2-micro', deletion_protection=False):를 tier='db-f1-micro', deletion_protection=False):와 같이 변경해서 코드 실습을 진행해야 한다. 해당 코드에서 문제가 되는 점은 db-e2-micro 값으로 설정한 티어(tier)라는 부분이다. 이 티어는 구글 클라우드 SQL에서 제공하는 머신 유형 중 하나인데, Edition(데이터베이스의 에디션)과 호환이 안 됨에 따라 책과 같이 db-e2-micro 티어로 진행 시 오류가 발생할 수 있다. 그래서 역자의 경우 db-f1-micro로 티어를 수정하여 검증했다. 이 부분은 책 코드상에 나와 있는 티어를 각자의 클라우드 환경에 맞게 바꿔서 실습해 보면 될 것으로 보인다.

```
if __name__ == "__main__":
    environment = 'production'
    name = f'{environment}-hello-world'
    network = NetworkFactoryModule(name)                            ❷
    server = ServerFactoryModule(name, environment, network)        ❷
    database = DatabaseFactoryModule(name, server, network, environment)  ❷
    resources = {                                                   ❸
        'resource': network.build() + server.build() + database.build()  ❸
    }                                                               ❸

    with open('main.tf.json', 'w') as outfile:                      ❹
        json.dump(resources, outfile, sort_keys=True, indent=4)     ❹
```

❶ 동일한 저장소에 있는 모듈 디렉토리를 가져온다.
❷ 운영 환경용 서버, 데이터베이스, 네트워크 팩토리 모듈을 가져온다.
❸ 모듈을 사용해 네트워크, 서버, 데이터베이스 JSON 설정 객체를 생성한다.
❹ 나중에 테라폼에서 실행할 수 있도록 파이썬 딕셔너리 객체를 JSON 파일로 작성한다.

로컬 폴더를 사용해 모듈을 저장하면 팀이 원하는 인프라를 참조할 수 있다. 모두가 동일한
저장소에서 모듈을 찾거나 다른 팀의 설정을 확인할 수 있다. 예를 들어 허브 팀원이 과일 팀
IaC를 배우고 싶다면, tree 명령어를 통해 디렉토리 구조를 확인할 수 있다.

```
$ tree .
.
├─ environments
│  ├─ fruits
│  │  ├─ development
│  │  └─ production
│  ├─ herbs
│  │  └─ development
│  │  └─ production
│  ├─ leafy-greens
│  │  └─ development
│  │  └─ production
│  └─ roots
│     ├─ development
│     └─ production
└─ modules
   └─ gcp
```

```
├── database.py
├── network.py
├── server.py
└── tags.py
```

설정을 잘 구성하기 위해 각 팀은 개별 폴더에 개발 및 운영 환경 설정 파일을 넣는다. 디렉
토리는 환경별로 설정과 변경사항을 분리한다. 이상적으로는 모든 환경이 동일해야 하나,
현실적으로는 비용이나 자원의 제약으로 인해 각자 다른 환경을 갖게 된다.

> **기타 도구**
>
> 단일 저장소 구조를 많은 IaC 도구에 적용할 수 있다. 앤서블 같은 설정 관리 도구에 단일 저장소를 사용
> 해 역할이나 플레이북[1]을 재사용할 수 있다. 단일 저장소의 로컬 디렉토리를 기반으로 플레이북이나 설
> 정 관리 모듈을 참조하고 구축할 수 있다.
>
> 클라우드포메이션의 경우는 좀 다르다. 스택 정의서 파일을 단일 저장소에 보관할 수 있다. 그러나 자녀
> 템플릿(모듈)을 S3 버킷에 릴리스하고 `AWS::CloudFormation::Stack`이 갖고 있는 `TemplateURL` 매개변
> 수를 활용해서 참조해야 한다. 이 장 후반부에서 모듈을 릴리스하고 변경하는 방법을 배울 것이다.

회사는 GCP 인프라만 사용하고 있고 향후에는 다양한 인프라 도구나 제공 업체에 대한 신
규 디렉토리를 추가할 수 있다. 이러한 도구는 서버나 네트워크를 업데이트(ansible 디렉토리)
하거나, 가상 머신 이미지 빌딩(packer 디렉토리) 또는 데이터베이스를 AWS에 배포할 수 있다
(aws 디렉토리).

```
$ tree .
.
├── environments
│   ├── development
│   └── production
└── modules
    └── ansible
    └── aws
    └── gcp
    └── packer
```

---

1   자동화 스크립트다. – 옮긴이

다른 IaC 자료에서 **반복 금지**^{DRY, Don't Repeat Yourself} 원칙을 접할 수 있다. DRY 원칙은 재사용성과 결합성을 촉진한다. 인프라 모듈은 중복 작업과 반복 작업을 줄임으로써 DRY 원칙을 준수한다. 개발과 운영 환경이 동일한 경우 개발 및 운영 디렉토리를 제거하고 여러 환경 설정 파일 대신 하나의 모듈을 참조하게 할 수 있다.

인프라에 DRY 원칙을 완벽하게 적용할 수는 없다. 인프라, 도구의 언어 및 문맥에 따라 중복되는 설정을 가질 수밖에 없다. 결과적으로 명확한 설정을 하기 위해서나, 사용하는 도구나 플랫폼의 한계로 인해 반복 작업을 하게 된다.

5.1.2 다중 저장소

회사가 성장함에 따라 인프라 저장소에 수백 개의 폴더가 생겼고, 각 폴더는 더 많은 하위 폴더를 갖게 되었다. 매주 모든 업데이트 사항을 통합하는 데 시간을 보낸다. CI 프레임워크가 변경사항을 재귀적으로 검색해야 하므로 운영 배포 때마다 20분이 걸린다. 보안 팀의 경우 잎채소 팀과 일하는 외부 계약자가 과일 팀 인프라 정보에도 접근할 수 있으므로 우려를 표명한다.

네트워크, 태그, 서버, 데이터베이스 모듈을 개별 저장소로 분리한다. 저장소별로 모듈을 구축하고 제공하기 위한 워크플로가 있으므로 CI 작업 시간이 줄어든다. 잎채소 팀의 외부 계약자가 잎채소 저장소에만 접근할 수 있도록 저장소별로 접근 권한을 제어할 수 있다.

회사의 다양한 팀이 모듈 저장소나 패키징된 버전의 모듈을 사용할 수 있다. 각 팀은 설정과 모듈을 팀 저장소에 저장한다. 회사 내 누구나 자신의 설정을 구성하기 위해 모듈을 내려받거나 사용할 수 있다.

그림 5.3은 회사의 IaC 코드 저장소를 보여준다. 각 팀과 모듈은 개별 코드 저장소를 갖는다. 잎채소 팀이 데이터베이스를 생성하고 싶으면 로컬 폴더가 아닌 깃허브 저장소 URL로 데이터베이스 모듈을 내려받아 불러온다. 만일 팀이 다양한 환경을 갖고 있다면 코드 저장소 안에 폴더로 구분한다.

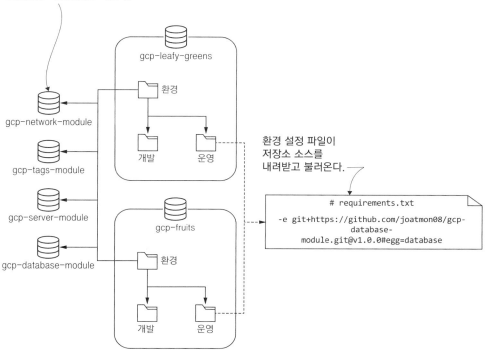

인프라 설정을 위해 다중 저장소를 사용할 경우
모듈들을 저장소별로 나눈다.

gcp-leafy-greens

환경

개발   운영

gcp-network-module

gcp-tags-module

gcp-server-module

gcp-database-module

gcp-fruits

환경

개발   운영

환경 설정 파일이
저장소 소스를
내려받고 불러온다.

```
# requirements.txt
-e git+https://github.com/joatmon08/gcp-
database-
module.git@v1.0.0#egg=database
```

그림 5.3 다중 저장소 구조에서는 각 모듈을 개별 코드 저장소에 저장한다. 설정 파일은 저장소 URL을 참조하여 모듈을 사용한다.

회사는 단일 저장소 구조를 **다중 저장소**multiple repository, 혹은 **멀티 레포**multi repo 구조로 변경했다. 회사는 모듈을 팀별로 구분하여 다양한 저장소로 분리했다.

정의 **다중 저장소(멀티 레포)** 구조는 IaC 설정이나 모듈을 팀이나 기능별로 다른 저장소로 분리하여 관리한다.

단일 저장소가 재현성과 결합성을 촉진한다면 다중 저장소는 진화 가능성을 증진한다. 모듈을 저장소별로 분리함으로써 각 모듈의 생애 주기와 관리를 구조화할 수 있다.

다중 저장소 구조를 구현하기 위해서는 모듈별로 저장소를 통해 버전 관리해야 한다. 다음 코드를 통해 파이썬 패키지 관리자가 requirements.txt 파일에 명시된 필수 모듈을 다운로드하도록 설정한다. 라이브러리별 요구사항은 코드 저장소 URL과 특별 태그를 넣어 다운로드가 가능하도록 해야 한다.

코드 5.2 모듈 저장소를 참조할 수 있는 파이썬 requirements.txt 작성하기*

```
-e git+https://github.com/joatmon08/gcp-tags-module.git@1.0.0#egg=tags        ❶
-e git+https://github.com/joatmon08/gcp-network-module.git@1.0.0#egg=network   ❷
-e git+https://github.com/joatmon08/gcp-server-module.git@0.0.1#egg=server     ❷
-e git+https://github.com/joatmon08/gcp-database-module.git@1.0.0#egg=database ❷
```

❶ 깃허브 저장소의 프로토타입 모듈을 다운로드한다. 태그에 명시한 버전의 모듈을 선택한다.

❷ 네트워크, 서버, 데이터베이스 모듈 저장소의 팩토리 모듈을 다운로드한다. 태그에 명시한 버전의 모듈을 선택한다.

해당 코드에서 pip로 인스톨이 진행될 저자의 깃허브 저장소 모듈 중 gcp-server-module(https://github.com/joatmon08/gcp-server-module.git)의 경우, 우분투 OS 버전이 ubuntu-1804-lts로 설정되어 있다. 코드 5.3 실습 시 생성된 main.tf.json 파일을 보면, 우분투 OS 버전이 1804-lts로 설정되어 있어서, 2004-lts나 다른 OS로 변경이 필요할 것이다.

먼저 과일 팀 애플리케이션 인프라의 운영 환경 설정이 들어 있는 저장소를 생성한다. 저장소 생성 후 requirements.txt를 추가한다. 이후 파이썬 패키지 설치 관리자를 실행하여 인프라 설정에 필요한 모듈을 다운로드한다.

```
$ pip install -r requirements.txt
Obtaining tags from git+https://github.com/joatmon08/
➥gcp-tags-module.git@1.0.0#egg=tags
...
Successfully installed database network server tags
```

로컬 경로를 설정하고 모듈을 가져오는 대신, 파이썬의 패키지 설치 관리자를 실행하여 원격 저장소에서 모듈을 내려받아야 한다. 모듈 다운로드가 끝나면 팀은 코드 5.3의 파이썬 코드를 사용해 환경 설정에 필요한 모듈을 불러올 수 있다.

코드 5.3 인프라 설정에 사용할 모듈 가져오기

```
from tags import StandardTags           ❶
from server import ServerFactoryModule  ❶
from network import NetworkFactoryModule ❶
from database import DatabaseFactoryModule ❶
```

```
import json

if __name__ == "__main__":
    environment = 'production'
    name = f'{environment}-hello-world'

    tags = StandardTags(environment)
    network = NetworkFactoryModule(name)
    server = ServerFactoryModule(name, environment, network, tags.tags)
    database = DatabaseFactoryModule(
        name, server, network, environment, tags.tags)
    resources = {
        'resource': network.build() + server.build() + database.build()       ❷
    }

    with open('main.tf.json', 'w') as outfile:                                 ❸
        json.dump(resources, outfile, sort_keys=True, indent=4)                ❸
```

❶ 패키지 관리자로 다운로드한 모듈을 가져온다.
❷ 모듈을 사용해 네트워크, 서버, 데이터베이스 JSON 설정 객체를 생성한다.
❸ 나중에 테라폼에서 실행할 수 있도록 파이썬 딕셔너리 객체를 JSON 파일로 작성한다.

회사가 개발 환경과 운영 환경을 분리했음을 기억하자. 팀은 버전 관리되고 있는 동일한 팩토리, 프로토타입 모듈을 참조하여 코드를 구현해야 한다. 개발 환경과 운영 환경에 동일한 모듈을 사용하면 환경 간 드리프트가 발생하는 것을 예방하고 운영 배포 전 모듈 변경사항을 테스트할 수 있다. 테스트와 환경에 대해서는 6장에서 더 자세히 다룰 예정이다.

다중 저장소로 IaC를 구현하는 것은 단일 저장소로 구현하는 것과 큰 차이는 없다. 두 구조는 재현성과 결합성을 촉진한다. 다만 외부 저장소에 있는 모듈이 독립적으로 진화할 수 있다는 점이 다르다.

다중 저장소 구조에서 설정을 업데이트하면 패키지 관리자를 통해 새 모듈을 다시 내려받아야 한다. 새 모듈을 내려받는 작업은 IaC 워크플로의 걸림돌이 될 수 있다. 누군가가 모듈을 업데이트했다면 직접 저장소를 확인하기 전에는 알 수 없다. 이 장 후반부에서는 버전 관리를 통해 이 문제를 해결하는 방법을 다룬다.

다중 저장소를 도입하려면 모듈을 공유하고 유지하기 위한 몇 가지 표준 관행을 만들어야 한다. 먼저 모듈 파일 구조와 형식을 통일해야 한다. 모듈 구조를 통일하면 조직 내 여러 팀이 버전 관리된 모듈을 파악하고 필터링하는 데 유용하다. 일관성 있는 파일 구조와 모듈 저장소 명명 규칙을 도입하는 것도 모듈 감지 및 추후 자동화를 진행할 때 유용하다.

회사의 인프라 모듈은 동일한 패턴과 파일 구조를 따른다. 이름에 **인프라 제공 업체, 자원, 도구/목적**이 들어 있다. 그림 5.4의 `gcp-server-module`은 `gcp`로 인프라 제공 업체 정보를, `server`로 자원 유형을, `module`로 목적을 나타낸다.

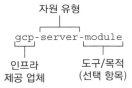

그림 5.4 저장소 이름은 인프라 제공 업체, 자원 유형, 목적을 포함해야 한다.

모듈이 특정 도구를 사용하거나 고유한 목적을 갖는 경우 이를 저장소 이름에 추가할 수 있다. 모듈 이름에 도구 정보를 추가하면 모듈 유형 식별에 유용하다. 앞서 2장에서 설명했듯이 팀원이 모듈 이름으로 모듈을 식별할 수 있도록 이름을 짓고 싶을 것이다.

단일 저장소의 폴더 이름도 비슷한 방식으로 지을 수 있다. 오히려 단일 저장소의 하위 디렉토리의 경우 인프라 이름과 자원 유형을 더 쉽게 중첩하고 식별할 수 있다. 조직 및 팀의 선호에 따라 저장소 이름에 더 많은 필드 값을 추가할 수 있다.

5.1.3 저장소 구조 선택하기

단일 저장소를 사용할지 다중 저장소를 사용할지는 시스템 및 CI 프레임워크의 확장성에 따라 결정된다. 채소 판매 회사는 초기에 단일 저장소를 사용했는데, 10개 정도의 모듈과 몇 개의 환경만 있었기 때문에 잘 동작했다. 각 모듈은 개발 및 운영 환경을 갖고 있으며 각 환경은 서버 몇 개, 데이터베이스, 네트워크 및 모니터링 시스템이 각각 1개씩 필요했다.

단일 저장소 사용에는 몇 가지 이점이 있다. 그림 5.5는 단일 저장소 사용의 장점과 한계를 제시한다. 첫째, 팀원 누구나 단일 저장소의 모듈과 설정에 접근할 수 있다. 둘째, 한 장소만 방문해서 환경 간 차이를 비교하고 파악할 수 있다. 예를 들어 저장소의 파일 2개를 비교해서 개발 서버가 3개의 서버를 사용하는지, 운영 서버가 5개의 서버를 사용하는지 확인할 수 있다.

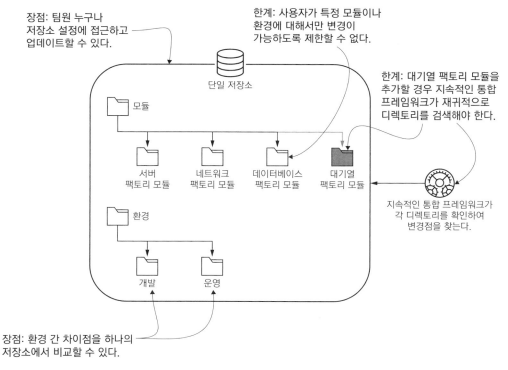

그림 5.5 단일 저장소는 한 장소에서 모든 모듈이나 설정을 볼 수 있지만 CI 프레임워크나 저장소 접근을 제어하는 데 한계가 있다.

IaC 원칙 관점에서 단일 저장소는 결합성, 진화 가능성과 재현성을 준수한다. 누구나 폴더에 들어가서 모듈을 발전시킬 수 있다. 하나의 관점에서 인프라와 설정을 볼 수 있으므로 기존 모듈 기반으로 새로운 모듈을 구축할 수 있다.

반면 단일 저장소 구조는 몇 가지 제한사항을 갖는다. 누구나 모듈을 변경할 수 있으면 모듈에 의존하는 IaC가 고장 날 수 있다. 게다가 CI 시스템이 각 디렉토리의 변경사항을 재귀적으로 확인하는 과정에서 문제가 발생할 수도 있다.

결과적으로 단일 저장소를 관리하기 위한 방법과 도구를 도입해야 한다. 해당 도구는 독자적인 버전 관리 및 전문적인 빌드 시스템 구축을 포함한다. 여러분의 조직이 단일 저장소 관리를 도와줄 수 있는 도구를 구축하거나 도입할 수 없는 경우, 다중 저장소 구조를 선택할 수 있다.

> **참고** 단일 저장소를 구축하거나 관리할 수 있는 몇 가지 도구를 찾을 수 있다. 추가 코드를 통해 하위 디렉토리나 개별 빌드 워크플로를 처리하는 이러한 도구로는 바젤(Bazel), 팬츠(Pants), 얀(Yarn) 등이 있다.

단일 저장소에서 다중 저장소로의 이전은 생각보다 더 많이 발생한다. 내 경우 두 번이나 이관해야 했다! 한 조직의 인프라는 3개의 환경과 4개의 모듈에서 시작했다. 몇 년에 걸쳐 IaC는 수백 개의 모듈과 환경으로 성장했다.

안타깝게도 CI 프레임워크(젠킨스^{Jenkins})는 서버를 확장하는 표준 변경을 실행하는 데 거의 3시간이 걸렸다. 젠킨스는 모든 폴더 및 하위 폴더를 검색하며 변경점을 찾는 데 대부분의 시간을 소비했다! 결국 설정과 모듈을 리팩토링하여 다중 저장소 구조로 변경했다.

다중 저장소로 리팩토링하여 CI의 일부 문제를 개선했다. 또한 다중 저장소 구조를 통해 특정 모듈별로 접근 권한을 제어할 수 있었다. 보안 팀은 특정 팀에게만 모듈 편집 권한을 부여할 수 있게 되었다. 리팩토링에 관한 자세한 내용은 10장에서 좀 더 자세히 다룰 것이다.

그림 5.6은 세분화된 접근 제어 및 확장 가능한 CI 워크플로 구축을 포함한, 다중 저장소의 이점과 한계를 보여준다. 그러나 다중 저장소 구조는 하나로 통합된 모듈이나 설정을 보기 어렵다.

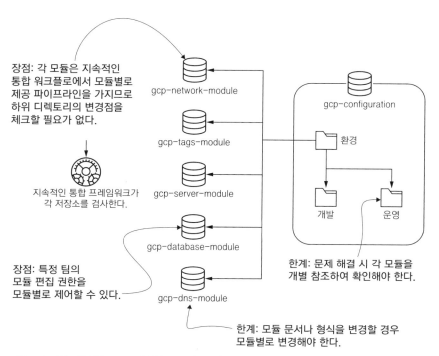

장점: 각 모듈은 지속적인 통합 워크플로에서 모듈별로 제공 파이프라인을 가지므로 하위 디렉토리의 변경점을 체크할 필요가 없다.

지속적인 통합 프레임워크가 각 저장소를 검사한다.

장점: 특정 팀의 모듈 편집 권한을 모듈별로 제어할 수 있다.

gcp-network-module

gcp-tags-module

gcp-server-module

gcp-database-module

gcp-dns-module

gcp-configuration

환경

개발

운영

한계: 문제 해결 시 각 모듈을 개별 참조하여 확인해야 한다.

한계: 모듈 문서나 형식을 변경할 경우 모듈별로 변경해야 한다.

그림 5.6 다중 저장소는 CI 프레임워크로 테스트나 설정 실행의 부담을 줄여주지만 지속적으로 포맷팅이 일치하는지 검증하고 문제를 해결해야 한다.

설정을 다중 저장소 구조로 리팩토링하면, 팀별로 인프라 설정 접근을 분리하고 특정 팀을 위해 인프라 설정을 진화하게 할 수 있다. 모듈의 발전과 수명 주기에 대한 통제력도 강화된다. 대부분의 CI 프레임워크는 다중 저장소를 지원하며, 프레임워크가 실행될 때 저장소에 병렬적으로 접근하여 변경점을 감지한다.

그러나 다중 저장소는 몇 가지 단점이 있다. 채소 판매 회사는 저장소별로 10개 이상의 모듈을 갖고 있다. 어떻게 모든 모듈이 표준 파일 규격과 명명 규칙을 따르는지 알 수 있을까?

그림 5.7은 파일 및 표준 적합성 문제에 대한 한 가지 해결책을 보여준다. 모든 포맷팅 및 린팅 검사 기능을 프로토타입 모듈로 만들어 테스트를 진행할 수 있다. CI 프레임워크가 테스트 모듈을 내려받고 README 파일과 서버, 네트워크, 데이터베이스 및 DNS 모듈의 파이썬 파일을 검사한다.

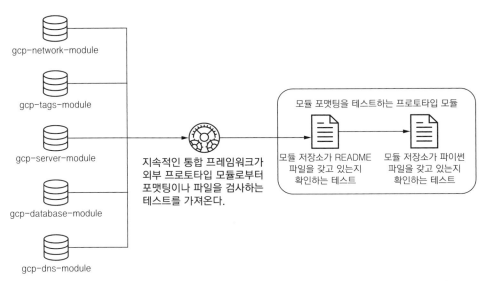

그림 5.7 모듈 저장소 형식 검사를 위해 필요한 모든 테스트를 수행하는 프로토타입 모듈을 생성하여 사용하면 새로운 규정을 따르지 않는 예전 저장소를 개선하는 데 유용하다.

테스트용 프로토타입 모듈을 사용하면 DNS 같은 자주 사용하지 않는 예전 모듈 형식을 현행화하는 데 유용하다. 새로운 표준을 추가하려면 신규 테스트를 추가하여 프로토타입 모듈을 업데이트하면 된다. 다음에 누군가가 모듈이나 설정을 업데이트할 경우, 표준 형식을 준수하도록 해야 한다.

표준 검증을 실행하면 수백 개의 저장소를 검색해서 파일을 수정하는 운영 부담을 덜 수 있고 모듈 저장소 변경을 각 모듈 담당자가 담당하게 되어 책임을 분산할 수 있다. 모듈 형식 테스트 및 지속적인 통합 워크플로에 모듈을 통합하는 방법에 대해서는 6, 7, 8장 내용을 적용할 수 있다.

다중 저장소 사용 시 두 번째 단점은 문제 해결이 어렵다는 점이다. 설정에서 모듈을 참조하는 경우, 개별 모듈 저장소를 검색하여 모듈이 어떤 입력값과 출력값이 필요한지 확인해야 한다. 따라서 설정 시 발생한 이슈를 디버깅하는 과정에서 검색에 필요한 노력과 시간이 더 들어가게 된다.

만일 단일 저장소로 처리 가능한 시스템을 만들 경우 모든 경우에 단일 저장소를 사용할 수 있다. 그러나 대부분의 시스템은 재귀적인 디렉토리 검색 방식으로는 확장이 어렵다. 이러한 문제를 해결하기 위해서는 단일 저장소와 다중 저장소를 결합할 수 있다.

채소 판매 회사의 사례에 적용해 보자. 팀은 과일과 채소 종류별로 설정을 분리한다. 잎채소 팀은 잎채소 팀 저장소를, 과일 팀은 과일 팀 저장소를 사용한다. 각 팀은 네트워크, 태그, 데이터베이스, DNS를 처리하는 공통 모듈을 참조한다.

그림 5.8은 과일 팀에게는 대기열이 필요하지만 잎채소 팀은 필요 없는 상황을 보여준다. 결국 과일 팀은 저장소에 대기열을 생성하는 로컬 모듈을 생성한다. 과일 팀은 공통 모듈을 위해서는 다중 저장소를 참조하고, 팀에 특화된 설정을 적용하기 위해서는 단일 저장소를 사용한다.

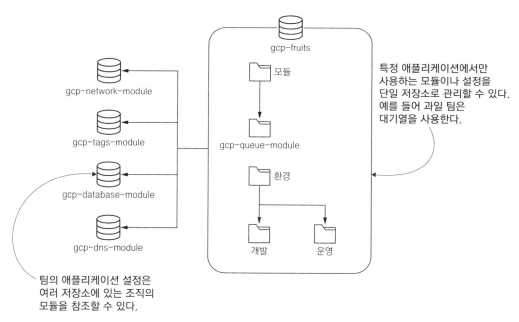

그림 5.8 조직은 다중 저장소를 사용하면서도 특정 애플리케이션이나 시스템 설정을 단일 저장소로 결합하여 사용할 수 있다.

저장소 혼합 방식을 사용할 때 개별 저장소와 공유 설정에 대한 접근 제어를 어떻게 해야 할지 인식해야 한다. 만일 다른 팀을 위해 결합성과 재현성을 개선하려면 모듈을 개별 저장소에 넣는 것이 바람직하다. 만일 특정 설정의 진화 가능성을 유지하기 위해서는 특정 설정에 모듈을 넣어 모듈을 지역적으로 관리할 수 있다.

저장소 구조를 선택할 때는 모듈과 설정의 개수가 증가함에 따른 각 접근법의 장단점을 인식하고 리팩토링을 진행하자. 단일 저장소에 더 많은 설정과 자원을 추가할수록, 도구와 프로세스가 확장성 있게 처리할 수 있도록 보장해야 한다!

5.2 버전 관리

이번 장에서는 인프라 설정이나 코드를 버전 관리했다. 예를 들어 회사는 언제나 커밋 해시를 기반으로 인프라를 참조할 수 있다. 어느 날 보안 팀이 토양 감지 데이터베이스가 오랫동안 변경 없이 사용하고 있는 사용자 아이디와 비밀번호에 대해 우려를 표했다.

보안 팀은 보안 관리자를 활용하여 비밀번호를 30일마다 변경하는 방안을 추천했다. 공교롭게도 모든 팀이 토양 감지 데이터베이스 모듈을 사용한다. 그림 5.9는 애플리케이션이 현재 데이터베이스 모듈의 출력값을 참조하는 것을 보여준다. 모듈은 데이터베이스의 비밀번호를 출력하고 애플리케이션이 이를 사용해 데이터를 읽거나 저장한다. 보안 팀은 이 방법 대신 보안 관리자를 사용하길 원한다.

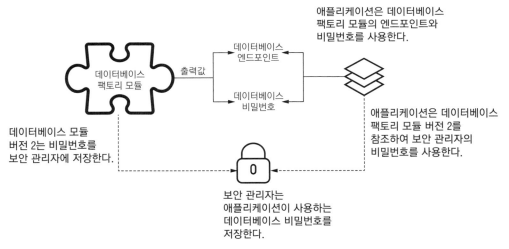

그림 5.9 토양 감지 모듈의 데이터베이스 엔드포인트와 비밀번호를 참조하는 애플리케이션은 보안 관리자에 저장한 비밀번호를 사용해야 한다.

데이터베이스 모듈의 출력값은 보안의 진화 가능성과 보안에 영향을 준다. 어떻게 데이터베이스의 토양 데이터 수집을 방해하지 않으면서 보안 관리자를 사용하도록 데이터베이스 모듈을 업데이트할 수 있을까? 회사 인프라 팀은 데이터베이스 모듈에 **버전 관리**^{versioning}를 추가하기로 결정했다.

정의 **버전 관리**는 코드 모음별 고유의 버전을 지정하는 프로세스를 의미한다.

팀이 어떻게 모듈 버전 관리를 구현할 수 있는지 알아보자. 팀은 버전 관리를 활용하여 현재 데이터베이스 모듈의 버전을 `v1.0.0`으로 태깅한다. 버전 v1.0.0은 애플리케이션의 데이터베이스 비밀번호를 출력한다.

```
$ git tag v1.0.0
```

버전 관리에 v1.0.0 태그를 푸시한다.

```
$ git push origin v1.0.0
Total 0 (delta 0), reused 0 (delta 0), pack-reused 0
 * [new tag]        v1.0.0 -> v1.0.0
```

과일, 잎채소, 곡물, 허브 팀이 데이터베이스 모듈 v1.0.0을 사용하도록 설정을 리팩토링하는 **버전 고정**^{version pinning}을 진행해야 한다. 버전 고정은 멱등성을 보존한다. IaC를 실행할 때 설정은 계속 데이터베이스 모듈 출력값을 사용한다. 기존 인프라와 버전이 고정된 모듈 사이에서 어떠한 드리프트도 발생해서는 안 된다.

모든 팀이 버전을 v1.0.0으로 고정하고 나면 모듈이 보안 관리자를 사용하도록 수정할 수 있다. 데이터베이스 모듈은 비밀번호를 보안 관리자에 저장한다. 팀은 데이터베이스 엔드포인트와 보안 관리자의 비밀번호를 사용하는 신규 데이터베이스 모듈을 `v2.0.0`으로 태깅한다.

```
$ git tag v2.0.0
```

버전 관리에 v2.0.0 태그를 푸시한다.

```
$ git push origin v2.0.0
Total 0 (delta 0), reused 0 (delta 0), pack-reused 0
 * [new tag]        v2.0.0 -> v2.0.0
```

커밋 이력을 기반으로 모듈의 두 버전 간 차이점을 확인할 수 있다.

```
$ git log --oneline
7157d3e (HEAD -> main, tag: v2.0.0, origin/main)
➥Change database module to store password in secrets manager
5c5fd65 (tag: v1.0.0) Add database factory module
```

데이터베이스 팩토리 모듈의 신규 버전을 생성한 후, 다른 팀에게 사용할 것을 요청한다. 과일 팀이 용감하게 지원한다. 과일 팀은 현재 데이터베이스 엔드포인트와 비밀번호를 출력하는 1.0.0 버전 모듈을 사용하고 있다.

그림 5.10처럼 모듈을 버전 2.0.0으로 변경하는 경우, 과일 팀은 모듈의 워크플로 변경사항을 반영해야 한다. 팀은 모듈의 출력값인 데이터베이스 비밀번호를 사용할 수 없다. 모듈은 데이터베이스 비밀번호가 있는 보안 관리자 API 경로를 출력한다. 따라서 과일 팀은 데이터베이스를 생성하기 전에 보안 관리자에서 데이터베이스 비밀번호를 가져오도록 IaC를 리팩토링한다.

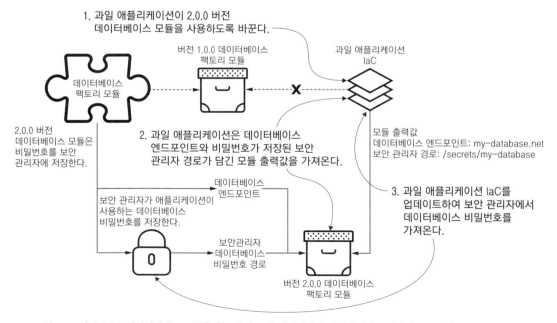

그림 5.10 버전 2.0.0 데이터베이스 모듈을 참조하여 보안 관리자에서 데이터베이스 비밀번호를 가져오도록 과일 애플리케이션을 리팩토링할 수 있다.

모듈 버전 관리에서 몇 가지 핵심 방법을 적용하게 된다. 첫째, IaC를 실행하여 업데이트 직전에 존재할 수 있는 드리프트를 제거한다. 둘째, 모듈의 가장 최신 버전을 참조하지 않는 방법으로 버전 관리를 진행한다.

회사는 **시맨틱 버전 관리**^{semantic versioning} 방식으로 설정에 대한 핵심 정보를 버전번호에 포함하도록 관리한다. 모듈 버전을 정하기 위해 버전 관리에 커밋 정보를 숫자와 함께 태깅하는 방법이나, 아티팩트 저장소에 모듈을 패키징하고 라벨 처리를 하는 방법이 있다.

> **참고** 나는 종종 입력값, 출력값, 자원을 제거하는 중요한 업데이트를 진행할 때 메이저 버전을 변경한다. 기존 버전의 의존성에 영향을 주지 않는 설정값이나 입력값, 출력값을 변경하는 경우에는 마이너 버전을 업데이트한다. 마지막으로, 모듈과 자원에 대한 작은 설정값을 변경하는 경우에는 패치 버전을 변경한다. 시맨틱 버전 관리 및 해당 접근법에 대한 추가 정보가 필요하면 https://semver.org/를 참고하자.

일관성 있는 버전 관리 접근법을 통해 하위^{downstream} 인프라 자원이 상위^{upstream} 인프라 자원을 망가뜨리지 않고 진화할 수 있다. 버전 관리는 감사나 버전 활성화에 도움을 준다. 자원을 절약하고, 혼란을 줄이고, 가장 최신 변경사항을 반영하는 버전 관리를 통해 모듈에서 사용하지 않는 오래된, 비활성화된 버전을 파악하고 제거할 수 있다.

그러나 특정 버전 관리 방법을 기억하고 강제해야 한다. 애플리케이션이 버전 2.0.0 데이터베이스 모듈을 사용하도록 오래 기다릴수록 실패할 가능성이 높다. 버전 1.0.0 모듈을 얼마나 사용할 수 있는지 기한을 정하는 방법을 고려할 수 있다. 버전 1.0.0 데이터베이스 모듈을 즉시 제거할 필요는 없다. 일반적으로 나는 의존하는 모듈을 몇 번의 마이너 버전 변경을 통해 변경한다. 버전을 크게 변경하는 것은 위험하고 실패할 가능성이 높다.

> **참고** 깃 플로(Git Flow)나 피처(feature) 기반 개발 방법을 사용하면 패치나 핫픽스(hotfix)를 소프트웨어 개발로 볼 수 있다. 버전 태그에 기반하여 브랜치를 생성하고, 변경한 뒤 패치 버전을 증가시키고, 새로운 태그를 핫픽스 브랜치에 추가할 수 있다. 이때 브랜치를 커밋 이력에 남겨야 한다.

버전 관리 프로세스는 다중 저장소 구조에서 잘 동작하는데 단일 저장소에서는 어떨까? 단일 저장소에도 버전 관리 태깅을 적용할 수 있다. 모듈 이름에 접두사를 추가(module-name-v2.0.0)할 수 있다. 이후 모듈을 패키징하고 아티팩트 저장소에 릴리스한다. 이후 빌드 시스템이 모듈 하위 디렉토리 내용물을 패키징하고 아티팩트 저장소에 버전을 태깅한다. 이후 인프라 설정은 로컬 파일이 아닌 원격 아티팩트 저장소의 모듈을 참조한다.

5.3 릴리스

모듈을 버전 관리하여 모듈의 진화를 촉진하고 시스템 장애를 최소화할 수 있는 방법을 설명했다. 그러나 모든 팀이 즉시 최신 모듈을 사용하도록 IaC를 변경하기를 원하지는 않는다. 오히려 운영 환경에서 사용하기 '전에' 모듈이 제대로 동작하고 인프라를 고장 내지 않는지 확인하고 싶다.

그림 5.11은 변경한 데이터베이스 모듈을 모든 팀이 사용하기 전에 어떻게 평가할 수 있는지 보여준다. 데이터베이스 모듈의 비밀번호를 보안 관리자에 저장하도록 변경한 후, 저장소에 변경사항을 푸시한다. 이후 과일 팀에게 다양한 환경에서 모듈을 **테스트**하여 모듈이 정상 동작함을 확인해 달라고 요청한다. 과일 팀은 모듈이 정상 동작함을 확인한다. 이후 모듈에 새로운 버전 2.0.0 릴리스를 태깅하고 보안 관리자의 도큐먼트를 변경한다.

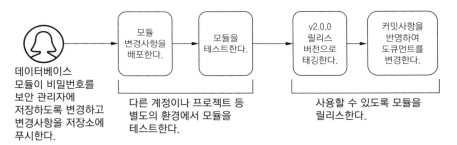

그림 5.11 모듈을 변경하면 릴리스 전에 반드시 테스트하는 단계를 추가하고 변경사항을 문서화해야 한다.

회사 인프라 팀이 모듈을 변경하고 과일 팀의 개발 환경에서 먼저 테스트를 진행했다. 모듈이 테스트를 통과하면 다른 팀이 보안 관리자를 사용하는 신규 데이터베이스 모듈을 사용할 수 있다. 팀은 **릴리스**release 프로세스에 따라 다른 팀이 신규 모듈을 사용할 수 있는지 확인했다.

> **정의** **릴리스**는 소프트웨어를 사용자에게 전달하는 프로세스다.

릴리스 프로세스는 모듈 변경의 문제점을 파악하고 분리한다. 테스트를 거쳐 모듈이 정상 동작하는지 확인하기 전에 모듈을 패키징하지 않는다.

모듈 테스트는 개발이나 운영 환경이 아닌 별도의 테스트 전용 환경에서 진행하는 것을 추천한다. 다양한 계정이나 프로젝트로 테스트를 진행하면 테스트에 소모하는 비용을 체크하고 실제 환경에서 장애가 발생하지 않도록 분리할 수 있다. 6장에서 테스트와 테스트 환경에 관해 더 자세히 배울 수 있다.

> **참고** 모듈 배포를 위한 지속적인 배포(continuous delivery) 파이프라인에 대한 자세한 코드는 http://mng. bz/PnaR을 확인해 보자. 깃허브 액션 파이프라인은 커밋 메시지를 통해 테스트 성공을 확인하면 자동으로 깃허브 릴리스를 빌드한다.

모듈 테스트 후, 팀이 사용할 수 있도록 신규 릴리스 버전을 태깅한다. 회사는 v2.0.0 버전 데이터베이스 모듈을 릴리스하고 파이썬 패키지 관리자가 해당 태그를 참조하게 한다. 다른 방법으로는 모듈을 패키징하여 아티팩트 저장소나 버킷 저장소에 푸시할 수 있다.

예를 들어, 회사의 일부 팀이 클라우드포메이션을 사용한다고 가정해 보자. 팀은 아마존 S3 버킷 저장소에 있는 모듈(혹은 클라우드포메이션 스택)을 참조하길 원한다. 그림 5.12에서는 팀이 배포 파이프라인에 모듈을 압축하여 S3 버킷 저장소에 업로드하는 단계를 추가한다. 마지막 단계로 변경사항 문서화 단계를 추가한다.

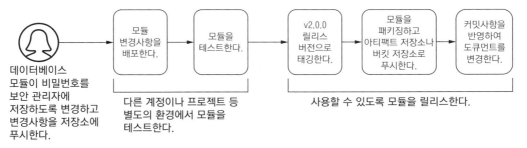

그림 5.12 테스트 후 필요시 모듈을 패키징하여 아티팩트 저장소나 버킷 저장소에 추가한다.

특정 조직은 보안을 위해 아티팩트를 패키징하여 별도 저장소에 저장하는 것을 선호한다. 만일 외부 버전 관리 엔드포인트에 접근할 수 없는 보안망 환경이라면 대신 아티팩트 저장소를 참조할 수 있다. 어떤 방법이든 버전 관리에 태그를 추가하여 아티팩트의 정확한 코드 버전을 알 수 있도록 하자.

아티팩트를 패키징하고 푸시하면 변경사항을 문서화해야 한다. 문서, 혹은 **릴리스 노트**release note는 입력값과 출력값의 큰 변경점을 설명한다. 릴리스 노트는 다른 팀에게 변경사항에 대한 요약 내용을 공유한다.

정의 **릴리스 노트**는 버전에 대한 코드 변경사항을 기록한다. 변경로그(changelog)로 해당 내용을 문서화하여 저장소에 저장한다.

릴리스 노트를 수동으로 변경할 수도 있으나 나는 자동 시맨틱 릴리스 도구(semantic-release 등)를 사용해 커밋 이력을 검사하고 릴리스 노트를 작성하는 방법을 선호한다. 도구가 사용하는 양식에 맞추어 커밋 메시지를 작성함으로써 도구가 변경사항을 찾아 파싱할 수 있도록 하자. 2장에서는 자세한 커밋 메시지 작성의 중요성을 강조했는데 자동 릴리스 도구를 사용할 때도 유용할 것이다.

예를 들어 데이터베이스 모듈은 비밀번호를 보안 관리자에 저장한다. 회사는 이를 주요 피처로 생각하기에 커밋 메시지 앞에 feat:를 추가한다.

```
$ git log -n 1 --oneline
1b65555 (HEAD -> main, tag: v0.0.1, origin/main, origin/HEAD)
➥feat(security): store password in secrets manager
```

자동 릴리스 도구의 커밋 분석기가 커밋 내용에 따라 태그의 주요 버전을 v2.0.0으로 변경한다.

이미지 빌딩

이미지 빌딩 도구를 사용해 불변 서버나 이미지 컨테이너를 사용하는 환경을 접할 수도 있다. 서버나 컨테이너 이미지에 넣고 싶은 패키지를 빌드(bake)해서 모듈을 직접 변경하는 것이 아닌 변경사항이 반영된 서버를 새로 생성할 수 있다. 불변 이미지를 배포할 경우 워크플로는 이미지를 활용해 테스트 서버를 생성하고, 정상 동작하는지 확인한 뒤에 이미지 태그를 업데이트할 수 있다. 7장에서 이러한 워크플로를 다룬다.

릴리스 노트 외에, 공통으로 사용하는 파일이나 문서도 변경하자. 공통 파일은 팀원이 모듈을 잘 사용할 수 있도록 돕는다. 예를 들어, 회사는 팀이 반드시 README 파일을 추가하는 데 동의했다. README 파일은 모듈의 목적, 입력값과 출력값을 설명한다.

정의 **README**는 저장소에 존재하는 문서로 코드의 기능, 기여자 및 사용법을 설명한다. IaC의 경우 모듈의 목적, 입력값과 출력값을 문서화한다.

린팅 규칙을 사용해 README 파일이 있는지 확인하자. 2장에서 깨끗한 IaC 작성을 위해 린팅을 적용하는 방법을 설명했다. 공통 파일과 문서에 해당 규칙을 적용하면 대량의 IaC를 포맷팅하고 조직하는 데 유용하다.

파이썬 예제에서 모듈의 경우 __init__.py 같은 공통 파일을 통해 패키지를 파악하고 setup.py를 통해 모듈을 설정한다. 나는 종종 특정 도구나 언어에게 도움을 주는 설정이나 메타데이터가 담긴 파일(헬퍼 파일helper file)을 참조한다. 파일은 사용하는 도구나 플랫폼에 따라 다르다. 조직 내 해당 파일을 표준화함으로써 자동으로 병렬적으로 검색하거나 변경할 수 있도록 하고 싶을 것이다.

5.4 모듈 공유하기

회사가 더 많은 제품을 생산하게 되면서 신규 팀을 추가하여 곡물, 차, 커피, 콩 제품 양식을 자동화한다. 또한 야생초를 양식하기 위한 연구 팀도 신설했다. 각 팀은 기존 모듈을 확장하고, 새로운 모듈을 생성할 수 있어야 한다.

예를 들어 콩 팀은 PostgreSQL 12 버전을 사용하도록 데이터베이스 모듈을 변경해야 한다면 팀원이 버전 업데이트를 통해 변경할 수 있도록 해야 할까, 아니면 독자 혹은 인프라 팀원에게 티켓을 생성하여 변경 요청을 해야 할까? 다양한 팀이 IaC를 사용해 모듈을 생성하거나 업데이트할 수 있도록 힘을 실어주어야 한다. 그러나 팀이 변경한 속성으로 인해 보안과 기능이 저하되지 않기를 원할 것이다. 책을 통해 조직 간 모듈을 공유할 수 있는 실용적인 방법을 확인할 수 있다.

회사의 모든 팀이 데이터베이스가 필요하다고 가정해 보자. 제공하는 기본 매개변수를 설정하는 독자적인 신규 데이터베이스 모듈을 생성하여 안전하게 필요한 기능을 제공한다. 데이터베이스 모듈은 내장된 기본값을 사용한다. 만약 커피 팀이 데이터베이스 생성 방법을 모르더라도 팀이 모듈을 사용해 안전하고 잘 동작하는 데이터베이스를 구축할 수 있다.

일반적으로 모듈이 사용하는 **기본값**을 설정하자. 처방자의 입장에서 지시를 제공하고 싶을 것이다. 만약 팀이 좀 더 유연한 기능이 필요하다면 모듈을 업데이트하거나 기본 속성값을 오버라이딩하면 된다. 기본값을 제공할 경우 특정 인프라 자원 배포에 있어 보안 및 표준 관행을 준수하도록 알려주는 데 유용하다.

이 시나리오에서 콩 팀은 모듈이 유연성을 가져야 한다고 요청한다. 모듈은 신규 버전인 PostgreSQL 12 버전을 사용하지 않으며, 콩 팀을 제외한 어떠한 팀도 해당 버전을 사용하지 않는다. 콩 팀은 데이터베이스 버전을 업데이트하기로 결정하고 변경사항을 저장소에 푸시한다.

그러나 변경사항을 즉각 릴리스하지는 않는다. 빌드 시스템이 인프라 팀 모듈 승인자에게 알림을 보낸다. 그림 5.13에서는 인프라 팀이 빌드 시스템을 중단하고 변경사항을 확인한다. 만일 인프라 팀이 변경사항을 승인하면 빌드 시스템이 모듈을 릴리스한다. 콩 팀은 이제 PostgreSQL 12 버전을 사용하는 신규 데이터베이스 모듈을 사용할 수 있다.

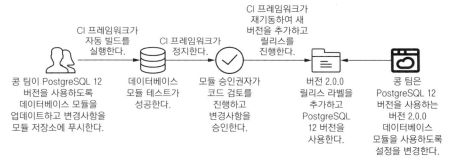

그림 5.13 애플리케이션 팀은 데이터베이스 모듈을 변경할 수 있으나 모듈 전문가의 승인을 받아야 변경사항을 릴리스한 후 사용할 수 있다.

왜 콩 팀이 인프라 모듈을 변경할 수 있도록 해야 할까? 모듈을 직접 변경할 수 있도록 하면 모든 팀에게 스스로의 시스템을 변경할 수 있는 권한이 부여되고 인프라 팀과 플랫폼 팀의 부담이 줄어든다. 팀의 개발 진행과 보안, 인프라 가용성 간 균형을 찾아야 한다. 모듈 릴리스 전에 승인 과정을 추가하면 인프라 변경의 잠재적인 실패 요인과 특수한 변경사항을 파악할 수 있다.

팀원 누구나 모듈을 사용하고 승인 과정을 통해 변경하는 방법은 모듈 개발 기준 및 프로세스가 잘 수립된 환경에서 가장 잘 작동한다. 만일 모듈 기준을 수립하지 않으면 이러한 방식은 무너지고 인프라 변경사항을 운영 환경에 배포하는 것을 방해한다.

다시 예시로 돌아가 보자. 인프라 팀은 변경사항에 확신이 들지 않아 데이터베이스 관리자에게 추가 검토를 요청한다. 데이터베이스 관리자는 콩 팀이 모듈 버전을 변경함으로써 기존 데이터베이스를 삭제하고 새 버전의 비어 있는 데이터베이스를 생성하게 된다는 점을 지적한다. 이는 콩 양식 애플리케이션에 큰 장애를 발생시킬 수 있다.

그림 5.14에서 콩 팀은 데이터베이스 팀에 도움을 요청한다. 데이터베이스 관리자는 데이터 삭제 없이 버전을 업데이트할 수 있는 방법을 추천한다. 콩 팀은 데이터베이스 관리자가 제시한 방법을 적용하고 모듈 승인자에게 두 번째 검토를 요청한다. 모듈 릴리스 후 팀은 모듈이 애플리케이션 장애를 일으킬 걱정 없이 모듈을 사용할 수 있다.

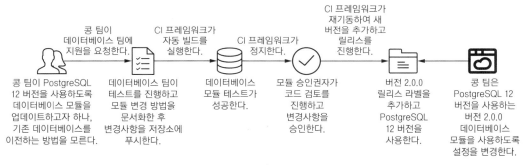

콩 팀이 데이터베이스 팀에 지원을 요청한다.

CI 프레임워크가 자동 빌드를 실행한다.

CI 프레임워크가 정지한다.

CI 프레임워크가 재기동하여 새 버전을 추가하고 릴리스를 진행한다.

콩 팀이 PostgreSQL 12 버전을 사용하도록 데이터베이스 모듈을 업데이트하고자 하나, 기존 데이터베이스를 이전하는 방법을 모른다.

데이터베이스 팀이 테스트를 진행하고 모듈 변경 방법을 문서화한 후 변경사항을 저장소에 푸시한다.

데이터베이스 모듈 테스트가 성공한다.

모듈 승인권자가 코드 검토를 진행하고 변경사항을 승인한다.

버전 2.0.0 릴리스 라벨을 추가하고 PostgreSQL 12 버전을 사용한다.

콩 팀은 PostgreSQL 12 버전을 사용하는 버전 2.0.0 데이터베이스 모듈을 사용하도록 설정을 변경한다.

그림 5.14 장애를 일으킬 수 있는 모듈 업데이트에 대해 애플리케이션 팀이 데이터베이스 팀에 티켓을 생성하여 데이터베이스 이전 단계를 검증받은 후 신규 버전 모듈을 릴리스한다.

변경사항이 시스템 아키텍처, 보안, 가용성에 지장을 줄 수 있다면 릴리스 전에 **담당 전문가에게 검토**를 받고 진행하자. 담당 전문가는 모듈을 사용하는 다른 팀에게 지장을 줄 수 있는 문제점 파악 및 최선의 업데이트 방법을 제시할 수 있다. 검토 과정은 IaC를 진화시키고 인프라 변경의 잠재적인 실패 요인을 파악하는 데 유용하다.

일반적으로 모든 팀이 인프라를 변경할 수 있도록 권한을 부여하고 핵심 시스템 장애 없이 성공적으로 변경하기 위한 지식과 지원을 제공하는 과정이 필요하다. 수동 검토는 지루해 보일 수 있으나 팀을 교육하고 운영 환경 이슈를 예방하는 데 유용하다. 팀은 빠른 변경사항 운영 배포와 담당자의 수동 검토 진행 과정 사이에서 균형을 찾아야 한다. 이에 대해서는 7장에서 더 자세히 다룰 예정이다.

모듈을 함께 사용함으로써, 팀 간 IaC 지식을 확산하고 핵심 인프라에 대한 치명적인 장애 요인을 함께 파악할 수 있다. 조직은 모듈을 공유 라이브러리, 컨테이너 이미지, 가상 머신 이미지 같은 **아티팩트**^{artifact}처럼 사용할 수 있다. 회사 내 누구나 모듈을 사용하고, 필요시 도움을 받아 모듈을 변경함으로써 인프라 아키텍처, 보안, 가용성을 진화시킬 수 있다.

요약

- 모듈과 설정을 단일 저장소나 다중 저장소로 구조화하고 공유하자.
- 단일 저장소 구조는 모든 설정과 모듈을 한 장소에 저장함으로써 문제 해결 및 가용 자원 확인이 용이하다.
- 다중 저장소 구조는 설정과 모듈을 사업 도메인, 기능, 팀 혹은 환경에 따라 개별 코드 저장소에 저장한다.
- 다중 저장소 구조는 개별 인프라 설정이나 모듈에 대해 더 나은 접근 통제가 가능하고 저장소별로 제공 파이프라인을 실행할 수 있도록 한다.
- 단일 저장소는 더 많은 사람이 IaC에 기여할 때 확장성이 없고, 빌드 시스템이 빨리 배포하도록 하려면 추가 자원이 필요하다.
- 각 모듈별로 단일 저장소를 다중 저장소로 리팩토링하자.
- 모듈에 일관성 있는 버전 관리 방법을 선택하여 깃 태그로 버전을 업데이트하자.
- 모듈을 패키징하여 아티팩트 저장소에 릴리스하여 조직 내 누구나 특정 버전의 모듈을 얻을 수 있도록 하자.
- 팀 간 모듈을 공유할 때는 독자적인 기본 매개변숫값을 구축하여 보안과 기능을 유지하자.
- 조직 내 누구나 모듈을 업데이트할 수 있도록 권한을 부여하되, 거버넌스를 도입하여 아키텍처, 보안, 인프라 가용성을 해칠 수 있는 잠재적인 위험 요인을 파악할 수 있도록 하자.

6

테스트

6장에서 다루는 내용

- 어떠한 인프라 시스템 테스트를 진행할지 파악하는 방법
- 테스트를 작성하여 인프라 설정이나 모듈을 검증하는 방법
- 다양한 테스트별 비용을 이해하는 방법

1장에서 코드형 인프라는 시스템에 변경사항을 푸시하는 전체 프로세스를 포함한다고 말했었다. 인프라를 업데이트하는 스크립트나 설정을 버전 관리 시스템에 푸시하고, 자동화를 통해 변경사항을 적용한다. 그러나 3, 4장에서 언급한 모든 모듈이나 의존성 패턴을 사용하더라도 변경이 실패할 수 있다. 변경사항을 운영 환경에 적용하기 전에 실패 요인을 어떻게 잡을 수 있을까?

IaC 테스트를 도입함으로써 문제를 해결할 수 있다. **테스트**test는 시스템이 의도대로 동작하는지 평가하는 프로세스다. 6장에서는 인프라 변경의 신뢰성을 구축하고 실패율을 낮출 수 있도록 IaC 테스트 개념과 테스트 시 고려해야 할 사항을 검토한다.

> **정의** IaC **테스트**는 인프라가 의도한 대로 동작하는지 평가하는 프로세스다.

신규 네트워크 세그먼트를 위해 네트워크 스위치를 설정한다고 가정해 보자. 존재하는 네트워크 서버에 수동으로 핑을 보내서 네트워크가 연결됐는지 확인할 수 있다. 네트워크를 정확하게 설정했는지 확인하기 위해 신규 서버를 생성하고 서버에 접속할 때 응답하는지 확인할수 있다. 이러한 수동 테스트는 두세 개의 네트워크를 테스트하는 데 몇 시간이 걸린다.

생성한 네트워크가 많아질수록 네트워크 연결 검증에 며칠이 걸릴 수도 있다. 모든 네트워크세그먼트를 업데이트할 경우 서버, 대기열, 데이터베이스, 네트워크에 있는 다른 자원의 네트워크 연결 여부를 수동으로 검증해야 한다. 모든 것을 테스트할 수는 없으므로 일부 자원만 검사하게 되고, 검사 때 찾지 못한 숨겨진 버그나 이슈가 몇 주, 심지어 몇 달 후 나타날수도 있다!

수동 테스트 부담을 덜기 위해, 각 명령어를 스크립트로 작성하여 테스트를 **자동화**할 수 있다. 스크립트는 새 네트워크에 서버를 생성하고, 새 네트워크 및 기존 네트워크와 연결되는지 확인한다. 초기 스크립트 작성에 시간과 노력이 들어가지만 추후 네트워크 변경 시 수동으로 검사했을 때 소요되는 몇 시간의 노력을 덜 수 있다.

그림 6.1은 수동 및 자동 테스트를 진행할 때 인프라 자원의 증가 대비 들어가는 시간을 보여준다. 수동으로 네트워크를 테스트할 경우 테스트 시 많은 시간이 걸린다. 시스템에 더많은 자원을 추가할수록 더 많은 노력이 필요하다. 반면에 자동화 테스트를 작성할 경우 초기에는 많은 노력이 필요하나 시스템 성장 대비 테스트를 진행하는 노력은 일반적으로 줄어든다. 심지어는 테스트를 병렬로 실행하여 전체 테스트에 들어가는 노력을 낮출 수도있다.

물론 테스트가 모든 문제를 막아주거나 시스템 장애를 없애주는 것은 아니다. 그러나 자동화테스트는 시스템 변경 시 무엇을 테스트해야 하는지 정리하는 문서 역할을 한다. 만일 숨은버그가 나타날 경우 신규 테스트를 작성하여 버그가 다시 일어나지 않도록 추가 조치를 한다! 테스트는 전반적으로 운영에 들어가는 노력을 낮춘다.

인프라 제공 업체, 도구, 프로그래밍 언어의 네이티브 테스트 라이브러리가 제공하는 테스트 프레임워크를 사용할 수 있다. 예시 코드는 파이썬 테스트 프레임워크인 파이테스트[pytest]와 GCP에 연결하는 파이썬 라이브러리인 아파치 립클라우드[Apache Libcloud]를 사용한다.

나는 문법이 아닌 **테스트가 무엇을 검증하는지**에 초점을 두고 테스트를 작성했다. 어떤 도구나 프레임워크에도 이러한 접근법을 적용할 수 있다.

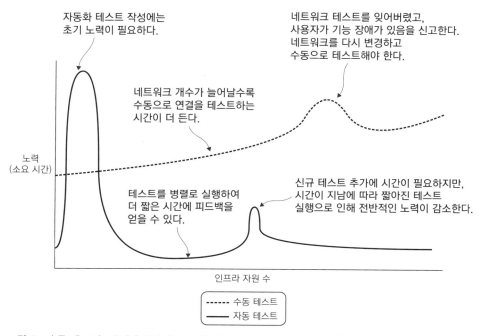

그림 6.1 수동 테스트는 초기에 들어가는 노력은 적으나 시스템 내 인프라 자원이 많아질수록 더 많은 노력이 필요하다. 자동화 테스트는 초기에는 많은 노력이 들어가나 시스템이 성장함에 따른 노력은 적게 든다.

파이테스트, 아파치 립클라우드 더 알아보기

테스트를 실행하기 위해 코드 저장소(https://github.com/joatmon08/manning-book)의 안내사항, 예시, 의존성을 참고하자. 파이테스트와 립클라우드를 시작하기 위한 링크나 참고문서도 있다.

시스템의 모든 IaC에 대한 테스트를 작성할 필요는 없다. 테스트는 관리하기가 어렵거나 때로는 불필요해질 수 있다. 대신 언제 테스트를 작성해야 하고 변경하려는 자원에 어떠한 유형의 테스트가 적합한지 평가하는 방법을 설명하겠다. 인프라 변경 테스트는 휴리스틱(heuristic)하기에 운영 환경에 적용했을 때 예상하거나 재현할 수 없다. 유용한 테스트는 인프라 설정이나 변경 방법이 시스템에 어떠한 영향을 주는지에 대한 통찰력을 제공한다. 팩토리, 프로토타입, 빌더와 같은 **모듈**과 운영 환경의 컴포지트 혹은 싱글톤 **설정**에 대한 테스트를 분리하여 설명하겠다.

6.1 인프라 테스트 주기

테스트는 인프라 시스템의 신뢰성을 높이고 변경사항의 영향을 평가하는 데도 유용하다. 그러나 어떻게 시스템을 생성하지 않고 시스템을 테스트할 수 있을까? 또한 변경사항 적용 후 시스템이 동작할 것을 어떻게 알 수 있을까?

그림 6.2의 인프라 테스트 주기를 사용해 테스트 워크플로를 구조화할 수 있다. 먼저 인프라 설정을 정의한 후 초기 테스트를 진행하여 설정을 검사한다. 테스트를 통과하면 변경사항을 사용 중인 인프라에 적용하고 시스템을 테스트한다.

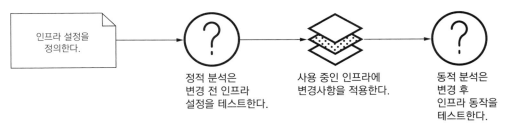

그림 6.2 인프라 테스트는 시스템 변경사항을 적용할 수 있는지를 나타낸다. 변경사항 적용 후 추가 테스트를 진행하여 변경이 성공인지 확인할 수 있다.

이 워크플로에서는 두 가지 테스트를 진행한다. 첫 번째 테스트는 인프라 변경사항을 배포하기 전에 통계적으로 설정을 분석하고, 두 번째 테스트는 인프라 자원을 동적으로 분석하여 변경 후에도 동작하는지 검사한다. 대부분의 테스트는 변경 전, 그리고 변경 후 진행하는 패턴으로 동작한다.

6.1.1 정적 분석

앞선 네트워크 사례에 인프라 테스트 주기를 어떻게 적용할 수 있을까? 네트워크 스크립트를 파싱하여 신규 네트워크 세그먼트가 정확한 IP 주소 범위를 갖는지 검증한다고 가정해 보자. 이는 네트워크 변경사항을 반영하는 것이 아닌 정적 파일인 스크립트를 분석하는 것이다.

그림 6.3에서 네트워크 스크립트를 정의하고 정적 분석을 진행한다. 잘못된 IP 주소를 발견하면 테스트는 실패한다. 이후 네트워크 변경사항을 원복하거나 수정 후 다시 테스트를 진행한다. 테스트를 통과하면 정확한 IP 주소를 사용 중인 네트워크에 적용할 수 있다.

설정의 문제점을 고친다. 만일 고칠 수 없으면
이전에 테스트를 통과했던 설정으로 원복한다.

인프라 설정을
정의한다.

설정 문제를 발견하여
정적 분석이 실패한다.

변경사항을 인프라
자원에 적용한다.

그림 6.3 정적 분석이 실패할 경우 설정을 고치거나 이전에 성공했던 설정으로 원복할 수 있다.

변경사항을 배포하기 전에 인프라 설정을 평가하는 테스트를 **정적 분석**static analysis이라고
한다.

정의 IaC **정적 분석**은 인프라 자원에 변경사항을 배포하기 전에 인프라 설정을 검증한다.

정적 분석은 설정 파일을 파싱하여 진행하므로 테스트 시 인프라 자원이 불필요하다. 테스트
는 실제 활성 시스템에 영향을 미칠 위험성이 없다. 정적 분석 테스트를 통과하면 변경사항
을 적용해도 된다는 신뢰를 더 얻게 된다.

나는 정적 분석 테스트를 수행하여 인프라 명명 규칙이나 의존성을 체크한다. 테스트를 변경
사항 적용 전에 실행하면 몇 초 만에 잘못된 이름이나 설정에 있어서의 우려사항을 파악해
준다. 변경사항을 수정하고 다시 테스트를 진행하여 통과한 후, 변경사항을 인프라 자원에
적용한다. 깨끗한 IaC 작성, 린팅 및 포맷팅 규칙에 대해서는 2장을 참고하자.

정적 분석은 사용 중인 인프라를 변경하지 않으므로 좀 더 직관적으로 원복이 가능하다. 만
일 정적 분석이 실패하면 기존 인프라 설정으로 원복하고 문제를 고친 후 변경사항을 커밋하
면 된다. 만일 정적 분석을 통과할 수 없다면 커밋을 이전에 성공했던 버전으로 원복하면 된
다! 11장에서 변경사항 원복 방법을 더 자세히 배울 수 있다.

6.1.2 동적 분석

정적 분석을 통과하면 네트워크에 변경사항을 배포할 수 있다. 그러나 네트워크 세그먼트가
실제로 동작할지를 알 수는 없다. 결국 서버는 네트워크 연결이 필요하다. 연결 테스트를 위

해서는 네트워크 위에 서버를 생성한 후, 테스트 스크립트를 실행하여 인바운드 및 아웃바운드 연결을 검사해야 한다.

그림 6.4는 네트워크 기능 테스트 주기를 보여준다. 변경사항을 활성 인프라 환경에 적용하면 테스트를 실행하여 시스템의 기능을 검사한다. 만일 테스트 스크립트가 실패하고 서버 연결이 안 됨을 보여주면 다시 설정으로 돌아와서 시스템이 동작하도록 고친다.

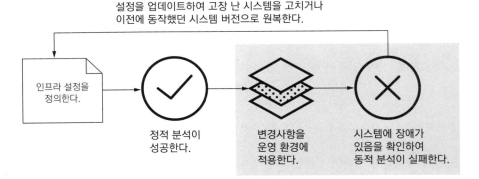

그림 6.4 동적 분석이 실패하면 설정을 변경하거나 이전에 동작했던 설정으로 원복함으로써 테스트 환경을 고칠 수 있다.

테스트 스크립트가 활성 네트워크가 있어야만 서버를 생성하고 연결을 검사할 수 있음을 명심하자. 운영 환경 인프라 자원에 변경사항을 적용하고 인프라의 기능을 검증하는 테스트는 **동적 분석**^{dynamic analysis}을 수행한다.

> **정의** IaC **동적 분석**은 인프라 자원에 변경사항을 적용한 후 시스템이 동작하는지 검증한다.

테스트가 통과하면 업데이트가 성공할 것이라는 더 큰 신뢰를 얻을 수 있다. 그러나 실패할 경우, 시스템에 문제가 있음을 파악할 수 있다. 테스트가 실패하면 디버깅을 진행해서 설정이나 스크립트를 고치고 다시 테스트를 실행해야 함을 알 수 있다. 테스트는 시스템 변경이 인프라 자원이나 시스템 기능을 망가뜨릴 수 있음을 조기에 알려준다.

동적 분석은 운영 환경만 분석할 수 있다. 만일 업데이트가 성공할지 모른다면? 이러한 테스트를 운영 환경에서 분리하여 진행할 수 있을까? 모든 변경사항을 운영 환경에 반영한 후 테스트하는 대신, 중간 테스트 환경을 사용해 업데이트하기 전에 변경사항을 테스트할 수 있다.

6.1.3 인프라 테스트 환경

일부 조직은 큰 네트워크 변경사항을 테스트할 수 있도록 전체 네트워크를 별개의 환경에 복제한다. 변경사항을 테스트 환경에 적용하면 핵심 사업 시스템에 영향을 주지 않으면서 시스템 문제점을 파악하고 고치거나, 설정을 업데이트하거나, 신규 시스템에 변경사항을 커밋할 수 있다.

테스트를 운영 환경에 적용하기 전에 별도의 환경에서 진행할 경우, 인프라 테스트 주기를 도입한다. 그림 6.5에서는 여전히 정적 분석을 진행한다. 그러나 네트워크 변경사항을 테스트 환경에 적용하고 동적 분석 테스트를 실행한다. 테스트 환경에서 테스트가 성공하면, 변경사항을 운영 환경에 적용하고 운영 환경에서 동적 분석 테스트를 진행한다.

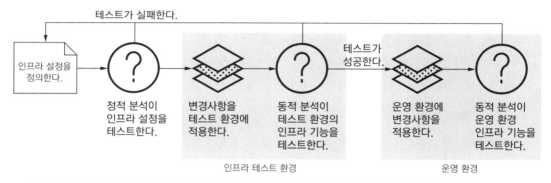

그림 6.5 변경사항을 운영 환경에 적용하기 전에 테스트 환경에서 정적, 동적 분석 테스트를 실행할 수 있다.

테스트 환경^{test environment}은 운영 환경과 분리하여 변경사항을 반영하고 테스트를 진행한다.

> **정의** **테스트 환경**은 운영 환경과 분리되어 인프라 변경사항을 테스트한다.

테스트 환경을 사용하면 운영 환경에 배포 전에 변경사항을 **검사**하고 배포를 **연습**할 수 있다. 기존 시스템에 변경사항이 어떠한 영향을 주는지 더 잘 이해할 수 있다. 만일 변경사항을 고칠 수 없다면 테스트 환경을 이전 동작 버전으로 원복할 수 있다. 테스트 환경을 다음을 위해 사용할 수 있다.

- 운영 환경에 반영 전에 인프라 변경의 영향도를 검사
- 인프라 모듈의 테스트를 분리(5장의 모듈 공유 사례 참고)

그러나 운영 환경처럼 테스트 환경을 유지해야 함을 명심하자. 가능하다면 인프라 테스트 환경은 다음 조건을 만족시켜야 한다.

- 설정이 최대한 운영 환경과 유사해야 한다.
- 애플리케이션 개발 환경과 다른 환경이어야 한다.
- 환경이 유지되어야 한다(즉, 테스트할 때마다 환경을 생성하고 삭제하지 말아야 한다).

이전 장에서는 환경 간 드리프트 감소의 중요성을 언급했다. 만일 인프라 테스트 환경이 운영 환경을 복제했다면, 좀 더 정확하게 동작하는 테스트를 진행할 수 있다. 또한 애플리케이션 전용 개발 환경과 격리된 환경에서 인프라 변경사항을 테스트하고 싶을 것이다. 인프라 변경 시 장애가 발생하지 않음을 확인하면 변경사항을 애플리케이션 개발 환경에 적용할 수 있다.

유지되는 인프라 테스트 환경을 갖고 있으면 유용하다. 이러한 환경에서 인프라 업데이트가 핵심 사업 시스템에 영향을 주는지 테스트할 수 있다. 안타깝게도 인프라 테스트 환경을 유지하는 것은 자원이나 비용 측면에서 실용적이지 않을 수 있다. 12장에서 테스트 환경의 비용을 관리하는 방법을 다룰 예정이다.

이번 장의 남은 부분에서는 다양한 정적, 동적 분석 종류와 테스트를 어떻게 테스트 환경에 적용할 수 있는지 다룰 것이다. 일부 테스트는 테스트 환경 의존성을 낮춘다. 일부 테스트는 변경사항 적용 후 운영 환경의 동작을 평가할 수 있는 핵심 테스트다. 11장에서는 운영 환경 롤백rollback 기술과 테스트를 지속적인 인프라 배포 프레임워크에 도입하는 방법을 다룬다.

6.2 단위 테스트

IaC에 대한 정적 분석의 중요성은 이미 언급했다. 정적 분석은 특정 설정 파일을 평가한다. 정적 분석을 위해 어떤 테스트를 작성할 수 있을까?

hello-world-network라는 네트워크를 생성하는 팩토리 모듈과 10.0.0.0/16 IP 주소 범위를 갖는 3개의 서브넷이 있다고 가정해 보자. 네트워크 이름과 IP 주소 범위를 검증하고자 하며, 서브넷이 10.0.0.0/16 주소 범위를 각자 나눠 갖기를 기대한다.

네트워크와 서브넷 생성 없이 IaC의 네트워크 이름과 서브넷 IP 주소 범위를 검사하는 테스트를 작성할 수 있다. 정적 분석은 몇 초도 안 걸려 설정의 매개변숫값이 기대하는 값과 일치하는지 검증한다.

그림 6.6은 정적 분석이 몇 가지 테스트를 동시에 진행하는 것을 보여준다. 네트워크 이름, 서브넷 개수, 서브넷 IP 주소 범위를 검사한다.

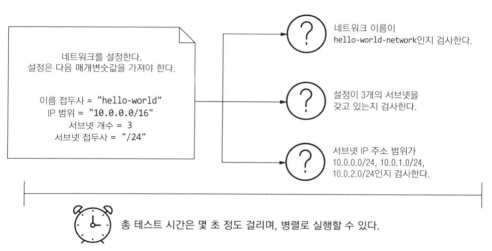

그림 6.6 단위 테스트는 네트워크 이름과 같은 설정 매개변숫값이 예상하는 값을 갖는지 검증한다.

방금 네트워크 IaC 단위 테스트를 수행했다. **단위 테스트**^{unit test}는 독립적으로 실행되며 인프라 설정이나 상탯값을 정적으로 분석한다. 테스트는 활성 인프라 자원이나 의존성이 필요 없고, 설정의 가장 작은 부분까지 검사할 수 있다.

> 정의 **단위 테스트**는 정적으로 인프라 설정이나 상탯값을 검사한다. 테스트를 위해 활성 인프라 자원이나 의존성은 필요 없다.

단위 테스트는 인프라 상태 파일이나 인프라 설정의 메타데이터를 분석할 수 있음을 명심하자. 일부 도구는 설정에 대한 정보를 직접 제공하나 어떤 도구는 상탯값으로 설정값을 나타낸다. 다음 절에서는 두 가지 유형의 파일을 검사하는 예시를 제공한다. 사용하는 IaC 도구, 프레임워크 혹은 선호도에 따라, 1개 혹은 전체를 테스트할 수 있다.

6.2.1 인프라 설정 테스트하기

먼저 템플릿을 사용해 인프라 설정을 생성하는 모듈에 대한 단위 테스트를 작성해 보자. 우리 네트워크 팩토리 모듈은 함수를 사용해 네트워크 설정을 갖는 객체를 생성한다. 여러분은 _network_configuration 함수가 정확한 설정값을 생성하는지 알아야 한다.

네트워크 팩토리 모듈을 위해 파이테스트를 사용해 네트워크와 서브넷 설정이 들어 있는 JSON 객체를 생성하는 함수에 대한 단위 테스트를 작성할 수 있다. 테스트 파일은 네트워크 이름, 서브넷 개수, IP 주소 범위 세 가지에 대한 테스트를 포함한다.

파이테스트는 test_ 접두사를 갖는 파일을 찾아 테스트를 수행한다. 코드 6.1에서는 테스트 파일 이름을 test_network.py로 생성하여 파이테스트가 찾을 수 있도록 한다. 파일 내 테스트들은 test_ 접두사 및 테스트가 무엇을 검사하는지에 대한 설명을 갖고 있다.

코드 6.1 파이테스트를 사용해 test_network.py 단위 테스트하기

```
import pytest                                                      ❶
from main import NetworkFactoryModule                              ❷

NETWORK_PREFIX = 'hello-world'                                     ❸
NETWORK_IP_RANGE = '10.0.0.0/16'                                   ❸

@pytest.fixture(scope="module")                                    ❹
def network():                                                     ❹
    return NetworkFactoryModule(                                   ❹
        name=NETWORK_PREFIX,                                       ❹
        ip_range=NETWORK_IP_RANGE,                                 ❹
        number_of_subnets=3)                                       ❹

@pytest.fixture                                                    ❺
def network_configuration(network):                                ❺
    return network._network_configuration()['google_compute_network'][0]   ❺

@pytest.fixture                                                    ❻
def subnet_configuration(network):                                 ❻
    return network._subnet_configuration()[                        ❻
        'google_compute_subnetwork']                               ❻
```

```
def test_configuration_for_network_name(network, network_configuration):    ❼
    assert network_configuration[network._network_name][
        0]['name'] == f"{NETWORK_PREFIX}-network"


def test_configuration_for_three_subnets(subnet_configuration):    ❽
    assert len(subnet_configuration) == 3


def test_configuration_for_subnet_ip_ranges(subnet_configuration):    ❾
    for i, subnet in enumerate(subnet_configuration):
        assert subnet[next(iter(subnet))
                    ][0]['ip_cidr_range'] == f"10.0.{i}.0/24"
```

❶ 파이썬 테스트 라이브러리인 파이테스트를 불러온다. 파일 이름과 테스트에 test_ 접두사를 달아야 파이테스트가 테스트를 실행할 수 있다.

❷ main.py의 네트워크 팩토리 모듈을 불러온다. 네트워크 설정 메서드를 실행해야 한다.

❸ 네트워크 접두사나 IP 주소 범위와 같은 예상되는 값을 상수로 설정한다.

❹ 모듈을 사용해 예상되는 값을 갖고 있는 테스트용 네트워크 고정 객체(fixture)를 생성한다. 고정 객체는 모든 테스트가 참조할 수 있는 일관성 있는 네트워크 객체를 제공한다.

❺ google_compute_network를 파싱해야 하므로 분리한 네트워크 설정 고정 객체를 생성한다. 하나의 테스트는 고정 객체를 사용해 네트워크 이름을 테스트한다.

❻ google_compute_subnetwork를 파싱해야 하므로 분리한 서브넷 설정 고정 객체를 생성한다. 테스트 2개가 고정 객체를 사용해 서브넷 개수와 IP 주소 범위를 검사한다.

❼ 파이테스트가 테스트를 실행하여 네트워크 이름이 hello-world-network와 일치하는지 검사한다. 테스트는 network_configuration 고정 객체를 참조한다.

❽ 파이테스트가 테스트를 실행하여 서브넷 개수가 3개인지 검사한다. 테스트는 subnet_configuration 고정 객체를 참조한다.

❾ 파이테스트가 네트워크 예시 설정이 정확한 서브넷 IP 주소 범위를 갖는지 검사한다. 테스트는 subnet_configuration 고정 객체를 참조한다.

AWS와 애저에서 사용하기

코드 6.1을 AWS에서 사용하려면 aws_subnet 테라폼 자원(https://shortener.manning.com/J2vZ)을 사용해 cidr_block 속성값을 가져오자.

애저는 azurerm_subnet 테라폼 자원(http://mng.bz/wo05)을 사용해 address_prefixes 속성값을 가져오자.

테스트 파일은 정적 네트워크 객체를 테스트에 전달한다. **테스트 고정 객체**[test fixture]는 테스트가 참조할 수 있는 일관된 네트워크 객체를 생성한다. 이는 테스트 자원을 생성하는 반복 코드 작업을 줄인다.

> **정의** **테스트 고정 객체**는 테스트를 실행하는 데 필요한 설정값이다. 객체는 해당 인프라 자원에 대해 알려진 혹은 기대되는 값을 나타낸다. 일부 고정 객체는 네트워크와 서브넷 정보를 독립적으로 파싱한다. 신규 테스트를 추가할 때마다 파싱 과정을 복사 & 붙여넣기 할 필요 없이 설정의 고정 객체를 참조하면 된다.

커맨드라인으로 파이테스트를 실행하며 테스트 파일을 인잣값으로 전달한다. 파이테스트가 세 가지 테스트를 실행하고 테스트 성공값을 출력한다.

```
$ pytest test_network.py
==================== test session starts ====================
collected 3 items

test_network.py ...                                  [100%]

==================== 3 passed in 0.06s ====================
```

위 예제에서 네트워크 팩토리 모듈을 가져와서 설정값으로 네트워크 객체를 생성한 후에 테스트한다. 파일에 설정을 작성할 필요 없이 함수를 참조하고 객체를 테스트한다.

위 예시는 여러분이 애플리케이션 코드를 단위 테스트할 때 사용하는 것과 동일한 방식을 사용한다. 테스트는 좀 더 작고 모듈화한 기능을 효율적으로 테스트한다. 네트워크 설정을 생성하는 함수 테스트를 위해 설정을 출력해야 한다. 그렇지 않다면 테스트는 값을 파싱하여 비교할 수 없다.

6.2.2 도메인 특화 언어 테스트하기

만일 DSL을 사용할 경우 네트워크나 서브넷 설정을 어떻게 테스트할 수 있을까? 테스트가 호출할 수 있는 함수를 갖고 있지 않다. 이 경우 파일을 드라이 런[dry run]으로 실행하거나 설정에서 값을 파싱해야 한다. 두 가지 유형의 파일은 인프라 자원에 대해 텍스트 형태의 메타데이터를 갖고 있다.

파이썬 대신 DSL을 사용해 네트워크를 생성한다고 가정해 보자. 이 경우 테라폼에 호환 가능한 설정을 갖는 JSON 파일을 생성한다. JSON 파일은 3개의 서브넷, IP 주소 범위와 이름을 갖는다. 그림 6.7에서 네트워크 JSON 설정 파일에 대해 단위 테스트를 실행하기로 결정한다. 테스트는 네트워크를 배포할 필요가 없으므로 빨리 끝난다.

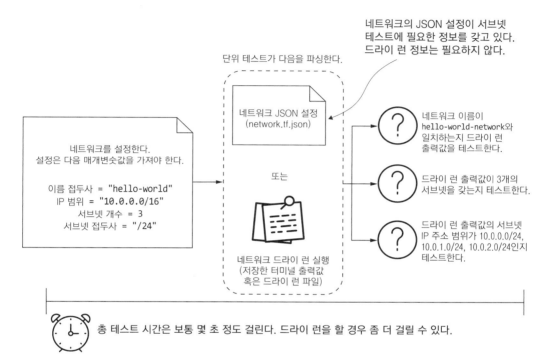

그림 6.7 드라이 런을 통한 단위 테스트는 인프라 자원에 대해 예측값을 생성하고 매개변숫값이 정확한지 검사해야 한다.

일반적으로 IaC를 정의하는 파일을 단위 테스트할 수 있다. 만일 도구가 클라우드포메이션, 테라폼, 바이셉, 앤서블, 퍼펫, 셰프 같은 도구의 설정 파일을 사용한다면 모든 라인에 대해 단위 테스트를 진행할 수 있다.

코드 6.2에서 네트워크 이름, 서브넷 개수, 서브넷 IP 주소 범위에 대해 드라이 런을 진행하지 않고 테스트하는 방법을 보여준다. 나는 유사한 방법으로 파이테스트를 진행하여 동일한 매개변숫값을 검사한다.

```
import json                                                          ❶
import pytest

NETWORK_CONFIGURATION_FILE = 'network.tf.json'                       ❷

expected_network_name = 'hello-world-network'                        ❸

@pytest.fixture(scope="module")                                      ❹
def configuration():                                                 ❹
    with open(NETWORK_CONFIGURATION_FILE, 'r') as f:                 ❹
        return json.load(f)                                          ❹

@pytest.fixture
def resource():                                                      ❺
    def _get_resource(configuration, resource_type):                 ❺
        for resource in configuration['resource']:                   ❺
            if resource_type in resource.keys():                     ❺
                return resource[resource_type]                       ❺
    return _get_resource                                             ❺

@pytest.fixture                                                      ❻
def network(configuration, resource):                                ❻
    return resource(configuration, 'google_compute_network')[0]      ❻

@pytest.fixture                                                      ❼
def subnets(configuration, resource):                                ❼
    return resource(configuration, 'google_compute_subnetwork')      ❼

def test_configuration_for_network_name(network):                    ❽
    assert network[expected_network_name][0]['name'] \               ❽
        == expected_network_name                                     ❽

def test_configuration_for_three_subnets(subnets):                   ❾
    assert len(subnets) == 3                                         ❾

def test_configuration_for_subnet_ip_ranges(subnets):                ❿
    for i, subnet in enumerate(subnets):                             ❿
        assert subnet[next(iter(subnet))                             ❿
                      ][0]['ip_cidr_range'] == f"10.0.{i}.0/24"       ❿
```

① JSON 파일을 불러와야 하므로 파이썬의 JSON 라이브러리를 가져온다.

② 네트워크 설정 파일명을 상수로 설정한다. 테스트는 network.tf.json 파일의 네트워크 설정을 읽는다.

③ 예상되는 네트워크 이름을 hello-world-network로 설정한다.

④ 네트워크 설정 파일이 담긴 JSON 파일을 열어 테스트 고정 객체로 설정한다.

⑤ 불러온 JSON 설정 파일을 참조하는 새로운 테스트 고정 객체를 생성한 후 객체를 파싱하여 자원 유형을 찾는다. 객체는 테라폼의 JSON 자원 구조에 기반하여 JSON을 파싱한다.

⑥ JSON 파일에서 google_compute_network 테라폼 자원을 얻는다.

⑦ JSON 파일에서 google_compute_subnetwork 테라폼 자원을 얻는다.

⑧ 파이테스트가 테스트를 실행하여 네트워크 이름이 hello-world-network인지 확인한다. 테스트는 네트워크 고정 객체를 참조한다.

⑨ 파이테스트가 테스트를 실행하여 서브넷 개수가 3개인지 확인한다. 테스트는 서브넷 고정 객체를 참조한다.

⑩ 파이테스트는 서브넷 IP 주소 범위 설정이 정확한지 검사한다. 테스트는 서브넷 고정 객체를 참조한다.

> **AWS와 애저에서 사용하기**
>
> 코드 6.2를 AWS에서 사용하려면 aws_subnet 테라폼 자원(https://shortener.manning.com/J2vZ)을 사용해 cidr_block 속성값을 가져오자.
>
> 애저는 azurerm_subnet 테라폼 자원(http://mng.bz/wo05)을 사용해 address_prefixes 속성값을 가져오자.

DSL 단위 테스트가 프로그래밍 언어와 비슷한 것을 눈치챘을지도 모르겠다. 테스트는 네트워크 이름, 서브넷 개수, IP 주소를 검사한다. 일부 도구는 특화 테스트 프레임워크를 갖고 있다. 도구는 드라이 런이나 상태 파일을 생성하고 값을 파싱하여 확인하는 동일한 워크플로를 사용한다.

그러나 설정 파일이 모든 것을 포함하지 않을 수도 있다. 예를 들어, 드라이 런을 실행하기 전에 테라폼이나 앤서블 내에 특정 설정이 없을 수도 있다. **드라이 런**은 IaC 변경사항을 배포 전에 미리 확인하여 잠재적인 문제점을 찾거나 해결한다.

> **정의** **드라이 런**은 IaC 배포 없이 변경사항을 확인한다. 드라이 런은 내부적으로 잠재적인 문제점을 파악하거나 고친다.

드라이 런은 다양한 형식과 기준을 갖는다. 대부분의 드라이 런은 값을 터미널로 출력하고 출력값을 파일에 저장할 수 있다. 일부 도구는 자동으로 드라이 런 결과 파일을 생성한다.

일부 도구는 드라이 런 결괏값을 파일로 저장하고, 일부 도구는 터미널에 결괏값을 출력한다. 테라폼을 사용할 경우, 다음 명령어를 통해 테라폼 실행 계획을 JSON 파일로 저장할 수 있다.

```
$ terraform plan -out=dry_run && terraform show -json dry_run > dry_run.json
```

AWS 클라우드포메이션은 변경 세트를 제공하며 완료 후 변경 세트를 파싱하여 정보를 얻을 수 있다. 비슷하게 쿠버네티스의 경우 kubectl run 시 옵션 --dry-run=client를 통해 드라이 런 정보를 얻을 수 있다.

일반적으로 나는 설정 파일을 검사하는 테스트를 먼저 작성한다. 설정 파일에서 직접 값을 얻을 수 없는 경우 드라이 런 결과를 파싱하는 테스트를 작성한다. 드라이 런은 인프라 제공 업체의 API에 네트워크 접근이 가능해야 하고, 실행 시 시간이 좀 걸린다. 때로는 출력값이나 파일이 테스트가 파싱하지 않았으면 하는 민감한 정보나 식별자를 갖고 있기도 하다.

드라이 런 설정이 좀 더 전통적인 소프트웨어 개발에서 이야기하는 단위 테스트와 일치하지 않더라도 드라이 런 파싱은 활성 인프라를 변경하지 않아도 되며, 일종의 정적 분석 형태를 갖는다. 드라이 런은 자체적으로 단위 테스트처럼 변경사항 적용 전에 변경사항을 검증하고 기대되는 행동값을 출력한다.

6.2.3 언제 단위 테스트를 작성해야 할까?

단위 테스트는 로직이 정확한 이름을 사용하는지, 정확한 개수의 인프라 자원을 생성하는지, 정확한 IP 주소 범위 혹은 기타 속성값을 갖는지 검증하는 데 도움을 준다. 일부 단위 테스트는 2장에서 다룬 포맷팅, 린팅과 겹친다. 나는 린팅과 포맷팅이 설정에 이름을 짓고 조직하는 데 도움을 준다는 점에서 단위 테스트의 일부로 분류한다.

그림 6.8은 단위 테스트 사용 사례를 요약한다. 인프라나 설정을 생성하는 로직, 특히 반복문이나 조건(if-else)을 사용하는 로직을 검증하기 위해 추가적인 단위 테스트를 작성해야 한다. 또한 단위 테스트를 사용하면 잘못된, 혹은 문제가 있는 설정(예: 잘못된 운영체제)을 포착할 수 있다.

단위 테스트를 작성하여 다음을 검사하자.

조건문(if-else)이나
반복문(for, while)을 사용해
설정을 생성하는 로직

예: 설정은 정확한 개수의
서브넷을 가져야 한다.

잘못됐거나
문제가 있는 설정

예: 설정은 특정 IP 주소 범위를
가져야 한다. 그 외 주소 범위는
다른 팀과 충돌한다.

예상되는 결괏값 혹은
팀의 기준에 부합

예: 설정의 네트워크 이름이
팀 기준에 맞아야 한다.

그림 6.8 단위 테스트를 작성하여 자원 로직을 검증하자. 팀의 기준을 파악하거나 잠재적인 문제 요소를 강조하자.

단위 테스트는 독립적으로 설정을 검사하므로, 변경이 시스템에 어떠한 영향을 줄지에 대해서는 정확히 반영하지 못한다. 결과적으로 운영 환경 변경 시 단위 테스트가 주요 장애 요소를 예방할 것이라고 기대하면 안 된다. 그럼에도 불구하고 단위 테스트를 작성해야 한다. 단위 테스트가 변경사항을 실행할 때 발생하는 문제점을 파악할 수는 없어도 운영 환경 변경 전에 문제가 있는 설정을 적용하는 것은 예방할 수 있다.

예를 들어, 누군가가 실수로 10개 서버가 아닌 1,000개 서버에 대한 설정을 입력할 수 있다. 설정 파일의 최대 서버 개수를 검증하는 테스트는 누군가가 과도한 인프라를 생성하는 것을 막고 비용을 관리할 수 있다. 단위 테스트는 운영 환경에 보안에 취약하거나 규칙을 준수하지 않는 인프라 설정을 적용하는 것을 막아준다. 단위 테스트를 적용하여 인프라 설정의 보안을 강화하고 인프라를 감시할 수 있는 방법을 8장에서 더 다룬다.

조기에 잘못된 설정값을 파악하는 것 외에도, 단위 테스트는 복잡한 시스템 검사 과정을 자동화하는 데 도움을 준다. 다양한 팀이 관리하는 많은 인프라 자원을 갖고 있다면, 수동으로 자원 목록을 보면서 설정값을 하나하나 검사할 수 없다. 단위 테스트는 가장 핵심 혹은 표준 설정을 팀 간에 공유한다. 인프라 모듈 단위 테스트를 작성할 때, 모듈의 내부 로직이 기대하는 자원을 생성하는지 검증하게 된다.

좋은 단위 테스트를 설명하는 데는 책 전체가 필요하다! 이번 절에서는 인프라 설정을 테스트하는 범위로 단위 테스트를 설명했다. 그러나 인프라 API에 직접 접근하는 커스텀 자동화 도구를 만들 수 있다. 자동화는 좀 더 절차적인 접근법, 혹은 **명령형 방식**으로 자원을 단계별로 설정한다.

단위 테스트를 사용해 각 단계와 단계 결과의 멱등성을 검증해야 한다. 단위 테스트는 다양한 초기 요건 하에서 각 단계를 실행하되 동일한 결괏값이 나오는지 검사해야 한다. 만일 인프라 API에 접근해야 한다면 단위 테스트에 API 결괏값을 모방하여 진행할 수 있다.

단위 테스트의 사례로 예상하는 개수의 인프라 자원을 생성했는지, 특정 버전의 인프라를 생성했는지, 정확한 표준 이름 기준을 사용했는지에 대한 검사가 있다. 단위 테스트는 빨리 실행하고 테스트 작성 후에는 거의 비용 소모 없이 빠른 피드백을 제공한다. 테스트 실행 시 인프라를 업데이트하거나 활성 인프라 자원 생성이 필요하지 않으므로 수 초 내에 끝난다. 만일 드라이 런 결괏값을 검사하는 단위 테스트를 작성한다면, 드라이 런 실행에 시간이 걸리므로 실행 시간이 좀 더 걸린다.

6.3 계약 테스트

단위 테스트는 설정이나 모듈을 독립적으로 검증하는데, 모듈 간 의존성은 어떻게 검증할 수 있을까? 4장에서 의존성 간 계약이라는 아이디어를 언급했다. 모듈 출력값은 다른 모듈이 기대하고 있는 입력값에 대해 동의해야 한다. 테스트를 활용하여 해당 계약을 강제할 수 있다.

예시로 서버를 네트워크 위에 구축해 보자. 서버는 네트워크 이름과 IP 주소를 네트워크 이름과 IP 주소를 모방하는 퍼사드를 통해 접근한다. 어떻게 네트워크 모듈이 다른 식별자나 설정이 아닌 네트워크 이름과 IP CIDR 범위를 출력하는지 알 수 있을까?

그림 6.9의 계약 테스트를 사용해 네트워크 모듈이 퍼사드를 정확하게 출력하는지 테스트할 수 있다. 퍼사드는 네트워크 이름과 IP 주소 범위를 가져야 한다. 만일 테스트가 실패하면, 네트워크에 서버를 생성할 수 없음을 보여준다.

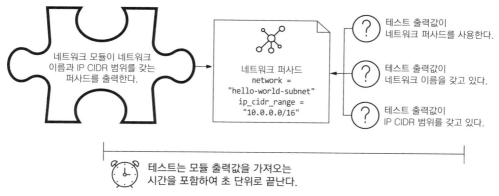

그림 6.9 계약 테스트는 네트워크 퍼사드가 정확한 출력값을 갖는지 확인하듯이 설정 매개변숫값이 예상되는 결괏값과 일치하는지 빠르게 검증할 수 있다.

계약 테스트^{contract test}는 정적 분석을 사용해 모듈의 입력값과 출력값이 정확한 값 또는 형태와 일치하는지 검사한다.

> **정의** **계약 테스트**는 모듈이나 자원의 입력값과 출력값을 정적으로 비교 분석하여 예상하는 값 또는 형태와 일치하는지 확인한다.

계약 테스트는 개별 모듈을 진화 가능케 하면서도 두 모듈의 통합을 유지하는 데 도움을 준다. 많은 인프라 의존성을 갖고 있다면 모듈이 공유하는 속성을 전부 수동으로 검사할 수 없다. 대신 계약 테스트는 모듈 간 사용하는 속성의 유형과 값 검증을 자동화한다.

계약 테스트는 많은 매개변수를 사용하는 모듈(팩토리, 프로토타입 혹은 빌더 패턴)의 입력값과 출력값 검사에 가장 유용하다. 계약 테스트를 작성하고 실행하면 잘못된 입출력값을 찾고 모듈의 최소 자원을 문서화하는 데 도움을 준다. 모듈에 대한 계약 테스트가 없다면 설정을 운영 환경에 적용하기 전에 시스템에 장애가 발생하는지 알 수 없다.

코드 6.3의 서버와 네트워크에 계약 테스트를 적용해 보자. 파이테스트를 사용해, 팩토리 모듈로 네트워크를 생성하여 테스트를 설정한다. 이후 네트워크 출력값이 네트워크 이름과 IP 주소 범위를 갖는 퍼사드 객체를 포함하는지 검증한다. 다음 테스트를 서버 단위 테스트에 추가한다.

```
from network import NetworkFactoryModule, NetworkFacade
import pytest

network_name = 'hello-world'                                         ❶
network_cidr_range = '10.0.0.0/16'                                   ❷

@pytest.fixture
def network_outputs():                                              ❸
    network = NetworkFactoryModule(                                 ❹
        name=network_name,                                         ❹
        ip_range=network_cidr_range)                               ❹
    return network.outputs()                                       ❺

def test_network_output_is_facade(network_outputs):                ❻
    assert isinstance(network_outputs, NetworkFacade)              ❻

def test_network_output_has_network_name(network_outputs):         ❼
    assert network_outputs._network == f"{network_name}-subnet"    ❼

def test_network_output_has_ip_cidr_range(network_outputs):        ❽
    assert network_outputs._ip_cidr_range == network_cidr_range    ❽
```

❶ 파이테스트가 테스트를 실행하여 네트워크 이름이 기댓값인 hello-world인지 검사한다.

❷ 파이테스트가 테스트를 실행하여 네트워크 출력값의 IP CIDR 범위가 10.0.0.0/16인지 검사한다.

❸ 네트워크 팩토리 모듈을 사용해 출력값을 반환하는 고정 객체와 테스트를 설정한다.

❹ 이름과 IP 주소 범위를 팩토리 모듈에 전달하여 네트워크를 생성한다.

❺ 테스트 고정 객체는 다른 출력 속성값을 갖는 네트워크 퍼사드를 반환해야 한다.

❻ 파이테스트가 테스트를 실행하여 모듈이 네트워크 퍼사드 객체를 출력하는지 검사한다.

❼ 파이테스트가 테스트를 실행하여 네트워크 이름이 기댓값인 hello-world인지 검사한다.

❽ 파이테스트가 테스트를 실행하여 네트워크 출력값의 IP CIDR 범위가 10.0.0.0/16인지 검사한다.

네트워크 모듈을 업데이트해서 네트워크 이름이 아닌 ID를 출력하도록 변경했다고 가정해 보자. 이 경우 상위 서버 모듈은 네트워크 이름을 사용하므로 기능에 장애가 발생한다! 계약 테스트는 두 모듈 중 어떤 모듈을 업데이트하더라도 모듈 간 **계약** 혹은 인터페이스를 지킬 수 있도록 보장한다. 자원 간 의존성을 표현할 때, 계약 테스트를 사용해 퍼사드와 어댑터를 검증하자.

왜 예제에 상위 자원인 서버에 대한 계약 테스트를 추가해야 할까? 서버는 네트워크로부터 특정 출력값을 **기대**한다. 만약 네트워크 모듈이 바뀌면, 상위 모듈에서 먼저 탐지하기를 원할 것이다.

일반적으로 상위 모듈은 하위 모듈의 변경사항을 받아들여 결합성과 진화 가능성을 보존해야 한다. 하위 모듈의 인터페이스에 중요한 변경점을 적용하면 모듈에 의존하는 다른 모듈에 영향을 주므로 지양하고 싶다.

> **도메인 특화 언어**
>
> 코드 6.3은 파이썬을 사용해 모듈 출력값을 검증한다. 만일 DSL 도구를 사용한다면 도구에 내제된 기능을 사용해 입력값이 특정 유형에 부합하는지 혹은 정규 표현식(유효한 ID나 이름 형식을 확인하는 등)을 사용해 값을 검증할 수 있다. 만일 도구에 검증 기능이 없다면, 별도의 테스트 프레임워크를 사용해 한 모듈이 출력한 설정값을 파싱하여 상위 모듈 입력값과 비교해야 할 수도 있다.

인프라 계약 테스트는 기대되는 입력값과 출력값을 추출할 수 있는 방법이 필요한데, 인프라 제공 업체의 API를 호출하거나 모듈의 출력값과 기댓값을 검증할 수 있다. 어떤 경우에는 테스트 자원을 생성하여 매개변숫값을 검사하여 ID와 같은 필드가 어떻게 구조화되어야 하는지 이해하는 과정을 포함하기도 한다. API를 호출하거나 임시 자원을 생성해야 한다면, 계약 테스트 시간이 단위 테스트 시간보다 오래 걸릴 수도 있다.

6.4 통합 테스트

설정이나 모듈 변경사항을 인프라 시스템에 적용해도 괜찮을지 어떻게 알 수 있을까? 변경사항을 테스트 환경에 적용한 후 **동적 분석**을 진행한다. 테스트 환경에서 **통합 테스트**^{integration test}를 진행하여 모듈이나 설정 변경이 성공인지 검증할 수 있다.

정의 **통합 테스트**는 테스트 환경의 인프라 자원을 동적으로 분석하여 모듈이나 설정 변경의 영향을 검증한다.

통합 테스트는 독립적인 테스트 환경에서 모듈과 자원의 통합 동작을 검증한다. 다음 절에서 인프라 모듈과 설정에 대한 통합 테스트 작성법을 배울 수 있다.

6.4.1 모듈 테스트하기

GCP 서버를 생성하는 모듈이 있다고 가정해 보자. 서버를 성공적으로 생성하고 업데이트할 수 있는지 확신을 갖기 위해 그림 6.10에 나온 것처럼 통합 테스트를 작성한다.

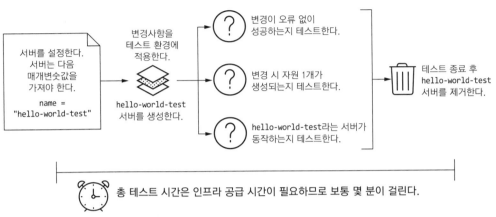

그림 6.10 통합 테스트는 보통 테스트 환경에서 인프라 자원을 생성하거나 업데이트 후, 설정이나 상탯값이 정확한지, 혹은 자원이 사용 가능한지 테스트한 후 자원을 제거한다.

먼저 서버를 설정하고 변경사항을 테스트 환경에 적용한다. 이후 통합 테스트를 실행하여 설정 업데이트가 성공적인지 확인하고, `hello-world-test`라는 서버를 생성한다. 총 테스트 시간은 서버 공급이 필요하므로 몇 분이 걸린다.

통합 테스트를 적용하면 IaC와 활성 자원을 비교해야 한다. 활성 자원은 모듈 배포가 성공했는지 알려준다. 만일 모듈 배포가 안 될 경우, 잠재적으로 인프라를 망가뜨릴 수 있다.

통합 테스트는 인프라 제공 업체의 API를 통해 활성 자원 정보를 얻어야 한다. 예를 들어, 서버 모듈 통합 테스트 시 파이썬 라이브러리를 사용해 GCP API에 접근할 수 있다. 통합 테스트는 GCP API용 클라이언트 SDK로 사용하기 위해 립클라우드 파이썬 라이브러리를 사용한다.

코드 6.4의 테스트는 모듈을 사용해 서버 설정을 구축하고, 서버 배포를 기다린 후, GCP API로 서버 상태를 검사한다. 서버가 running 상탯값을 반환하면 테스트를 통과한다. 그 외에는 테스트가 실패하고 모듈의 문제점을 파악한다. 마지막으로, 테스트는 생성한 테스트 서버를 삭제한다.

```python
from libcloud.compute.types import NodeState                               ❶
from main import generate_json, SERVER_CONFIGURATION_FILE
import os
import pytest
import subprocess
import test_utils


TEST_SERVER_NAME = 'hello-world-test'


@pytest.fixture(scope='session')                                           ❷


def apply_changes():                                                       ❷
    generate_json(TEST_SERVER_NAME)                                        ❸
    assert os.path.exists(SERVER_CONFIGURATION_FILE)                       ❸
    assert test_utils.initialize() == 0                                    ❹
    yield test_utils.apply()                                               ❹
    assert test_utils.destroy() == 0                                       ❺
    os.remove(SERVER_CONFIGURATION_FILE)                                   ❺


def test_changes_have_successful_return_code(apply_changes):               ❻
    return_code = apply_changes[0]
    assert return_code == 0


def test_changes_should_have_no_errors(apply_changes):                     ❼
    errors = apply_changes[2]
    assert errors == b''


def test_changes_should_add_1_resource(apply_changes):                     ❽
    output = apply_changes[1].decode(encoding='utf-8').split('\n')
    assert 'Apply complete! Resources: 1 added, 0 changed, ' + \
        '0 destroyed' in output[-2]


def test_server_is_in_running_state(apply_changes):                        ❾
    gcp_server = test_utils.get_server(TEST_SERVER_NAME)                   ❾
    assert gcp_server.state == NodeState.RUNNING                           ❾
```

❶ 파이테스트가 립클라우드를 사용해 GCP API를 호출하고 서버의 현재 상탯값을 얻는다. 서버가 실행 중인지 검사한다.

❷ 테스트 중 파이테스트 고정 객체를 사용해 설정을 적용하고 GCP에 테스트 서버를 생성한다.

❸ 서버 모듈이 사용하는 테라폼 JSON 파일을 생성한다.

❹ 테라폼 JSON 파일과 테라폼을 사용해 서버를 초기화하고 배포한다.

❺ 테스트 종료 전 테라폼으로 테스트 서버를 삭제하고 JSON 설정 파일을 삭제한다.

❻ 파이테스트가 테스트를 실행하여 변경 후 출력하는 상탯값이 성공인지 검증한다.

❼ 파이테스트가 테스트를 실행하여 변경사항이 오류를 반환하지 않는지 검증한다.

❽ 파이테스트가 설정값이 서버 1개를 추가하는지 검사한다.

❾ 파이테스트가 립클라우드를 사용해 GCP API를 호출하고 서버의 현재 상탯값을 얻는다. 서버가 실행 중인지 검사한다.

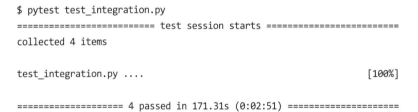

AWS와 애저에서 사용하기

코드 6.4를 변환하려면 IaC가 아마존 EC2 인스턴스를 사용하거나 애저 리눅스 가상 머신을 사용하도록 업데이트해야 한다. 이후 아파치 립클라우드 드라이버가 아마존 EC2 드라이버(http://mng.bz/qYex)나 애저 ARM 연산 드라이버(http://mng.bz/7yjQ)를 사용하도록 업데이트해야 한다. 드라이버나 IaC 초기화 과정은 바뀔 수 있으나, 테스트는 변경하지 않아도 된다.

커맨드라인에서 테스트를 실행하면, 테스트 과정에서 서버를 생성하고 삭제하기 때문에 몇 분이 걸리는 것을 알 수 있다.

```
$ pytest test_integration.py
=========================== test session starts ===========================
collected 4 items

test_integration.py ....                                            [100%]

==================== 4 passed in 171.31s (0:02:51) =====================
```

서버 통합 테스트는 두 가지 주요 사례를 적용한다. 먼저 테스트는 다음 절차대로 진행한다.

1. 가능할 경우 설정을 만든다.

2. 변경사항을 인프라 자원에 배포한다.

3. 테스트를 실행하고 인프라 제공 업체 API에 접근하여 값을 비교한다.

4. 가능할 경우 자원을 삭제한다.

위 예시는 고정 객체를 사용해 절차대로 진행한다. 어떤 임시 인프라나 설정이든 테스트할 때 위 절차대로 진행하고, 테스트 후 자원이나 설정을 제거할 수 있다.

참고 통합 테스트는 설정 관리 도구와 매우 유사하게 동작한다. 예를 들어 서버에 패키지를 설치하고 프로세스를 실행할 수 있다. 테스트 후 서버 통합 테스트를 확장하여 서버의 패키지나 프로세스를 검사하고 서버를 삭제할 수 있다. 프로그래밍 언어를 사용해 테스트를 작성하기보다 서버에 접속하여 시스템 테스트를 진행하는 서버 테스트 특화 도구를 사용하는 것을 추천한다.

둘째, 모듈 통합 테스트를 애플리케이션이 있는 테스트나 운영 환경이 아닌 테스트 계정이나 프로젝트를 활용한 별도의 **모듈 테스트 환경**module-testing environment에서 진행한다. 환경에 있는 다른 모듈과의 충돌을 방지하기 위해, 자원 이름을 특정 모듈 유형, 버전, 커밋 해시에 기반하여 짓는다.

정의 **모듈 테스트 환경**은 운영 환경과 분리된, 모듈 변경사항을 테스트하는 환경이다.

모듈을 테스트나 운영 환경이 아닌 다양한 환경에서 검사할 경우 문제가 있는 모듈을, 애플리케이션과 함께 실행되는 운영 환경의 모듈과 분리할 수 있다. 또한 모듈 테스트에 필요한 인프라 비용을 측정하거나 제어할 수 있다. 12장에서 클라우드 사용 비용에 대해 좀 더 자세하게 다룬다.

6.4.2 환경 설정 테스트하기

인프라 모듈 통합 테스트와 달리 환경 설정에 대한 통합 테스트는 테스트 환경의 자원을 생성하거나 삭제할 수 없다. 싱글톤 혹은 컴포지트 패턴을 사용하는 설정이 A 레코드를 현재 도메인 이름에 추가하도록 변경해야 한다고 가정해 보자. 어떻게 통합 테스트를 작성하여 레코드를 정확하게 추가했는지 검사할 수 있을까?

두 가지 문제점에 직면했다. 첫째, 애플리케이션에 영향을 줄 수 있기 때문에 통합 테스트로 DNS 기록을 생성하고 삭제할 수 없다. 둘째, A 레코드는 서버 IP 주소에 의존하기 때문에 도메인 설정 전에 IP 주소가 있어야 한다.

테스트 환경에서 서버와 A 레코드를 생성하고 삭제하는 대신 운영 환경과 일치하는 '유지되는' 테스트 환경에서 통합 테스트를 진행한다. 그림 6.11에서는 테스트 환경에서 IaC의 DNS 레코드를 업데이트한다. 통합 테스트는 테스트 환경의 DNS가 정확한 DNS 레코드 값과 일치하는지 검사한다. 테스트 통과 후, DNS 레코드를 운영 환경에 맞게 업데이트할 수 있다.

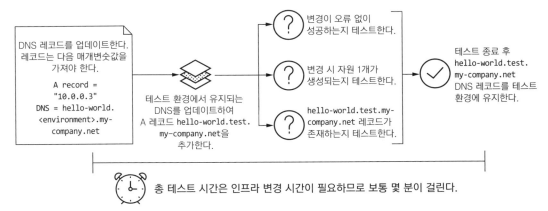

그림 6.11 자원이 오래 유지되는 테스트 환경에서 통합 테스트를 실행함으로써 변경사항을 운영 환경과 분리하고 테스트를 위해 생성해야 하는 의존성을 줄일 수 있다.

왜 DNS 테스트를 유지되는 테스트 환경에서 실행할까? 첫째, 테스트 환경 구축에 시간이 오래 걸릴 수 있다. DNS는 상위 자원이므로 많은 하위 자원에 의존한다. 둘째, 운영 환경 업데이트 전에 변경사항이 어떻게 동작할지 정확하게 나타나야 한다.

테스트 환경은 운영 환경의 여러 의존성과 복잡성을 포착하기에 설정이 기대대로 동작하는지 검사할 수 있다. 운영 환경과 테스트 환경을 비슷하게 유지하면 테스트 환경의 변경사항이 운영 환경에서 어떻게 동작할지에 대해 정확한 관점을 제시한다. 테스트 환경에서 문제점을 조기에 찾는 것이 바람직하다.

6.4.3 테스트의 어려움

통합 테스트를 진행하지 않으면 서버 모듈이나 DNS 레코드 업데이트가 성공인지 수동으로 검사하기 전에는 알 수 없다. 테스트는 IaC 동작 검증을 촉진한다. 그러나 통합 테스트 시 몇 가지 어려움을 겪을 것이다.

어떤 설정 매개변숫값을 테스트할지 결정하는 것이 어려울 수 있다. IaC에 있는 모든 설정 매개변숫값을 통합 테스트로 검증해야 할까? 그럴 필요 없다!

대부분의 도구는 자원을 생성하고 설정을 업데이트하며 자원을 삭제하는 **인수 테스트**acceptance test를 갖고 있다. 인수 테스트는 도구가 새로운 코드 변경사항을 릴리스할 수 있음을 인증한다. 테스트를 통과해야 도구가 인프라 변경을 지원할 수 있다.

인수 테스트에 부합하는 테스트를 작성하거나 추가 시간을 쓰고 싶지 않을 것이다. 따라서 통합 테스트는 여러 자원이 정확한 설정값이나 의존성을 갖는지 검사해야 한다. 커스텀 자동화 프로세스를 작성할 경우 통합 테스트를 작성하여 자원을 생성, 업데이트, 삭제해야 한다.

또 다른 어려운 요소는 테스트 때마다 자원을 생성하고 삭제할지, 지속적으로 유지되는 테스트 환경을 사용할지를 결정하는 것이다. 그림 6.12는 통합 테스트를 위해 환경을 생성하고 삭제할지, 유지되는 테스트 환경을 사용할지를 결정하는 의사결정 트리를 보여준다.

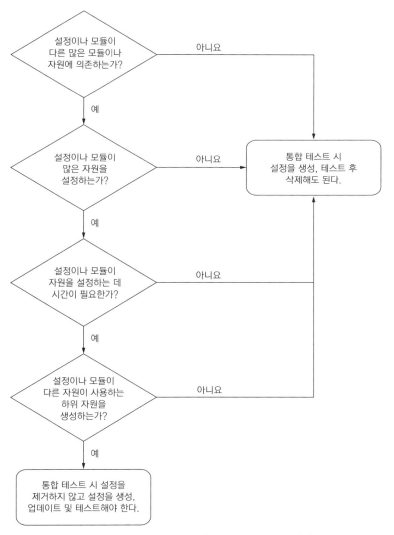

그림 6.12 통합 테스트 시 모듈이나 설정의 유형 및 의존성에 따라 자원을 생성하고 삭제해야 한다.

일반적으로 설정이나 모듈이 갖고 있는 의존성이 너무 많지 않으면, 모듈이나 설정을 생성하고 테스트한 후 삭제할 수 있다. 그러나 설정이나 모듈 생성 시 시간이 걸리거나 다른 많은 자원이 필요하다면, 유지되는 테스트 환경을 사용해야 한다.

모든 모듈이 자원을 생성한 후 삭제하는 방식의 통합 테스트가 유리하지는 않다. 나는 네트워크나 DNS 같은 하위 모듈을 통합 테스트할 경우에는 자원을 삭제하지 않기를 추천한다. 이러한 모듈은 비용을 최소화하기 위해 주로 환경에서 직접 업데이트하는 것이 필요하다. 이런 경우 업데이트를 적용한 후 테스트하는 것이 자원을 생성하고 삭제하는 것보다 현실적이다.

통합 테스트로 생성한 워크로드 오케스트레이터workload orchestrator와 같은 중간 수준의 자원은 모듈과 자원의 크기에 따라 유지하거나 일시적으로만 사용할 수 있다. 모듈이 클수록 지속해야 할 가능성이 높다. 애플리케이션 배포나 SaaS 같은 상위 모듈에 대해 통합 테스트를 진행할 경우, 테스트 때마다 자원을 생성하고 삭제할 수 있다.

테스트 환경을 유지하는 것에도 한계가 있다. 통합 테스트는 자원 생성 및 변경 시간이 소요되기에 테스트 시간이 오래 걸리곤 한다. 따라서 모듈을 적은 자원만 사용하도록 작게 유지하는 정책을 세우자. 이러한 관행은 모듈 통합 테스트에 걸리는 시간을 줄인다.

설정과 모듈이 적은 자원을 사용하도록 경량화하더라도 통합 테스트는 인프라 사용 금액을 높이는 주범이 되곤 한다. 네트워크, 게이트웨이와 같은 자원에 대한 테스트는 자원이 유지되어야 한다. 통합 테스트를 실행하여 잘못된 설정으로 인한 문제점을 조기에 해결하는 비용과 실제 인프라 장애가 발생할 때의 비용을 비교해 보자.

인프라를 모방하여 통합 테스트나 기타 테스트 비용을 낮추는 방안도 고려할 수 있다. 일부 프레임워크는 로컬 테스트를 위해 인프라 제공 업체의 API를 모방한다. 나는 모방품mock에 크게 의존하지 않기를 추천한다. 인프라 제공 업체는 자주 API를 변경하고 API는 복잡한 오류나 동작을 가져 모방품이 완전히 모방하기 어렵다.

12장에서 테스트 환경 비용을 관리하고 모방품 사용을 지양하는 기술을 다룬다.

6.5 종단 간 테스트

통합 테스트가 설정을 동적으로 분석하여 자원 생성이나 업데이트 과정상 오류를 파악하기는 하나, 테스트 통과가 인프라 자원이 '사용 가능함'을 의미하지는 않는다. 가용성은 당신이나 팀원이 자원을 의도한 대로 사용할 것을 요구한다.

예를 들어, service라고 하는 애플리케이션을 생성하는 모듈을 GCP 클라우드 런^{Cloud Run}에서 사용할 수 있다. GCP 클라우드 런은 서비스를 컨테이너에 배포하고 URL 엔드포인트를 반환한다. 통합 테스트를 통과하여 모듈이 서비스 자원과 서비스 접근 권한을 정확하게 생성했음을 확인했다.

그러나 누군가가 애플리케이션 URL에 접근할 수 있음을 어떻게 알 수 있을까? 그림 6.13은 서비스 엔드포인트가 어떻게 동작하는지 검사할 수 있는 방법을 보여준다. 먼저 인프라 설정 출력값으로부터 애플리케이션 URL을 가져오는 테스트를 작성한다. 그런 다음 URL에 HTTP 요청을 보낸다. 해당 테스트는 서비스 생성 시간이 대부분 필요하므로 수 분이 걸린다.

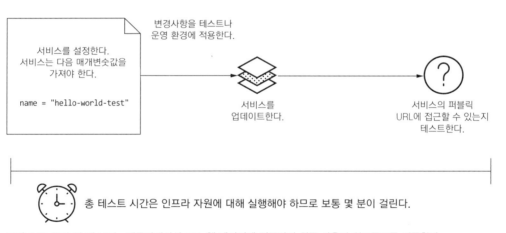

그림 6.13 종단 간 테스트는 애플리케이션 URL 웹 페이지에 접근하여 최종 사용자 워크플로를 검증한다.

방금 생성한 **종단 간 테스트**^{end-to-end test}는 통합 테스트와 다른 방식으로 인프라 자원을 동적으로 분석한다. 종단 간 테스트는 최종 사용자 입장에서 인프라 기능성을 검증한다.

> **정의** **종단 간 테스트**는 동적으로 인프라 자원과 종단 간 시스템 기능을 분석하여 IaC 변경사항이 제대로 적용됐는지 검증한다.

종단 간 테스트 예시는 종단 간 워크플로인 최종 사용자가 접근하는 페이지를 검증한다. 테스트는 인프라 설정 변경이 성공했는지를 검사하지는 않는다.

종단 간 테스트는 변경사항이 상위 기능을 망가뜨리지 않음을 보장하는 데 필수적인 요소다. 예를 들어, GCP 클라우드 런 서비스 URL에 접근할 수 있는 사용자 설정을 실수로 업데이트 할 수 있다. 변경사항 반영 후 종단 간 테스트를 실행하면 특정 사용자가 더 이상 서비스에 접근할 수 없으므로 테스트가 실패한다.

다음 파이썬 코드를 활용하여 애플리케이션 URL에 대한 종단 간 테스트를 구현해 보자. 예시 테스트는 서비스의 퍼블릭 URL에 요청을 보낼 수 있어야 한다. 테스트는 파이테스트 고정 객체를 사용해 GCP 클라우드 런 서비스를 생성하고, 실행한 페이지 URL을 테스트한 뒤 테스트 환경에서 서비스를 제거한다.

코드 6.5 GCP 클라우드 런 서비스 종단 간 테스트하기[*]

```
from main import generate_json, SERVICE_CONFIGURATION_FILE
import os
import pytest
import requests
import test_utils                                                    ❶

TEST_SERVICE_NAME = 'hello-world-test'

@pytest.fixture(scope='session')                                    ❷
def apply_changes():                                                 ❷
    generate_json(TEST_SERVICE_NAME)                                ❸
    assert os.path.exists(SERVICE_CONFIGURATION_FILE)              ❸
    assert test_utils.initialize() == 0                            ❷
    yield test_utils.apply()                                       ❷
    assert test_utils.destroy() == 0                               ❹
    os.remove(SERVICE_CONFIGURATION_FILE)                          ❹

@pytest.fixture                                                      ❺
def url():                                                           ❺
    output, error = test_utils.output('url')                       ❺
    assert error == b''                                             ❺
    service_url = output.decode(encoding='utf-8').split('\n')[0]   ❺
    return service_url                                              ❺
```

```python
def test_url_for_service_returns_running_page(apply_changes, url):        ❻
    response = requests.get(url)                                          ❻
    assert "It's running!" in response.text                               ❼
```

❶ 테라폼 JSON 파일과 테라폼을 사용해 서비스를 초기화하고 배포한다.

❷ 테스트 중 파이테스트 고정 객체를 사용해 설정을 적용하고 GCP에 테스트 서비스를 생성한다.

❸ GCP 클라우드 런 모듈을 사용하는 테라폼 JSON 파일을 생성한다.

❹ GCP 프로젝트 내에 서비스가 유지되지 않도록 테스트 환경의 GCP 클라우드 런 서비스를 제거한다.

❺ 파이테스트가 고정 객체를 사용해 서비스 URL의 설정 출력값을 파싱한다.

❻ 테스트 시 파이썬의 requests 라이브러리를 사용해 서비스 URL에 API 요청을 보낸다.

❼ 테스트 시 서비스 URL 응답이 서비스가 실행 중이라는 특정 문자열을 갖고 있는지 검사한다.

---

*옮긴이 주석

현 시점의 저자 깃허브 저장소 소스로는 main.tf.json 파일이 생성되지 않아 ch06/s05/main.py 소스를 다음과 같이 수정했다.

```python
import os
import json
import re

SERVICE_CONFIGURATION_FILE = 'main.tf.json'

class GoogleCloudRunFactoryModule:
    def __init__(self, name,
                 location='us-central1',
                 image='us-docker.pkg.dev/cloudrun/container/hello'):
        self._name = self._sanitize_name(name)
        self._location = location
        self._image = image
        self.resources = self._build()

    def _sanitize_name(self, name):
        # 이름을 소문자로 변환하고 허용되는 문자만 남긴다.
        name = re.sub(r'[^a-z0-9-]', '', name.lower())
        # 이름이 '-'로 끝나는 경우 '-'를 제거한다.
        if name.endswith('-'):
            name = name[:-1]
        # 이름이 64자 이상인 경우 앞부분 64자까지만 사용한다.
        if len(name) > 64:
            name = name[:64]
        # 이름이 문자로 시작하지 않는 경우 'a'를 추가한다.
        if not name[0].isalpha():
            name = 'a' + name
        return name

    def _build(self):
        return {
```

```python
                    'resource': [{
                        'google_cloud_run_service': [{
                            self._name: [{
                                'name': self._name,
                                'location': self._location,
                                'template': {
                                    'spec': {
                                        'containers': {
                                            'image': self._image
                                        }
                                    }
                                },
                                'traffic': {
                                    'percent': 100,
                                    'latest_revision': True
                                }
                            }]
                        }],
                        'google_cloud_run_service_iam_member': [{
                            self._name: [{
                                'service': f"${{google_cloud_run_service.{self._name}.name}}",
                                'location': f"${{google_cloud_run_service.{self._name}.location}}",
                                'role': 'roles/run.invoker',
                                'member': 'allUsers'
                            }]
                        }]
                    }],
                    'output': {
                        'url': {
                            'value': f"${{google_cloud_run_service.{self._name}.status[0].url}}"
                        }
                    }
                }


def generate_json(service_name):
    service = GoogleCloudRunFactoryModule(
        name=service_name
    )
    script_dir = os.path.dirname(os.path.abspath(__file__))
    file_path = os.path.join(script_dir, SERVICE_CONFIGURATION_FILE)
    with open(file_path, 'w') as outfile:
        json.dump(service.resources, outfile,
                  sort_keys=True, indent=4)


if __name__ == "__main__":
    generate_json("my-cloud-run-service")
```

main.py 변경 내용을 설명하자면, 파일 생성 과정에서 발생할 수 있는 예외를 처리하고, 파일 경로 지정 방식을 변경하여 현재 스크립트가 위치한 디렉터리에 main.tf.json 파일을 생성하도록 수정했다. 파일 경로를 찾을 때 os.path 모듈을 사용하므로 스크립트가 실행되는 위치에 영향을 받지 않으며, 파일 생성 과정에서 발생할 수 있는 예외를 처리하여 안정적으로 파일을 생성할 수 있도록 했다.

구글 클라우드 런(Google Cloud Run) 서비스 이름은 최대 64자까지 소문자, 숫자 및 하이픈으로만 구성해야 하며, 문자로 시작하고 하이픈으로 끝나지 않아야 한다. 명명 규칙 이슈를 해결하기 위해 GoogleCloudRun FactoryModule 클래스의 서비스 작명 로직을 수정하여 입력된 이름을 소문자로 변환하고 허용되는 문자와 길이를 확인하는 방식으로 수정했다. sanitize_name 메서드를 통해 입력된 이름을 허용되는 형식으로 변환하는 데 사용된다. 이름은 소문자로 변환되고, 허용되지 않은 문자는 제거된다. 이름이 '-'로 끝나는 경우 마지막 하이픈을 제거하고, 64자 이상인 경우 64자까지만 유지된다. 또한 이름이 문자로 시작하지 않는 경우 'a'를 추가하여 조건을 충족시킨다.

AWS와 애저에서 사용하기

아마존 쿠버네티스 서비스(EKS, Elastic Kubernetes Services)를 AWS 파게이트(Fargate)와 사용하는 방식, 또는 애저 컨테이너 인스턴스(ACI, Azure Container Instances)가 GCP 클라우드 런과 대략 유사하다.

운영 환경에서 종단 간 테스트를 진행하고 싶다면 서비스를 삭제하지 말아야 함을 명심하자. 보통 종단 간 테스트를 기존 환경에서 신규 혹은 테스트 자원을 생성하지 않고 진행한다. 기존 시스템에 변경사항을 적용한 후 활성 인프라 자원을 대상으로 테스트를 진행한다.

스모크 테스트

종단 간 테스트 유형인 **스모크 테스트**(smoke test)는 변경사항이 핵심 사업 기능을 망가뜨렸는지에 대한 신속한 피드백을 제공한다. 모든 종단 간 테스트를 실행하는 것은 시간이 걸리나 실패한 변경사항을 빨리 고쳐야 한다.

만일 스모크 테스트를 먼저 실행할 경우, 변경사항이 심각한 장애가 없음을 검증하고 이후 테스트를 진행할 수 있다. 품질 보증 분석가가 언젠가 나에게 말하길 "하드웨어를 강화하고 연기가 발생한다면, 뭔가 잘못된 것을 알 수 있다. 굳이 더 테스트를 진행하는 것은 시간낭비다."

좀 더 복잡한 인프라 시스템은 종단 간 테스트를 통해 변경사항이 핵심 사업 기능에 지장을 줬는지 알려주는 주요 지표가 된다. 따라서 종단 간 테스트는 싱글톤이나 컴포지트 설정을 테스트하는 데 유용하다. 모듈이 많은 자원과 의존성을 갖는 게 아니라면 보통 모듈을 대상으로 종단 간 테스트를 진행하지는 않는다.

나는 대부분 종단 간 테스트를 네트워크나 연산 자원을 검사하기 위해 작성한다. 예를 들어 몇 개 테스트를 작성하여 네트워크 연결^{peering}을 검사할 수 있다. 테스트는 각 네트워크별로 서버를 제공하고 서버끼리 연결할 수 있는지 검사한다.

종단 간 테스트의 또 다른 사례는 워크로드 오케스트레이터 작업을 실행하고 성공하는 것이다. 테스트는 워크로드 오케스트레이터가 애플리케이션 배포를 위해 정상 동작하는지를 결정한다. 나는 하이퍼텍스트 전송 프로토콜^{HTTP, Hypertext Transfer Protocol}에 다양한 페이로드^{payload} 요청을 보내면서 상위 서비스가 각 HTTP 요청을 페이로드 크기나 프로토콜과 관계없이 정상으로 호출할 수 있는지 테스트해 본 적이 있다.

네트워크나 연산 사례 외에도 종단 간 테스트는 어떠한 시스템이든 기대되는 동작을 검증할 수 있다. 만일 프로비저닝 도구를 사용해 설정을 관리한다면, 종단 간 테스트는 서버에 연결하여 기대하는 동작을 수행하는지 검증한다. 모니터링이나 알림을 테스트할 경우 종단 간 테스트를 통해 시스템이 기대하는 행동을 발생시킨 뒤, 해당 데이터가 제대로 수집되는지 검증하고 알림 발송을 테스트할 수 있다.

6.6 기타 테스트

단위, 계약, 통합, 종단 간 테스트 외에 다른 유형의 테스트를 만날 수 있다. 예를 들어, 운영 서버 메모리 사용량을 낮추는 설정 변경사항을 배포하고 싶을 수 있다. 그러나 메모리 감소가 전체 시스템에 영향을 미칠지 알 수 없다.

그림 6.14는 시스템 모니터링을 활용하여 변경사항이 시스템에 준 영향을 검사하는 방법을 보여준다. 모니터링은 서버 메모리 사용률을 계속 집계한다. 만일 서버 메모리 사용률이 특정 퍼센트에 도달했다는 알림을 받게 되면, 전체 시스템에 영향을 줄 수도 있음을 알 수 있다.

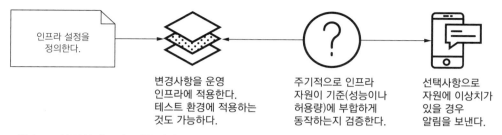

그림 6.14 지속적인 테스트는 짧은 간격으로 계속 실행되어 특정 지표가 임계점을 넘지 않는지 검증한다.

모니터링은 **지속적인 테스트**continuous test로 지표가 임계점을 넘는지를 계속 주기적으로 검사한다.

정의 모니터링과 같은 **지속적인 테스트**는 계속 주기적으로 현재 상탯값이 기댓값과 일치하는지 검사한다.

지속적인 테스트는 시스템 지표나 보안 이벤트(root 사용자가 서버에 접속) 모니터링을 포함한다. 테스트는 활성 인프라 환경에 대한 동적 분석을 제공한다. 대부분의 지속적인 테스트는 알림 형태로 문제점을 알려준다.

회귀 테스트regression test를 만날 수도 있다. 예를 들어, 특정 시간 동안 테스트를 진행하여 서버 설정이 조직의 기대에 부합하는지를 검사할 수 있다. 회귀 테스트는 규칙적으로 실행하긴 하지만, 모니터링에 필요한 주기나 다른 지속적인 테스트 형태로 진행하지는 않는다. 회귀 테스트를 주 혹은 월 단위로 실행하여 예상에서 벗어난 수동 변경사항을 검사할 수 있다.

정의 **회귀 테스트**는 주기적으로 특정 기간 동안 실행되어 인프라 설정이 기대하는 상태나 기능에 부합하는지 검사한다. 회귀 테스트는 설정 드리프트를 완화하는 데 유용하다.

지속적인 테스트와 회귀 테스트를 실행하기 위해서는 종종 특별한 소프트웨어나 시스템이 필요하다. 테스트는 동작 중인 인프라가 기대하는 기능과 성능을 발휘하도록 보장한다. 테스트는 이상치에 대응하기 위한 시스템 자동화 기반을 마련한다.

예를 들어, IaC로 시스템을 설정하고 지속적인 테스트를 실행하면 CPU나 메모리 같은 지표에 따라 자원을 자동 조정autoscaling할 수 있다. 시스템에 오류 발생 시 트래픽을 이전 애플리케이션 버전으로 전달하는 것과 같은 자체 회복 메커니즘을 적용할 수도 있다.

6.7 테스트 선택하기

단위 테스트부터 종단 간 테스트에 이르기까지 인프라 테스트를 위해 가장 자주 사용하는 테스트 일부를 설명했다. 그러나 모든 테스트를 작성할 필요가 있을까? **인프라 테스트 전략**은 시스템의 복잡성과 성장에 따라 계속 진화한다. 결과적으로 운영 환경 배포 전에 설정 이슈가 있는지 파악하기 위해 어떠한 테스트가 유용한지 계속 평가하게 된다.

나는 피라미드형 인프라 테스트 전략을 **가이드**로 사용한다. 그림 6.15에서 가장 넓은 피라미드 영역은 해당 테스트가 더 많아야 함을, 좁은 영역의 경우 테스트가 적어야 함을 의미한다. 피라미드 최상층은 종단 간 테스트로, 활성 인프라 시스템이 필요하기 때문에 더 많은 시간과 비용이 든다. 피라미드 최하단은 단위 테스트로, 전체 인프라 시스템이 필요 없고 테스트가 초 단위로 끝난다.

테스트 피라미드test pyramid는 다양한 유형의 테스트와 테스트의 범위, 주기를 결정하기 위한 프레임워크를 제공한다. 나는 소프트웨어 테스트를 위한 테스트 피라미드를 인프라 도구와 제약사항을 반영하여 인프라 테스트에 적합하도록 변경했다.

> **정의** **테스트 피라미드**는 전반적인 테스트 전략에 가이드를 제공한다. 피라미드 상위 단계로 나아갈수록 해당 테스트 유형은 더 많은 시간과 비용이 든다.

실제 테스트 피라미드는 좀 더 사각형이나 배 모양 혹은 일부 단계가 없는 형태가 될 수 있다. 전체 인프라 설정을 위해 모든 유형의 테스트를 작성하지는 않을 것이며, 작성해서도 안 된다. 어느 시점에 테스트는 반복적이고 유지하는 것이 불필요해진다.

테스트하고자 하는 시스템에 따라서는 테스트 피라미드를 완벽하게 적용하는 것이 실용적이지 않을 수 있다. 그러나 내가 농담 삼아 말하는 **테스트 이정표**test signpost는 지양해야 한다. 이 정표는 많은 수동 테스트만 선호한다.

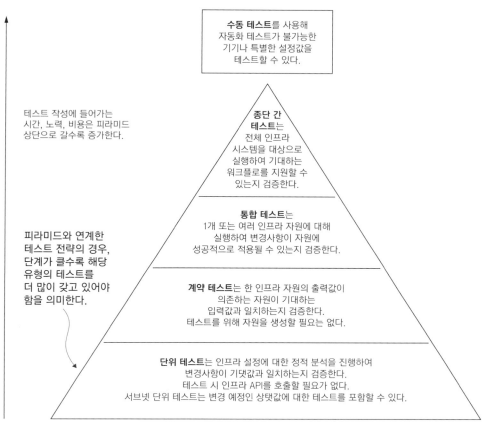

그림 6.15 테스트 피라미드에 기반하여 여러분은 종단 간 테스트보다 시간 비용 및 자원이 덜 필요한 단위 테스트를 더 많이 가져야 한다.

6.7.1 모듈 테스트 전략

앞서 5장에서는 모듈 릴리스 전에 테스트하는 방법을 언급했다. PostgreSQL 12 버전으로 데이터베이스 모듈을 업데이트했던 사례로 다시 돌아가 보자. 수동으로 모듈을 생성하여 변경사항이 동작하는지 확인하는 대신, 일련의 자동화 테스트를 추가한다. 테스트는 모듈의 형식을 확인하여 분리된 모듈 테스트 환경에 데이터베이스를 생성한다.

그림 6.16은 모듈 배포 워크플로에 단위, 계약, 통합 테스트를 추가하여 모듈이 동작하는지 확인할 수 있다. 계약 테스트를 통과하면 통합 테스트를 실행하여 데이터베이스 모듈을 네트

워크 위에 설정하고 데이터베이스가 동작하는지 검사할 수 있다. 통합 테스트 종료 후 모듈이 생성한 테스트 데이터베이스를 제거하고 모듈을 배포한다.

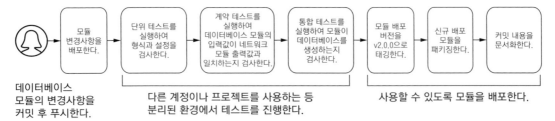

그림 6.16 모듈 배포 워크플로의 테스트 단계를 쪼개서 단위, 계약, 통합 테스트를 추가할 수 있다.

단위, 계약, 통합 테스트를 결합하면 모듈이 정확하게 동작하는지 적절하게 확인할 수 있다. 단위 테스트는 모듈의 형식과 팀의 표준 설정을 검사한다. 단위 테스트를 먼저 실행하면 형식이나 설정에 어떠한 위반사항이 있는지 빠르게 피드백을 얻을 수 있다.

그 후 계약 테스트 몇 개를 실행한다. 데이터베이스 모듈의 경우 모듈이 받는 네트워크 ID 입력값이 네트워크 모듈이 출력하는 네트워크 ID와 일치하는지 검사한다. 이러한 실수를 잡으면 배포 프로세스 초기에 의존성 문제를 파악할 수 있다.

단위 테스트와 계약 테스트가 정확한 설정, 모듈 로직, 특정 입력값과 출력값을 강제하는 데 집중하자. 그림 6.16의 테스트 워크플로는 팩토리, 빌더 혹은 프로토타입 패턴을 사용하는 모듈을 테스트하는 데 가장 좋다. 이러한 패턴은 인프라 컴포넌트의 가장 작은 항목을 분리하여 팀원이 커스터마이즈할 수 있는 유연한 변수를 제공한다.

개발 환경 비용에 따라 몇 개의 통합 테스트를 테스트 후 삭제하는 임시 인프라 자원을 대상으로 진행할 수 있다. 다양한 입력값과 출력값을 갖는 모듈을 위한 테스트 작성에 시간과 노력을 쏟으면 변경사항이 상위 설정에 영향을 주지 않고 모듈 자체적으로도 성공적으로 동작할 수 있음을 보장할 수 있다.

6.7.2 설정 테스트 전략

활성 환경의 인프라 설정은 싱글톤이나 컴포지트 같은 좀 더 복잡한 패턴을 사용한다. 싱글톤 또는 컴포지트 설정은 많은 인프라 의존성을 갖고 종종 다른 모듈을 참조한다. 테스트 워크플로에 종단 간 테스트를 추가하면 인프라와 모듈 사이의 문제점 파악에 유용하다.

네트워크의 애플리케이션 서버를 싱글톤 패턴으로 설정했다고 가정해 보자. 그림 6.17은 서버의 크기를 업데이트한 후 각 단계를 설명한다. 변경사항을 버전 관리에 반영한 후, 변경사항을 테스트 환경에 배포한다. 테스트 워크플로는 단위 테스트를 진행하여 빠르게 형식과 설정을 검증한다.

그런 다음, 통합 테스트를 진행하여 서버가 변경된 크기로 실행되는 것을 검증한다. 검증을 마무리하기 위해 종단 간 테스트를 진행하여 전체 시스템을 검사한다. 종단 간 테스트에서 애플리케이션 엔드포인트로 HTTP GET 요청을 보내는 부분에 이슈가 있음을 발견한다. 그림 6.17은 운영 환경에서도 동일한 테스트를 진행함으로써 시스템이 망가지지 않았음을 보장한다.

서버를 성공적으로 생성하거나 업데이트했다고 서버 애플리케이션이 요청을 처리할 수 있는 것은 아니다! 복잡한 인프라 시스템에서는 추가 테스트를 진행하여 의존성이나 인프라 간 통신을 검증해야 한다. 종단 간 테스트는 시스템의 기능을 유지하는 데 유용하다.

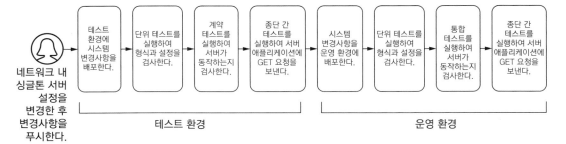

그림 6.17 싱글톤이나 컴포지트 패턴을 사용하는 IaC는 변경사항을 운영 환경에 배포하기 전에 단위, 통합, 종단 간 테스트를 테스트 환경에서 진행해야 한다.

동일한 테스트를 테스트 환경과 운영 환경에 반복하면 품질 관리가 가능하다. 테스트 환경과 운영 환경 사이에 설정 드리프트가 있다면, 테스트 결과에 해당 차이점이 반영될 수 있다. 환경에 따라 특정 테스트를 진행하거나 진행하지 않을 수 있다.

이미지 빌딩과 설정 관리

이미지 빌딩과 설정 관리 도구에 대한 테스트는 프로비저닝 도구의 설정을 테스트하는 것과 유사한 방법을 사용한다. 이미지 빌딩이나 설정 관리 메타데이터에 대한 단위 테스트는 설정 검사를 포함한다. 설정 관리를 모듈화해서 모듈 테스트 방식을 적용해야 하지 않는 한 계약 테스트는 불필요하다. 통합 테스트는 테스트 환경에서 진행하여 서버가 신규 이미지로 제대로 동작하는지 혹은 정확한 설정을 적용하는지를 검사한다. 종단 간 테스트는 새로 생성한 이미지나 설정이 시스템의 기능에 영향을 미치지 않음을 보장한다.

실습 6.2

애플리케이션이 신규 대기열에 접근할 수 있도록 방화벽 정책을 추가했다. 어떠한 테스트를 결합하여 사용하는 것이 가장 팀에게 좋을까?

   A. 단위 테스트와 통합 테스트
   B. 계약 테스트와 종단 간 테스트
   C. 계약 테스트와 통합 테스트
   D. 단위 테스트와 종단 간 테스트

정답은 부록 B를 참고하자.

6.7.3 유용한 테스트 식별하기

모듈과 설정에 대한 테스트 전략은 초기에 유용한 테스트 작성 지침을 제공한다. 그림 6.18
은 사용자가 모듈과 설정을 테스트하기 위해 적용할 만한 테스트 유형을 요약한다. 모듈은
단위, 계약, 통합 테스트에 의지한다면 설정은 단위, 통합, 종단 간 테스트에 의지한다.

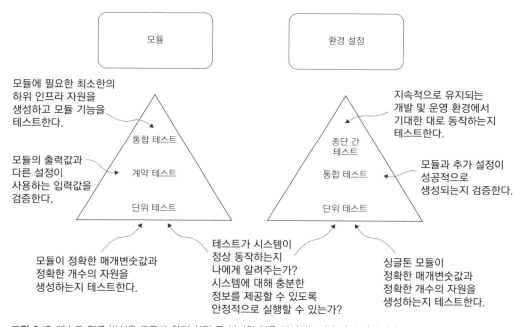

그림 6.18 테스트 접근 방식은 모듈과 환경 설정 중 어떠한 것을 작성하는지에 따라 달라진다.

'언제' 테스트를 작성해야 하는지는 어떻게 알 수 있을까? 팀원이 데이터베이스 비밀번호가
16자 제한의 알파벳으로 작성해야 함을 알 수 있다고 가정해 보자. 그러나 여러분은 이 사실
을 비밀번호를 24 글자로 업데이트하여 배포 후 5분이 지나 변경사항이 실패하기 전에는 알
지 못할 수도 있다.

나는 테스트 변경을 시스템에서 모르는 부분을 알 수 있는 부분으로 전환하는 것으로 간주한
다. 결국 관찰을 통해 모르는 부분을 디버깅하고 모니터링을 통해 아는 부분을 추적한다. 그
림 6.19는 분리된 지식(예상하지 못했으나 대비할 수 있는 지식)을 테스트로 변환하여 팀 내에서
예상할 수 있고 대비할 수 있는 지식으로 삼을 수 있도록 한다. 신규 테스트는 팀이 알고 인
지해야 하는 분리된 지식을 반영한다.

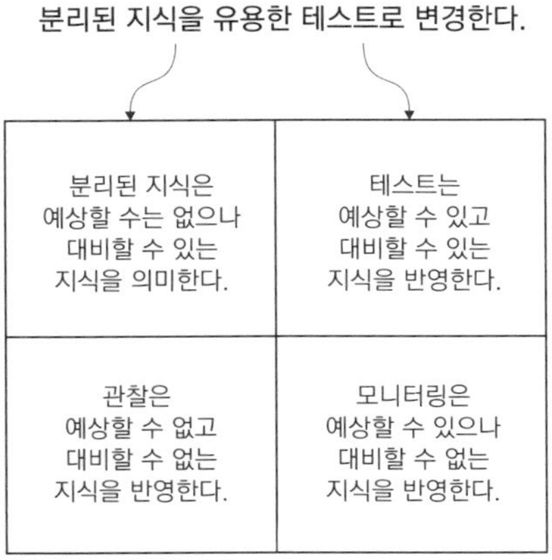

분리된 지식을 유용한 테스트로 변경한다.

분리된 지식은 예상할 수는 없으나 대비할 수 있는 지식을 의미한다.	테스트는 예상할 수 있고 대비할 수 있는 지식을 반영한다.
관찰은 예상할 수 없고 대비할 수 없는 지식을 반영한다.	모니터링은 예상할 수 있으나 대비할 수 없는 지식을 반영한다.

그림 6.19 인프라 테스트는 누군가는 알 수도 있는 분리된 지식을 팀의 지식인 테스트로 변환한다.

좋은 테스트는 팀 내에 지식을 공유한다. 늘 신규 테스트를 작성할 필요는 없다. 오히려 기존 테스트가 모든 부분을 검사하지 못한다는 사실을 알게 될 수도 있다. 테스트를 사용해 팀이 문제를 반복하지 않도록 예방하자.

테스트를 추가하는 것 외에, 테스트를 제거하기도 한다. 테스트 작성 후 절반 정도의 테스트가 실패하는 것을 발견할 수 있다. 테스트를 신뢰할 수 없어 유용한 정보를 제공하거나 시스템에 대한 확신을 강화할 수 없다. 테스트를 제거하면서 테스트 스위트^testing suite^를 깨끗하게 유지하고, 지속적으로 실패하지만 시스템 장애를 나타낼 수 없는 신뢰할 수 없는 테스트를 제거할 수 있다.

더 나아가 테스트가 불필요해져서 테스트를 제거하게 된다. 예를 들어 모든 모듈에 계약 테스트를 진행하거나, 모든 환경 설정을 검사하기 위해 통합 테스트를 진행할 필요가 없을 수 있다. 항상 테스트가 유용한지, 시스템에 대한 충분한 정보를 얻을 수 있도록 안정적으로 진행되는지 스스로에게 질문하자. 다음 장은 IaC 제공 파이프라인에 테스트를 추가하는 방법을 보여준다. 만일 테스트 워크플로를 자동화하지 않기로 결정했다고 하더라도, 어떻게 변경사항이 인프라에 잠재적인 영향을 미칠 수 있는지 검사할 수 있다.

요약

- 테스트 피라미드는 테스트 접근법을 제시한다. 피라미드 상위에 위치한 테스트일수록 비용이 많이 든다.
- 단위 테스트는 모듈이나 설정의 정적인 매개변숫값을 검증한다.
- 계약 테스트는 모듈의 입출력값이 예상하는 값과 형식인지를 검증한다.
- 통합 테스트는 테스트 자원을 생성한 후 설정과 자원 생성을 검증한 후 테스트 자원을 삭제한다.
- 종단 간 테스트는 인프라 시스템의 최종 사용자가 예상하는 기능을 실행할 수 있는지 검증한다.
- 팩토리, 빌더, 프로토타입 패턴을 사용하는 모듈은 단위, 계약, 통합 테스트가 유용하다.
- 컴포지트나 싱글톤 패턴을 사용하는 환경 설정은 단위, 통합, 종단 간 테스트가 유용하다.
- 기타 테스트로는 지표에 대한 지속적인 모니터링, 수동 변경사항을 특정하는 회귀 테스트 또는 오설정을 탐지하는 보안 테스트가 있다.

7

지속적인 배포와
브랜치 모델

이전 장들에서는 패턴을 사용해 모듈과 의존성을 작성하는 방법을 배웠다. 또한 코드형 인프라를 작성하고 모듈을 공유하는 일반적인 방법을 적용했다. 사용한 패턴, 방법론 그리고 워크플로는 많은 단계를 갖고 있었다.

게다가 많은 워크플로는 변경사항에 대한 세심한 조율이 필요했다. 어느 날 변경사항을 만들자 팀원의 변경사항이 작성한 변경사항을 덮어쓸 수 있음을 알게 될 수 있다. 개발 프로세스의 충돌사항을 어떻게 관리할 수 있을까?

한 가지 해법은 티켓 시스템을 통해 변경 요청사항을 접수하는 것이다. 예를 들어, 서버를 변경하고 싶다면 서버 변경 요청 티켓을 작성해야 한다. 이후 변경 요청사항을 동료(보통 팀원)와 회사를 대표하여 변경 자문 위원회가 검토한다.

대부분의 회사는 **변경 관리**change management 프로세스를 사용해 어떠한 변경사항이 충돌하는지 파악한다. 인프라 변경 관리는 변경 요청에 대한 자세한 배포 및 원복 절차가 들어 있는 요청을 제출한 후 동료 평가자의 승인을 받는다.

> **정의** 인프라 **변경 관리**는 시스템 변경을 돕는 프로세스다. 변경 관리는 보통 운영 환경에 배포하기 전에 변경사항에 대한 자세한 내용을 작성하고 검토하는 과정을 포함한다.

변경 관리는 동료 평가를 통해 변경사항을 서로 덮어쓰지 않도록 막는다. 예시로 든 동료 평가와 변경 자문 위원회는 품질 보증 관문 기능을 한다. **품질 보증 관문**quality gate은 요청한 변경사항이 시스템의 보안이나 가용성을 해치지 않음을 검증한다. 업데이트가 관문을 통과하면 서버에 배포 일정을 잡고 일정에 따라 배포를 진행할 수 있다.

> **정의** IaC의 **품질 보증 관문**은 검토와 테스트를 통해 시스템의 보안성, 가용성, 회복 탄력성을 강제한다.

어떻게 변경 관리와 품질 보증 관문이 변경사항의 충돌을 해결할 수 있을까? 당신과 팀원 간 충돌이 발생한 변경사항을 관리하기 위해 변경 관리 프로세스를 적용했다고 가정해 보자. 그림 7.1에서 당신과 팀원이 티켓 시스템을 통해 변경사항을 접수한다. 조직 내 동료가 각 변경사항을 수동으로 검토하고 팀원의 변경사항이 사용자에게 가장 적은 영향을 주는 방식이라고 결정한다. 팀원은 당신의 변경사항을 다른 날 배포하는 것으로 조정하여 팀원의 변경사항과 충돌하지 않도록 한다.

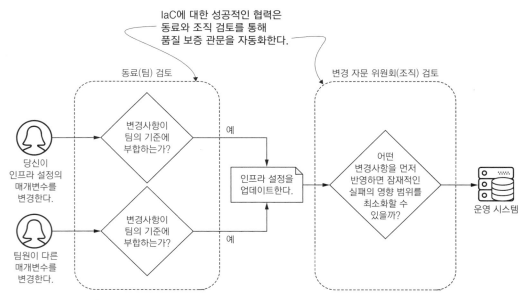

그림 7.1 IaC에 대한 협력은 변경사항에 대한 동료, 조직 차원에서의 검토를 효율화하는 과정을 포함한다.

변경 관리 완료에 몇 주가 걸릴 수도 있다. 수동 검토는 모든 문제점을 포착하거나 모든 인프라 변경 충돌사항을 예방할 수는 없다. 변경사항을 원복할 수 있는 방법을 알아야 하며, 변경 실패사항을 고치는 방법은 11장에서 더 자세히 배울 수 있다.

변경 관리에 의존하는 대신 IaC를 사용해 변경사항을 코드로 **공유**하고 변경 관리를 **자동화**할 수 있다. 이번 장은 팀 그리고 회사 내 IaC 개발 프로세스를 확장하고 자동화함으로써 변경 관리를 효율적으로 진행하는 방법에 집중한다. 동일한 혹은 의존하는 자원에 대해 다른 사람과 작업하면서, 운영 시스템을 망가뜨리지 않기 위해 어려움을 겪게 될 것이다.

> **이미지 빌딩과 설정 관리**
>
> 이 책에서는 인프라 제공 사용 사례에 집중한다. 이미지 빌딩과 설정 관리 사용 사례는 이번 장에서 제시하는 제공 파이프라인 패턴을 따라야 한다. 인프라 변경사항을 평가하고 자동화 테스트를 도입하는 패턴과 방법은 모든 사용 사례에 동일하게 적용할 수 있다.

7.1 변경사항 운영 환경에 배포하기

어떻게 운영 환경에 대한 IaC 변경사항을 제어할 수 있을까? 소프트웨어 개발 방법인 지속적인 통합, 제공 혹은 배포$^{CI/CD}$를 적용하여 다양한 개발자의 코드 변경사항을 조직화하고 IaC를 운영 환경에 릴리스할 준비를 한다.

CI/CD는 자동 테스트를 통해 변경사항의 관리 및 릴리스를 자동화해야 한다. 인프라 변경사항을 자동화하여 자동화의 이익을 극대화하는 방법을 설명하겠다. 이전 장에서 배운 테스트 방법과 이번 장에서 배울 제공 파이프라인을 함께 사용하면 된다.

7.1.1 지속적인 통합

앞서 살펴본 팀원과 당신의 IaC 충돌 사례를 떠올려 보자. 이때 각자의 변경사항이 서로에게 영향을 줄지 몰랐다. 어떻게 동료 검토 전에 충돌사항을 자동으로 파악할 수 있을까?

한 가지 방법은 그림 7.2처럼 팀이 주기적으로 변경사항을 주 IaC 형상에 병합하는 것이다. 만일 팀이 지속적으로 변경사항을 주 설정에 통합한다면, 당신이나 팀원이 충돌사항을 덮어쓰기 전에 일찍 충돌사항을 파악할 수 있다.

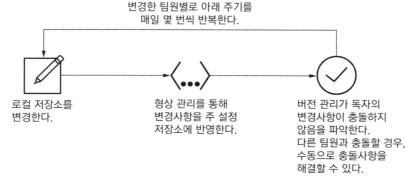

**지속적인 통합은 주기적으로 변경사항을
주 설정 저장소에 병합한다.**

변경한 팀원별로 아래 주기를
매일 몇 번씩 반복한다.

로컬 저장소를
변경한다.

형상 관리를 통해
변경사항을 주 설정
저장소에 반영한다.

버전 관리가 독자의
변경사항이 충돌하지
않음을 파악한다.
다른 팀원과 충돌할 경우,
수동으로 충돌사항을
해결할 수 있다.

그림 7.2 지속적인 통합은 변경사항을 자주 주 설정 저장소에 병합하여 변경의 충돌 요소를 조기에 파악할 수 있도록
한다.

지속적인 통합CI, Continuous Integration 방법을 적용하여 매일 몇 번씩 변경사항을 주 설정 형상에
병합하고 개발자 간 작성 내용이 충돌하는지 검사할 수 있다.

정의 IaC를 위한 **지속적인 통합**(CI)은 계속, 주기적으로 변경사항을 테스트 환경에서 검증한 후 저장소에
병합한다.

얼마나 자주 병합해야 할까? 언제 병합해야 하는지 알기 위해서는 경험이 필요하고, 어떠한
유형의 변경사항을 만드는지에 따라 다르다. 일반적으로 나는 시스템을 망가뜨리지 않을 것
이라고 예상되는 몇 개의 설정 변경사항을 모아서 병합한다. 때로는 병합을 하루에 몇 번씩
진행하기도 한다. 어려운 변경사항인 경우에는 하루에 한두 번 병합하기도 한다. 나머지 팀
도 매일 몇 번씩 계속 작업한 변경사항을 병합한다.

매번 팀원이 변경사항을 병합할 때, CI 프레임워크와 같은 빌드 도구가 워크플로를 실행하
여 변경사항을 테스트하고 배포한다. 그림 7.3은 빌드 도구의 워크플로가 어떻게 실행되는
지 예시를 보여준다. 워크플로는 IaC를 검사하여 충돌사항을 검사하고, 단위 테스트를 실행
하여 형식을 검증하고, 동료 검토를 기다린다. 동료 검토를 통과하면 빌드 도구는 변경사항
을 운영 환경에 배포한다.

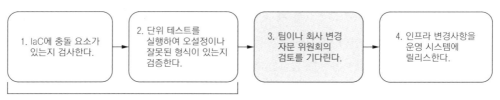

그림 7.3 CI 파이프라인은 운영 환경에 배포하기 위한 수동 승인 단계 이전에 자동 단위 테스트를 포함한다.

이러한 워크플로를 **제공 파이프라인**delivery pipeline에 포함하여 나타낼 수 있다. 파이프라인은 IaC 변경사항을 빌드, 테스트, 배포, 릴리스하는 일련의 단계를 조직하고 자동화한다.

정의 IaC **제공 파이프라인**은 인프라 변경사항을 빌드, 테스트, 배포, 릴리스하는 워크플로를 표현 및 자동화한다.

인프라 제공 파이프라인은 설정이 충돌하거나 문맥 오류가 있는지 검사하는 데서 시작한다. CI 파이프라인의 단위 테스트를 통해 변경사항에 충돌이 없음을 조금이나마 확신할 수 있다. 이후 변경사항을 팀이나 조직에게 검토받는다. 파이프라인은 자동으로 변경사항을 운영 환경에 릴리스 혹은 적용한다.

왜 제공 파이프라인을 설계하고 빌드 도구에 추가해야 할까? 운영 환경에 릴리스하는 데 필요한 모든 단계를 기억하지 못할 수도 있다. 제공 파이프라인은 프로세스를 코드화하여 사용자가 프로세스를 기억하지 않아도 된다. 인프라 제공 파이프라인에 동의하면 인프라 자원에 상관없이 인프라 변경사항을 일관성 있게 확장하고 재현하는 데 유용하다.

7.1.2 지속적인 제공

충돌사항은 CI를 사용해 변경사항을 병합하여 검사했는데, 시스템이 기대한 대로 동작할지는 어떻게 알 수 있을까? CI는 형식이나 기준을 검증하지만, 설정이 동작할지 여부는 릴리스하기 전엔 알 수 없다. 단위 테스트로 조금은 자신을 얻었지만, 더 많은 테스트가 있어야 업데이트 사항을 편한 마음으로 적용할 수 있다.

그림 7.4는 IaC에 대한 CI 워크플로를 재구성한다. 제공 파이프라인을 변경하여 단위 테스트 이후에 몇 단계를 추가한다. 변경사항을 동료에게 검토 요청하기 전에, 설정을 테스트 환경에 배포하여 통합 및 종단 간 테스트를 진행한다. 동료 검토 후, 운영 환경에 변경사항을 제공하고 종단 간 테스트를 다시 실행하여 운영 환경에서 동작하는지 검증한다.

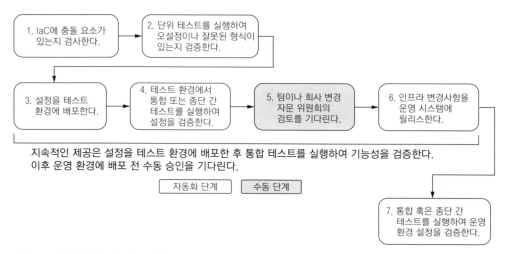

그림 7.4 지속적인 제공은 테스트 환경에 변경사항을 자동 배포 후 실행한 뒤, 운영 환경에 배포하기 위해 수동 승인을 기다린다.

기존 제공 파이프라인에 **지속적인 제공**^{CD, Continuous Delivery}을 도입하여 확장했다. CD는 인프라 설정이 단위 테스트를 통과하면 테스트 환경에 설정을 배포한 후 통합 또는 종단 간 테스트를 진행하는 단계를 제공 파이프라인에 추가한다.

> **정의**   IaC **지속적인 제공(CD)**은 인프라 변경사항을 저장소에 병합한 후 테스트 환경에 배포하여 통합 또는 종단 간 테스트를 진행한다. 변경사항을 운영 환경에 릴리스하기 전에 수동 품질 관리 관문 단계를 포함할 수 있다.

언제든지 변경사항을 소스 관리에 푸시할 경우, 워크플로가 시작되어 변경사항을 테스트 환경에서 검증한다. 통합 및 종단 간 테스트를 통과하면 파이프라인은 운영 환경에 변경사항을 배포하기 전 수동 승인을 기다린다.

왜 CI가 아닌 CD를 사용해야 할까? CD는 6장에서 열심히 작성한 자동화 테스트를 모두 포함하고, **품질 보증 관문**으로서 추가한다. 팀원은 테스트로 변경사항을 검증했다면 좀 더 자신감을 갖고 변경사항을 검토할 수 있다.

> **참고** 지속적인 제공에 대해 다루려면 책 한 권이 필요하다! 나는 인프라에 대해서만 지속적인 제공을 적용했고 하나의 절에서 다루려고 했다. 좀 더 실무적인 예제를 보고 싶다면, 내가 작성한 예시 파이프라인을 http://mng.bz/mOy8에서 확인할 수 있다. 파이프라인은 깃허브 액션을 사용해 hello-world 서비스를 구글 클라우드 런에 배포한다. 파이프라인은 단위 테스트, 테스트 환경 배포, 통합 테스트 단계를 포함한다.

CD는 작고 주기적인 코드 변경사항을 포함해야 한다. 이러한 변경사항을 푸시하면 자동으로 테스트 환경에 배포하고 수동 승인을 거쳐 운영 환경에 배포한다. 그러나 수동 승인을 기다리는 변경사항이 쌓이면 교통 체증을 일으킨다. 일부 느린 자동차로 인해 많은 차가 느려질 수 있고, 궁극적으로는 예상되는 도착 시간에도 영향을 미친다!

수동 승인 단계는 변경사항에 대한 배치batch 작업을 생성하여 문제를 야기한다. 그림 7.5처럼 너무 거대한 배치 변경사항을 푸시할 경우, 시스템이 처리 및 변경사항을 배포하는 것을 기다려야 한다. 공교롭게도 일부 변경사항이 서로 충돌하여 의도치 않은 장애가 발생하기도 한다. 팀은 며칠에 걸쳐 어떠한 변경사항이 충돌하여 문제가 발생했는지 추적한다.

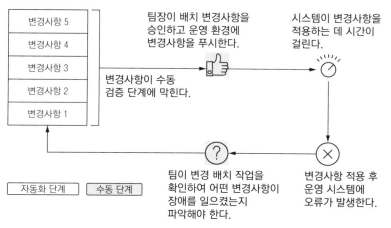

그림 7.5 문제 해결이 복잡하지 않도록 수동 승인 절차를 도입할 때 많은 변경사항 작업을 운영 환경에 반영하지 않도록 하자.

CD를 사용할 때는 변경사항을 최대한 빨리 승인하자. 수동 승인을 위해 짧은 피드백 주기를 도입하자. 한 번에 몇 가지 변경점을 승인할지 제한을 두는 방법도 있다. 두 해법 모두 수동 승인에 대한 일부 위험을 낮출 수 있다. 수동 검증 단계 자체를 없앨 수 있는 해법은 다음 절에서 다룰 예정이다.

7.1.3 지속적인 배포

제공 파이프라인에서 수동 단계를 제거함으로써 많은 변경사항 배치 작업을 예방할 수 있을까? 가능하지만 CI/CD를 먼저 사용 후 수동 승인 단계를 제거해야 한다.

파이프라인 수동 승인 절차를 제거하는 것은 테스트를 신뢰한다는 뜻이다. 그림 7.6의 파이프라인은 더 많은 통합 그리고 종단 간 테스트를 추가하여 시스템을 검증하고 운영 환경에 변경사항을 자동으로 푸시한다. 테스트가 시스템의 기능을 검사하는 데 충분하고 변경사항을 쉽게 원복할 수 있다는 자신감이 있다. 따라서 수동 승인 단계를 제거하고 운영 환경에 변경사항을 즉시 배포한다.

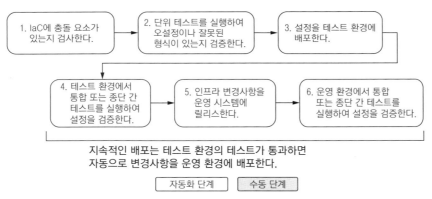

그림 7.6 지속적인 배포는 변경사항 테스트와 운영 환경 배포를 완전히 자동화한다.

지속적인 배포^{continuous deployment}는 수동 승인 단계를 제거하고 테스트 환경의 변경사항을 바로 운영 환경에 배포한다.

> **정의** IaC의 **지속적인 배포**는 인프라 변경사항을 테스트 환경에 배포 및 테스트 후 테스트를 통과하면 자동으로 운영 환경에 배포한다.

자동 배포는 변경사항의 교통체증을 예방한다. 인프라 변경사항은 때로 몇 시간이 걸리고, 알지 못하는 의존성에 영향을 준다. 세세한 테스트 전략을 갖고 있고 장애 해결에 익숙하면 지속적인 인프라 배포를 사용할 수 있다.

11장의 기술을 활용하여 장애를 해결하면 지속적인 배포 적용 시 유용하다. 그러나 대부분의 조직은 테스트에 대한 자신감과 원복 과정에 대한 자신감이 부족하여 지속적인 인프라 배포를 완전히 도입하지는 못한다. 이러한 패턴에 시간과 노력을 투자함으로써 지속적인 배포 모델에 한층 더 가까이 다가갈 수 있다.

7.1.4 제공 방법 선택하기

지속적인 제공과 배포는 워크플로를 생성하여 IaC를 테스트하고 운영 환경에 제공한다. 그러나 조직이 모든 변경사항을 자동으로 운영 환경에 배포하는 것을 편하게 받아들이기를 기대할 수는 없다. 인프라 변경 관리와 지속적인 제공 및 배포를 결합하는 것을 추천한다. 먼저 제공 방법을 선택하기 전에 구현하고자 하는 변경 유형을 분류해야 한다.

인프라 변경 유형

변경 유형은 운영 환경에 전달하는 방식에 영향을 준다. 조직의 변경 검토 위원회와 협력하여 변경 유형을 분류하고 유형별로 테스트와 검토를 자동화해야 한다. 그러지 않으면 감사 요건을 만족시키지 못할 수 있다.

매주 서버에 주기적인 변경사항을 적용한다고 가정해 보자. 서버 IaC를 업데이트하고 새 태그를 생성한다. 자동화는 거의 바뀌지도 실패하지도 않는다. 또한 자동화가 실패할 경우 어떻게 고쳐야 하는지 정확히 알고 있다. 서버의 주기적인 변경사항은 지속적인 배포를 적용하기 위한 좋은 후보가 된다.

그림 7.7에서는 서버 변경사항을 수동 승인 없이 운영 환경에 지속적으로 배포한다. 파이프라인은 수동 승인 대신 테스트 환경에서 커밋 메시지의 접두사를 검사하는 테스트를 진행한다. 해당 변경사항의 커밋 메시지는 표준 변경 문구를 갖고 있어 파이프라인이 수동 승인을 건너뛴다.

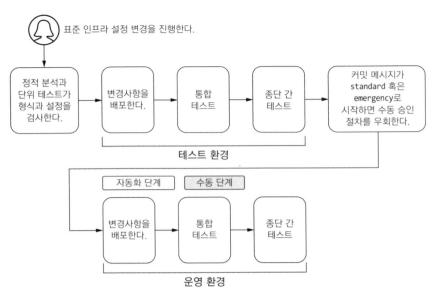

그림 7.7 표준 혹은 긴급 변경사항은 제공 파이프라인이 운영 환경에 자동으로 배포하기 전에 초기 동료 검토를 거칠수 있다.

주기적으로 인프라 **표준 변경사항**standard change을 만든다. 표준 변경사항의 예로는 오케스트레이터의 컨테이너 이미지 업그레이드, 새 대기열 배포, 모니터링 시스템에 새 알림 추가가 있다. 변경사항이 실패하면, 런북runbook을 참조하여 다른 것에 영향을 주지 않고 변경사항을 원복할 수 있다.

> **정의** 인프라 **표준 변경**은 잘 정의된 행동과 원복 계획을 갖고 있는 공통적으로 변경사항을 적용하는 방식이다.

왜 표준 변경사항에 지속적인 배포 도입을 고려해야 할까? 표준 변경사항은 종종 공통으로 자동화된, 잘 정의된 조치사항을 포함한다. 팀원이 반복되는 변경사항에 대해 검토 및 승인을 하는 것은 바람직하지는 않다. 표준 변경 검토는 팀원이 좀 더 중요한 변경사항에 집중하지 못하게 한다.

다른 유형의 변경도 지속적인 배포 적용 시 이득을 볼 수 있다. 서버 애플리케이션이 동작하지 않는 것을 발견했다고 가정해 보자. 애플리케이션을 빨리 재기동해야 한다. 표준 변경을 진행하는 대신, IaC를 고치고 커밋 메시지를 emergency로 작성한다. 변경사항 푸시 후, 빌드 시스템이 커밋 메시지를 확인하여 긴급 변경임을 확인하고 수동 승인 단계를 우회한다.

표준 변경사항 대신, 운영 환경을 고치기 위한 긴급 복구 시나리오에 따라 **긴급 변경사항** emergency change을 지속적으로 제공할 수 있다. 가능하면 IaC를 사용해 오류를 고치고 커밋 메시지를 사용해 긴급 변경을 파악하자.

정의   인프라 **긴급 변경**은 운영 시스템의 기능을 고치기 위해 빨리 적용하는 변경사항이다.

긴급 변경사항은 시스템을 빨리 고쳐야 하므로 수동 승인 없이 바로 운영 환경에 배포한다. 수동 승인 시 문제 해결을 방해할 수 있다. 결과적으로 긴급 변경사항을 우회할 수 있는 수단을 추가함으로써 문제를 빨리 해결하고 해결 이력을 기록할 수 있다.

표준 및 긴급 변경사항을 지속적으로 배포하기 위해서는 파이프라인에 수동 승인 우회 단계를 넣기 전에 자동 테스트를 추가해야 한다. 더 나아가, 우회할 수 있는 커밋 메시지 구조를 표준화해야 한다. 우회는 엔지니어가 변경 백로그 없이 변경사항을 배포할 수 있도록 한다. 또한 감시 팀 및 보안 팀이 변경 순서를 감시할 수 있도록 한다.

수동으로 긴급 변경사항을 적용하면 안 될까?

IaC와 제공 파이프라인을 활용하여 긴급 변경사항을 적용하는 것을 강력 추천한다. 커밋은 문제 해결 단계를 기록하고, 파이프라인은 시스템을 더 망가뜨리는 변경사항을 자동 적용하기 전에 변경사항을 테스트한다.

그러나 빠르게 고친 내용의 배포를 배포 파이프라인으로 진행할 경우 시간이 너무 오래 걸릴 수 있다. 이때 자동화 테스트나 파이프라인의 검사를 이용할 수 없다는 사실을 인지하고 변경사항을 수동으로 적용하는 것을 고려할 수 있다.

수동 변경사항을 적용한 후, 실제 인프라 상태와 IaC가 기대하는 상태를 일치시켜야 한다. 이러한 관행은 설정을 수동으로 변경하여 실제 인프라 자원과 맞추는 작업을 포함한다(해당 기술에 대해서는 2장을 참고하자).

그 밖의 변경사항에 대해서는 지속적인 배포를 적용하면 안 된다. 새 프로젝트를 할당받았다고 가정해 보자. 모든 네트워크에 IPv6을 허용해야 한다. 네트워크 변경사항 적용 시 네트워크 내 모든 애플리케이션과 시스템에 영향을 줄 수 있다!

이러한 신규 혹은 주요 변경사항에 대해서는 수동 승인 절차를 건너뛰면 안 된다. 숙련된 네트워크 엔지니어가 IaC를 검토하길 원한다. 그림 7.8은 네트워크 IaC를 IPv6으로 업데이트한 후 운영 환경 배포 전에 수동 승인을 기다린다. 수동 승인 절차는 다른 애플리케이션과 엔지니어링 팀에게 변경이 실패할 경우 영향 범위가 클 수 있음을 전달한다.

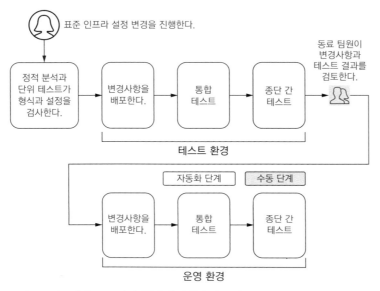

그림 7.8 신규 혹은 주요 변경사항은 운영 환경 배포 전 동료의 수동 승인을 받아야 한다.

신규 혹은 주요 변경사항^{new or major change}은 시스템의 아키텍처, 보안 또는 가용성에 영향을 줄 수 있다. 이러한 변경사항은 이슈나 티켓을 통해 변경사항에 대한 정당성을 제시해야 하며 협의가 필요하다. 또한 팀이나 회사 동료의 수동 변경 검토를 받는다.

> **정의** 신규 혹은 주요 인프라 변경사항은 시스템의 아키텍처, 보안 또는 가용성에 영향을 줄 수 있다. 이러한 변경사항은 잘 정의한 적용 계획이나 원복 계획이 없다.

주요 변경사항은 영향도가 크거나 실패 위험성이 높다. 이와 유사하게 신규 혹은 잘 모르는 변경사항은 예상치 못한 결과를 초래하고 원복 단계가 복잡해질 수 있다. 수동 승인 요청은 변경사항 실패 시 도움이 필요할 수 있다는 신호를 보낸다. 다른 신규 혹은 주요 변경사항은 네트워크 CIDR 블록(다른 블록 위치에 영향을 줄 경우), DNS, 인증서 변경, 워크로드 오케스트레이터 변경 또는 플랫폼 리팩토링(보안 관리자를 애플리케이션에 추가하는 등)이 있다.

변경 유형에 따른 제공 방식

변경사항과 그 유형을 분류하고 나면, 제공 방법을 결정할 수 있다. 대부분의 표준 및 긴급 변경은 지속적인 배포를 사용하고, 신규 및 주요 변경사항은 CD를 사용한다.

표 7.1은 대략적인 변경 유형별 제공 방식 및 예시를 보여준다. 그러나 관행에도 예외는 존재한다. 일부 표준 변경사항은 다른 자원에 영향을 주기 때문에 CD가 필요할 수 있다. 반대로 그린필드(신규) 환경의 경우 다른 시스템에 영향을 주지 않으므로 지속적인 배포를 적용할 수 있다.

표 7.1 변경 유형 및 제공 방법

변경 유형	제공 방법	운영 환경 배포 전 수동 승인 필요 여부	예시
표준	지속적인 배포	아니요	서버를 확장 그룹에 추가
긴급	지속적인 배포 혹은 수동 변경	아니요	운영 시스템 이미지를 이전 버전으로 원복
주요	지속적인 제공	예	모든 서비스와 인프라에 SSL 적용
신규	지속적인 제공	예	신규 인프라 컴포넌트를 배포

지속적인 통합, 제공, 배포는 소프트웨어 개발 주기에도 적용할 수 있다. 그러나 인프라 수명 주기에 도입할 경우 조직의 변경 및 검토 절차의 한계를 밀어붙인다. 주기적으로 변경사항을 분류하고 변경 및 검토 절차를 평가하는 것은 앞서 모듈 공유 사례 때 언급했듯이 생산성과 거버넌스의 균형을 맞추는 데 유용하다.

설정 관리

설정 관리 도구는 변경 유형을 평가하고 지속적인 제공이나 배포를 적용하기 위해 유사하게 접근해야 한다.

일반적인 규칙으로 신속하게 변경사항을 검토 및 승인하고 **운영 환경에 가능한 한 빨리 푸시**하자. 큰 변경사항을 갖는 배치는 거대한 영향 범위를 갖는다. 만일 모든 변경사항을 배치 하나에 추가하고 핵심 사업 애플리케이션에 영향을 준다면, 배치의 각 변경사항을 확인하여 문제를 해결해야 한다. 문제 해결의 복잡성은 어떠한 변경사항이 시스템에 영향을 주었는지 파악해야 할 때 증가한다.

7.1.5 모듈

모듈을 위한 제공 파이프라인은 어떻게 구축할 수 있을까? 5장에서 인프라 모듈의 공유, 릴리스, 버전 관리 방법을, 6장에서는 기능을 테스트하는 방법을 배웠다. 모듈 테스트와 릴리스의 자동화에 대해서는 넌지시 이야기했었으나 전체 제공 파이프라인을 설명하지는 않았다.

인프라 모듈 제공 파이프라인은 설정을 운영 환경에 배포하는 파이프라인과 살짝 다르다. 그림 7.9의 파이프라인을 변경하여 테스트 후 운영 환경에 제공하는 대신 모듈을 릴리스한다. 이때도 팀이 모듈을 검토할 수 있도록 수동 승인 단계를 유지한다.

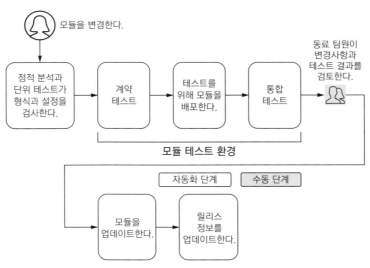

그림 7.9 모듈 테스트 후 모듈을 변경하고 신규 모듈 버전을 릴리스하기 전에 팀이 변경사항과 테스트 결과를 검토하는 것을 기다리자.

설정 변경 유형처럼 모듈 변경 유형을 표준, 긴급, 주요, 신규 변경으로 분류할 수 있다. 표 7.2는 변경 유형, 제공 방법과 예시를 대략적으로 보여준다. 대부분의 경우 설정 변경 유형별 추천하는 제공 방식과 일치한다.

표 7.2 모듈 변경 유형 및 제공 방법

변경 유형	제공 방법	운영 배포 전 수동 승인 필요 여부	예시
표준	지속적인 배포	아니요	기존 일반 매개변숫값을 오버라이딩할 수 있도록 변경
긴급	지속적인 배포 혹은 브랜치	아니요	운영 시스템 이미지를 이전 버전으로 원복
주요	지속적인 제공	예	데이터를 사용해 데이터베이스나 인프라 변경
신규	지속적인 제공	예	신규 서버 모듈 배포

일부 모듈 변경은 검토 또는 데이베이스 설정이나 데이터 관련 인프라처럼 해당 분야 전문가와 공동 작업하는 것이 유용하다. 그러나 긴급 모듈 변경은 다른 제공 방법을 취해야 할 수도 있다.

분리성을 다음 두 가지 방식 중 하나를 채택하여 달성할 수 있다. 수정사항을 적용하고 지속 배포하여 모듈의 변경사항을 포함한 신규 버전의 모듈을 릴리스할 수 있다. 대안으로 모듈 저장소에 **브랜치**branch를 생성하여 인프라 설정이 브랜치를 참조하도록 업데이트할 수 있다.

정의 버전 관리 **브랜치**는 코드의 스냅샷 주소를 갖는다. 브랜치는 변경사항을 스냅샷별로 분리하여 적용할 수 있도록 한다.

브랜치 검증 후, 모듈의 주 브랜치를 표준 변경 절차를 통해 업데이트할 수 있다. 모듈을 브랜치로 관리하면 긴급 모듈 변경사항을 빠르게 적용하고 이후 형상에 변경사항을 반영할 수 있도록 한다.

만일 다른 팀이 버전을 고정한 것을 알고 있다면, 모듈을 수정한 신규 버전을 지속적으로 배포하는 방식을 선호한다. 브랜치가 긴급 변경사항을 분리할 수는 있으나, 이후 모듈 메인 릴리스 브랜치에 변경사항을 병합하는 것을 기억해야 한다. 다음 절에서는 브랜치 모델이 무엇이며, 어떻게 브랜치를 적용하여 IaC를 변경할 수 있는지 배울 수 있다.

7.2 브랜치 모델

지속적인 제공이나 배포 적용 외에도, 변경사항을 메인 설정 저장소에 병합하는 방식을 표준화해야 한다. 버전 관리의 주 브랜치는 설정의 진실 공급원 역할을 한다. 설정을 변경하려면 팀 내에서 추가적인 조정과 협력이 필요하다.

팀원이 인증서를 갱신하는 동안 방화벽 정책의 접근 권한을 줄이려 한다고 가정해 보자. 팀이 CD 파이프라인으로 테스트 후 수동으로 변경사항을 운영 방화벽에 적용한다. 그러나 두 변경사항에 대해 두 가지 문제점이 있다.

첫째, 어떻게 두 명이 동시에 작업하면서 변경사항을 독립적으로 테스트할 수 있는가? 둘째, 어떤 변경사항을 먼저 적용해야 하는지는 어떻게 제어할 수 있는가? 그림 7.10은 누가 변경사항을 먼저 배포해야 하는지에 대한 딜레마를 간략하게 보여준다. 두 변경점을 한 번에 푸시하는 것을 피하고 싶다. 만일 방화벽으로 인해 네트워크 접근에 실패하면 어떠한 변경사항이 문제를 야기했는지 알 수 없다.

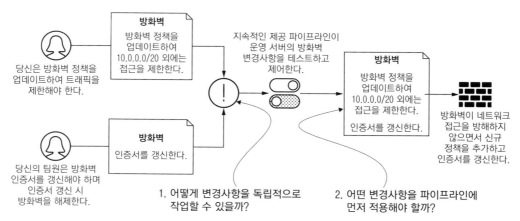

그림 7.10 CD 파이프라인으로 방화벽 변경사항을 제공한다 하더라도 어떤 변경사항을 먼저 적용할지 파악하기 위한 추가 개발 조정이 필요하다.

브랜치 모델^{branching model}은 팀이 어떻게 버전 관리를 사용할지를 조정하여 병렬적으로 작업할 수 있게 하면서도 서로 간섭하는 것을 최소화하고 문제 해결의 복잡성을 낮춘다. 피처 기반^{feature-based} 혹은 트렁크 기반^{trunk-based} 브랜치 두 모델 중 한 가지 개발 방법을 선택할 수 있다.

> **정의** 브랜치 모델은 팀이 어떻게 버전 관리를 사용해 병렬로 작업하고 서로 충돌을 해결할 수 있는지를 정의한다.

각 브랜치 모델은 특히 IaC에 있어 적용하기가 복잡하다. 먼저 어떻게 두 개발 모델을 적용하여 방화벽 정책과 인증서 갱신을 조정할 수 있는지 설명하겠다. 이후 각 방법의 한계 및 어떤 방식을 선택할지 고르는 방법에 대해 논의할 예정이다.

7.2.1 피처 기반 개발

만약 팀원 간 각자 변경사항을 결합하기 전에 분리된 환경에서 작업할 수 있다면 어떨까? 만일 팀원이 인증서 변경 브랜치를 생성하고 당신이 방화벽 변경 브랜치를 생성한다면 서로의 변경사항을 분리할 수 있다. 두 작업이 끝난 경우, 주 브랜치에 변경사항을 결합하고 충돌 요소를 해결할 수 있다.

그림 7.11은 당신과 팀원이 변경사항을 다른 브랜치에서 작업하는 과정을 묘사한다. 당신은 방화벽 정책에 대한 브랜치를 TICKET-002로 만들고, 팀원은 인증서 갱신 브랜치를 TICKET-005로 만든다. 방화벽 정책이 먼저 승인이 되어, 해당 내용을 주 브랜치에 병합하고 운영 환경에 배포한다. 팀원은 인증서 갱신 작업을 계속 진행한다. 방화벽 정책 업데이트를 자기 브랜치에 반영하고 작업 후 변경사항을 주 브랜치에 병합하기 전에 테스트를 진행한다.

피처 기반 개발^{feature-based development}은 브랜치로 작업한 변경사항을 팀원과 분리함으로써 독립적으로 변경사항을 진화시킬 수 있다.

> **정의** 피처 브랜칭(feature branching) 혹은 **깃플로**(Git Flow)로도 알려진 **피처 기반 개발**은 변경사항을 브랜치별로 분리하는 브랜치 패턴이다. 특정 브랜치의 변경사항을 테스트한 후 주 설정 브랜치에 병합한다.

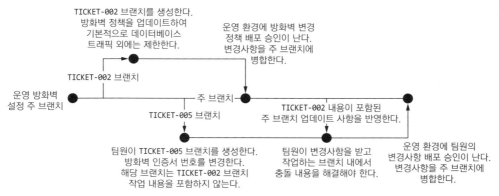

그림 7.11 피처 기반 개발 방법을 사용할 경우 변경사항을 작업한 브랜치로 분리하고, 이후 주 설정 브랜치와 충돌하는 부분을 해결한다.

피처 기반 개발 워크플로는 타인의 변경사항에 신경 쓰지 않고 작업한 변경사항의 결합성에 집중하는 데 유용하다. 그러나 주 브랜치의 변경사항을 계속 받아와서 작업한 브랜치 내의 충돌사항을 해결해야 한다. 피처 기반 개발은 각 팀원이 부지런하게 자기 브랜치를 업데이트 하고 테스트할 때 가장 잘 동작한다.

피처 기반 개발 사용법을 자세히 알아보자. 방화벽 개발에 피처 기반 개발 워크플로를 적용 하여 버전 관리에서 설정 파일을 로컬에 복제한다고 가정해 보자.

```
$ git clone git@github.com:myorganization/firewall.git
```

업데이트의 포인터 역할을 할 브랜치를 생성한다. 브랜치 이름을 티켓 이름(예: TICKET-002)에 맞춰 지을 것을 권장하나, 대시로 구분하는 설명을 이름으로 사용해도 된다.

```
$ git checkout -b TICKET-002
```

브랜치의 방화벽 정책을 변경한다. 이후 명령어를 입력하여 변경사항을 로컬 브랜치에 커밋 한다.

```
$ git commit -m "TICKET-002 Only allow traffic from database"
[TICKET-002 cdc9056] TICKET-002 Only allow traffic from database
 1 file changed, 0 insertions(+), 0 deletions(-)
 create mode 100644 firewall.py
```

변경사항을 로컬에 적용했으나 다른 사람이 검토하길 원하므로 원격 브랜치에 변경사항을
푸시한다.

```
$ git push --set-upstream origin TICKET-002
Enumerating objects: 7, done.
Counting objects: 100% (7/7), done.
Delta compression using up to 8 threads
Compressing objects: 100% (3/3), done.
Writing objects: 100% (5/5), 1.06 KiB | 1.06 MiB/s, done.
Total 5 (delta 1), reused 0 (delta 0), pack-reused 0
remote: Resolving deltas: 100% (1/1), completed with 1 local object.
To github.com:myorganization/firewall.git
 * [new branch]      TICKET-002 -> TICKET-002
Branch 'TICKET-002' set up to track remote branch
➥'TICKET-002' from 'origin'.
```

작업하는 동안 팀원은 인증서를 갱신하는 **TICKET-005**를 작업한다. 팀원이 **TICKET-005** 브랜치
를 생성하나 브랜치에는 방화벽 정책 업데이트가 반영되지 않았으며 앞서 작업한 브랜치 또
한 팀원의 인증서 변경사항을 포함하지 않는다. 두 브랜치의 다른 부분을 검토할 수 있다.

```
$ git diff TICKET-002..TICKET-005
diff --git a/firewall.py b/firewall.py
index 74daecd..aaf6cf4 100644
--- firewall.py
+++ firewall.py
@@ -1,3 +1,3 @@
-print("License number is 1234")
+print("License number is 5678")

-print("Firewall rules should allow from database and deny by default.")
\ No newline at end of file
+print("Firewall rules allow all.")
\ No newline at end of file
```

풀 요청^{pull request}을 생성하여 팀원에게 자신의 작업이 끝났음을 알린다.

> **정의** **풀 요청**은 저장소 관리자에게 주 저장소에 병합하고 싶은 외부 변경사항이 있음을 알린다.

변경 자문 위원회에게 풀 요청을 검토받는다. 위원회는 변경사항을 승인하고, 작업한 내용을 주 설정 브랜치에 병합한다.

팀원은 아직 인증서 갱신 승인을 얻지 못했다. 운영 환경 설정에 영향을 주지 않기 위해, TICKET-002 내용을 포함한 모든 주 브랜치 변경사항을 반영해야 한다.

```
$ git checkout main
Switched to branch 'main'
Your branch is behind 'origin/main' by 1 commit, and can be fast-forwarded.
  (use "git pull" to update your local branch)

$ git pull --rebase
Updating 22280e7..084855a
Fast-forward
 firewall.py | 2 +-
 1 file changed, 1 insertion(+), 1 deletion(-)
```

이후 작업하던 TICKET-005 브랜치로 돌아와서 주 브랜치 변경사항을 병합한다.

```
$ git checkout TICKET-005
Switched to branch 'TICKET-005'
Your branch is up to date with 'origin/TICKET-005'.

$ git merge main
Auto-merging firewall.py
Merge made by the 'recursive' strategy.
 firewall.py | 2 +-
 1 file changed, 1 insertion(+), 1 deletion(-)
```

팀원이 방화벽 설정을 검토하면 TICKET-002 변경사항을 찾게 된다. 이후 주 브랜치 변경사항을 반영하여 작업한 브랜치를 업데이트한다.

```
$ git push --set-upstream origin TICKET-005
Enumerating objects: 7, done.
Counting objects: 100% (7/7), done.
Delta compression using up to 8 threads
Compressing objects: 100% (3/3), done.
Writing objects: 100% (5/5), 1.06 KiB | 1.06 MiB/s, done.
Total 5 (delta 1), reused 0 (delta 0), pack-reused 0
```

```
remote: Resolving deltas: 100% (1/1), completed with 1 local object.
To github.com:myorganization/firewall.git
 * [new branch]      TICKET-005 -> TICKET-005
Branch 'TICKET-005' set up to track remote branch 'TICKET-005' from 'origin'.
```

팀원의 변경사항이 승인을 받으면, 신규 방화벽 인증서를 주 브랜치에 병합할 수 있다.

피처 기반 개발은 각 팀원이 일련의 단계를 수행해야 한다. 해당 워크플로의 테스트와 병합 프로세스를 자동화함으로써 간단하게 만들 수 있다. 제공 파이프라인을 사용해 브랜치 간 변경사항을 조직화하자.

그림 7.12는 팀원과의 피처 기반 개발 워크플로 제공 파이프라인을 조직화한다. 작업자별로 개별 테스트 환경을 갖는 브랜치 파이프라인을 받게 된다. 예를 들어, 당신은 TICKET-002 브랜치와 신규 방화벽 환경을 받아 변경사항을 분리할 수 있다. TICKET-002 환경에서 단위 테스트 및 변경사항 배포 후 통합 및 종단 간 테스트를 진행할 수 있다.

브랜치 작업 내용이 테스트를 통과하면, 변경사항을 주 브랜치에 병합한다. 작업하는 동안 팀원은 독자적으로 TICKET-005 브랜치와 방화벽 환경을 생성한다. 팀원은 당신이 방화벽 설정을 최근에 변경한 사실을 알게 된다.

그림 7.12에서 팀원은 주 브랜치 변경사항을 반영하고 해당 사항이 기존 브랜치 환경 및 작업한 내용에서 여전히 동작하는지 확인한다. 팀원이 개인 브랜치에서 동일하게 단위, 통합, 종단 간 테스트를 실행한 후, 운영 배포를 위해 TICKET-005 변경사항을 주 브랜치에 병합한다.

왜 브랜치별로 테스트 환경을 생성해야 할까? 브랜치별로 테스트 환경을 생성하면 변경사항을 브랜치로 분리하고 주 브랜치와 상관없이 테스트할 수 있다. 임시 환경이므로 브랜치의 테스트 환경은 지속적으로 유지할 필요가 없으면 전반적인 인프라 비용을 낮춘다. 그러나 테스트 환경 생성 시간이 소요될 수 있다.

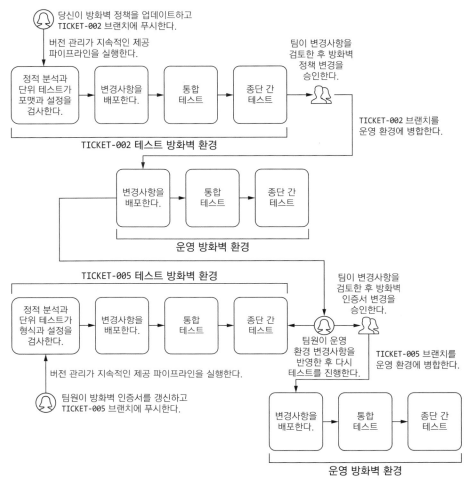

그림 7.12 피처 기반 개발 방법을 사용해 분리된 브랜치에서 변경사항을 테스트할 수 있다.

팀은 피처 기반 개발 방법을 통해 다음과 같은 이득을 얻는다.

- 변경사항을 브랜치로 분리할 수 있음
- 브랜치 내에서 변경사항을 테스트할 수 있음
- 동료 검토를 강제할 수 있음. 누군가가 변경사항을 승인해야만 변경사항을 운영 환경
  에 병합 가능
- 긴급 변경사항을 브랜치로 분리할 수 있음. 긴급 변경을 검증한 후 주 브랜치에 병합
  가능

다행히도 깃허브^{GitHub}, 깃랩^{GitLab}과 같은 저장소 제공 서비스는 피처 기반 개발 모델을 자동화할 수 있는 기능이 있다. 이러한 기능은 특정 피처를 추적할 수 있는 라벨이나, 브랜치 병합 전 통합 테스트 상태를 검사하는 기능, 오래된 브랜치 자동 삭제 기능을 포함한다. 또한 검토자 목록을 정의하고 자동으로 담당자를 풀 요청에 추가할 수 있다.

7.2.2 트렁크 기반 개발

조직이 브랜치별 테스트 환경을 생성하고 싶지 않고, 많은 엔지니어가 피처 기반 개발 워크플로가 불편하다고 가정해 보자. 브랜치를 생성하는 대신, 팀이 함께 주 브랜치에서 작업한다.

그림 7.13은 주 브랜치에서 팀이 협력할 수 있는 방법을 보여준다. 당신이 방화벽 정책을 업데이트하고 먼저 변경사항을 푸시한다. 이후 팀원이 로컬 저장소에 변경사항을 반영하고 작업한 내용을 주 브랜치에 푸시한다.

그림 7.13 트렁크 개발 방법을 사용하면 하나의 주 브랜치에 운영 설정을 직접 변경한다.

워크플로는 하나의 브랜치에 작업사항을 푸시하므로 작업이 간소해 보인다. **트렁크 기반 개발** trunk-based development은 변경사항을 버전 관리를 통해 분리하지 않고 직접 주 브랜치에 푸시한다.

> **정의** **트렁크 기반 개발** 또는 **주 브랜치 직접 푸시**는 모든 변경사항을 주 브랜치에 직접 푸시하는 브랜치 패턴이다. 이 패턴은 소규모 변경사항을 선호하고 테스트 환경을 통해 변경사항이 성공했음을 검증한다.

트렁크 기반 개발은 변경사항을 팀원과 독립적으로 진화시킬 수 없다. 그러나 이러한 제한은 이득이 되기도 하는데, 트렁크 개발 방법은 변경사항을 '특정 순서'대로 진행하도록 강제한다. 무슨 커밋이 무엇을 변경하는지 빨리 파악하고 해결할 수 있다. 패턴은 독자적인 방법으로 IaC 변경사항을 조율하고 적용한다.

트렁크 기반 개발 방법을 앞선 방화벽 정책 사례에 적용해 보자. 먼저 버전 관리에서 방화벽 설정을 로컬 저장소에 복제한다. 복제할 때 주 브랜치를 검사할 수 있다.

```
$ git clone git@github.com:myorganization/firewall.git
$ git branch --show-current
main
```

방화벽 정책 변경사항을 주 브랜치에서 작업 후 커밋한다.

```
$ git commit -m "TICKET-002 Only allow traffic from database"
[TICKET-002 cdc9056] TICKET-002 Only allow traffic from database
 1 file changed, 0 insertions(+), 0 deletions(-)
 create mode 100644 firewall.py
```

주 브랜치 변경사항을 로컬 저장소에 반영한다. git pull --rebase 명령어를 사용해 원격 저장소 변경사항을 가져와 병합 후 로컬의 변경사항을 재배치한다.

```
$ git pull --rebase
Already up to date.
```

이제 변경사항을 주 브랜치에 푸시할 수 있다. 변경사항을 푸시하면 그림 7.14의 제공 파이프라인이 동작해야 한다. 파이프라인은 테스트 환경에서 단위 및 통합 테스트를 진행한다. 테스트를 모두 통과하면 팀의 수동 승인을 기다린다. 승인을 받으면 파이프라인이 방화벽 정책 변경사항을 운영 환경에 배포한다.

만일 변경사항이 실패할 경우 운영 환경 배포 전에 파이프라인을 중단한다. 테스트 환경 단계에서 실패사항을 발견하고 변경사항을 복원한다. 다른 사람들이 변경사항을 운영 환경에 배포하는 동안 문제를 해결한다.

트렁크 기반 개발은 테스트와 변경사항 배포를 위해 제공 파이프라인에 크게 의존한다. 제공 파이프라인은 유지되는 테스트 환경을 제공하여 변경사항의 충돌 여부를 평가해야 한다. 유지되는 테스트 환경은 비용이 들지만 변경사항이 운영 환경에서 동작하는 것을 좀 더 정확하게 반영할 수 있다.

트렁크 기반 개발 워크플로는 수행 단계가 적다. 대부분 인프라 팀은 워크플로가 변경사항을 특정 순서대로 진행할 수 있다는 점에서 유용하게 생각한다. 트렁크 기반 개발은 변경사항이 서로 어떠한 영향을 주는지에 대해 지속적인 피드백 고리를 생성한다. 또한 작은 변경사항에 대해 주 설정의 변경사항과 충돌하는 부분을 해결하여 운영 환경에 배포하는 관행을 촉진한다. 팀원의 변경사항과 충돌할 경우 어떤 의존성이 테스트 환경에 영향을 주었는지 빨리 파악할 수 있다.

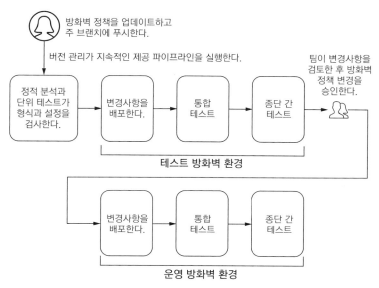

그림 7.14 트렁크 기반 개발은 지속적으로 운영 환경에 변경사항을 제공할 수 있는 파이프라인이 필요하다.

그러나 트렁크 기반 개발은 충돌사항을 해결하고 원복하는 경험이 필요하다. 변경사항을 분리하지 않으므로 하나의 브랜치에서 작업할 때 협업이 어렵다. 초기 협력 과정의 어려움을 극복하면 트렁크 기반 개발 방법이 팀 내 IaC 변경에 대해 더 좋은 가시성을 제공함을 알 수 있다.

7.2.3 브랜치 모델 선택하기

소프트웨어, 인프라 팀과 함께 피처 기반 혹은 트렁크 기반 개발 방법의 장점에 대해 몇 시간씩 토론을 했었다. 해당 미팅의 결론은 늘 팀이 편안하게 느끼는 정도, 팀의 크기, 환경에 따라 브랜치 모델을 결정한다는 것이다. 이번 절에서는 두 브랜치 모델을 인프라에 도입할 때의 제한 및 우려사항을 다룬다.

피처 기반 개발의 어려움

많은 애플리케이션과 인프라 오픈소스 프로젝트는 피처 기반 개발을 성공적으로 사용한다. 피처 기반 개발은 변경사항별로 독립적으로 테스트하고 주요 변경사항을 평가할 수 있는 프레임워크를 제공한다. 많은 협력자 사이의 변경점을 분리하고 주 브랜치 병합 전에 수동 검토 단계를 강제한다. 소스 관리나 CI 프레임워크는 피처 기반 개발을 지원하기 위한 자체적인 통합 기능을 제공한다.

IaC는 피처 기반 개발 시 동일한 이득을 얻는다. 팀은 운영 환경 푸시 전에 인프라 변경사항을 브랜치로 분리하는 것을 즐긴다. 그림 7.15는 당신의 방화벽 정책 변경사항을 팀원이 인증서를 갱신하는 TICKET-005 환경과 별도로 TICKET-002 환경에서 테스트한다. 다른 사람의 변경사항과 충돌하지 않고 사용하는 브랜치에 변경사항을 적용할 수 있다.

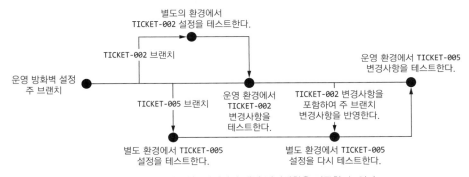

그림 7.15 각 피처 브랜치별로 테스트 환경을 생성하여 개별 변경사항을 검증할 수 있다.

그러나 피처 기반 개발은 몇 가지 어려움이 있다. 첫째, 신규 환경 구축에 시간 및 비용이 소모된다(비용 관리는 12장을 참고하라). 파이프라인은 여러 팀원이 여러 브랜치에서 설정을 작업할 경우 신규 환경을 만들기 위해 고생할 수 있다.

테스트 환경 생성 속도를 개선하기 위해 파이프라인 프레임워크의 러너^{runner}에 투자하여 테스트를 병렬로 진행할 수 있다. 대안으로 하나의 유지되는 테스트 환경을 생성하여 모든 브랜치가 사용하도록 할 수 있다. 그러나 피처 기반 개발은 각 브랜치가 비동기적으로 변경사항을 적용하므로 테스트 환경에 충돌이 발생할 수 있다.

유지되는 테스트 환경을 생성하는 대신 주 브랜치만 통합, 종단 간 테스트를 진행하여 비용을 최적화할 수 있다. 예를 들어 그림 7.16처럼 방화벽 변경사항이 운영 환경에 병합되기 전에 정적 분석, 단위 테스트와 팀 평가만 필요하다면 별도의 테스트 환경을 생성할 필요가 없다.

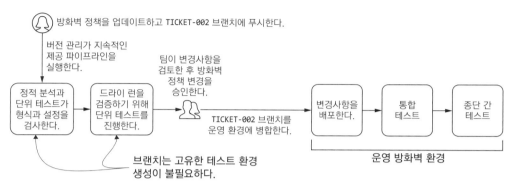

그림 7.16 브랜치의 통합. 종단 간 테스트를 제거하여 다양한 환경 생성과 파이프라인 동시 실행으로 발생하는 비용을 줄일 수 있다.

피처 기반 개발 방법의 또 다른 어려움은 버전 관리에 대한 규율과 친숙함이 필요하다는 점이다. 기존에 버전 관리를 사용하지 않았다면 피처 기반 브랜치 워크플로에 익숙해져야 한다. 워크플로는 변경사항을 병합하고 충돌사항을 해결하는 데 있어 역공학하기 어렵다.

예를 들어, 누군가가 주말에 방화벽 정책을 고치는 브랜치를 생성할 수 있다. 그들이 핫픽스를 병합하는 것을 잊어 당신은 방화벽 변경 내역을 모를 수 있다. 그래서 방화벽 정책을 변경하면서 실수로 작업한 내용을 덮어쓸 수 있다! 시간이 지나며 많은 브랜치가 생기고 어떤 브랜치를 적용했는지 파악해야 한다.

또한 오래 유지되는 브랜치 관리의 어려움에 직면하게 된다. 팀원이 1달 동안 인증서 갱신 작업을 진행했다고 가정해 보자. TICKET-005라는 신규 브랜치를 생성한다. 매일 주 브랜치 변경사항을 확인하고 해당 내용을 작업에 반영해야 한다.

어느 날 팀원의 인증서 갱신에 의존하는 변경사항을 작업해야 한다. 그림 7.17처럼 TICKET-002 브랜치를 생성하여 작업을 시작한다. 작업을 끝냈지만 팀원이 아직 TICKET-005 작업을 진행 중임을 알게 된다! 팀원이 인증서 갱신 작업을 끝낼 때까지 두 달을 더 기다린다. 팀원이 작업을 마친 후, 몇 시간 동안 TICKET-002 브랜치에 변경사항을 반영하고 마침내 변경사항을 운영 환경에 배포한다.

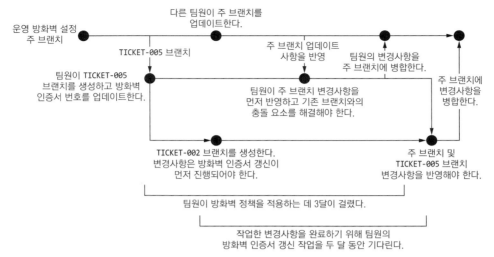

운영 방화벽 설정
주 브랜치

다른 팀원이 주 브랜치를
업데이트한다.

주 브랜치 업데이트
사항을 반영

팀원의 변경사항을
주 브랜치에 병합한다.

TICKET-005 브랜치

주 브랜치에
변경사항을
병합한다.

팀원이 TICKET-005
브랜치를 생성하고 방화벽
인증서 번호를 업데이트한다.

팀원이 주 브랜치 변경사항을
먼저 반영하고 기존 브랜치와의
충돌 요소를 해결해야 한다.

TICKET-002 브랜치를 생성한다.
변경사항은 방화벽 인증서 갱신이
먼저 진행되어야 한다.

주 브랜치 및
TICKET-005 브랜치
변경사항을 반영해야 한다.

팀원이 방화벽 정책을 적용하는 데 3달이 걸렸다.

작업한 변경사항을 완료하기 위해 팀원의
방화벽 인증서 갱신 작업을 두 달 동안 기다린다.

그림 7.17 오래 유지되는 브랜치는 다른 변경사항을 운영 환경에 배포하는 것을 막고 브랜치 처리 과정을 복잡하게 할 수 있다.

피처 기반 개발 방법은 브랜치를 오랜 시간 유지하도록 권장한다. 오랫동안 유지되는 브랜치를 주시하면서 주 브랜치 변경사항을 반영해야 한다. 그렇지 않으면 쉽게 해결할 수 없는 충돌 요소를 맞닥뜨리게 된다. 때로는 문제를 해결하기 위해 기존에 방치했던 브랜치를 삭제하고 변경사항을 최신 사항이 반영된 신규 브랜치에서 재시작하는 것이 유일한 방법일 수도 있다.

트렁크 기반 개발의 어려움

트렁크 기반 개발은 인프라 변경, 설정과 실제 상태 사이에 존재하는 설정 드리프트를 완화하는 데 유용하다. 특히 깃 사용 방법에 익숙해지기 전에 피처 브랜치를 병합하고 관리하는 복잡한 과정을 제거한다.

트렁크 기반 개발은 크고 중요한 변경사항 대신 작은 변경사항을 선호한다. 하나의 브랜치에서 변경사항을 테스트하는 대신 변경사항을 점진적으로 적용한다. 10장에서는 피처 토글 feature toggling을 사용해 변경사항을 점진적으로 적용하여 인프라 장애를 완화하는 방법을 다룬다.

트렁크 기반 개발 방법은 몇 가지 단점이 있다. 변경사항을 운영 환경에 푸시하기 전에 테스트하기 위한 전용 테스트 환경이 필요하다. 그림 7.18은 트렁크 기반 개발의 이상적인 워크플로를 제시한다. 단위 테스트 실행 후 변경사항을 오래 유지되는 테스트 환경에 배포하여 통합 및 종단 간 테스트를 진행한다. 변경사항이 테스트 환경에서 진행한 테스트를 통과하면, 팀원의 검토를 받게 된다. 팀원이 변경사항을 승인하면 운영 환경에 배포하여 통합 및 종단 간 테스트를 진행한다.

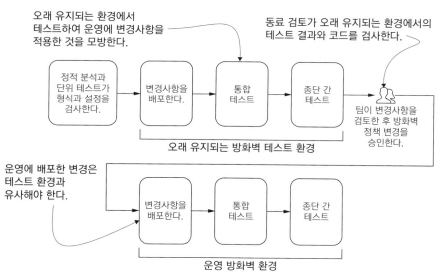

그림 7.18 트렁크 기반 개발은 운영 환경을 모방하고 동료 검토의 신뢰도를 제고하는 전용 테스트 환경이 필요하다.

팀 기준에 부합하는 형식을 강제하기 위해서는 세세한 단위 테스트가 필요하고, 통합 테스트를 통해 기능을 검증해야 한다. 유지되는 테스트 환경은 트렁크 기반 개발 방법의 전반적인 비용을 증가시킨다. 작고 좀 더 모듈화한 인프라 설정의 경우 자원 또는 모듈 내 충돌을 줄이고 인프라 테스트에 필요한 전반적인 비용을 낮춘다.

트렁크 기반 개발이 수동 변경 승인 절차와 충돌한다는 사실을 알게 될 수도 있다. 수동 변경 승인은 누군가가 변경사항을 주 브랜치에 푸시한 경우에 일어난다. 평가자는 변경사항이 동작하는지를 알아야 형식과 설정을 검증할 수 있다. 만일 잘못된 설정을 테스트 환경에 푸시하면, 누군가가 검토하기 전에 빨리 파악하고 원복한다.

표 7.3은 피처 기반 개발과 트렁크 기반 개발의 장단점을 요약한다. 어떤 방식을 선택할지는 팀이 설정하는 인프라 환경과, 버전 관리에 능숙한 정도에 따라 달라진다.

표 7.3 피처 기반 개발과 트렁크 기반 개발 비교

개발 모델	장점	단점
피처 기반 개발	• 브랜치로 변경사항을 분리 • 브랜치로 테스트를 분리 • 수동 코드 검토를 조직화 • 다양한 팀과 기여자 간에 확장 가능	• 브랜치를 계속 감시해야 하고 변경에 익숙해야 함 • 브랜치가 오래 유지되도록 권장함 • 시간과 비용이 많이 듬
트렁크 기반 개발	• 변경사항의 동작을 좀 더 정확하게 나타냄 • 모든 변경사항에 대해 1개의 버전 관리만 사용 • 인프라 변경이 점진적으로 적용되도록 권장함으로써 영향 범위를 줄임	• 오래 유지되는 테스트 환경이 필요함 • 수동 검토를 자동화하는 단계를 포함하지 않음 • 다양한 팀과 기여자 간 확장하기 위해 정책이나 조직이 필요함

팀 안에서 사용할 개발 모델을 설립하고 모델에 대한 동의를 얻어야 한다. 개발 모델에 동의하면 변경사항에 대한 재현성과 전반적인 시스템 가용성이 증진된다. 각 방법의 단점을 인지하고 항상 변경사항을 가능한 한 작게 유지하자. 팀이 어떤 모델을 도입하든 변경사항을 운영에 최대한 주기적으로 적용하여 변경사항의 영향 범위를 줄이자.

7.3 동료 검토

5장과 7장에서는 제공 파이프라인과 모듈 변경 시 검토 단계 추가의 중요성을 강조했다. 왜 시간을 들여 팀원의 IaC를 검토해야 할까? 검토 시 어떤 부분에 주목해야 할까?

동료 검토peer review는 팀원이 작성한 인프라 설정에 대해 제안을 하거나 설정이 기준이나 형식에 부합하는지 확인하는 것을 가능케 한다.

> **정의** **동료 검토**는 팀원이나 다른 팀이 작성한 인프라 설정을 확인하여 제안을 주거나, 기준이나 형식에 부합하는지 확인할 수 있는 방법이다.

검토자로서 나는 설정이 팀 간에 확장 가능한지, 보안사항을 유지하는지, 상위 인프라나 의존성에 영향을 주는지에 초점을 맞춘다. 이러한 검토 관점은 변경사항을 운영 환경에 병합하

는 것을 막기도 한다. 그러나 동료 검토는 표준 관행과 신규 패턴에 대해 팀 차원의 교육 기회를 제공한다. 팀은 디자인이나 적용 내용에 대해 장단점을 논의할 수 있다.

동료 검토의 중요성과 단점을 이해하기 위해 신규 자산 팀이 GCP 프로젝트에 접근해야 하는 상황을 가정해 보자. 코드 7.1에서 접근 관리 정책을 업데이트하여 JSON 객체로부터 사용자 목록을 읽어온다. 신규 코드는 모든 테스트를 통과하고, 며칠 동안 팀원이 변경사항을 검토하는 것을 기다린다.

코드 7.1 GCP 프로젝트에 신규 팀을 추가하기 위한 첫 번째 구현 예제

```
import json

GCP_PROJECT_USERS = [                                          ❶
    (
        'operations',
        'group:team-operations@example.com',
        'roles/editor'
    ),
    (
        'inventory',                                           ❷
        'group:inventory@example.com',                         ❷
        'roles/viewer'                                         ❷
    )
]

class GCPProjectUsers:                                         ❸
    def __init__(self, project, users):
        self._project = project
        self._users = users
        self.resources = self._build()                         ❹

    def _build(self):                                          ❹
        resources = []
        for user, member, role in self._users:                 ❺
            resources.append({                                 ❺
                'google_project_iam_member': [{                ❺
                    user: [{                                   ❺
                        'role': role,                          ❺
                        'member': member,                      ❺
                        'project': self._project               ❺
```

```
                }]                               ❺
            }]                                   ❺
        })                                       ❺
    return {
        'resource': resources
    }

if __name__ == "__main__":
    with open('main.tf.json', 'w') as outfile:   ❻
        json.dump(GCPProjectUsers(               ❻
            'infrastructure-as-code-book',       ❻
            GCP_PROJECT_USERS).resources, outfile,  ❻
            sort_keys=True, indent=2)            ❼
```

❶ GCP 프로젝트에 추가할 사용자와 그룹 목록을 정의한다.

❷ 자산 팀을 프로젝트에 읽기 전용 그룹으로 추가한다.

❸ GCP 프로젝트 사용자와 권한을 부여하기 위한 팩토리 패턴 모듈을 생성한다.

❹ 모듈을 사용해 사용자 목록을 GCP 권한에 추가하는 JSON 설정 객체를 생성한다.

❺ 목록의 그룹별로 구글 프로젝트 IAM 멤버와 권한을 생성한다. 해당 자원은 GCP 역할에 사용자를 추가한다.

❻ 나중에 테라폼에서 실행할 수 있도록 파이썬 딕셔너리 객체를 JSON 파일로 작성한다.

❼ 테라폼에서 실행할 JSON 파일 작성 시 두 칸씩 띄어쓰기를 한다.

> **AWS와 애저에서 사용하기**
>
> AWS에서 사용하기 위해서는 GCP 프로젝트를 참조하는 부분을 AWS 계정으로 매핑해야 한다. GCP 프로젝트 사용자를 AWS IAM 사용자로 볼 수 있다. 마찬가지로, 애저 구독을 생성하고 사용자 계정을 애저 활성 디렉토리(Active Directory)에 추가할 수 있다.

3일 후 팀원이 다음과 같은 피드백을 전달했다.

- JSON 인프라 설정 들여쓰기를 4칸으로 변경해야 한다.

- 그룹 이름을 team-inventory@example.com으로 변경해야 한다.

- 자산 팀을 새로 생성한 역할이 아닌 viewer 역할에 추가해야 한다.

팀원은 위의 두 요소는 팀 기준에 부합하기 위해서라고 설명했다. 마지막 사항은 접근 제어 (사용자에게 권한을 추가하는 것이 아닌 권한에 사용자를 추가)용 권한 부여 시 보안 기준을 충족하기 위해서다. 이미 변경사항 검토를 위해 3일이나 기다렸다! 이제 추가 수정 후 승인을 받기 위해 며칠을 더 기다려야 한다.

6장에서 언급한 대로 예상하지 못했으나 대비할 수 있는 분리된 지식을 테스트에 반영해야 함을 기억하자. 팀원은 당신이 모르는 지식을 갖고 있었다. 이제 팀 기준을 기억할 수 있도록 단위 테스트를 추가하기로 결정한다.

코드 7.2는 신규 단위 테스트(린팅 규칙)를 추가하여 팀의 설정과 보안 기준을 검증한다. 테스트 하나는 JSON이 4칸 들여쓰기를 했는지 검증한다. 또 다른 테스트는 모든 그룹이 명명 규칙을 준수하는지 검사한다. 마지막 테스트는 정확한 자원을 사용해 사용자에게 권한을 부여하는지 검사한다.

코드 7.2 단위 테스트를 추가하여 팀의 개발 기준에 부합하는지 검사하기

```
import pytest
from main import GCP_PROJECT_USERS, GCPProjectUsers            ❶

GROUP_CONFIGURATION_FILE = 'main.tf.json'                       ❷

@pytest.fixture                                                ❷
def json():                                                    ❷
    with open(GROUP_CONFIGURATION_FILE, 'r') as f:             ❷
        return f.readlines()                                   ❷

@pytest.fixture                                                ❸
def users():                                                   ❸
    return GCP_PROJECT_USERS                                   ❸

@pytest.fixture                                                ❹
def binding():                                                 ❹
    return GCPProjectUsers(                                    ❹
        'testing',                                             ❹
        [('test', 'test', 'roles/test')]).resources['resource'][0]   ❹

def test_json_configuration_for_indentation(json):             ❺
    assert len(json[1]) - len(json[1].lstrip()) == 4, \        ❺
        "output JSON with indent of 4"                         ❺
```

```
def test_user_configuration_for_standard_team_name(users):          ❸
    for _, member, _ in GCP_PROJECT_USERS:                           ❸
        assert member.startswith('team-'), \                         ❸
            "group should always start with `team-`"                 ❸


def test_authoritative_project_iam_binding(binding):                 ❹
    assert 'google_project_iam_binding' in binding.keys(), \         ❺
        "use `google_project_iam_binding` to add team members to roles"  ❻
```

❶ GCP 사용자와 역할 목록을 가져온다.

❷ 파이썬을 사용해 테라폼 JSON 설정 파일을 읽는다. 테스트는 해당 고정 객체를 사용해 JSON이 4칸 들여쓰기가 되어 있는지 검증한다.

❸ 자산 팀을 포함한 GCP 사용자와 권한 목록을 테스트용 고정 객체로 불러온다. 테스트는 각 사용자의 접두사가 그룹을 나타내는 'team-'으로 되어 있는지 검증한다.

❹ 고정 객체를 사용해 사용자 생성 팩토리 모듈을 통해 샘플 GCP 프로젝트 사용자를 생성한다.

❺ 파이썬을 사용해 테라폼 JSON 설정 파일을 읽는다. 테스트는 해당 고정 객체를 사용해 JSON이 4칸 들여쓰기가 되어 있는지 검증한다.

❻ 팩토리 모듈이 사용자가 선언한 멤버가 아닌 정확한 구글 프로젝트 IAM 테라폼 자원을 사용하는지 검사한다. 권한 있는 구속(authoritative binding)을 사용해 특정 권한에 사용자 그룹을 추가한다.

AWS와 애저에서 사용하기

GCP 프로젝트의 IAM 부여는 테라폼 자원의 aws_iam_policy_attachment(http://mng.bz/5QW7)와 유사하다. 권한 부여는 테라폼 자원에서 정의하지 않은 사용자에 대한 권한을 해제한다. 책 출판 당시에는 애저의 접근 제어 모델은 정책을 추가하는 방법만 지원하고 권위적인 역할 부여나 바인딩 정의 방법은 사용할 수 없었다.

자동 린팅 및 단위 테스트를 통해 동료 검토 전에 문제를 고쳐서 피드백 순환 주기를 줄인다. 팀원은 형식이나 기준에 부합하는지 세세하게 지적할 필요가 없다. 그러나 팀원과 사용자에게 권한을 추가할지 권한에 사용자를 추가할지에 대해 여전히 논쟁을 하게 된다. 이 아키텍처 영역의 결정사항을 좀 더 많은 팀이 고려할 수 있도록 논의하기로 결정한다.

그림 7.19는 효과적인 동료 검토는 다음과 같은 예제 워크플로처럼 자동화 테스트와 좀 더 넓은 범위의 아키텍처 협의사항을 다룸을 보여준다. 자동 테스트, 동료 검토와 협력 사이에서 당신은 보안이 충족되고 회복이 탄력적이고 확장 가능한 IaC를 유지할 수 있다.

성공적인 IaC 동료 검토를 위해서는
자동 및 수동 절차의 결합이 필요하다.

자동화 테스트를 작성하여
설정 린트와 형식을 검사하자.

설정을 검토하여 아키텍처
변경사항과 설정이 의존하는
인프라를 파악한다.*

페어 프로그래밍을
사용해 조기에 변경사항을
공유하고 문제점을 파악한다.

* 수동 검토가 얼마나 걸릴지에 대해 인지하자.
변경점이 많고 검토가 복잡할수록 더 오래 걸린다.

그림 7.19 일부 검사를 자동화하고 수동 검토 프로세스에 대한 인식을 유지함으로써 동료 검토를 촉진할 수 있다.

그러나 테스트 자동화와 검토를 통해 모든 것을 잡을 수는 없다. 개발 프로세스의 후반에 진행하는 동료 검토도 짜증 날 수 있다. 격차 및 아키텍처 우려사항을 IaC 초기 작성 단계에 해소하려면 팀원과 함께 프로그램을 작성할 수 있다. **페어 프로그래밍**^{pair programming}이라고 불리는 이 기술은 두 엔지니어가 함께 작업하여 동료 검토 시 충돌사항을 완화한다.

정의 **페어 프로그래밍**은 두 프로그래머가 한 작업 장소에서 함께 일하는 방법이다.

두 엔지니어는 서로가 찾지 못하는 문제점을 찾을 수 있다. 페어 프로그래밍은 자원의 제약과 성격 충돌 같은 문제점이 있다. 대부분의 회사는 초기 제공 속도가 느려지고 팀의 역량에 영향을 준다는 점에서 도입하지 않는다. 일부 개인은 함께 일하는 파트너의 속도가 자신과 다를 수 있다는 점에서 싫어한다. 페어 프로그래밍은 자기 인식과 규율이 필요하다.

IaC를 페어 프로그래밍할 수 있으면 하자. 인프라는 특정 용어나 제도적 지식을 포함한다. 예를 들어, 현재 및 미래의 팀원은 왜 누군가가 권한 있는 구속을 사용해 프로젝트 접근을 제어했는지 알아야 한다. 페어 프로그래밍은 지식 공유를 촉진하고 개발 프로세스에서의 변경사항 검토 과정을 자리 잡게 한다. 시간이 지남에 따라 팀이 능숙하게 수동 변경 검토와 충돌하지 않고 빠르게 인프라 변경사항을 제공하게 된다.

참고 동료(혹은 코드) 검토와 페어 프로그래밍은 팀 모두가 최선의 코드 작성법을 배울 수 있는 안전한 장소를 제공해야 한다. 단계별 세부 내용은 이 책의 범위를 넘어선다. 코드 검토에 관한 자세한 정보는 http://mng.bz/6XNR의 구글 엔지니어링 방법을 확인하기를 추천한다. 페어 프로그래밍은 http://mng.bz/o2GD를 참고하자. 키보드를 30분마다 바꾸거나, 운전자와 방향 지시자를 설정하는 등 다양한 기술을 사용해 관계의 균형을 유지할 수 있다.

인프라 변경은 핵심 사업 시스템의 가용성에 영향을 줄 수 있다. 많은 변경사항을 배치 처리하면 문제점의 근본 원인을 찾기 어려워져 실패를 악화시킬 수 있다. 동료 검토 절차를 페어 프로그래밍과 테스트 자동화로 단축할 수 있다면 아키텍처와 인프라 변경의 영향도 검토에 집중할 수 있다.

7.4 깃옵스

지속적인 배포, 선언적 설정, 드리프트 감지, 버전 관리를 결합하면 어떤 일이 일어날까? 각 패턴이 서로 달라 보이나 함께 사용하면 인프라 관리에 독선적인 접근법을 제공한다. 인프라에 사용하고 싶은 설정을 선언하고, 버전 관리에 추가한 뒤, 운영 환경에 배포한다.

결제 서비스 버전을 3.0에서 3.2로 업데이트하고 싶다고 가정해 보자. 결제 서비스는 쿠버네티스 같은 워크로드 오케스트레이터에서 실행된다. 오케스트레이터는 DSL을 사용해 선언적 설정 기능을 제공한다. YAML 파일을 전달하여 오케스트레이터 자원을 설정할 수 있다.

그림 7.20은 지속적인 배포, 선언적 설정, 버전 관리를 결합하여 변경사항에 대응하는 워크 플로를 구현한다. 선언 설정 버전을 3.2로 변경한다. 컨트롤러는 현재 설정과 버전 관리 설정상에 존재하는 드리프트를 탐지한다. 컨트롤러가 제공 파이프라인을 실행하여 새 버전을 배포하고 테스트를 진행하여 기능성을 검사한다.

왜 컨트롤러가 지속적으로 변경사항을 탐지하고 적용하게 해야 할까? 컨트롤러는 설정과 실제 상태 간에 존재하는 드리프트를 줄인다. 이를 통해 시스템을 항상 최신 상태로 유지하도록 보장한다.

이 워크플로에서 기시감을 느낄지도 모르겠다. 결국 IaC 작성, 테스트, 제공의 모든 방법을 결합했기 때문이다. 이 책은 IaC에 대해 매우 독선적인 입장에서 깃옵스 개념을 적용한다. **깃옵스**^{GitOps}는 팀이 인프라 변경사항을 버전 관리로 관리하고, IaC를 통해 선언적인 변경을 만들며, 인프라 업데이트 사항을 지속적으로 배포한다.

> **정의** **깃옵스**는 선언적인 IaC를 사용해 인프라 변경점을 버전 관리로 관리하고 지속적으로 운영 환경에 배포한다.

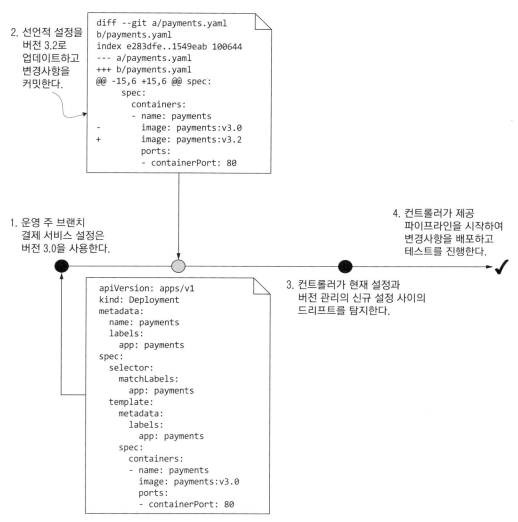

2. 선언적 설정을 버전 3.2로 업데이트하고 변경사항을 커밋한다.

```
diff --git a/payments.yaml
b/payments.yaml
index e283dfe..1549eab 100644
--- a/payments.yaml
+++ b/payments.yaml
@@ -15,6 +15,6 @@ spec:
    spec:
      containers:
      - name: payments
-       image: payments:v3.0
+       image: payments:v3.2
        ports:
        - containerPort: 80
```

1. 운영 주 브랜치 결제 서비스 설정은 버전 3.0을 사용한다.

4. 컨트롤러가 제공 파이프라인을 시작하여 변경사항을 배포하고 테스트를 진행한다.

3. 컨트롤러가 현재 설정과 버전 관리의 신규 설정 사이의 드리프트를 탐지한다.

```
apiVersion: apps/v1
kind: Deployment
metadata:
  name: payments
  labels:
    app: payments
spec:
  selector:
    matchLabels:
      app: payments
  template:
    metadata:
      labels:
        app: payments
    spec:
      containers:
      - name: payments
        image: payments:v3.0
        ports:
        - containerPort: 80
```

그림 7.20 깃옵스 도입 시 피처 기반 개발을 사용해 풀 요청을 생성하고, 브랜치에서 변경사항을 테스트한 후 병합할 수 있다.

깃옵스는 주로 쿠버네티스 에코시스템과 사용한다. 그러나 깃옵스는 IaC를 조직 간에 확장하기 위한 독선적인 패러다임을 제공한다. 더 이상 티켓과 요청사항을 작성하여 변경사항을 적용하지 않는다.

대신 조직 내 누구나 IaC 브랜치를 생성하고 변경사항을 커밋할 수 있다. 지속적인 배포가 드리프트를 줄이고 인프라를 최신 상태로 유지하고, 늘 테스트를 진행한다. 풀 요청과 커밋 이력을 통해 누가 변경사항을 요청했는지, 누가 작업했는지 찾을 수 있다.

참고 깃옵스와 쿠버네티스에 대해 더 자세히 배우고 싶다면 빌리 유엔(Billy Yuen)의 『GitOps and Kubernetes』(Manning, 2021)를 찾아보자. 일반적인 깃옵스 사용 방법은 https://opengitops.dev/에 서 찾을 수 있다.

요약

- 인프라 변경사항을 운영 환경에 배포할 때는 보통 수동으로 아키텍처를 검증하고 변경사항의 영향도를 검사하는 변경 검토 절차를 포함한다.
- 지속적인 통합은 주기적으로 변경사항을 인프라 설정용 주 브랜치에 병합하는 과정을 포함한다.
- 지속적인 제공은 변경사항을 테스트 환경에 배포하여 자동 테스트를 진행하고 운영 환경에 변경사항을 푸시하기 전에 수동 승인을 기다린다.
- 지속적인 배포는 수동 승인 과정 없이 직접 변경사항을 운영 환경에 배포한다.
- 지속적인 통합, 제공 혹은 배포를 사용해 IaC 변경사항을 변경 유형 및 빈도에 따라 자동 테스트를 거쳐 푸시할 수 있다.
- 피처 기반 개발이나 트렁크 기반 개발을 사용해 팀이 IaC 작업을 협업할 수 있다.
- 피처 기반 개발은 각 변경사항별로 브랜치를 생성하여 테스트를 분리하여 진행할 수 있으나 버전 관리 사용법이 능숙해야 한다.
- 트렁크 기반 개발은 모든 변경사항을 주 브랜치에 적용함으로써 변경사항 간 충돌을 확인할 수 있으나 운영 환경 배포 전에 테스트 환경이 필요하다.
- 형식과 기준에 부합하는지를 자동으로 검사하고 아키텍처나 의존성에 대한 부분을 수동으로 검토할 수 있다.
- 페어 프로그래밍은 변경사항의 충돌 요소나 문제점을 개발 프로세스 조기에 찾도록 도울 수 있다.
- 깃옵스는 버전 관리, 선언적 인프라 설정과 지속적인 배포를 결합하여 누구나 인프라 변경사항을 코드 커밋을 통해 자동화할 수 있는 힘을 준다.

8

보안과 규정 준수

8장에서 다루는 내용

- IaC 자격과 비밀정보 보호 방안 선택하기
- 안전하고 규정을 준수하는 인프라 정책 강제하기
- 보안과 규정 준수를 위한 종단 간 테스트 준비하기

이전 장에서 인프라를 코드로 보호하고 조직의 보안 규정 준수 여부를 검사하는 것의 중요성을 간단히 언급했다. 종종 엔지니어링 후반 단계에 도달할 때가 되어서야 보안 요건을 제시하는데, 해당 시점에는 보안에 취약하거나 데이터 개인정보 보호 요건을 위반하는 설정을 이미 배포했을 수도 있다!

예를 들어 uDress 리테일 회사에서 일한다고 가정해 보자. 팀은 6개월 내에 신규 GCP 프론트엔드 애플리케이션을 구축해야 한다. 회사는 연휴 기간이 되기 전에 애플리케이션을 제공해야 한다. 팀은 매우 열심히 노력하여 운영 환경에서 사용 가능한 기능을 개발했다. 그러나 배포 한 달 전에 신규 애플리케이션을 배포하고 테스트하자 보안 규정 팀이 애플리케이션을 검사했고, 애플리케이션은 검사를 통과하지 못했다.

이제 백로그에 회사의 보안과 규정을 준수하기 위한 추가 조치사항이 추가됐다. 공교롭게도 이러한 조치사항은 제공 가능 일정을 늦추거나, 최악의 경우에는 기능을 망가뜨리기도 한다. 이러한 조치사항을 초기에 알았더라면 미리 조치 계획을 세울 수 있었을 것이라며 아쉬워한다.

회사의 **정책**^{policy}은 시스템이 보안, 감사 그리고 조직의 요구사항을 충족하도록 보장한다. 추가로 보안 규정 팀이 사업, 국가 외 기타 요소에 기반하여 정책을 정의하기도 한다.

> **정의** **정책**은 조직이 보안, 사업 혹은 규제 요건을 준수하기 위해 설정한 규칙과 기준이다.

이번 장은 자격과 비밀정보를 보호하고 테스트를 작성하여 보안과 규정 준수 정책을 강제하는 방법을 알려준다. IaC 작성 전에 해당 내용을 생각한다면 안전하고 규정을 준수하는 인프라를 구축하고 제공 일정이 지연되는 것을 막을 수 있다. 함께 일했던 팀장은 이렇게 말했다. "케익이라고 한다면 우리는 인프라 보안을 먼저 굽고 그 위에 생크림을 바르는 것이다."

8.1 접근과 비밀정보 관리하기

2장에서 이미 보안사항을 초기에 작업하는 방식을 소개했다. IaC는 두 가지 비밀정보를 사용한다. API 자격정보를 사용해 인프라를 자동화하고 민감한 정보인 비밀번호 등을 자원에 전달한다. 두 가지 비밀정보를 보안 관리자에 저장하여 관리하거나 변경할 수 있다.

이번 절에서는 IaC 제공 파이프라인의 보안 강화 방법에 집중한다. IaC는 인프라의 예상되는 상태를 표현하며, 해당 상탯값은 관리자 비밀번호, 아이디, 개인 키 및 기타 민감한 정보를 포함한다. 인프라 제공 파이프라인은 배포를 제어하고 이러한 정보가 필요한 인프라를 릴리스한다.

신규 리테일 회사 시스템 인프라를 배포하는 제공 파이프라인을 구축한다고 가정해 보자. 파이프라인은 인프라 제공 업체 자격정보를 사용해 자원을 생성하고 업데이트한다. 각 파이프라인은 데이터베이스 비밀번호를 보안 관리자에서 가져와서 사용해 데이터베이스를 생성한다.

보안 팀은 이러한 방법에 대해 두 가지 문제점을 제기했다. 첫째, 인프라 제공 파이프라인은 전체 관리자 자격정보를 사용해 GCP를 설정한다. 둘째, 팀의 제공 파이프라인이 실수로 로그에 데이터베이스의 관리자 비밀번호를 출력한다.

제공 파이프라인은 시스템의 **공격 표면**^{attack surface}(공격 가능한 지점의 총합)을 늘렸다.

> **정의** **공격 표면**은 미승인 사용자가 시스템을 공격할 수 있는 지점의 총합을 묘사한다.

누구나 관리자 자격이나 데이터베이스의 관리자 비밀번호를 사용해 정보를 얻고 시스템을 망가뜨릴 수 있어 자격과 비밀번호를 더 잘 보호할 수 있는 해법이 필요하다. 이러한 해법을 통해 공격 표면을 최소화해야 한다.

8.1.1 최소 권한의 원칙

IaC 제공 파이프라인은 미승인 사용자가 자격정보를 사용해 더 넓게 접근할 수 있는 공격 지점을 갖고 있다. 예를 들어, 7장을 참고하여 지속적으로 인프라 변경사항을 운영에 제공하는 파이프라인을 구축했다. 해당 파이프라인은 GCP 인프라 변경을 위해 일부 권한이 필요하다.

초기에 팀은 파이프라인에 회사 시스템의 모든 것을 생성하고 변경할 수 있는 전체 관리자 권한을 부여했다. 만일 누군가가 해당 자격에 접근한다면 회사 시스템의 모든 것을 생성하거나 업데이트할 수 있다. 누군가가 팀의 파이프라인을 활용하여 머신러닝 모델을 사용하거나 고객 정보에 접근할 수 있다!

파이프라인은 모든 자원에 접근할 필요가 없다. 기존 자격을 업데이트하여 특정 자원을 변경할 수 있는 최소한의 권한만 부여하기로 결정했다. IaC는 네트워크, 구글 앱 엔진^{Google App Engine}과 클라우드 SQL 자원만 생성하기로 결정한다. 자격에서 관리자 접근 권한을 제거하고 세 가지 자원에 대한 쓰기 권한만 부여한다.

그림 8.1처럼 파이프라인을 실행하면 신규 자격이 세 가지 자원만 업데이트할 수 있는 권한을 제공한다. 또한 네트워크, 애플리케이션, 데이터베이스 배포 전에 데이터베이스 정보를 보안 관리자에서 가져온다. 변경사항을 테스트 환경에 배포한 후, 단위 테스트를 추가하여 자격이 더 이상 관리자 접근 권한이 없는지 검증한다.

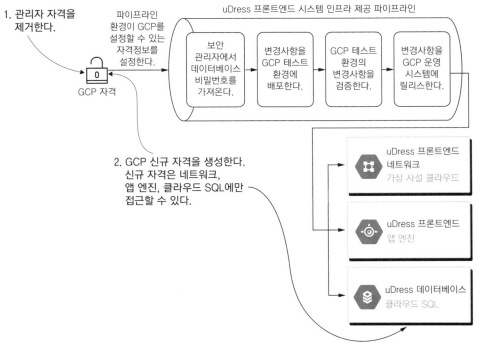

그림 8.1 uDress 프론트엔드 제공 파이프라인에서 관리자 자격을 제거하고 네트워크, 애플리케이션, 데이터베이스에만 접근하도록 자격을 제한한다.

파이프라인 보안 자격 위험성을 **최소 권한의 원칙**principle of least privilege을 적용하여 해소했다. 해당 원칙은 사용자나 서비스 계정의 작업 수행에 필요한 최소한의 접근 권한만 얻도록 보장한다.

> **정의** **최소 권한의 원칙**은 사용자나 서비스 계정이 시스템에 필요한 최소한의 접근 권한만 가져야 함을 나타낸다. 작업을 완료하기 위해 필요한 정도의 권한만 가져야 한다.

최소 권한의 원칙을 유지하려면 시간과 노력이 필요하다. 보통 접근 권한은 IaC에 신규 자원을 추가할 때 변경한다. 일반적으로 제공 파이프라인 자격에 역할을 추가하자. 접근 권한을 역할로 그룹화하면 필요에 따라 접근 권한을 추가하거나 지울 수 있어 결합성이 증진된다.

3장의 모듈 사례를 적용하여 모듈에 권한 모음을 제공하자. 예를 들어 uDress 웹 애플리케이션의 팩토리 모듈이 네트워크, 애플리케이션을 커스터마이즈하거나 데이터베이스 쓰기 권한을 제공하게 할 수 있다. 이 모듈을 통해 모든 웹 애플리케이션은 필요한 최소한의 권한만을 재현하여 사용할 수 있다.

접근 관리 모듈을 사용해 코드 8.1의 uDress 프론트엔드 제공 파이프라인에 최소한의 권한만 부여하도록 구현해 보자. 파이프라인의 관리자 권한을 네트워크, 애플리케이션, 클라우드 SQL로 제한한다. 이러한 자격은 파이프라인이 네트워크, 애플리케이션, 데이터베이스를 생성, 삭제, 업데이트할 수 있으나 다른 자원을 변경하지 못하게 한다.

코드 8.1 프론트엔드 접근 관리 정책에 최소 권한의 원칙 부여하기

```python
import json
import iam                                                    ❶

def build_frontend_configuration():
    name = 'frontend'
    roles = [
        'roles/compute.networkAdmin',                        ❷
        'roles/appengine.appAdmin',                          ❷
        'roles/cloudsql.admin'                               ❷
    ]

    frontend = iam.ApplicationFactoryModule(name, roles)     ❶
    resources = {
        'resource': frontend._build()                        ❸
    }
    return resources

if __name__ == "__main__":
    resources = build_frontend_configuration()               ❸

    with open('main.tf.json', 'w') as outfile:               ❹
        json.dump(resources, outfile, sort_keys=True, indent=4)  ❹
```

❶ 네트워크, 앱 엔진, 클라우드 SQL을 포함하는 서비스 계정의 역할 목록에 기반하여 역할 설정을 생성한다.
❷ 애플리케이션 계정 관리 팩토리 모듈을 가져와서 프론트엔드 애플리케이션의 접근 관리자 역할을 생성한다.
❸ 메서드를 사용해 파이프라인의 접근 권한 JSON 설정 객체를 생성한다.
❹ 나중에 테라폼에서 실행할 수 있도록 파이썬 딕셔너리 객체를 JSON 파일로 작성한다.

최소 권한의 원칙을 준수할 때 권한 제거에 주의하자. 일부 파이프라인은 의존성을 읽거나 변경하기 위해 특정 권한이 필요할 수 있다. 충분한 권한이 없을 경우 인프라나 애플리케이션을 망가뜨릴 수 있다.

GCP를 포함한 일부 인프라 제공 업체는 서비스 계정이나 사용자가 사용하는 권한을 분석하여 과도한 권한을 출력한다. 또한 제3자 도구를 사용해 접근 권한을 조사하여 사용하지 않는 권한을 파악할 수도 있다. 매번 인프라 자원을 추가할 때마다 이러한 도구를 사용해 접근 제어를 검사하고 업데이트할 것을 추천한다.

8.1.2 비밀 설정 정보 보호하기

파이프라인이 관리자 자격을 사용해 인프라 제공 업체에 접근하는 것 외에도, 누군가가 파이프라인이 인프라의 민감한 정보를 출력하도록 수정할 수 있다. 예를 들어, 프론트엔드 제공 파이프라인은 데이터베이스 관리자 비밀번호를 로그에 출력한다. 파이프라인 로그에 접근 가능한 누구든지 관리자 비밀번호를 사용해 데이터베이스에 접근할 수 있다!

보안 우려사항을 해결하기 위해 IaC 도구를 사용해 비밀번호를 **민감 변수**sensitive variable로 처리하기로 결정했다. 도구는 로그에 기록한 비밀번호를 검열한다. 또한 파이프라인 도구에 **플러그인을 설치**하여 비밀번호 같은 민감한 정보를 파악하고 검열한다. 그림 8.2는 파이프라인에 두 설정을 추가하여 데이터베이스 비밀번호가 파이프라인 로그에 찍히지 않도록 방지한다. 보안을 위해 데이터베이스 비밀번호를 보안 관리자에서 변경하고 IaC를 사용하는 대신 직접 데이터베이스 비밀번호를 변경했다.

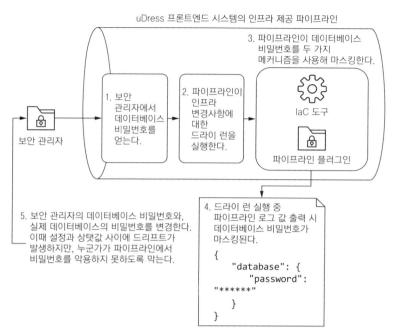

그림 8.2 도구를 사용해 비밀번호를 마스킹하고 변경사항을 IaC에 적용한 후 자격정보를 변경함으로써 데이터베이스 관리자 비밀번호를 보호할 수 있다.

도구를 사용해 제공 파이프라인의 비밀번호를 **마스킹**^masking하여 평문 정보를 제한하거나 검열할 수 있다.

정의 민감 정보 **마스킹**은 평문 형식의 정보를 제한하거나 삭제함으로써 누군가가 정보를 읽지 못하게 막는다.

하나 혹은 두 가지 메커니즘을 사용하면 민감한 정보가 파이프라인 로그에 찍히지 않도록 방지한다. 민감한 정보는 비밀번호, 암호화 키 또는 IP 주소와 같은 인프라 식별자를 포함한다. 만일 누군가가 정보를 사용해 시스템에 접근할 수 있다고 생각한다면 파이프라인 값을 마스킹하는 방안을 고려하자.

그러나 민감 정보 마스킹은 미승인 접근으로부터 인프라를 완벽하게 보호하지는 못한다. 노출된 자격정보를 최대한 빨리 조치할 수 있는 워크플로가 필요하다. 이를 위해 IaC 설정 후 보안 관리자에 자격정보를 저장하고 바꾸자.

비밀정보를 분리하여 관리할 경우 IaC에 가변적인, 수동 변경사항이 반영된다. IaC의 데이터베이스 관리자 비밀번호와 실제 데이터베이스 비밀번호 사이에 드리프트가 발생하기는 하지만, 누군가가 IaC 파이프라인을 악용하여 자격정보를 사용하지 못하도록 방지한다.

IaC를 구축하면서, 공격 표면을 최소화하기 위해 제공 파이프라인이 필요한 보안 요건 체크리스트 항목을 생각해 보자.

1. 처음부터 인프라 제공 업체의 자격정보에 대해 **최소 권한 접근**을 제공하는지 검사하자. IaC에 변경사항을 적용 및 보안 유지에 필요한 권한만 제공해야 한다.
2. **함수를 사용**해 랜덤한 문자로 비밀정보를 생성하거나 보안 관리자로부터 정보를 가져오자. 설정에 비밀정보를 정적 변수로 전달하는 것을 피하자.
3. 파이프라인이 드라이 런 중이나 명령어 출력 시 **민감한 설정 정보를 마스킹**하는지 검사하자.
4. 신속하게 **유출된 자격정보를 파기하고 변경**할 수 있는 메커니즘을 제공하자.

보안 관리자 사용 시 보안 체크리스트의 많은 항목을 해결할 수 있다. 보안 관리자를 사용하면 비밀정보를 정적으로 선언하지 않아도 된다. 일부 요구사항은 제공 파이프라인의 일반적인 보안 방법이기는 하나 IaC 보안에도 적용할 수 있다. 비밀정보를 보안 관리자에 추가하는 패턴은 2장에서 다시 확인할 수 있다.

8.2 인프라 태깅하기

인프라를 보호하면 이제 인프라를 실행하고 지원하는 어려움에 직면한다. 인프라 운영을 위해서는 문제 해결 및 감시를 위한 패턴과 관행이 필요하다. 인프라를 시스템에 추가할수록, 자원의 목적과 수명 주기를 파악할 수 있는 방법이 필요하다.

uDress 회사의 프론트엔드 애플리케이션이 상용화된다고 가정해 보자. 그러나 팀이 재무팀으로부터 최근 2, 3개월 동안 사용한 인프라 비용이 예상치를 초과했다는 메시지를 받는다. 어떤 자원이 가장 큰 비용을 차지하는지 결정하기 위해 인프라 제공 업체의 인터페이스를 검색한다. 어떻게 각 자원의 소유자와 환경을 알 수 있을까?

GCP는 자원을 식별하고 감시하기 위한 메타데이터를 추가할 수 있는 라벨을 제공한다. 라벨이 소유자와 환경 정보를 포함하도록 업데이트한다. 그림 8.3에서 uDress는 라벨에 소유자, 환경 정보, 태그 형식 기준과 자동화 메타데이터를 포함한다. 태그가 GCP에서 사용 가능하도록 태그 이름과 값을 '−'로 구분한다.

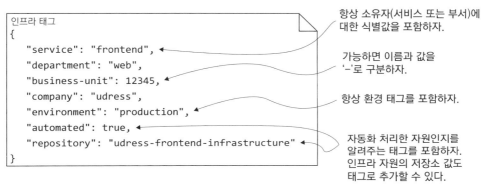

그림 8.3 태그는 문제 해결이 용이하도록 소유자, 환경, 자동화 여부에 대한 식별값을 포함해야 한다.

GCP 외의 인프라 제공 업체도 자원을 식별할 수 있는 메타데이터를 추가하도록 허용한다. 조직의 **태깅 전략**^{tagging strategy}을 개발하여 인프라 시스템을 감시하는 데 필요한 표준 메타데이터를 정의하게 된다.

정의   **태깅 전략**은 조직 내 인프라 자원을 감시, 관리, 보호하기 위해 사용하는 메타데이터(혹은 **태그**) 모음이다.

왜 메타데이터를 태그로 사용해야 할까? 태그는 자원을 검색하고 감시하는 데 유용하며, 이는 비용 및 규정 준수를 위해 필요하다. 또한 태그를 사용해 인프라 자원을 대량으로 자동화할 수 있다. 대량 자동화는 청소 혹은 긴급사항^{break-glass}(시스템 장애를 고치거나 안정화하기 위한 수동 변경사항)에 대응하기 위한 자원 변경을 포함한다.

다음 코드처럼 uDress에 표준 태그를 적용해 보자. 3장에서 배운 대로 uDress의 표준 태그를 위한 프로토타입 패턴을 적용했다. 이후 uDress 태그 모듈을 참조하여 코드 내 GCP 서버의 라벨 목록을 생성한다.

```
class TagsPrototypeModule():                                        ❶
    def __init__(
            self, service, department,
            business_unit, company, team_email,
            environment):
        self.resource = {                                           ❷
            'service': service,                                     ❷
            'department': department,                               ❷
            'business-unit': business_unit,                         ❷
            'company': company,                                     ❷
            'email': team_email,                                    ❷
            'environment': environment,                             ❷
            'automated': True,                                      ❷
            'repository': f"${{company}}-${{service}}-infrastructure"  ❷
        }


class ServerFactory:
    def __init__(self, name, network, zone='us-central1-a', tags={}):
        self.name = name
        self.network = network
        self.zone = zone
        self.tags = TagsPrototypeModule(                            ❸
            'frontend', 'web', 12345, 'udress',                     ❸
            'frontend@udress.net', 'production')                    ❸
        self.resource = self._build()

    def _build(self):                                               ❹
        return {
            'resource': [
                {
                    'google_compute_instance': [                    ❺
                        {
                            self.name: [
                                {
                                    'allow_stopping_for_update': True,
                                    'boot_disk': [
                                        {
                                            'initialize_params': [
                                                {
                                                    'image': 'ubuntu-2004-lts'
```

```
                                            }
                                    ],
                                }
                        ],
                        'machine_type' : 'f1-micro',
                        'name': self.name
                        'network_interface': [
                                {
                                        'network': self.network
                                }
                        ],
                        'zone': self.zone,
                        'labels': self.tags                              ❻
                }
        ]
    }
        ]
    }
        ]
    }
```

❶ 태그 모듈이 프로토타입 패턴을 사용해 표준 태그를 정의한다.

❷ 소유자, 부서, 요금을 위한 사업 단위, 자원 저장소 파악용 태그를 설정한다.

❸ 프론트엔드 애플리케이션에 필요한 매개변숫값을 전달하여 태그를 설정한다.

❹ 모듈을 사용해 서버 JSON 설정 객체를 생성한다.

❺ 테라폼 자원을 사용해 구글 가상 머신 인스턴스(서버)를 생성한다.

❻ 구글 가상 머신 인스턴스의 라벨로 태그 모듈이 생성한 태그 값을 추가한다.

AWS와 애저에서 사용하기

코드 8.2를 다른 클라우드 환경에서 사용할 수 있도록 변환하려면, 자원을 아마존 EC2 인스턴스나 애저 리눅스 가상 머신으로 변경하자. 이후 self.tags 값을 AWS나 애저 자원의 tags 속성으로 전달하자.

어떤 태그를 추가할지 알 수 있을까? 2장을 상기해 보면 인프라 자원의 이름과 태그를 표준화해야 한다. 이러한 고려사항을 규정, 보안 그리고 재무 팀과 협의하면 어떤 태그가 필요하고 어떻게 사용할 수 있는지 결정하는 데 유용하다. 최소한 나는 '항상' 다음 태그 값을 생성한다.

- 서비스나 팀 이름
- 팀 이메일 주소나 연락 채널
- 환경(개발 또는 운영)

예를 들어, uDress 보안 팀이 프론트엔드 자원을 감시하고 일부 오설정된 인프라를 발견했다고 가정해 보자. 팀원은 태그를 검사하여 문제 설정을 사용하는 서비스와 환경을 파악한 후, 해당 자원을 생성한 팀에게 연락할 수 있다.

또한 다음 내용의 태그를 추가할 수도 있다.

- 자동화 태그를 추가하면 수동으로 생성한 자원과 자동으로 생성한 자원 식별에 유용하다.
- 저장소 태그를 추가하면 자원과 원본 버전 관리 설정을 연계할 수 있다.
- 사업 단위 태그를 추가하면 회계 시 필요한 비용이나 지불거절 항목을 식별할 수 있다.
- 규정 태그를 추가하면 해당 자원이 개인정보를 다루기 위한 규정이나 정책 요건을 식별할 수 있다.

태그 목록을 결정하면 태그가 일반 제한사항을 준수함으로써 인프라 제공 업체와 무관하게 동일한 태그를 적용할 수 있도록 하자. 대부분의 인프라 제공 업체는 태그에 글자 제한을 둔다. 나는 일반적으로 **케밥 케이스**(소문자 태그명을 '–'로 연결하는 방식)를 선호한다. 카멜 케이스(camelCase 같이 작성)를 사용해도 되지만, 모든 제공 업체가 대소문자를 구분하는 태그 규칙을 갖고 있지는 않다.

태그 글자 제한은 인프라 업체에 따라 다르다. 대부분 태그 키 값으로 **최대 128 글자**를, 키에 해당하는 값으로 256 글자를 지원한다. 제공 업체의 글자 제한 수에 맞게 태그 이름을 기술적으로 작성해야 한다.

또 다른 태깅 전략은 **태그가 없는 자원의 삭제** 여부를 결정하는 것이다. 모든 운영 환경에 태그를 적용하는 방안을 고려해 보자. 테스트 환경의 경우 수동 테스트를 위해 태그가 달리지 않은 자원을 지원해도 괜찮다. 일반적으로 태그가 없는 자원을 세심하게 확인하기 전에 즉각 삭제하는 것을 추천하지는 않는다. 실수로 필수 자원을 지우고 싶지는 않을 것이다.

8.3 코드형 정책

인프라 제공 파이프라인의 접근 및 비밀정보의 보안을 강화하고 인프라 제공 업체 태그를 관리하면 보안과 규정을 준수하는 관행을 개선할 수 있다. 그러나 운영 환경 배포 전에 위험하거나 규정을 준수하지 않는 인프라 설정을 사전에 파악하기를 원할 것이다. 누군가가 운영 시스템의 문제를 발견하기 전에 문제를 해결하고 싶다.

uDress 프론트엔드 애플리케이션을 다른 데이터베이스에 연결하는 것을 가정해 보자. 테스트를 위해 관리형 데이터베이스로의 모든 트래픽을 허용하는 방화벽 정책을 생성했다. 테스트 후 해당 데이터베이스를 지우길 기대하므로 태그를 달지 않았다.

방화벽 정책과 태그 설정을 잊고 동료 검토를 요청했다. 공교롭게도 팀원이 코드 검토 과정에서 해당 사항을 찾지 못하고 운영 환경에 변경사항을 푸시한다. 2주 후, 모르는 자가 일부 데이터에 접근했음을 확인한다! 그러나 어떤 데이터베이스가 공격받았는지 파악할 수 있는 태그가 없다.

더 잘할 수 있는 방법은 뭐였을까? 6장에서 다룬 인프라 설정에 대한 단위 테스트나 정적 분석의 중요성을 떠올려 보자. '동일한' 기술을 활용하여 보안과 정책을 위한 테스트를 작성할 수 있다.

팀원이 문제점을 찾는 것에 의존하기보다 정책을 코드로 표현하여 방화벽 허용 정책이나 태그 부재 상황을 정적으로 분석할 수 있다. **코드형 정책**policy as code은 인프라 메타데이터가 보안 또는 규정 요건을 준수하는지 검증한다.

> **정의** **코드형 정책(원점 회귀 테스트**(shift-left security test) 또는 **IaC 정적 분석**이라고도 함)은 변경사항을 운영 환경에 푸시하기 전에 인프라 메타데이터를 테스트하여 값이 보안 또는 규정 요건을 만족하는지 검증한다. 코드형 정책은 동적 분석 도구나 취약점 점검 시 사용하는 규칙을 포함한다.

1장과 6장에서 자동화와 IaC 테스트의 장기적인 이점을 논의했다. 코드형 정책도 이와 유사하게 초기에 작성하는 시간을 투자해야 한다. 정책은 운영 환경에 적용하는 변경사항이 규정을 준수하는지 지속적으로 검증한다. 이 경우 규정 혹은 보안 팀이 시스템을 감시하여 도출할 수 있는 예상치 못한 취약점을 최소화할 수 있다. 시간이 지남에 따라 운영 환경 배포 시간이 줄어들면서 장기적인 시간 투자가 줄어들게 된다.

8.3.1 정책 엔진과 기준

도구는 규칙에 기반하여 메타데이터를 평가함으로써 코드형 정책 수행을 지원할 수 있다. 대부분의 테스트 도구는 정책 엔진을 사용한다. **정책 엔진**policy engine은 정책을 입력값으로 받아 인프라 자원이 규정을 준수하는지 평가한다.

> **정의** **정책 엔진**은 정책을 입력받아 자원의 메타데이터가 정책을 준수하는지 평가한다.

많은 정책 엔진은 인프라 설정이나 상탯값을 파싱하여 필드 값을 검사한다. 그림 8.4에서는 정책 엔진이 JSON, IaC 메타데이터 또는 시스템 상탯값을 추출한다. 이후 추출한 메타데이터를 보안 또는 정책 테스트에 전달한다. 엔진이 테스트를 실행하여 필드를 파싱하고 값을 검사한 후, 검사한 값이 예상하는 값과 다를 경우 테스트가 실패한다.

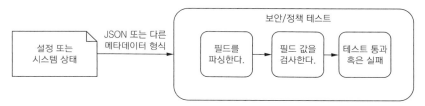

그림 8.4 보안/정책 테스트는 설정 또는 시스템 상탯값을 파싱하여 정확한 필드 값을 얻고, 필드 값이 예상되는 값과 다를 경우 테스트를 실패 처리한다.

위의 워크플로는 코드형 정책 도구를 사용할 때, 그리고 테스트를 작성할 경우에 적용할 수 있다. 코드형 정책 도구는 필드 값을 파싱하여 값을 검사하는 복잡한 과정을 추상화하여 좀 더 직관적으로 값을 테스트할 수 있다. 그러나 도구가 모든 값을 검사하거나, 테스트하고 싶은 모든 사례를 테스트하지는 않는다.

결과적으로 보통 사용 목적에 맞는 독자적인 정책 엔진을 작성한다. 이번 장의 예제는 파이썬 테스트 프레임워크인 pytest로 원시적인 정책 엔진을 작성하여 설정이 보안과 규정을 준수하는지 검사한다.

정책 엔진

에코시스템의 코드형 정책은 목적에 따라 다른 도구를 갖는다. 대부분의 도구는 다음 세 가지 경우 중 하나에 속하며, 각각 다른 기능에 대응하고 동작도 달라진다.

1. 특정 플랫폼에 대한 보안 테스트
2. 산업 또는 규정 기준에 대한 정책 테스트
3. 커스텀 정책

표 8.1은 기업용 및 오픈소스 프로비저닝 도구의 정책 엔진 일부를 포함한다. 몇 가지 기술적인 통합 내용과 각 도구의 사용 사례를 제시했다.

표 8.1 프로비저닝 도구의 정책 엔진 사례

도구	사용 사례	기술 통합
AWS 클라우드포메이션 가드 (CloudFormation Guard)	특정 플랫폼의 커스텀 정책에 대한 보안 테스트	AWS 클라우드포메이션
하시코프 센티넬 (HashiCorp Sentinel)	특정 플랫폼의 커스텀 정책에 대한 보안 테스트	하시코프 테라폼
풀루미 크로스가드 (Pulumi CrossGuard)	특정 플랫폼의 커스텀 정책에 대한 보안 테스트	풀루미 SDK
개방형 정책 에이전트 (Open Policy Agent) (푸가(Fugue), 콘프테스트(Conftest), 쿠버네티스 게이트키퍼 (Kubernetes Gatekeeper) 등)	특정 플랫폼의 커스텀 정책에 대한 보안 테스트 (도구에 따라 상이) 산업 또는 규정 기준에 대한 정책 테스트(도구에 따라 상이) 커스텀 정책	다양함(전체 목록은 www. openpolicyagent.org/docs/ latest/ecosystem/ 참고)
셰프 인스펙(Chef InSpec)	특정 플랫폼의 커스텀 정책에 대한 보안 테스트	다양함(전체 목록은 https:// supermarket.chef.io 참고)
키베르노(Kyverno)	특정 플랫폼의 커스텀 정책에 대한 보안 테스트	쿠버네티스

종종 여러 도구를 사용해 모든 사용 사례에 대응한다. 단일 도구만으로 모든 사용 사례를 다룰 수는 없다. 일부 도구는 커스텀 기능을 제공하여 독자적인 정책을 생성할 수 있다. 일반적으로 기존 도구에 커스텀 정책을 포함하여 확장함으로써 보안, 규정, 엔지니어 팀이 사용할 수 있는 독자적인 패턴과 기본 설정값을 구축하는 방안을 고려하자. 현실적으로는 대여섯 개의 정책 엔진을 도입하여 필요한 도구, 플랫폼, 정책을 다루게 될 것이다.

조직 내 조달 요건에 의존하는 데이터 센터용 기기에 대해서는 보안 또는 정책 도구를 사용하지 않았음을 주목하자. 또한 표 8.1 외에 기록된 커뮤니티 정책 도구 프로젝트를 찾게 될 수도 있다. 나는 에코시스템이 빠르게 변화하는 상황에서 커뮤니티 프로젝트가 기존 도구나 기술을 대체하는 경우를 종종 발견한다.

> **이미지 빌딩과 설정 관리**
>
> 이미지 빌딩 도구는 많은 보안 또는 정책 도구를 갖고 있지 않아 직접 테스트를 작성하게 된다. 설정 관리 도구는 프로비저닝 도구와 유사한 방식을 따른다. 보안과 정책 설정을 검증하기 위한 커뮤니티 프로젝트나 내장 도구를 찾아야 한다.

산업 또는 규정 기준

표 8.1을 확인하면 적은 도구만이 산업 또는 규정 기준 정책을 테스트함을 알 수 있다. 대부분의 정책은 문서 형태로 존재하여 정책 테스트를 직접 작성해야 한다. 때로는 커뮤니티 정책 테스트를 가공하여 사용하게 된다.

예를 들어, 미국 국립표준기술연구소[NIST, National Institute of Standards and Technology]는 국가 체크리스트 프로그램(https://ncp.nist.gov/repository)의 일환으로 보안을 위해 벤치마크해야 할 목록을 발표한다. 이 책의 감수자는 미 국방부의 보안 기술 구현 가이드[STIG, Security Technical Implementation Guides]와 기술 테스트 및 설정 기준을 추천한다.

> 참고 이번 절에서 많은 도구나 기준이 누락됐음을 안다. 이 책에서 작성한 기준은 미국 기준이며 전 세계적으로 적용되지 않을 수도 있다. 이 책을 읽을 때쯤이면 정책 엔진의 피처, 기술 통합 또는 오픈소스의 상태, 산업 또는 규정 기준이 변경됐을 것이다. 만일 추천하고자 하는 내용이 있다면 https://github.com/joatmon08/tdd-infrastructure로 알려주기 바란다.

8.3.2 보안 테스트

인프라 보안을 위해 무엇을 테스트해야 할까? 일부 코드형 정책은 안전한 시스템의 모범 사례를 포착한 독단적인 기본 테스트를 제공한다. 그러나 회사의 특정 플랫폼과 인프라에 특화된 테스트를 직접 작성해야 할 수도 있다.

데이터베이스 보안 침해사항을 고쳐보자. 운이 좋게도 테스트 데이터에 중요한 정보는 없었다. 그러나 미래에 팀원이 설정을 복사하여 운영에 배포하기를 원하진 않는다. 테스트 환경의 IaC를 운영 환경에 배포하지 않으려면, 테스트를 작성하여 데이터베이스 네트워크를 보호한다.

데이터베이스는 매우 제한적이고 최소한의 권한(최소 접근)만 부여하는 방화벽 정책이 필요하다. 그림 8.5는 IaC 방화벽 설정을 가져오는 테스트 작성법을 보여준다. 테스트는 설정의 방화벽 정책 범위를 파싱한다. 만일 방화벽 범위 값이 `0.0.0.0/0` 정책을 포함하면 테스트가 실패한다.

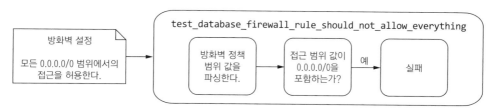

그림 8.5 방화벽 정책 설정의 접근 범위 값을 가져와서 허용 범위가 너무 과도한지 확인한다.

GCP는 `0.0.0.0/0`으로 모든 IP 주소가 데이터베이스에 접근할 수 있음을 나타낸다. 만일 누군가가 사용자 이름과 비밀번호를 갖고 네트워크에 접속하면 데이터베이스에 접근할 수 있다. 신규 테스트는 지나치게 허용적인 `0.0.0.0/0` 설정이 운영 환경에 배포되기 전에 실패한다.

코드 8.3은 파이썬으로 방화벽 정책 테스트를 구현한다. 테스트에 코드로 JSON 설정 파일을 열어 `source_ranges` 목록을 확인하여 `0.0.0.0/0` 값이 존재하는지 검사한다.

코드 8.3 테스트를 활용하여 방화벽 정책에 `0.0.0.0` 값이 있는지 파싱하여 확인하기

```
import json
import pytest
from main import APP_NAME, CONFIGURATION_FILE

@pytest.fixture(scope="module")
def resources():
    with open(CONFIGURATION_FILE, 'r') as f:        ❶
        config = json.load(f)                        ❶
    return config['resource']                        ❷

@pytest.fixture
def database_firewall_rule(resources):               ❸
    return resources[0][                             ❸
        'google_compute_firewall'][0][APP_NAME][0]   ❸

def test_database_firewall_rule_should_not_allow_everything(   ❹
```

```
        database_firewall_rule):
    assert '0.0.0.0/0' not in \                                  ❺
        database_firewall_rule['source_ranges'], \               ❺
        'database firewall rule must not ' + \                   ❻
        'allow traffic from 0.0.0.0/0, specify source_ranges ' + \  ❻
        'with exact IP address ranges'                           ❻
```

❶ 인프라 설정 JSON 파일을 불러온다.

❷ JSON 설정 파일에서 resource 항목을 파싱한다.

❸ 테라폼이 정의한 JSON 설정의 구글 방화벽 자원값을 파싱한다.

❹ 모든 트래픽을 허용하면 안 된다는 방화벽 정책을 설명하는 기술적인 테스트 이름을 사용한다.

❺ 0.0.0.0/0 혹은 전체 허용 조건이 접근 범위 값에 들어 있지 않은지 확인한다.

❻ '접근 범위에서 0.0.0.0/0을 삭제하시오'와 같은 방화벽 정책을 고칠 수 있는 기술적인 오류 메시지를 사용한다.

AWS와 애저에서 사용하기

GCP 방화벽 정책은 AWS의 보안 그룹(http://mng.bz/Qvvm)이나 애저의 네트워크 보안 그룹(http://mng.bz/XZZY)과 유사하다. 코드를 변경하기 위해서는 먼저 선택한 클라우드 업체의 보안 그룹 자원을 생성하자. 이후 테스트가 GCP source_ranges 대신 애저의 security_rule.source_port_range나 AWS의 ingress.cidr_blocks를 테스트하도록 변경하자.

신규 팀원이 자신의 랩톱에서 데이터베이스 테스트를 진행하고 싶다고 가정해 보자. IaC의 방화벽 정책이 0.0.0.0/0을 허용하도록 변경한다. 파이프라인이 코드를 실행하여 JSON을 생성한다.

```
$ python main.py
```

파이프라인이 단위 테스트를 실행하여 JSON 파일 설정을 검사한다. 방화벽에 허용되지 않은 정책인 0.0.0.0/0 범위가 포함된 것을 확인하고 오류를 발생시킨다.

```
$ pytest test_security.py
====== short test summary info ======
FAILED
    test_security.py::test_database_firewall_rule_should_not_allow_everything -
    ➥AssertionError: database firewall rule must not allow traffic
    ➥from 0.0.0.0/0, specify source_ranges with exact IP address ranges
====== 1 failed in 0.04s ======
```

팀원이 오류 설명을 읽고 방화벽 정책이 모든 트래픽을 허용하면 안 됨을 깨닫는다. 이후 접근 범위에 노트북 IP 주소를 추가함으로써 설정을 고친다.

6장의 기능 테스트처럼 보안 테스트는 모든 팀원에게 이상적인 인프라 보안 관행을 가르쳐준다. 테스트가 모든 보안 위반사항을 포착할 수 있는 것은 아니지만, 보안 기대사항에 대한 중요한 정보를 전달한다. **예상할 수 없으나 대응할 수 있는** 모범 보안 사례를, **예상할 수 있고 대응할 수 있는** 사례로 전환하면 반복되는 실수가 제거된다.

테스트는 또한 조직의 보안 관행을 확장하는 데 유용하다. 팀원이 설정을 고칠 수 있는 권한을 부여받았다고 느낀다. 게다가 보안 팀이 보안 위반사항에 대해 적게 조사를 하고 대응사항을 확인해도 된다. 보안을 모두의 책임으로 만들면 추후 조치에 들어가는 시간과 노력이 줄어든다.

긍정 테스트 대 부정 테스트

데이터베이스 IP 주소 범위 예제에서 IP 주소가 모든 IP 주소 범위(0.0.0.0/0) 값과 일치하는지를 검사했다. 이러한 **부정 테스트**(negative test)는 값이 특정 값과 일치하지 않는지 검사한다. 또한 **긍정 테스트**(positive test)를 사용해 속성이 기댓값을 갖는지를 검사할 수도 있다.

일부 참고자료는 모든 보안 또는 정책 테스트를 한 가지 유형으로 구현하도록 추천한다. 그러나 나는 긍정 테스트와 부정 테스트를 둘 다 사용해 테스트를 작성한다. 두 테스트를 함께 사용하면 보안과 정책 요건의 의도를 좀 더 잘 표현할 수 있다. 예를 들어, 부정 테스트를 사용해 모든 팀이 작성한 인프라 설정의 IP 주소 범위를 검사할 수 있다. 반면에 VPN 연결과 같이 모든 방화벽 정책이 포함해야 하는 IP 주소 범위가 있을 경우 긍정 테스트를 사용할 수 있다.

테스트를 작성하여 다음을 포함하는 보안 설정을 검사할 수 있다.

- 포트, IP 범위, 네트워크 정책 프로토콜
- 인프라 자원, 서버, 컨테이너에 대한 관리자가 혹은 관리자가 아닌 계정의 접근 권한
- 인스턴스 메타데이터의 악용을 완화하기 위한 메타데이터 설정
- 로드 밸런서, IAM 혹은 스토리지 저장소를 위한 보안 정보 및 이벤트 관리[SIEM, Security Information and Event Management] 접속 혹은 로깅 설정
- 취약점을 조치한 패키지 혹은 설정 버전

이 목록은 일반적인 설정 일부만 포함하고 있으므로, 보안 팀이나 다른 산업의 벤치마크 사항을 확인하여 추가 정보나 테스트를 반영해야 한다.

8.3.3 정책 테스트

보안 테스트는 IaC 오설정에 대한 공격 표면을 최소화했는지 검증한다. 그러나 감사, 보고, 비용 지불 혹은 문제 해결용 테스트가 필요하다. 예를 들면, 테스트 데이터베이스 같은 경우 태그를 갖고 있어야 누군가가 소유자를 파악하고 보안 침해사항을 보고할 수 있다.

uDress 규정 준수 팀은 데이터베이스 소유주를 파악할 수 있도록 GCP 데이터베이스에 태그를 추가할 것을 상기시킨다. 또한 보안 침해로 인해 데이터베이스 자원을 확장하여 클라우드 비용이 증가했음을 알려준다. 태그가 없으면 규정 팀이 보안 침해와 비용 증가 사항에 대해 누구에게 연락할지 파악이 어렵다.

데이터베이스 설정에 태그를 추가한다. 미래에 태그 추가를 기억할 수 있도록 그림 8.6처럼 워크플로를 사용해 태그를 검사하는 단위 테스트를 구현한다. 방화벽 설정에 대한 보안 테스트처럼, 데이터베이스 JSON 설정 파일을 파싱하여 라벨과 태그를 정확하게 작성했는지 검사한다. 만일 라벨 값이 비어 있으면 테스트는 실패한다.

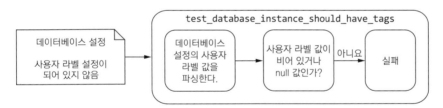

그림 8.6 데이터베이스 설정을 파싱하여 데이터베이스 사용자 라벨 항목의 태그 목록이 있는지 검사하는 테스트를 구현한다.

정책 테스트는 보안 테스트와 비슷하게 동작한다. 그러나 IP 주소 범위 대신 태그 값을 테스트한다. 정책 테스트가 더 나은 인프라 보안을 제공하지는 않으나, 문제를 찾고 자원을 파악할 수 있는 능력을 증진한다.

테스트 워크플로를 구현해 보자. 코드 8.4에서는 GCP의 user_labels 매개변수가 0개보다 많은 태그 값을 갖는지 검사하는 테스트를 작성한다.

```python
import json
import pytest
from main import APP_NAME, CONFIGURATION_FILE

@pytest.fixture(scope="module")
def resources():                                                    ❶
    with open(CONFIGURATION_FILE, 'r') as f:                        ❶
        config = json.load(f)                                       ❶
    return config['resource']                                       ❷

@pytest.fixture
def database_instance(resources):
    return resources[2][                                            ❸
        'google_sql_database_instance'][0][APP_NAME][0]             ❸

def test_database_instance_should_have_tags(database_instance):     ❹
    assert database_instance['settings'][0]['user_labels'] \        ❺
        is not None                                                 ❺
    assert len(                                                     ❻
        database_instance['settings'][0]['user_labels']) > 0, \     ❻
        'database instance must have `user_labels`' + \             ❻
        'configuration with tags'                                   ❻
```

❶ 인프라 설정 JSON 파일을 불러온다.

❷ JSON 설정 파일에서 resource 항목을 파싱한다.

❸ 테라폼 JSON 설정이 정의한 구글 SQL 데이터베이스 인스턴스의 사용자 라벨 값을 파싱한다.

❹ 데이터베이스 태깅 정책을 설명하는 기술적인 테스트 이름을 사용한다.

❺ 데이터베이스의 사용자 라벨 값이 비어 있거나 null이 아닌지 검사한다.

❻ GCP 사용자 라벨에 태그를 추가하라는 기술적인 오류 메시지를 사용한다.

AWS와 애저에서 사용하기

코드 8.4를 AWS나 애저에서 사용하려면, 구글 SQL 데이터베이스 인스턴스를 각 제공 업체의 PostgreSQL로 변경하자. AWS의 RDS(http://mng.bz/yvvJ)나 애저의 PostgreSQL 데이터베이스(http://mng.bz/M552)를 사용할 수 있다. 이후 데이터베이스 인스턴스 자원의 tags 속성값을 파싱하자. 애저와 AWS는 둘 다 태그를 사용한다.

테스트를 보안 테스트에 추가한다. 다음 팀원이 변경사항을 만들고 태그를 추가하지 않았다면 테스트가 실패한다. 팀원이 오류 메시지를 읽고 IaC에 태그 값을 추가하도록 수정한다. 조직 정책을 테스트하기 위해 다음과 같은 테스트를 구현할 수 있다.

- 모든 자원에 필요한 태그 값 여부
- 변경사항 승인자 수
- 인프라 자원의 지정학적 위치
- 감시를 위한 로그 출력값과 목표 서버
- 개발과 운영 데이터 분리 여부

위 목록은 일반적인 설정 일부만 포함하므로, 보안 팀이나 다른 산업의 벤치마크 사항을 확인하여 추가 정보나 테스트를 반영해야 한다. 테스트를 작성하면서, 정책 테스트가 검사하는 요소를 명확하게 포함하는 오류 메시지를 포함하도록 보장하자.

8.3.4 사례와 패턴

보안 및 정책 테스트를 작성할수록, 설정이 안전하고 규정을 준수하고 있다는 자신감을 얻는다. 어떻게 이러한 요소를 팀과 조직에게 가르칠 수 있을까? 인프라 보안과 규정 준수사항을 검사하는 몇몇 테스트 사례와 패턴을 적용할 수 있다. 그런 다음에 좀 더 자세하게 보안 및 정책 테스트를 작성할 수 있는 방법과 패턴을 다루겠다.

자세한 테스트 이름과 오류 메시지 사용하기

uDress 정책과 보안 테스트의 **자세한 테스트 이름과 오류 메시지**를 눈치챘을 것이다. 이러한 이름과 메시지는 너무 장황하게 보이기는 하나 팀원에게 정책이 무엇을 추구하는지 그리고 어떻게 고칠 수 있는지 정확하게 알려준다! 2장에서 작명과 코드의 품질을 검증할 수 있는 기술을 소개했다. 다른 사람이 테스트를 읽어보도록 요청하자. 만일 그들이 테스트 목적을 이해한다면, 코드형 정책을 준수하도록 설정을 업데이트할 수 있다.

테스트 모듈화

3장의 일부 **모듈 패턴**을 코드형 정책에 적용할 수 있다. 예를 들어, uDress 구매 팀이 인프라를 위해 보안과 정책 테스트를 빌려달라고 요청한다. 데이터베이스 정책을 `database-tests`

로, 방화벽 정책을 `firewall-tests`로 분리한다.

보안 팀은 인터넷 보안 센터[CIS, Center for Internet Security]의 벤치마크 사항을 추가해 달라고 요청한다. 해당 사업 벤치마크는 GCP 보안 설정 모범 사례를 검증하는 테스트를 포함한다. 벤치마크를 추가하고 나자, 다중 저장소에 너무 많은 테스트가 존재한다는 사실을 깨닫게 되었다.

그림 8.7은 모든 테스트를 `gcp-security-tests` 저장소로 이동한다. 저장소는 uDress의 GCP 인프라 테스트를 조직화하여 저장한다. uDress 프론트엔드와 구매 팀은 공통 저장소를 참조하여 테스트를 가져오고 그들의 설정을 테스트하기 위해 실행할 수 있다. 보안 팀은 보안 벤치마크 사항을 `gcp-security-tests` 저장소 하나에 업데이트할 수 있다.

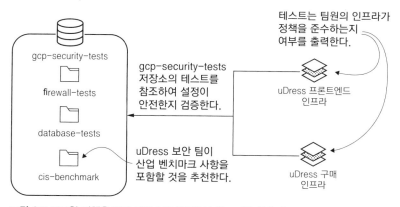

그림 8.7 코드형 정책을 공유 저장소에 추가하여 인프라를 생성하는 모든 팀에게 제공하자.

인프라 코드 저장소 구조와 마찬가지로 환경에 따라 조직의 코드형 정책을 단일 저장소에 저장하거나 다중 저장소로 분리하여 저장할 수 있다. 어떤 구조를 사용하든 모든 팀이 조직의 보안, 정책 테스트를 보고 규정을 준수하는 인프라 배포 방법을 배울 수 있게 하자.

또한 테스트를 사업 단위, 기능, 환경, 인프라 제공 업체, 인프라 자원, 스택 혹은 벤치마크로 분리하자. 사업이 변함에 따라 각 유형의 테스트를 개별 진화시키고 싶을 것이다. 일부 사업 단위는 한 가지 유형의 테스트가 필요하나 다른 사업은 그렇지 않을 수도 있다. 테스트를 분리하여 선택적으로 실행하면 유용하다.

코드형 정책을 제공 파이프라인에 추가하기

팀이 운영 환경 배포 전에 보안 및 정책 테스트를 실행하도록 보장하기 위해, 이를 **제공 파이 프라인 단계**로 추가했다. 코드형 정책은 변경사항을 테스트 환경에 배포한 '후', 운영 환경에 릴리스하기 '전에' 실행한다. 인프라 변경사항에 대한 빠른 피드백을 받고 기능성에 우선순 위를 두지만 운영 환경에 배포하기 전에 정책을 검사한다.

보안 팀은 코드형 정책을 추가하여 운영 환경을 검사한다. 동적 분석은 인프라 변경사항에 긴급 반영사항이 보안과 규정을 준수하는지 지속적으로 검증한다.

그림 8.8은 제공 파이프라인의 정적 분석과 인프라에 대한 동적 분석을 사용해 설정 변경사 항을 검사하고 선제적으로 자원 이슈에 대응하는 방법을 보여준다. 변경사항을 테스트 환경 에 배포한 후 보안 및 정책 테스트를 실행한다. 운영 환경에 릴리스하기 전에 테스트를 통과 해야 한다. 자원이 변경될 경우 동작하는 인프라를 대상으로 유사한 테스트를 진행하여 보안 과 정책 검사를 진행한다.

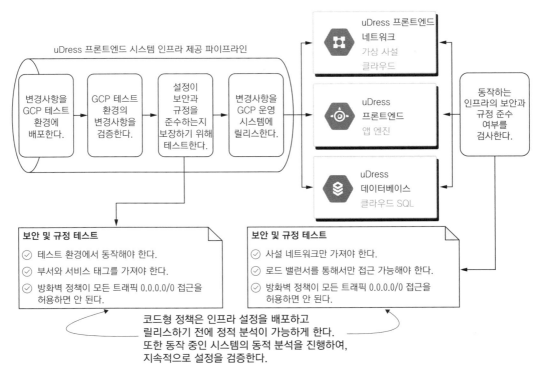

그림 8.8 보안 및 정책 테스트는 인프라 오설정을 검사하고 잘못된 변경사항이 운영 환경에 배포되는 것을 방지한다.

정적 및 동적 분석을 위해 다른 테스트를 갖고 있을 수도 있다. 실제 엔드포인트 접근 여부를 검증하는 테스트 등 일부 테스트의 경우 동작하는 인프라에서만 동작할 수 있다. 그 결과 운영 환경에 배포하기 '전후로' 일부 테스트를 실행하고 싶을 것이다.

만일 정적 분석이 너무 오래 걸릴 경우 변경사항을 운영 환경에 배포한 후 테스트 일부만 실행할 수 있다. 그러나 보안 또는 규정 위반사항에 빠르게 대응해야 한다. 그러므로 가장 핵심적인 보안 및 정책 테스트를 파이프라인에 추가할 것을 추천한다.

이미지 빌딩

불변적인 서버나 컨테이너 이미지를 생성하는 사례를 만날 수 있다. 서버나 컨테이너 이미지에 필요한 패키지를 구움으로써 수동 업데이트 대신 이미 업데이트된 신규 서버를 생성한다.

코드형 정책을 포함한 인프라 파이프라인과 동일한 워크플로를 사용해 불변 이미지를 빌드할 수 있다. 워크플로는 스크립트의 회사 패키지 저장소와 같은 특정 설치 요건을 검사하는 단위 테스트나 테스트 서버의 패키지 버전이 정책과 보안사항을 준수하는지 검증하는 통합 테스트를 포함한다.

동적 분석을 에이전트 형태로 사용해 서버를 검사하고 설정이 규정을 준수함을 보장할 수 있다. 예를 들어, 시스디그(Sysdig)는 런타임 보안 도구인 팔코(Falco)를 제공하여 서버 설정이 규정을 준수하는지 검사한다.

대부분의 팀은 정책이나 보안 테스트가 모든 변경사항의 운영 환경 배포를 막지 않기를 원한다. 예를 들어, 만일 고객이 공용 인프라 엔드포인트에 접근해야 한다면 사설 네트워크 사용 여부를 검사하는 테스트를 적용할 수는 없다. 종종 보안 정책에서 예외사항을 발견하게 된다.

정책 강제 수준을 정의하기

코드형 정책을 구축하면서 가장 중요한 정책을 파악하고 다른 정책에 대한 예외 처리를 해야 한다. 예를 들어, uDress 보안 팀은 데이터베이스 태깅 정책을 필수 강제사항으로 식별한다. 제공 파이프라인은 태그를 발견하지 못하면 실패해야 하고, 누군가가 태그를 추가해야 한다.

그림 8.9처럼 정책을 세 가지 유형으로 정의한다. 보안 팀은 운영 환경 배포 전 데이터베이스 태그를 고치도록 강제한다. 그러나 방화벽 정책의 경우 고객이 엔드포인트에 접근할 수 있어야 하므로 예외 처리한다. 팀은 보안을 좀 더 강화한 인프라 설정을 위한 권고사항도 추가한다.

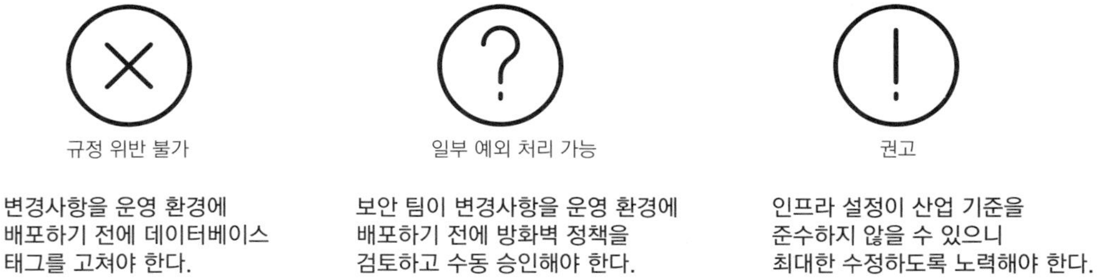

규정 위반 불가

일부 예외 처리 가능

권고

변경사항을 운영 환경에
배포하기 전에 데이터베이스
태그를 고쳐야 한다.

보안 팀이 변경사항을 운영 환경에
배포하기 전에 방화벽 정책을
검토하고 수동 승인해야 한다.

인프라 설정이 산업 기준을
준수하지 않을 수 있으니
최대한 수정하도록 노력해야 한다.

그림 8.9 코드형 정책을 세 가지 유형으로 나누어 적용함으로써 운영 환경 변경 전 관문으로 활용할 수 있다.

코드형 정책은 다음 세 가지 유형으로 분류한다(하시코프 센티넬의 용어를 차용).

- 필수 정책은 **규정 위반 불가**$^{\text{hard mandatory}}$ 유형으로
- 예외에 대한 수동 분석이 필요한 사항은 **일부 예외 처리 가능**$^{\text{soft mandatory}}$ 유형으로
- 모범 사례에 대한 지식 공유를 위한 사항은 **권고**^{advisory} 유형으로

보안 팀은 방화벽 정책을 일부 예외 처리 사항으로 분류한다. 일부 공용 로드 밸런서는 0.0.0.0/0 접근을 허용해야 한다. 만일 방화벽 정책 테스트가 실패하면 보안 팀의 누군가가 정책을 검토하고 변경사항이 파이프라인으로 배포될 수 있도록 수동 승인을 해야 한다.

보안 팀은 CIS 벤치마크 사항을 모범 사례의 지식 공유를 위한 **권고**사항으로 설정한다. 가능하면 보안 설정을 개선할 것을 요청하기는 하나, 운영 환경에 배포하기 전에 설정을 변경하도록 강제하지는 않는다.

변경사항을 운영에 배포하기 전에 보안 테스트를 실행해야 할까? 테스트를 실행하는 데는 시간이 제법 걸린다! 만일 보안 테스트와 정책 테스트가 변경사항 배포를 너무 오래 지연시킬 것 같다면, 운영 환경에 배포하기 전에 **규정 위반 불가** 사항에 대한 테스트만 실행하자.

일부 예외 처리 또는 권고 유형 테스트를 비동기적으로 실행함으로써 필수 테스트만 파이프라인을 중지시킬 수 있도록 할 수 있다. 테스트 실행 후 아무리 빨리 고치더라도 일부 운영 환경 설정이 규정을 준수하지 않는 상태가 될 수 있으므로 모든 보안 테스트와 정책 테스트를 비동기적으로 실행하는 것을 권장하지는 않는다!

그림 8.10은 자세한 테스트 이름과 오류 메시지를 작성하는 등 테스트 패턴과 사례를 요약한다. 인프라와 유사하게, 기능을 기준으로 테스트를 모듈화할 수 있고 운영 제공 파이프라인에 추가할 수 있다.

| 자세한 테스트 이름과 오류 메시지를 작성하여 보안과 정책 요건을 전달하자. | 보안과 정책 테스트를 사업 단위, 기능, 환경, 인프라 제공 업체, 스택 기준으로 분리하자. | 운영 환경 배포 전 관문으로서 보안과 정책 테스트를 제공 파이프라인에 추가하자. | 필수 정책과 권고사항으로 정책 강제 수준을 정의하자. |

그림 8.10 보안 및 정책 테스트는 인프라 오설정을 검사하고 잘못된 변경사항이 운영 환경에 배포되는 것을 방지한다.

도구 보안 벤치마크 사항 또는 정책 규정과 상관없이 테스트의 형태로 관행을 전달해야 한다. 이러한 패턴과 사례를 준수함으로써 팀원이 보안 및 규정 준수를 위한 지식을 개선할 수 있다.

조직이 성장하고 더 많은 정책을 세울수록, 보안과 정책 테스트를 확장하게 된다. 조기에 코드형 정책을 도입하면 IaC에 보안 및 규정 관행을 도입하는 기반이 된다. 만일 필요한 테스트를 실행할 수 있는 도구를 찾을 수 없다면, IaC를 파싱할 수 있는 테스트를 직접 작성하는 방안을 고려하자.

요약

- 회사 정책은 시스템이 보안, 감사 그리고 조직 요건을 준수할 것을 보장한다. 회사는 정책을 산업, 국가 및 기타 요소를 고려하여 정의한다.
- 최소 권한의 원칙은 사용자나 서비스 계정에 필요한 최소한의 접근 권한만 제공한다.
- IaC가 인프라 제공 업체에 대한 최소 권한을 부여한 자격을 사용하도록 보장하자. 최소 권한은 누군가가 자격정보를 악용하여 승인받지 않은 자원을 생성하는 것을 방지한다.

- 도구를 사용해 제공 파이프라인의 평문 민감 정보를 억제하거나 검열하자.
- IaC 파이프라인에 적용한 후 사용자 이름과 비밀번호를 변경하자.
- 인프라 서비스, 소유자, 이메일, 회계 정보, 환경 또는 자동화 정보를 태깅하면 보안과 비용 파악 및 감시가 용이하다.
- 코드형 정책은 일부 인프라 메타데이터를 테스트하여 설정이 보안과 규정을 준수하는지 검증한다.
- 코드형 정책을 사용해 시스템 기능 검사 후 운영 환경 배포 전에 인프라가 보안과 규정을 준수하는지 테스트하자.
- 깨끗한 IaC와 모듈 패턴을 적용하여 코드형 정책을 관리하고 확장하자.
- 각 보안 테스트와 정책 테스트를 규정 위반 불가(반드시 고쳐야 함), 일부 예외 처리 가능(수동 검토), 권고(모범 사례를 권고하되 운영 환경 배포를 막지 않음)와 같은 세 가지 강제 유형으로 분류하자.

Part 3

운영 환경 복잡성 관리하기

다양한 팀이 코드형 인프라를 사용하고 공통 관행을 구축하면 운영 인프라 변경 및 복잡성 관리 방법을 배워야 한다. 마지막 3부에서는 IaC로 인프라를 변경하거나 IaC 자체를 바꾸는 기술을 설명한다. 결국 여러분이 인프라를 변경하고 도구나 설정을 진화시키게 될 것이다.

9장에서는 인프라를 변경하고 잠재적인 인프라 장애를 최소화하는 방법을 배울 것이다. 10장은 IaC 시스템이나 코드형 인프라가 증가함에 따라 필요한 리팩토링 절차를 설명한다. 만일 리팩토링으로 인해 인프라 장애가 발생할 경우, 11장에서 배운 기술을 활용하여 롤 포워드 처리 후 문제를 해결하고 변경사항을 고칠 수 있다.

그러나 시스템이 성장하면서 비용 문제에 직면할 것이다. 12장은 IaC 기술로 인프라 비용을 관리할 수 있는 방법을 안내한다. 마지막으로 13장은 오픈소스 도구와 모듈을 사용하고 기존 도구를 대체하거나 업그레이드할 수 있는 기술을 소개하며 글을 마무리한다.

9

변경사항 적용하기

9장에서 다루는 내용

- 언제 블루-그린 배포 패턴을 사용해 인프라를 업데이트할지 결정하는 방법
- IaC로 다중 리전 환경을 불변적으로 구축하는 방법
- 스테이트풀 인프라 변경 전략을 결정하는 방법

이전 장들에서는 인프라 변경사항을 모듈화하고, 분리하고, 테스트하고, 배포하는 유용한 사례와 패턴을 다뤘다. 그러나 코드형 인프라 기술을 사용해 인프라 변경을 관리하는 방법도 필요하다. 9장에서는 불변성을 적용하여 잠재적인 장애 영향을 최소화할 수 있도록 IaC를 전략적으로 변경할 수 있는 방법을 배우게 될 것이다.

다시 5장에서 IaC를 모듈화하기 위해 노력했던 채소 회사 사례로 돌아가 보자. 회사는 식충식물 계열사를 편입했다. 파리지옥 같은 식충식물은 특별한 생육 조건이 필요하다.

결과적으로 식충식물 데이터 센터는 글로벌 네트워크와 네트워크에 최적화된 서버와 컴포넌트가 필요하다. 대부분의 팀은 팀 IaC를 직접 설정하지만 기존 코드만으로는 광범위한 변경사항을 다룰 수 없음을 알게 된다. 따라서 회사 IaC 경험을 갖고 있는 엔지니어인 당신에게 도움을 요청한다.

엔지니어 팀은 끈끈이주걱 팀의 인프라를 먼저 업데이트하도록 지시한다. 튼튼한 식충식물인 끈끈이주걱은 시스템 장애 시 발생하는 온도 및 급수량 변화에 잘 대응할 수 있다. 끈끈이주걱의 모든 인프라 자원은 몇 개의 설정 파일을 갖고 있는 단일 저장소로 이뤄져 있다.

끈끈이주걱 시스템의 아키텍처를 조사하여 다이어그램을 만든다. 그림 9.1은 컨테이너 클러스터와 3개의 서버로 구성된 리전 네트워크로 트래픽을 전달하는 리전 이동 정책(로드 밸런서)을 보여준다. 모든 트래픽은 전역이 아닌 동일한 리전 안에서 순환한다.

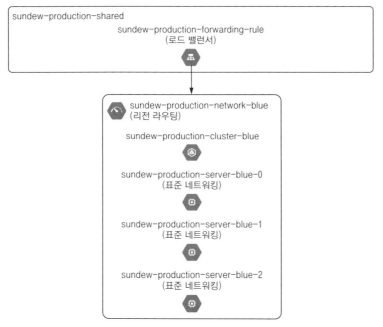

그림 9.1 끈끈이주걱 애플리케이션은 공유 로드 밸런서 자원, 3개의 서버, 하나의 컨테이너 클러스터로 구성한 인프라 시스템을 사용한다.

모든 자원을 변경하여 단일 리전이 아닌 전역으로 트래픽을 보내고자 한다. 그러나 끈끈이주걱 팀은 싱글톤 패턴으로도 알려진, 모든 자원을 동일한 IaC에 정의했다(싱글톤 패턴 내용은 3장을 참고하라). 또한 자원은 인프라 상탯값을 공유한다.

어떻게 네트워크 변경사항을 시스템에 배포하면서 영향을 최소화할 수 있을까? 수동으로 변경할 경우 인프라를 가변적으로 다룸으로써 급수 애플리케이션에 영향을 줄까 봐 우려된다.

예를 들어, 네트워크가 전역 라우팅을 사용하도록 변경할 경우 급수 애플리케이션을 지원하는 서버에 영향을 줄 수 있다.

2장에서 불변성을 활용하여 신규 변경사항을 포함하는 신규 인프라를 구축할 수 있었음을 상기한다. 만일 해당 기술을 시스템에 적용할 수 있다면 기존 환경에 영향을 주지 않고 분리된 신규 환경에서 변경사항을 테스트할 수 있다. 이번 장에서 어떻게 IaC 변경사항을 분리하여 적용할 수 있는지 배울 것이다.

> **참고** 변경 전략을 보여주기 위해서는 충분히 크고 복잡한 예제가 필요하다. 만일 전체 예제를 실행한다면 GCP 무료 단계 허용 금액을 초과하는 비용이 발생한다. 이 책에서는 가독성을 위해 관련 있는 코드 외에는 삭제했다. 전체 코드는 책의 코드 저장소 https://github.com/joatmon08/manning-book/tree/main/ch09를 참고하자.* 해당 예제를 AWS나 애저에 맞게 변경하고 싶다면 마찬가지로 변경 비용이 발생한다. 가능한 경우 주석을 달아 예제를 선택한 클라우드 업체에서 사용할 수 있는 방법을 제공했다.

> *옮긴이 주석
>
> 9장의 실습은 저자의 깃허브 저장소 ch09 경로에서 진행된다. blue, green 서버 설정 코드인 ch09/blue.py와 ch09/green.py 파일 수정이 필요하다. blue, green 서버 인스턴스 이미지로 설정한 ubuntu-1804-lts는 현재 지원하지 않으므로 ubuntu-2004-lts와 같은 사용 가능한 최신 버전으로 변경하자. 역자는 ch09/blue.py의 114, 142, 170라인과 ch09/green.py의 116, 144, 172라인을 ubuntu-2004-lts로 수정했다. 실습 시 반드시 수정한 blue.py, green.py 파일 기준으로 main.py 파일을 실행해 생성한 main.tf.json 파일로 실습해야 함을 참고하자.
>
> ch09/blue.py, ch09/green.py 각 파일의 def server0, server1, server2 함수마다 아래의 동일한 코드 블록을 수정해야 한다.
>
> ```
>     ...
>                     'initialize_params': [{
>                         # 역자가 수정한 부분
>                         'image': 'ubuntu-2004-lts'
>                     }]
>     ...
> ```
>
> 또한 GCP로 코드 실행 시 사전에 Service Networking API 사용이 필요함도 유의하자.

9.1 변경 전 사전 작업

끈끈이주걱 시스템을 변경하기 시작한다. 공교롭게도 실수로 서버를 blue로 태그하는 설정 속성값을 삭제한다. 변경사항을 제공 파이프라인에 푸시하고 설정을 테스트한 후 운영 환경에 적용한다.

테스트가 태그가 삭제된 것을 찾아내지 못한다. 운 좋게도 모니터링 시스템이 급수 애플리케이션이 신규 서버와 통신할 수 없다는 알람을 보낸다! 모든 요청을 복제한 서버 인스턴스로 전달함으로써 디버깅을 진행하는 동안 끈끈이주걱이 급수를 받을 수 있도록 조치한다.

시스템을 변경하면 안 된다는 사실을 알게 되었다. 끈끈이주걱 시스템은 변경하기 전에 이해해야 할 기존 아키텍처와 도구가 존재한다. 또한 시스템 장애가 발생할 경우 백업이나 대체 환경이 준비되어 있는지 확인해야 한다. 시스템을 변경하기 전에 무엇을 먼저 해야 할까?

9.1.1 체크리스트 점검하기

IaC 변경 시 버그나 다른 문제가 발생할 수 있는 위험이 있다. 테스트, 모니터링 또는 관측 (출력값을 통해 시스템 내부 상탯값을 확인할 수 있는 능력) 기능을 통해 변경 과정에서 시스템이 영향을 받지 않았음을 보장해야 한다. 시스템 가시성을 확보하지 못하면 장애를 초래한 변경사항을 신속하게 해결할 수 없다.

끈끈이주걱 시스템을 변경하기 전에, 몇 가지 시스템을 검토하기로 결정한다. 그림 9.2는 무엇을 검토하는지 보여준다. 먼저 삭제한 태그를 검사하는 테스트를 추가한다. 이후 시스템과 애플리케이션의 정상 동작 여부와 지표를 확인하는 모니터링 시스템을 살핀다. 마지막으로, 백업용 복제 서버를 생성하여 기존 서버에 장애가 발생할 경우에 대비한다. 만일 실수로 업데이트한 서버에 장애가 발생할 경우에는 백업 서버로 트래픽을 보낼 수 있다.

왜 백업용 복제 서버를 구축했을까? 이전 설정을 복제한 추가 자원이 있으면 기존 자원에 장애가 발생한 경우 사용할 수 있다. 이러한 **이중화**^{redundancy}는 시스템이 계속 동작하게 한다.

> **정의** **이중화**는 자원을 복제하여 시스템의 성능을 개선한다. 만일 업데이트한 컴포넌트에 장애가 발생하면 시스템은 동작하는 이전 설정의 자원을 사용할 수 있다.

일반적으로 변경 전에 다음 체크리스트를 검토하자.

- 각 변경사항을 미리 검토하고 분리된 환경에서 **테스트**할 수 있는가?
- 시스템이 비정상적인 상황을 파악하기 위한 **모니터링이나 알림** 기능을 갖고 있는가?
- 애플리케이션이 **동작 검사, 로그, 관찰 가능 여부** 혹은 **지표**와 관련한 오류 이력을 확인하고 대응할 수 있는가?
- 애플리케이션 시스템이 **이중화**되어 있는가?

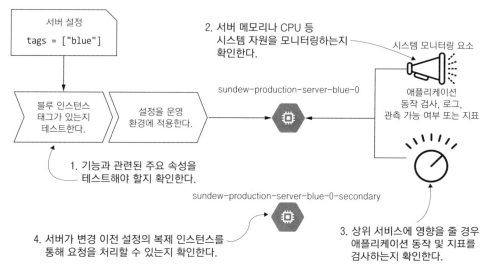

그림 9.2 네트워크 변경 전에 테스트가 확인하는 범위, 시스템 상태, 애플리케이션 모니터링 시스템, 복제 여부를 검증해야 한다.

체크리스트 목록은 가시성과 인지 가능성에 집중한다. 모니터링 시스템이나 테스트처럼 문제를 확인하는 데 도움을 주는 기능이 없다면 장애를 초래한 변경사항의 문제점을 파악하거나 고치는 데 어려움을 겪을 수 있다. 나는 한때 애플리케이션 장애를 초래한 변경사항을 반영 후 2주가 지나서야 알게 된 적이 있다. 당시에는 애플리케이션 알림 기능이 없었기에 문제점을 파악하는 데 오래 걸렸다!

사전 체크리스트는 변경 실패 시 문제 디버깅과 장애에 대응하는 백업 계획의 기반이 된다. 6장과 8장의 사례를 활용하여 체크리스트를 제공 파이프라인의 품질 관리 관문으로 활용할 수 있다.

9.1.2 신뢰성 증진하기

변경 전 체크리스트를 검토한 후, 좀 더 나은 백업 환경이 필요함을 깨닫는다. 지속적으로 리팩토링하는 과정에서 전체 끈끈이주걱 시스템에 장애가 발생하지 않도록 보장하기 위해 이중화가 더 필요하다. 마침내 끈끈이주걱 팀의 모듈 변경사항을 배포할 때 시스템 장애 걱정을 하지 않아도 된다.

공교롭게도 끈끈이주걱 시스템은 us-central1 리전에만 존재한다. 끈끈이주걱은 리전에 장애가 발생할 경우 급수를 받을 수 없다! 또 다른 리전(us-west1)에 유휴 끈끈이주걱 운영 시스템을 구축하여 급수 애플리케이션을 재시작할 수 있도록 하기로 결정한다. IaC를 사용해 활성 리전인 us-central1의 자원을 비활성(유휴) 리전인 us-west1에 **재현**한다.

이제 비활성 지역의 환경을 백업으로 사용할 수 있다. 그림 9.3은 끈끈이주걱 팀 설정이 서버 모듈을 사용하도록 변경하고 변경사항을 활성 환경에 푸시한다. 만일 동작하지 않는다면 문제를 해결하는 동안 일시적으로 모든 트래픽을 비활성 환경으로 전달한다. 또는 모듈 변경사항을 비활성 환경에 적용하고 테스트를 진행한다.

활성-비활성 설정

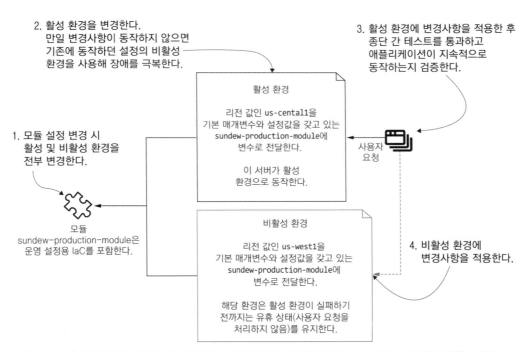

그림 9.3 IaC를 사용해 끈끈이주걱 시스템에 활성-비활성 설정을 구현하여 변경 시 시스템 신뢰성을 증진할 수 있다.

끈끈이주걱 시스템은 **활성-비활성 설정**active-passive configuration을 사용해 하나의 환경을 백업용으로 사용하기 위해 유휴 상태로 존재한다.

> **정의** **활성-비활성 설정**에서 시스템 하나는 사용자 요청을 처리하는 활성 상태로, 다른 하나는 백업 환경으로 구성되어 있다.

만일 us-central1 환경의 동작이 멈춘다면, 언제나 트래픽을 다른 비활성 환경인 us-west1로 전달할 수 있다. 실패한 활성 환경에서 비활성 환경으로 전환하는 것은 **페일오버**^{failover} 프로세스를 따른다.

> **정의** **페일오버**는 주 자원에 장애가 발생한 경우 비활성(혹은 대기 중인) 자원을 사용하는 방법이다.

왜 활성-비활성 설정을 원할까? 두 번째 리전에 비활성 환경을 구축하면 시스템의 전반적인 신뢰성이 증진된다. **신뢰성**^{reliability}은 시스템이 주어진 시간 내에 얼마나 정확하게 동작할 수 있는지를 측정한다.

> **정의** **신뢰성**은 시스템이 주어진 시간 내에 얼마나 정확하게 동작하는지를 측정한다.

IaC를 변경할 때는 시스템의 신뢰성을 유지해야 한다. 신뢰성을 개선하면 핵심 사업 애플리케이션의 장애를, 궁극적으로는 사용자가 겪는 장애를 최소화한다. 트래픽을 작업 중인 비활성 환경으로 전환함으로써 활성 환경의 장애 영향 범위를 줄인다.

코드로 활성-비활성 설정을 구축해 보자. 터미널에서 끈끈이주걱의 인프라 자원을 갖고 있는 blue.py 파일을 복사하여 passive.py라는 신규 파일을 생성한다.

```
$cp blue.py passive.py
```

코드 9.1처럼 passive.py의 리전과 이름을 추가하고 일부 변수를 업데이트하여 비활성 끈끈이주걱 환경을 생성한다.

코드 9.1 us-west1의 끈끈이주걱 환경을 비활성 환경으로 변경하기

```
TEAM = 'sundew'
ENVIRONMENT = 'production'
VERSION = 'passive'          ❶
REGION = 'us-west1'          ❷
IP_RANGE = '10.0.1.0/24'     ❸

zone = f'{REGION}-a'
```

```
network_name = f'{TEAM}-{ENVIRONMENT}-network-{VERSION}'          ❹
server_name = f'{TEAM}-{ENVIRONMENT}-server-{VERSION}'            ❹

cluster_name = f'{TEAM}-{ENVIRONMENT}-cluster-{VERSION}'          ❹
cluster_nodes = f'{TEAM}-{ENVIRONMENT}-cluster-nodes-{VERSION}'   ❹
cluster_service_account = f'{TEAM}-{ENVIRONMENT}-sa-{VERSION}'    ❹

labels = {                                                        ❺
    'team': TEAM,                                                 ❺
    'environment': ENVIRONMENT,                                   ❺
    'automated': True                                             ❺
}
```

❶ 비활성 환경 식별용 버전을 설정한다.
❷ 비활성 환경을 위해 리전 값을 us-central1에서 us-west1로 변경한다.
❸ 요청 전송을 방지하기 위해 비활성 환경의 IP 주소 범위 값을 다른 값으로 업데이트한다.
❹ 나머지 변수와 함수는 리전을 포함한 비활성 환경의 상숫값을 참조한다.
❺ 운영 환경 자원을 식별할 수 있도록 라벨을 정의한다.

> **AWS와 애저에서 사용하기**
>
> GCP 라벨(label)은 AWS 및 애저의 태그(tag)와 비슷하다. labels 변수에 정의된 객체를 가져와 AWS 및 애저 자원의 태그에 전달할 수 있다.

이제 모듈 변경이 잘못됐을 때를 대비한 백업 환경을 갖게 되었다. 변경사항을 푸시하여 us-central1 활성 환경에 장애가 발생했다고 가정해 보자. 이제 운영 환경의 전역 로드 밸런서 설정을 업데이트하고 푸시하여 모든 요청을 비활성 환경으로 보낼 수 있다. 다음 코드는 전역 로드 밸런서의 가중치를 변경하여 전체 트래픽을 비활성 환경으로 전달한다.

코드 9.2 us-west1의 비활성 끈끈이주걱 환경으로 페일오버하기

```
import blue                                                       ❶
import passive                                                    ❶

services_list = [
    {
        'version': 'blue',                                        ❷
        'zone': blue.zone,
```

```
        'name': f'{shared_name}-blue',
        'weight': 0                                        ❸
    }, {
        'version': 'passive',                              ❷
        'zone': passive.zone,
        'name': f'{shared_name}-passive',
        'weight': 100                                      ❹
    }
]

def _generate_backend_services(services):                  ❺
    backend_services_list = []
    for service in services:
        version = service['version']
        weight = service['weight']
        backend_services_list.append({
            'backend_service': (                           ❻
                '${google_compute_backend_service.'        ❻
                f'{version}.id}}'                          ❻
            ),                                             ❻
            'weight': weight,                              ❻
        })
    return backend_services_list

def load_balancer(name, default_version, services):
    return [{
        'google_compute_url_map': {                        ❼
            TEAM: [{
                'name': name,
                'path_matcher': [{
                    'name': 'allpaths',
                    'path_rule': [{                        ❽
                        'paths': [                         ❽
                            '/*'                           ❽
                        ],                                 ❽
                        'route_action': {                  ❾
                            'weighted_backend_services':   ❾
                                _generate_backend_services( ❾
                                    services}              ❾
                        }                                  ❾
                    }]
                }]
            }]
```

```
            }]
        }
    }]
```

① 블루(활성 환경) 및 비활성 환경 IaC를 가져온다.

② 블루, 비활성 환경 및 로드 밸런서를 위한 환경별 버전 목록을 정의한다.

③ 트래픽의 0%를 블루 버전으로 보내도록 로드 밸런서 가중치를 설정한다.

④ 트래픽의 100%를 비활성 버전으로 보내도록 로드 밸런서 가중치를 설정한다.

⑤ 두 로드 밸런서 및 가중치를 로드 밸런서 정책에 추가한다.

⑥ 블루 및 비활성 환경으로 가중치에 기반하여 트래픽을 전달하는 백엔드 서비스를 정의한다.

⑦ 경로, 블루(활성) 및 비활성 서버, 가중치를 기반으로 테라폼 자원을 사용해 구글 컴퓨트 URL 맵(로드 밸런싱 정책)을 생성한다.

⑧ 모든 경로를 활성 또는 비활성 서버로 연결하도록 경로 규칙을 설정한다.

⑨ 두 로드 밸런서 및 가중치를 로드 밸런서 정책에 추가한다.

AWS와 애저에서 사용하기

구글 클라우드 URL 맵은 AWS 애플리케이션 로드 밸런서(ALB, Application Load Balancer) 또는 애저의 트래픽 관리자(Traffic Manager) 및 애플리케이션 게이트웨이(Application Gateway)와 유사하다. 코드 9.2를 AWS로 변환하려면 AWS ALB 및 리스너 정책을 생성하는 자원을 업데이트해야 한다. 이후 ALB 리스너 정책에 경로 라우팅 및 가중치 속성을 추가하자.

애저의 경우 애저 트래픽 관리자 프로필과 엔드포인트를 애플리케이션 게이트웨이에 연결해야 한다. 애저 트래픽 관리자의 가중치를 업데이트하고, 정확한 애플리케이션 게이트웨이의 백엔드 주소 풀 경로로 전달하자.

비활성 환경으로 시스템을 이전한 후, 끈끈이주걱 팀이 급수 애플리케이션이 복구된 것을 보고한다. 블루(활성) 환경에서 모듈 문제를 디버깅할 수 있는 기회가 생겼다. 활성–비활성 설정은 시스템을 개별 리전의 장애로부터 보호할 것이다.

끈끈이주걱 팀원이 궁극적으로는 두 리전으로 트래픽을 보내고 싶다고 알려준다. 각 리전 환경이 요청을 처리한다. 그림 9.4는 이상적인 설정을 보여준다. 다음에는 모듈을 변경하고 한 리전에 푸시하고자 한다. 만일 해당 리전에 장애가 발생하더라도 시스템이 대부분의 요청을 처리할 것이다. 끈끈이주걱에 급수를 덜 하게 되었지만 고장 난 리전을 고칠 수 있는 기회를 갖게 된다.

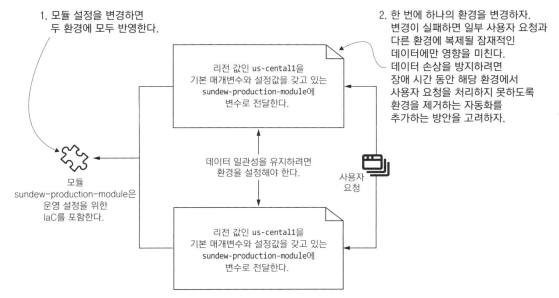

활성-비활성 설정

1. 모듈 설정을 변경하면
   두 환경에 모두 반영한다.

2. 한 번에 하나의 환경을 변경하자.
   변경이 실패하면 일부 사용자 요청과
   다른 환경에 복제될 잠재적인
   데이터에만 영향을 미친다.
   데이터 손상을 방지하려면
   장애 시간 동안 해당 환경에서
   사용자 요청을 처리하지 못하도록
   환경을 제거하는 자동화를
   추가하는 방안을 고려하자.

리전 값인 us-cental1을
기본 매개변수와 설정값을 갖고 있는
sundew-production-module에
변수로 전달한다.

데이터 일관성을 유지하려면
환경을 설정해야 한다.

사용자
요청

모듈
sundew-production-module은
운영 설정을 위한
IaC를 포함한다.

리전 값인 us-cental1을
기본 매개변수와 설정값을 갖고 있는
sundew-production-module에
변수로 전달한다.

그림 9.4 향후 끈끈이주걱 팀은 활성–비활성 설정을 지원하고 두 리전에 요청을 보낼 수 있도록 시스템 설정을 더욱 리팩토링할 것이다.

왜 2개의 활성 환경을 운영하고자 할까? 많은 분산 시스템은 **활성-활성 설정**active-active configuration으로 동작하는데, 이는 두 시스템이 모두 요청을 처리하고 상호 간 데이터를 복제함을 의미한다. 공용 클라우드 아키텍처는 시스템의 신뢰성을 향상하기 위해 여러 리전에 걸쳐 활성-활성 설정을 사용하기를 권장한다.

> **정의** **활성-활성 설정**에서는 여러 시스템이 활성 환경에서 사용자 요청을 처리하고 시스템 간 데이터를 복제한다.

활성-비활성 또는 활성-활성 설정에 따라 IaC를 다르게 변경할 것이다. 끈끈이주걱 팀의 활성-활성 설정을 위해 IaC 컴포넌트를 모듈화하고 환경 간 데이터 복제를 지원하도록 리팩토링해야 한다. 끈끈이주걱 팀이 활성-활성 설정을 위해 애플리케이션을 리팩토링한다고 가정하면 IaC에서 일종의 전역 로드 밸런싱을 구현하고 이를 각 리전에 연결해야 한다.

IaC는 1장에서 다룬 **재현성**의 원칙을 준수한다. 원칙 덕분에 적은 속성값만 변경하더라도 신규 리전에 신규 환경을 구축할 수 있다. 2장에서 했던 것처럼 고통스럽게 자원별로 한 땀 한 땀 환경을 재구축할 필요가 없다.

그러나 동일한 설정값을 많이 복사하고 붙여넣는 경우가 발생할 수 있다. 리전 값을 입력값으로 전달하고 IaC를 모듈화하여 복사 & 붙여넣기 작업을 줄이자. 환경 설정에서 전역 로드 밸런서 같은 공유 자원 설정을 분리하자.

다중 리전 환경은 항상 금액과 시간 측면의 비용이 발생하지만 시스템 신뢰성 향상에 유용할 수 있다. IaC는 다른 리전에 일관된 설정값을 갖는 새로운 환경 사본을 빨리 생성케 한다. 지역 간 설정 불일치는 중대한 시스템 장애를 유발하고 더 많은 유지보수 노력이 들어갈 수 있다. 12장에서는 비용 관리 및 비용 관리 시 고려사항을 논의한다.

9.2 블루–그린 배포

이제 실수로 활성 환경에 장애가 발생하면 대비할 수 있는 다른 환경이 있으므로 끈끈이주걱 시스템이 전역 네트워킹을 사용하고 고급 네트워크 접근을 사용하도록 변경 작업을 시작할 수 있다. 끈끈이주걱 시스템은 활성–비활성 설정을 사용하므로 변경사항을 적용하기 위해 신규 리전에 완전히 새로운 환경을 복제해야 한다.

일부 변경사항은 다중 리전 전체 환경에 복제할 필요가 없음을 깨닫는다. 단지 서버 변경을 위해 완전한 비활성 환경을 보유해야 할까? 그냥 바로 서버를 변경하면 안 될까? 결국 장애의 영향 범위를 최소화하고 자원의 효율성을 최적화하는 게 목표다. 활성–비활성 설정을 사용하는 대신 더 작은 규모의 자원을 대상으로 패턴을 적용할 수 있다.

그림 9.5는 전체 환경 대신 전역 네트워킹을 사용하는 신규 **네트워크**를 재현한다. 신규 네트워크 라벨을 green으로 설정하고 하나의 클러스터 내 3개의 서버를 배포한다. 신규 자원을 테스트한 후 전역 로드 밸런서를 사용해 일부 트래픽을 신규 자원으로 전달한다. 요청 처리가 성공하여 전역 라우팅 변경사항이 동작함을 나타낸다.

신규 자원을 생성하고 점진적으로 전환하는 작업은 시스템에 결합성과 진화 가능성의 원칙을 적용한다. green 환경에 자원을 추가하고 이전 자원과 달리 독립적으로 진화하게 한다.

인프라 구조를 변경하고 싶다면, 트래픽 전달 전에 해당 워크플로를 반복하여 변경사항의 영향 범위를 줄이고 신규 자원을 테스트하자.

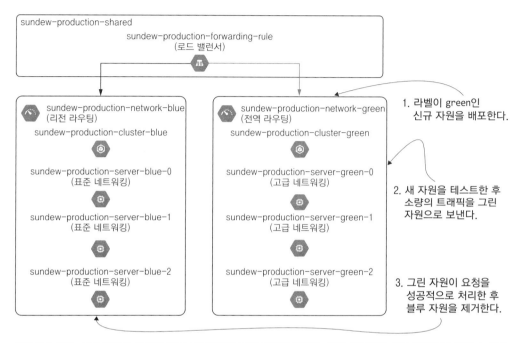

그림 9.5 블루-그린 배포를 사용해 전역 네트워크용 그린 환경을 만들고, 일부 트래픽을 신규 자원으로 보내고, 이전 자원을 제거한다.

블루-그린 배포blue-green deployment 패턴은 원하는 변경사항을 단계적으로 구축하는 신규 인프라 자원을 생성하고 green이라는 라벨을 지정한다. 이후 일부 요청을 그린 스테이징 인프라 자원에 전달하여 모든 것이 동작하는지 확인한다. 시간이 지남에 따라 모든 요청을 그린 인프라 자원으로 보내고 blue 운영 자원을 제거한다.

> **정의** **블루-그린 배포**는 원하는 변경사항이 일부 포함된 인프라 자원을 생성하는 패턴이다. 점진적으로 이전 블루 자원 트래픽을 신규 그린 자원으로 이동시키고 나중에 예전 자원을 제거한다.

블루-그린 배포는 요청을 보내기 전에 변경사항을 임시로 새로운 스테이징 환경에서 분리하여 테스트할 수 있게 한다. 그린 환경을 검증한 후, 신규 환경을 운영 환경으로 전환하고 이전 환경을 삭제할 수 있다. 일시적으로 몇 주 동안 두 환경에 해당하는 비용을 지불하긴 하지만, 전반적으로는 지속되는 환경을 유지하는 데 들어가는 비용을 최소화할 수 있다.

> **참고** 블루–그린 배포는 맥락에 따라 미묘한 차이가 있는 몇 가지 라벨 값을 갖는다. 어떤 환경이 기존 운영 환경인지, 신규 스테이징 환경인지를 식별할 수만 있다면 라벨 값이 어떤 색상이나 이름인지는 중요하지 않다. 내 경우에는 블루–그린 배포 시 기존 자원과 신규 자원을 식별하기 위해 운영/스테이징 버전 번호(v1/v2)를 사용한다.

작은 설정값 몇 개를 변경하는 것 이상으로 IaC를 리팩토링하거나 업데이트할 때 블루–그린 배포를 사용해야 한다. 블루–그린 배포는 불변성의 원칙에 의존하여 신규 자원을 생성하고 트래픽이나 기능을 새 자원에 전달한 후 이전 자원을 제거한다. 대부분의 리팩토링 패턴(10 장 참고)과 IaC 변경은 종종 재현성의 원칙을 포함한다.

이미지 빌딩과 설정 관리

잘못 생성한 머신 이미지나 설정의 장애 위험성을 블루–그린 배포 패턴으로 완화할 수 있다. 머신 이미지나 설정을 분리하여 신규 서버(그린)에 적용하고 트래픽을 보낸 후, 기능을 테스트한 후에 예전 서버(블루)를 제거한다.

이미 갖고 있는 블루 네트워크의 전역 로드 밸런서를 나중에 신규 그린 네트워크에 연결할 수 있다. 다음 절에서 끈끈이주걱 시스템에 블루–그린 배포를 단계별로 적용해 보자.

9.2.1 그린 인프라 배포하기

끈끈이주걱 시스템의 전역 네트워크와 고급 서버에 블루–그린 배포를 도입하기 위해 기존의 블루 네트워크 설정을 복사한다. green.py 파일을 생성하고 블루 네트워크 설정 정보를 붙여넣기 한다. 다음 코드는 네트워크가 전역 라우팅 모드를 사용하도록 정의한다.

코드 9.3 그린 네트워크 생성하기

```
TEAM = 'sundew'
ENVIRONMENT = 'production'
VERSION = 'green'               ❶
REGION = 'us-central1'
IP_RANGE = '10.0.0.0/24'        ❷

zone = f'{REGION}-a'
```

```
network_name = f'{TEAM}-{ENVIRONMENT}-network-{VERSION}'          ❸

labels = {
    'team': TEAM,
    'environment': ENVIRONMENT,
    'automated': True
}

def build():                                                      ❸
    return network()                                              ❸

def network(name=network_name,
            region=REGION,
            ip_range=IP_RANGE) :
    return [
        {
            'google_compute_network': {                           ❹
                VERSION: [{
                    'name' : name,
                    'auto_create_subnetworks' : False,
                    'routing_mode': 'GLOBAL'                       ❺
                }]
            }
        },
        {
            'google_compute_subnetwork': {                        ❻
                VERSION: [{
                    'name': f'{name}-subnet',
                    'region': region,
                    'network': f'${{{{google_compute_network.{VERSION}.name}}}}',
                    'ip_cidr_range': ip_range
                }]
            }
        }
    ]
```

❶ 신규 네트워크 버전 이름을 'green'으로 설정한다.

❷ 그린 네트워크의 IP 주소 범위를 블루 네트워크와 동일하게 유지한다. GCP는 피어링(peering)하지 않은 경우 두
    네트워크가 동일한 CIDR 블록을 갖도록 허용한다.

❸ 모듈을 사용해 그린 네트워크의 네트워크와 서브네트워크 JSON 설정 객체를 생성한다.

❹ 테라폼 자원을 사용해 네트워크 이름과 전역 라우팅 모드 값을 기반으로 구글 네트워크를 생성한다.

❺ 전역으로 라우팅할 수 있도록 그린 네트워크의 라우팅 모드를 전역 값으로 업데이트한다.

❻ 테라폼 자원을 사용해 서브네트워크 이름, 리전, 네트워크, IP 주소 범위 값을 기반으로 구글 서브네트워크를 생성한다.

> **AWS와 애저에서 사용하기**
>
> 코드 9.3의 전역 라우팅 모드 값을 AWS나 애저에는 적용할 수 없다. 그러나 구글 네트워크와 서브네트워크를 VPC나 가상 네트워크로 변경하고, 서브넷과 라우팅 테이블을 변경하여 AWS와 애저에서 사용할 수 있다.

가능하다면 블루와 그린 자원에 동일한 설정을 유지하고 싶다. 그린 자원에 변경사항을 적용할 경우에만 설정이 달라야 한다. 그러나 그럼에도 불구하고 두 자원에는 차이가 존재할 수 있다!

예를 들어, 네트워크에 특정 피어링 설정이 있다면 그린 네트워크가 블루 네트워크와 동일한 IP 주소 범위를 사용할 수 없다. 대신 10.0.1.0/24와 같은 IP 주소 범위를 사용하고 다른 IP 주소 범위와 통신하기 위해 필요한 의존성을 변경해야 한다.

블루-그린 배포는 불변성을 선호하며 기존 자원과 분리하여 변경사항이 반영된 신규 자원을 생성한다. 그러나 네트워크와 같은 하위 자원을 새로 생성한 후 배포한다고 바로 실제 트래픽을 받을 수 있는 것은 아니다. 늘 인프라 변경 후 테스트부터 시작해야 한다. 이후 해당 인프라에 의존하는 다른 자원을 변경하고 테스트해야 한다.

9.2.2 그린 인프라에 상위 의존성 자원 배포하기

블루-그린 배포 패턴을 사용하면 늘 변경사항이 있는 신규 인프라와 해당 인프라에 의존하는 상위 자원을 배포해야 한다. 네트워크 변경을 끝냈지만 네트워크 위에 서버나 애플리케이션이 없다면 네트워크를 사용할 수 없다. 신규 네트워크는 네트워크에 의존하는 상위 인프라가 필요하다.

그림 9.6에 나온 대로 끈끈이주걱 팀에게 신규 클러스터와 서버를 그린 네트워크에 배포할 것을 전달한다. 서버는 전역 네트워크의 고급 네트워크를 사용해야 한다. 끈끈이주걱 팀은 클러스터와 서버에 애플리케이션도 배포한다.

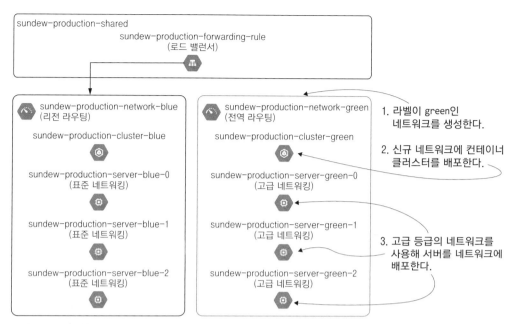

그림 9.6 하위 자원인 네트워크를 생성한 후 해당 자원에 의존하는 상위 자원인 서버와 컨테이너 클러스터도 생성해야 한다.

이 예제의 네트워크 같은 하위 자원을 변경할 경우 상위 자원에 영향을 준다. 서버는 고급 네트워크에서 실행되어야 한다. 이전 blue 네트워크의 리전 라우팅 값을 전역 라우팅으로 수동 변경할 경우 서버와 클러스터에 영향을 주게 된다. 블루-그린 배포에서 네트워크 속성이 진화하더라도 실제 환경에 영향을 주지 않는다.

끈끈이주걱 팀이 그린 네트워크에 클러스터를 배포하는 다음 IaC 코드를 살펴보자. 팀은 blue 자원의 클러스터 자원을 복사하고 green 네트워크에서 실행해야 하는 일부 속성값을 변경했다.

코드 9.4 그린 네트워크에 신규 클러스터 추가하기

```
VERSION = 'green'                                                        ❶

cluster_name = f'{TEAM}-{ENVIRONMENT}-cluster-{VERSION}'                 ❶
cluster_nodes = f'{TEAM}-{ENVIRONMENT}-cluster-nodes-{VERSION}'          ❶
cluster_service_account = f'{TEAM}-{ENVIRONMENT}-sa-{VERSION}'           ❶
```

```python
def build():                                                    ❷
    return network() + \
        cluster()                                               ❸

def cluster(name=cluster_name,                                  ❹
            node_name=cluster_nodes,                            ❹
            service_account=cluster_service_account,            ❹
            region=REGION):                                     ❹
    return [
        {
            'google_container_cluster': {                       ❺
                VERSION: [
                    {
                        'initial_node_count': 1,
                        'location': region,
                        'name': name,                           ❺
                        'remove_default_node_pool': True,
                        'network':
    f'${{google_compute_network.{VERSION}.name}}',              ❻
                        'subnetwork': \                         ❻
                          f'${{google_compute_subnetwork.{VERSION}.name}}' ❻
                    }
                ]
            }
        }
    ]
```

❶ 신규 클러스터 라벨을 'green'으로 설정한다.

❷ 모듈을 사용해 그린 네트워크의 네트워크와 서브네트워크, 클러스터 JSON 설정 객체를 생성한다.

❸ 그린 네트워크와 서브네트워크 위에 클러스터를 구축한다.

❹ 이름, 노드 이름, 자동화를 위한 서비스 계정, 리전 값 등 구성에 필요한 클러스터 설정을 전달한다.

❺ 테라폼 자원을 사용해 그린 네트워크 위 1개의 노드를 사용해 구글 컨테이너 클러스터를 생성한다.

❻ 그린 네트워크와 서브네트워크 위에 클러스터를 구축한다.

> ### AWS와 애저에서 사용하기
>
> 구글 컨테이너 클러스터 대신 아마존 EKS 클러스터 또는 애저 쿠버네티스 서비스(AKS, Azure Kubernetes Servicer) 클러스터를 사용하도록 코드를 변경할 수 있다. 아마존 VPC와 쿠버네티드 노드 풀(**그룹**이라 불리기도 한다)을 위한 애저 가상 네트워크가 필요하다.

전역 네트워크 설정을 사용하기 위해 클러스터를 변경할 필요는 없다. 그러나 서버는 고급 네트워크가 필요하다. blue 환경의 서버 설정을 복사하여 green.py의 속성을 고급 네트워크로 변경한다.

코드 9.5 그린 네트워크에 고급 네트워크 추가하기

```
VERSION = 'green'                                                        ❶

server_name = f'{TEAM}-{ENVIRONMENT}-server-{VERSION}'                   ❷

def build():                                                            ❸
    return network() + \
        cluster() + \
        server0() + \                                                   ❹
        server1() + \                                                   ❹
        server2()                                                       ❹

def server0(name=f'{server_name}-0',                                    ❺
            zone=zone):                                                 ❺
    return [
        {
            'google_compute_instance': {                                ❻
                f'{VERSION}_0': [{
                    'allow_stopping_for_update': True,
                    'boot_disk': [{
                        'initialize_params': [{
                            'image': 'ubuntu-2004-lts'
                        }]
                    }],
                    'machine_type': 'f1-micro',
                    'name': name,
                    'zone': zone,
                    'network_interface': [{
                        'subnetwork': \
                            f'${{google_compute_subnetwork.{VERSION}.name}}',
                        'access_config': {
                            'network_tier': 'PREMIUM'                    ❼
                        }
                    }]
                }]
            }
        }
```

```
        }
    ]
```

❶ 신규 네트워크 라벨을 'green'으로 설정한다.

❷ 팀, 환경, 버전(블루 혹은 그린) 정보를 포함하는 서버 이름 템플릿을 생성한다.

❸ 모듈을 사용해 그린 네트워크의 네트워크와 서브네트워크, 클러스터, 서버 JSON 설정 객체를 생성한다.

❹ 그린 네트워크 클러스터에 3개의 서버를 구축한다.

❺ 각 서버 설정을 복사 & 붙여넣기 한다. 해당 코드는 첫 번째 서버인 server0 정보만 포함하고 있으며, 나머지 서버 설정은 가독성을 위해 삭제했다.

❻ 그린 네트워크의 테라폼 자원을 사용해 작은 구글 가상 머신 인스턴스(서버)를 생성한다.

❼ 네트워크가 고급 네트워크를 사용하도록 설정한다. 이는 전역 라우팅을 사용하는 서브넷과 호환이 가능케 한다.

> **AWS와 애저에서 사용하기**
>
> 코드 9.5의 네트워크 등급을 AWS와 애저에는 적용할 수 없다. 구글 컴퓨트 인스턴스를 아마존 EC2 인스턴스나 우분투 18.04 이미지를 사용하는 애저 리눅스 가상 머신으로 변경할 수 있다. 먼저 아마존 VPC와 애저 가상 네트워크가 필요하다.

네트워크 등급을 고급으로 변경하는 것은 애플리케이션의 기능에 영향을 주면 안 되지만, 실제로 그런지는 알 수 없다. 그린 환경은 끈끈이주걱 성장에 영향을 주기 전에 문제점을 파악하고 완화할 수 있게 한다. 끈끈이주걱 팀이 변경사항을 생성하면 변경사항을 푸시하고 제공 파이프라인의 테스트 결과를 확인한다.

테스트에 단위, 통합, 종단 간 테스트를 포함하여 신규 컨테이너 클러스터에서 애플리케이션을 실행하고 신규 그린 서버에 요청을 보낼 수 있도록 한다. 운 좋게도 테스트를 통과하고 그린 자원에 실제 트래픽을 보낼 준비가 되었다는 느낌을 받는다.

9.2.3 그린 인프라에 카나리 배포하기

그린 네트워크, 서버, 클러스터에 즉시 모든 트래픽을 보낼 수 있다. 그러나 끈끈이주걱 시스템에 장애가 발생하기를 원하지는 않는다! 이상적으로는 시스템에 문제가 있을 경우 전체 트래픽을 다시 블루로 보내고 싶다. 그림 9.7은 전역 로드 밸런서를 조정하여 90%의 트래픽을 블루 네트워크로 전달하고 10%를 그린 네트워크에 전달한다.

카나리 배포^{canary deployment}라고 알려진 적은 양의 트래픽을 시스템에 전달하여 오류가 발생할 경우, 변경사항을 디버깅하고 고쳐야 한다.

> **정의** **카나리 배포**는 적은 퍼센트의 트래픽을 시스템 내의 변경한 자원으로 보낸다. 만일 요청이 성공하면, 시간이 흐름에 따라 트래픽 퍼센트를 늘린다.

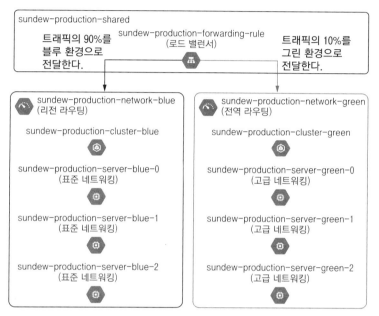

그림 9.7 전역 로드 밸런서를 설정하여 카나리 테스트를 실행하고 적은 퍼센트의 트래픽을 그린 자원으로 보낸다.

왜 적은 트래픽을 먼저 보낼까? 모든 요청이 실패하기를 원하진 않을 것이다. 변경한 자원에 적은 양의 요청을 보내는 것은 전체 시스템에 영향을 주기 전에 심각한 문제점을 파악하는 데 유용하다.

탄광의 카나리아

소프트웨어나 인프라의 **카나리**는 신규 시스템, 피처 혹은 애플리케이션이 동작하는지에 대한 첫 번째 지표다. 해당 용어는 '탄광의 카나리아'는 표현에서 유래했다. 광부는 새장 속의 새를 광산에 데리고 갔는데, 광산에 유독가스가 있을 경우 새가 위험을 알려주는 첫 번째 지표가 되었다.

종종 소프트웨어 개발에 있어서 카나리 테스트를 접하게 되는데, 신규 애플리케이션이나 피처 버전에 대한 사용자 경험을 측정한다. 나는 중요한 인프라 변경사항을 적용할 때 적은 퍼센트의 트래픽을 신규 자원에 전달하는 기술인 카나리 배포를 강력 추천한다.

카나리 배포에 로드 밸런서를 사용하지 않아도 됨에 유의하자. 변경한 인프라 자원에 적은 양의 요청을 보내는 어떠한 방법이든 사용할 수 있다. 예를 들어, 기존의 3개의 애플리케이션 인스턴스 풀에 업데이트한 애플리케이션 인스턴스 하나를 추가할 수 있다. 라운드 로빈 방식 로드 밸런싱은 25% 정도의 요청을 신규 업데이트한 인스턴스로 보내고 75% 정도를 기존 애플리케이션 인스턴스로 보낸다.

끈끈이주걱 팀의 경우 전역 로드 밸런서 설정을 그린/블루 환경 설정에서 분리하여 구성한다. 이는 로드 밸런서의 진화 가능성을 향상한다. 그린 서버를 로드 밸런서의 별도 백엔드 서비스로 추가하고 그린과 블루 환경 사이의 요청을 제어한다.

다음 코드에서는 로드 밸런서를 shared.py 파일에 정의한다. 10의 가중치를 갖는 그린 버전의 네트워크(서버와 클러스터 포함)를 버전 환경에 추가해 보자.

코드 9.6 로드 밸런싱 서비스 목록에 그린 버전 추가하기

```
import blue                                          ❶
import green                                         ❶

shared_name = f'{TEAM}-{ENVIRONMENT}-shared'         ❷

services_list = [                                    ❸
    {
        'version': 'blue',                           ❹
        'zone': blue.zone,                           ❹
        'name': f'{shared_name}-blue',               ❹
        'weight': 90                                 ❺
    },
    {
        'version': 'green',                          ❻
        'zone': green.zone,                          ❻
        'name': f'{shared_name}-green',              ❻
        'weight': 10                                 ❼
    }
]

def _generate_backend_services(services):            ❽
    backend_services_list = []
    for service in services:                         ❾
```

```
        version = service['version']                    ❾
        weight = service['weight']                       ❾
        backend_services_list.append({
            'backend_service': (                         ❾
                '${google_compute_backend_service.'      ❾
                f'{version}.id}}'                        ❾
            ),
            'weight': weight,                            ❾
        })
    return backend_services_list"
```

❶ 블루 및 그린 환경 IaC를 가져온다.

❷ 팀 및 환경에 기반한 공유 전역 로드 밸런서 이름을 생성한다.

❸ 로드 밸런서, 블루/그린 환경에 추가할 환경 버전을 정의한다.

❹ 블루 네트워크, 서버, 클러스터를 로드 밸런서 목록에 추가한다. IaC로부터 블루 환경의 가용 영역을 얻는다.

❺ 블루 서버 인스턴스가 90% 요청을 받으므로 트래픽 가중치를 90으로 설정한다.

❻ 그린 네트워크, 서버, 클러스터를 로드 밸런서 목록에 추가한다. IaC로부터 그린 환경의 가용 영역을 얻는다.

❼ 그린 서버 인스턴스가 10% 요청을 받으므로 트래픽 가중치를 10으로 설정한다.

❽ 로드 밸런서의 백엔드 서비스 목록을 생성하는 함수를 만든다.

❾ 각 환경별 구글 로드 밸런싱 백엔드 서비스, 서비스 버전 및 가중치를 정의한다.

AWS와 애저에서 사용하기

코드 9.6의 백엔드 서비스는 AWS 애플리케이션 로드 밸런서(ALB)의 목표 그룹과 유사하다. 그러나 애저의 경우 추가 자원이 필요하다. 애저 트래픽 관리자 프로필을 생성하고 백엔드 주소 풀의 엔드포인트를 애저 애플리케이션 게이트웨이에 추가해야 한다.

shared.py의 로드 밸런서는 이미 다른 가중치를 갖는 백엔드 서비스 목록을 처리한다. 가중치와 서비스 목록을 다음 코드로 배포하면, 로드 밸런서 설정이 10%의 트래픽을 그린 네트워크로 보내기 시작한다.

코드 9.7 그린 네트워크로 트래픽을 보내도록 로드 밸런서 변경하기

```
default_version = 'blue'                                      ❶

def load_balancer(name, default_version, services):          ❷
    return [{
        'google_compute_url_map': {                          ❸
```

```
TEAM: [{
    'default_service': (                        ❶
        '${google_compute_backend_service.'     ❶
        f'{default_version}.id}}'               ❶
    ),
    'description': f'URL Map for {TEAM}',
    'host_rule': [{
        'hosts': [
            f'{TEAM}.{COMPANY}.com'
        ],
        'path_matcher': 'allpaths'
    }],
    'name': name,
    'path_matcher': [{
        'default_service': (                        ❶
            '${google_compute_backend_service.'     ❶
            f'{default_version}.id}}'               ❶
        ),                                          ❶
        'name': 'allpaths',
        'path_rule': [{
            'paths': [
                '/*'
            ],
            'route_action': {
                'weighted_backend_services':        ❹
                    _generate_backend_services(     ❹
                        services)                   ❹
            }
        }]
    }]
}]
}
}]
```

❶ 기본적으로 모든 로드 밸런서 트래픽을 블루 환경으로 보낸다.

❷ 모듈을 사용해 로드 밸런서가 트래픽의 10%를 그린으로, 90%를 블루 환경으로 보내는 JSON 설정 객체를 생성한다.

❸ 경로, 블루/그린 환경 및 가중치에 기반하여, 테라폼 자원을 사용해 로드 밸런싱 규칙을 갖는 구글 URL 맵을 생성한다.

❹ 로드 밸런서가 트래픽의 10%를 그린으로, 90%를 블루 환경으로 보내도록 라우팅 규칙을 설정한다.

코드 9.8의 파이썬 파일을 실행하여 검토용 테라폼 JSON 설정 객체를 생성한다. 로드 밸런서 JSON 설정은 블루, 그린 서버를 조직하는 인스턴스 그룹, 해당 그룹을 위한 백엔드 서비스와 라우팅을 위한 가중치를 포함한다.

코드 9.8 로드 밸런서의 JSON 설정

```
{
    "resource": [
        {
            "google_compute_url_map": {                              ❶
                "sundew": [
                    {
                        "default_service": \                        ❷
                            "${google_compute_backend_service.blue.id}",  ❷
                        "description": "URL Map for sundew",
                        "host_rule": [
                            {
                                "hosts": [
                                    "sundew.dc4plants.com"
                                ],
                                "path_matcher": "allpaths"
                            }
                        ],
                        "name": "sundew-production-shared",
                        "path_matcher": [
                            {
                                "default_service":
                                    "${google_compute_backend_service.blue.id}",
                                "name": "allpaths",
                                "path_rule": [
                                    {
```

```
                                "paths": [                              ❸
                                    "/*"                                ❸
                                ],                                      ❸
                                "route_action": {
                                    "weighted_backend_services": [
                                        {
                                            "backend_service":
                                                "${google_compute_backend_  ❹
                                                service.blue.id}",          ❹
                                                "weight": 90,               ❹
                                        },
                                        {
                                            "backend_service":
                                                "${google_compute_backend_  ❺
                                                service.green.id}",         ❺
                                            "weight": 10,                   ❺
                                        }
                                    ]
                                }
                            }
                        ]
                    }
                ]
            }
        ]
    }
}
```

❶ 경로, 블루/그린 환경 및 가중치에 기반하여, 테라폼 자원을 사용해 로드 밸런싱 규칙을 갖는 구글 URL 맵을 정의
  한다.

❷ 로드 밸런싱 규칙을 갖는 구글 URL 맵의 기본 서비스를 블루 환경으로 정의한다.

❸ 가중치에 따라 모든 요청을 블루나 그린 환경으로 전달한다.

❹ 90%의 트래픽을 블루 네트워크를 사용하는 블루 백엔드 서비스로 전달한다.

❺ 10%의 트래픽을 그린 네트워크를 사용하는 그린 백엔드 서비스로 전달한다.

왜 모든 트래픽을 블루 환경으로 보내도록 기본 설정을 할까? 블루 환경이 요청을 성공적으
로 처리하는 것을 알고 있다. 만일 그린 환경에 장애가 발생할 경우 로드 밸런서를 신속하게
변경하여 트래픽을 기본 환경인 블루 환경으로 보낼 수 있다.

일반적으로 green 자원을 복사 & 붙여넣기 한 후 업데이트한다. blue 자원을 모듈로 구현할 경우 모듈에 전달하는 속성값만 변경하면 된다. 나는 가능하면 블루와 그린 환경 정의 내용을 별도의 폴더나 파일로 분리한다. 이렇게 할 경우 나중에 환경을 파악하기 쉽다.

shared.py의 일부 파이썬 코드가 로드 밸런서에 연결한 기본 환경과 환경 목록을 진화시키기 용이함을 눈치챘을 것이다. 나는 보통 기본 환경의 환경과 변수 목록을 정의한다. 이후 환경 목록을 순환하면서 속성값을 로드 밸런서에 추가한다. 이 방식은 상위 로드 밸런서가 다양한 자원과 환경에 대응하여 진화할 수 있음을 보장한다.

신규 자원을 추가하면 로드 밸런서를 조정하여 트래픽을 신규 환경에 보낼 수 있다. 블루-그린 배포를 진행할 때마다 로드 밸런서 IaC를 계속 변경하게 됨을 알게 된다. 로드 밸런서를 설정하는 시간과 노력을 들임으로써 변경사항의 문제점을 완화하고 장애를 초래할 수 있는 업데이트 사항을 제어할 수 있다.

9.2.4 회귀 테스트 실행하기

모든 트래픽을 그린 네트워크에 보냈는데 실패할 경우, 끈끈이주걱의 급수 시스템에 장애가 발생할 수 있다. 그 결과 카나리 배포를 진행하여 매일 그린 네트워크로 트래픽의 10%씩 늘려서 보낸다. 배포는 2주가 걸렸지만 네트워크를 성공적으로 업데이트했다는 자신이 생긴다. 만일 문제를 발견할 경우 그린 네트워크로 전달하는 트래픽을 줄이고 디버깅한다.

그림 9.8은 시간이 지남에 따라 지속적으로 그린 환경으로의 트래픽을 늘리고 테스트를 진행하는 점진적인 절차를 보여준다. 블루 환경으로 보내는 트래픽이 0%가 될 때까지 점진적으로 트래픽을 줄인다. 그린 환경으로 보내는 트래픽이 100%가 될 때까지 점진적으로 트래픽을 늘린다. 그린 환경의 변경점이 시스템에 장애가 발생하는 경우에 대비하기 위해 1, 2주 동안 그린 환경을 기동하고 블루 네트워크를 비활성화한다.

점진적으로 트래픽을 늘리고 한 주를 기다리는 과정은 너무 고통스러운 것 같다! 하지만 그린 환경에 충분한 트래픽을 보내봐야 계속 진행할 수 있는지 결정할 수 있다. 일부 장애는 시스템에 충분한 양의 트래픽을 보내야 발생하며, 어떤 문제점은 파악하는 데 시간이 걸리기도 한다.

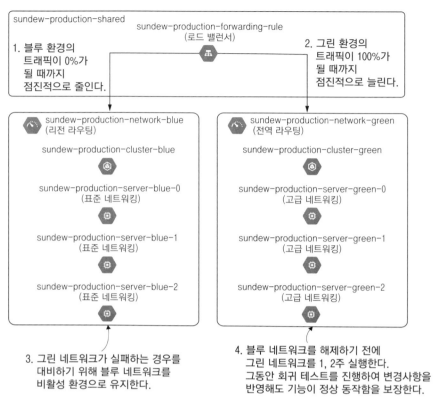

그림 9.8 신규 환경으로 모든 트래픽을 보내고 기존 자원을 삭제하기 전에 일주일 정도 회귀 테스트를 실행하여 기능성을 검증하자.

시스템 오류를 확인하기 위한 테스트, 관찰, 모니터링하는 시간은 시스템 회귀 테스트의 일부가 된다. **회귀 테스트**regression test는 시스템 변경사항이 기존 혹은 신규 기능에 영향을 미치는지 검사한다. 점진적으로 트래픽을 증가할 경우 시스템의 기능을 평가하고 잠재적인 장애의 영향을 완화시킨다.

> **정의** **회귀 테스트**는 시스템 변경사항이 기존 혹은 신규 기능에 영향을 미치는지 검사한다.

그린 환경에 얼마나 트래픽을 증가시켜야 할까? 매일 트래픽을 1%씩 증가할 경우 시스템이 백만 개의 요청을 처리하지 않는다면 많은 정보를 제공하지 않는다. '점진적'이라는 단어는 어느 정도 수준으로 증가시켜야 할지 정확한 지표를 제공하지 않는다. 나는 매일 처리하는 요청 수와 장애의 비용(사용자 요청에 대한 오류 등)을 기준으로 평가하기를 추천한다.

나는 매일 10%씩 증가시키고 10%의 요청 수가 어느 정도가 되는지 검사한다. 만일 오류를 파악하기 위한 충분한 요청 샘플 숫자를 확보하지 못한다면 증가량을 늘린다. 늘리기 전에 회귀 테스트를 위한 기간을 마련하여 시스템 장애를 파악하고 싶을 것이다.

로드 밸런서가 모든 트래픽을 그린 네트워크로 전달하도록 조정한 후에도 1, 2주 정도는 계속 테스트를 진행하고 시스템 기능을 모니터링하고 싶을 것이다. 왜 몇 주 동안 회귀 테스트를 진행해야 할까? 어떤 경우에는 시스템 장애를 유발하는 엣지 케이스$^{edge case}$ 애플리케이션 요청을 만나게 될 수 있다. 회귀 테스트 기간을 둠으로써 시스템이 예상치 못하거나 흔하지 않은 양의 요청을 처리할 수 있는지 관찰할 수 있다.

9.2.5 블루 인프라 제거하기

끈끈이주걱 시스템을 2주 동안 관찰하고 발생한 오류를 해결한다. 2주 동안 블루 네트워크가 어떠한 요청이나 데이터도 처리하지 않았음을 알기에 추가적인 마이그레이션 없이 제거할 수 있다. 비활성화 여부는 동료 또는 변경 자문 위원회를 통해 확인한다. 그림 9.9는 기본 서비스를 그린 환경으로 업데이트한 후 IaC 블루 환경을 제거한다.

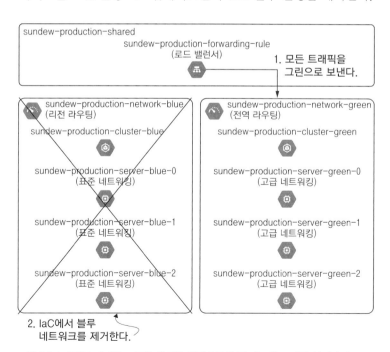

그림 9.9 IaC에서 제거하고 모든 참조를 없앰으로써 구 네트워크 제외 처리하기

네트워크를 포함한 블루 환경을 제거하는 것은 추가 동료 검토가 필요한 주요 변경사항이라고 간주한다. 누가 네트워크를 사용하는지 모를 수 있다. 서버처럼 다른 팀과 공유하지 않는 자원은 추가 동료 검토나 변경 승인이 필요하지 않을 수 있다. 환경 제거 시의 잠재적인 영향을 평가하고 7장의 패턴을 활용하여 변경사항을 유형화하자. 다음 코드에 나온 대로 shared.py의 로드 밸런서를 조정하여 기본 서비스를 그린 네트워크로 설정하고 블루 네트워크를 백엔드 서비스에서 제거하자.

코드 9.9 블루 환경 로드 밸런서 제거하기

```
import blue                                        ❶
import green                                       ❶

TEAM = 'sundew'
ENVIRONMENT = 'production'
PORT = 8080

shared_name = f'{TEAM}-{ENVIRONMENT}-shared'

default_version = 'green'                           ❷

services_list = [                                   ❸
    {
        'version': 'green',
        'zone': green.zone,
        'name': f'{shared_name}-green',
        'weight': 100                              ❹
    }
]
```

❶ 블루 그린 환경의 IaC를 가져온다.
❷ 로드 밸런서의 기본 네트워크를 그린으로 변경한다.
❸ 블루 네트워크와 인스턴스를 백엔드 서비스가 생성하는 목록에서 제거한다.
❹ 모든 트래픽을 그린 네트워크로 보낸다.

AWS와 애저에서 사용하기

코드 9.9는 AWS와 애저에서 동일하다. 버전, 가용 영역, 이름, 가중치를 AWS ALB나 애저 트래픽 관리자로 매핑하고 싶을 것이다.

로드 밸런서 변경사항을 적용한다. 그러나 로드 밸런서가 블루 자원을 참조하지 않음을 보장하기 위해 블루 자원을 즉시 제거하지는 않는다. 변경사항을 테스트한 후, 다음과 같이 블루 환경을 생성하는 main.py 코드를 제거하고 그린 환경만 남겨둔다.

코드 9.10 main.py에서 블루 환경 제거하기

```
import green
import json

if __name__ == "__main__":
    resources = {
        'resource':
        shared.build() +                              ①
        green.build()                                 ②
    }

    with open('main.tf.json', 'w') as outfile:        ③
        json.dump(resources, outfile,                 ③
                sort_keys=True, indent=4)             ③
```

① 공유 모듈을 사용해 전역 로드 밸런서 JSON 설정 객체를 생성한다.
② 그린 모듈을 사용해 네트워크, 전역 라우팅, 고급 네트워크 서버, 클러스터 JSON 설정 객체를 생성한다.
③ 나중에 테라폼에서 실행할 수 있도록 파이썬 딕셔너리 객체를 JSON 파일로 작성한다.

변경사항을 적용하고 IaC 도구가 모든 블루 자원을 제거한다. blue.py 파일을 삭제하여 누구도 신규 블루 자원을 생성하지 못하게 막기로 결정한다. 미래의 팀원이 헷갈리지 않도록 사용하지 않는 파일을 삭제하기를 권장한다. 그렇지 않다면 필요한 자원보다 더 많은 자원을 갖춘 시스템을 갖게 될 수도 있다.

실습 9.1

다음 코드를 보자.

```
if __name__ == "__main__":
    network.build()
    queue.build(network)
    server.build(network, queue)
    load_balancer.build(server)
    dns.build(load_balancer)
```

(이어짐)

대기열은 네트워크에 의존한다. 서버는 네트워크와 대기열에 의존한다. 대기열에 SSL을 적용하기 위해 어떻게 블루-그린 배포를 진행할 수 있을까?

정답은 부록 B를 참고하자.

9.2.6 추가 고려사항

끈끈이주걱 팀이 네트워크를 다시 변경해야 한다고 가정해 보자. 신규 그린 네트워크를 생성하는 대신, 새 블루 네트워크를 생성하고 배포, 회귀 테스트, 이전 자원 삭제 절차를 반복할 수 있다! 이미 이전 블루 네트워크는 더 이상 존재하지 않으므로 해당 변경사항이 기존 환경과 충돌하지 않는다.

이전 자원과 신규 자원을 구분할 수만 있다면 버전이나 변경사항을 어떻게 이름 짓는지는 중요하지 않다. 네트워크의 경우 2개의 IP 주소 범위를 할당하는 것을 고려하자. 블루와 그린 네트워크 각각을 위한 영구적인 IP 주소 범위를 갖고 있어야 한다. 주소 범위를 할당함으로써 열려 있는 네트워크 공간을 검색할 필요 없이 유연하게 변경사항을 블루-그린 배포할 수 있다.

일반적으로 나는 다음과 같은 경우에 블루-그린 배포 전략을 사용하기로 결정한다.

- 자원 변경사항 원복에 오랜 시간이 걸리는 경우
- 배포 후 변경사항을 원복할 수 있을지 자신이 없는 경우
- 자원이 쉽게 식별할 수 없는 많은 상위 의존성을 갖는 경우
- 자원이 장애가 발생하면 안 되는 핵심 애플리케이션에 영향을 주는 경우

모든 인프라 자원이 블루-그린 배포를 사용해야 하는 것은 아니다. 예를 들어, IAM 정책의 경우 직접 변경하고 문제가 발견되면 빠르게 원복할 수 있다. 변경사항 원복에 대해서는 11장에서 더 자세히 배울 것이다.

블루-그린 배포 전략은 다양한 환경을 유지하는 것보다 시간과 비용이 적게 든다. 그러나 이 전략은 네트워크, 프로젝트, 계정과 같은 하위 수준 인프라 자원을 배포할 때 더 많은 비용이 든다. 일반적으로 블루-그린 배포는 비용을 들일 가치가 있다고 생각한다. 특정 자원

의 변경사항을 분리하고 변경사항 배포와 시스템 장애를 최소화하는 데 있어 위험도가 낮은 방법을 제공한다.

9.3 스테이트풀 인프라

이번 장의 예제에서는 필수 인프라 자원을 제외했다. 그러나 끈끈이주걱 시스템은 데이터를 처리, 관리, 저장하기 위한 많은 자원을 포함한다. 예를 들어, 끈끈이주걱 시스템은 리전 라우팅으로 네트워크에서 실행되는 구글 SQL 데이터베이스를 포함한다.

9.3.1 블루-그린 배포

끈끈이주걱 애플리케이션 팀은 데이터베이스가 전역 라우팅을 갖는 신규 네트워크를 사용하도록 업데이트해야 한다고 상기시켜 준다. IaC의 사설 네트워크 ID를 업데이트한 후 변경사항을 저장소에 푸시한다. 배포 작업이 배포 파이프라인의 규정 테스트(8장에서 배웠었다)를 실패한다.

확인해 보니 테스트는 드라이 런(계획)이 데이터베이스 삭제가 실패하는지 검사한다는 사실을 알게 되었다.

```
$ pytest . -q

F                                                    [100%]
====== FAILURES ======
_____ test_if_plan_deletes_database _____

database = {'address': 'google_sql_database_instance.blue', 'change':
➡{'actions': ['delete'], 'after': None, 'after_sensitive': False,
➡'after_unknown': {}, ...}, 'mode': 'managed', 'name': 'blue', ...}

    def test_if_plan_deletes_database(database):
>       assert database['change']['actions'][0] != 'delete'
E       AssertionError: assert 'delete' != 'delete'

test/test_database_plan.py:35: AssertionError
======= short test summary info =======
```

```
FAILED test/test_database_plan.py::test_if_plan_deletes_database -
➥AssertionError: assert 'delete' != 'delete'
1 failed in 0.04s
```

규정 테스트가 핵심 데이터베이스를 삭제하는 것을 예방한다! 만일 테스트 없이 변경사항을
적용했더라면 '전체' 끈끈이주걱 데이터를 다 삭제했을 것이다! 끈끈이주걱 팀은 데이터베이
스 네트워크를 직접 변경하는 부분을 걱정했으므로, 블루–그린 배포로 진행해야 한다.

그림 9.10은 수동 검증을 통해 데이터베이스를 그린 네트워크로 이전한다. 그러나 데이터베
이스를 이전할 수 없음을 알게 된다. 끈끈이주걱 시스템은 데이터 누락을 감안할 수 있으므
로, 블루 데이터베이스 IaC를 복사하여 고급 네트워크를 사용하는 신규 그린 데이터베이스
인스턴스를 생성한다. 블루 데이터베이스에서 그린 데이터베이스로 데이터를 이전한 후, 애
플리케이션이 신규 데이터베이스를 사용하도록 변경한 후 이전 데이터베이스를 제거한다.

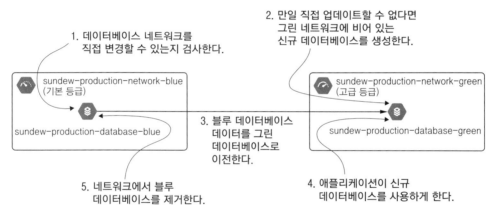

그림 9.10 데이터베이스를 직접 업데이트할 수 없다면, 신규 그린 데이터베이스를 배포하여 데이터 이전 후 데이터를
복구한 다음 데이터베이스 엔드포인트를 블루에서 그린으로 변경해야 한다.

블루–그린 배포 전략을 상태에 주목하는 인프라 자원인 데이터베이스에 적용한다. **스테이트
풀**stateful 인프라 자원인 데이터베이스는 데이터를 저장 및 관리한다. 현실적으로 모든 애플
리케이션은 일정량의 데이터를 처리하고 저장한다. 그러나 스테이트풀 인프라는 변경 시 데
이터에 직접 영향을 준다는 점에서 추가적인 관리가 필요하다. 이러한 인프라는 데이터베이
스, 대기열, 캐시 또는 스트리밍 처리 도구를 포함한다.

정의 **스테이트풀** 인프라는 데이터를 저장하고 관리하는 인프라 자원을 묘사한다.

왜 블루–그린 배포로 데이터를 관리하는 인프라 자원을 배포해야 할까? 때로는 IaC 자원을 직접 변경할 수 없는 경우가 존재한다. 자원을 교체할 경우 데이터가 오염되거나 유실될 수 있어 애플리케이션에 영향을 줄 수 있다. 블루–그린 배포는 애플리케이션이 사용하기 전에 신규 데이터베이스의 기능을 테스트하는 데 유용하다.

9.3.2 제공 파이프라인 업데이트하기

다시 끈끈이주걱 팀 사례로 돌아오자. 제공 파이프라인을 고쳐서 데이터베이스 업데이트를 자동화해야 한다. 그림 9.11은 블루에서 그린 데이터베이스로 데이터를 이전하는 단계를 추가하도록 제공 파이프라인을 업데이트한다. 그린 데이터베이스를 추가하고 배포할 경우, 파이프라인이 신규 데이터베이스를 배포하고, 통합 테스트 후 자동으로 블루 데이터베이스 데이터를 이전한 뒤, 마무리로 종단 간 테스트를 진행한다.

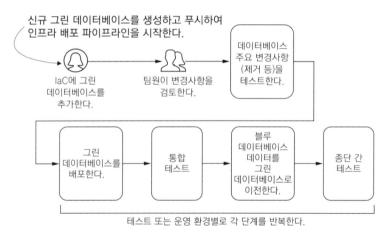

그림 9.11 인프라 배포 파이프라인은 그린 데이터베이스를 추가하고 블루 데이터를 그린으로 복사해야 한다.

데이터 이전을 자동화하는 과정에서 **멱등성**을 보존하자. 이전 스크립트나 자동화가 실행할 때마다 동일한 데이터베이스 상태를 유지해야 한다. 자동화를 실행할 때마다 데이터 중복이 일어나지 않도록 방지해야 한다. 데이터 이전 절차는 갖고 있는 스테이트풀 인프라(데이터베이스, 대기열, 캐시 또는 스트리밍 처리 도구)에 따라 달라진다.

스테이트풀 인프라를 거의 중지 없이 이전하고 관리하는 방법에 대해서는 책 한 권을 작성할 수 있다. 레인 캠벨(Laine Campbell)과 채리티 메이저스(Charity Majors)가 작성한 『데이터베이스 신뢰성 엔지니어링』(에이콘출판, 2023)을 읽어 데이터베이스 관리를 위한 다른 패턴과 사례를 확인해 보길 추천한다. 그 밖의 스테이트풀 인프라 자원의 이전, 변경 또는 가용성에 대해서는 특정 문서를 참조할 수 있다.

얼마나 자주 스테이트풀 인프라를 업데이트하는지에 따라 IaC가 아닌 배포 파이프라인에 데이터 이전 자동화 단계를 추가해야 한다. 데이터 이전을 분리함으로써 스테이트풀 자원을 추가하거나 제거하지 않고 이전 절차를 변경하고 문제를 해결할 수 있다.

9.3.3 카나리 배포

끈끈이주걱 팀의 데이터베이스 업데이트를 완료하기 위해, 애플리케이션이 그린 데이터베이스를 사용하도록 설정을 변경한다. 상위 자원인 애플리케이션은 로드 밸런서가 트래픽을 보내기 위해 서버에 의존하듯이 데이터베이스에 의존한다. 수정한 형태의 카나리 배포를 사용해 신규 데이터베이스로 전환할 수 있다.

그림 9.12는 회귀 테스트와 애플리케이션이 데이터베이스를 사용하도록 설정하는 패턴을 보여준다. 일정 기간의 회귀 테스트 후(기능이 여전히 동작하는지 보장하기 위해) 애플리케이션이 그린 데이터베이스에만 데이터를 '쓰도록' 업데이트한다. 또 다른 회귀 테스트 이후 애플리케이션이 그린 데이터베이스 데이터를 '읽도록' 업데이트한다.

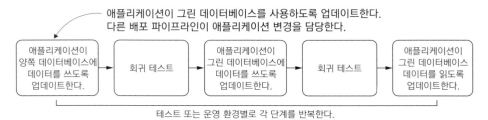

그림 9.12 점진적으로 애플리케이션 배포 파이프라인이 양쪽 데이터베이스에 데이터를 쓰도록, 그린 데이터베이스에만 데이터를 쓰도록, 그린 데이터베이스 데이터를 읽도록 변경한다.

애플리케이션 변경사항을 점진적으로 배포하여 문제가 발생할 경우 블루 데이터베이스를 사용하도록 원복한다. 애플리케이션이 양쪽 데이터베이스에 데이터를 쓰고 있으므로, 추가 자동화 프로세스를 작성하여 데이터를 고쳐야 할 수도 있다. 그러나 신규 스테이트풀 자원을 작성하면 데이터 저장 및 변경과 관련된 핵심 기능을 테스트할 수 있도록 보장한다. 그 이후에만 애플리케이션이 제대로 데이터를 읽고 처리할 수 있다.

이제 끈끈이주걱 애플리케이션 그린 데이터베이스를 사용하므로 그림 9.13은 IaC에서 삭제함으로써 블루 데이터베이스를 제거한다. 데이터베이스를 삭제하므로 규정 테스트가 실패할 것이라는 점을 명심하자. 테스트가 블루가 아닌 그린 데이터베이스를 삭제하려고 할 경우 실패하도록 업데이트한다. 애플리케이션이 더 이상 블루 데이터베이스를 사용하지 않으므로 수동으로 제거할 수 있다.

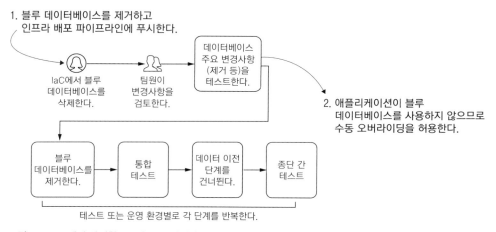

그림 9.13 IaC에서 삭제함으로써 블루 데이터베이스를 제거하고 변경사항을 배포 파이프라인에 푸시한다.

카나리 배포와 같은 기술은 특히 데이터 처리와 관련된 프로세스 실패 시 영향을 완화할 수 있는 빠른 피드백을 제공한다. 이는 데이터베이스의 일부 잘못된 입력값을 고치는 것과 백업한 데이터베이스를 복구하는 수준의 차이가 나타날 수 있다! 나는 스테이트풀 인프라의 변경사항을 운영 환경이 아닌 분리된 그린 환경에서 진행하므로 편안함을 느낀다.

블루-그린 배포와 같은 불변성을 활용하는 전략은 변경사항을 배포하고 잠재적인 장애의 영향 범위를 최소화할 수 있는 구조화된 프로세스를 제공한다. 재현성의 원칙 덕분에 IaC를 복사하고 설정을 수정함으로써 불변적인 접근 방법을 사용할 수 있다. 또한 원칙은 유사한 프로세스로 복제를 진행함으로써 인프라 시스템의 이중화를 개선한다.

요약

- 인프라를 업데이트하기 전에 시스템이 변경사항을 테스트, 모니터링, 관찰할 수 있도록 보장하자.

- IaC 이중화는 추가 유휴 자원을 설정에 추가하여 컴포넌트에 장애가 발생할 경우 유휴 자원으로 전환하는 것을 의미한다.

- IaC에 이중화 설정을 추가하면 시스템이 특정 기간 동안 정확하게 동작하는지를 측정하는 시스템 신뢰성을 개선한다.

- 활성-비활성 설정은 요청을 처리하는 활성 환경과 활성 환경 장애 시 사용할 수 있는 복제한 유휴 환경을 포함한다.

- 페일오버는 장애가 발생한 활성 환경의 트래픽을 유휴 비활성 환경으로 전환한다.

- 활성-활성 설정은 2개의 활성 환경이 요청을 처리하며, IaC를 복제하여 관리할 수 있다.

- 블루-그린 배포는 변경사항을 반영한 신규 인프라 자원을 생성하고 점진적으로 해당 자원으로 요청을 전환한다. 이후 오래된 자원을 제거할 수 있다.

- 블루-그린 배포 시 변경하고자 하는 자원과 해당 자원에 의존하는 상위 자원을 배포하자.

- 카나리 배포는 적은 퍼센트의 트래픽을 신규 자원에 배포하여 시스템이 정확하게 동작하는지 검증한다. 시간이 지남에 따라 트래픽 전송량을 늘린다.

- 시스템 변경사항이 기존 혹은 신규 기능에 영향을 주는지 검사하기 위해 몇 주 동안 회귀 테스트를 진행하자.

- 데이터베이스, 캐시, 대기열 또는 스트리밍 처리 도구와 같은 스테이트풀 인프라 자원은 데이터를 저장하고 관리한다.

- 스테이트풀 자원의 블루-그린 배포 시 데이터 이전 단계를 추가하자. 블루 데이터를 그린 스테이트풀 인프라로 복사해야 한다.

10

리팩토링

10장에서 다루는 내용

- 시스템에 영향을 미치지 않고 IaC를 리팩토링할 시기 결정하기
- 인프라 속성을 가변적으로 변경하기 위한 피처 플래깅 적용하기
- 수동 변경사항을 완료하기 위한 무중단 배포 방법

시간이 지나면서 코드형 인프라 협업을 위해 사용하는 패턴과 관행이 지나치게 많아질 수 있다. 심지어 블루-그린 배포 같은 기술을 활용하더라도 팀이 IaC를 협업하는 환경에서 발생하는 설정이나 변경사항 충돌을 해결하지 못할 수 있다. 일련의 주요 변경사항을 IaC에 적용하여 IaC 작업이 늘어나서 발생하는 문제를 해결해야 한다.

예를 들어, 식충식물 데이터 센터의 끈끈이주걱 팀이 더 이상 변경사항을 시스템에 편하고 자신 있게 배포할 수 없다고 밝혔다. 팀은 시스템에 빨리 배포하기 위해 싱글톤 패턴에 따라 모든 인프라 자원을 단일 저장소에 넣었고, 계속 신규 변경사항을 추가했다.

끈끈이주걱 팀은 시스템의 문제점을 간단히 설명한다. 먼저 인프라 설정 변경이 지속적으로 겹친다는 사실을 발견했다. 한 팀원이 서버 변경 작업을 하고 있는데 다른 팀원이 네트워크를 업데이트해서 작업 내용에 영향을 받았음을 발견했다.

둘째, 단일 변경사항을 적용하는 데 30분 이상 소요됐다. 한 번의 변경사항이 인프라 API를 수백 번 호출하여 자원의 상탯값을 얻음으로써 피드백 주기가 느려진다.

마지막으로, 보안 팀이 끈끈이주걱 인프라 설정이 취약할 수 있다는 우려를 표시했다. 현재 설정은 회사의 표준, 안전한 인프라 모듈을 사용하지 않는다.

끈끈이주걱 팀의 설정 변경이 필요함을 깨달았다. 해당 설정은 보안 팀이 승인한 기존 서버 모듈을 사용해야 한다. 또한 변경사항의 영향 범위를 최소화하기 위해 설정을 별도의 자원으로 분리해야 한다.

10장은 수백 개의 자원을 갖는 거대한 싱글톤 저장소를 분리하는 IaC 패턴과 기술에 대해 논의한다. 여러분은 끈끈이주걱 팀의 IaC 도우미로서 시스템의 싱글톤 설정을 다중 저장소로 리팩토링하고 모듈로 서버를 설정하도록 구조화하여 충돌을 방지하고 보안 기준을 준수하도록 조치할 것이다.

> **참고** 리팩토링을 시연하기 위해서는 충분히 크고 복잡한 예제가 필요하다. 만일 전체 예제를 실행한다면 GCP 무료 단계 허용 금액을 초과하는 비용이 발생한다. 이 책에서는 가독성을 위해 관련 있는 코드 외에는 삭제했다. 전체 코드는 책의 코드 저장소 https://github.com/joatmon08/manning-book/tree/main/ch10을 참고하자. 해당 예제를 AWS나 애저에 맞게 변경하고 싶다면 마찬가지로 변경 비용이 발생한다. 가능한 경우 주석을 달아 예제를 선택한 클라우드 업체에서 사용할 수 있는 방법을 제공했다.

10.1 리팩토링 영향 최소화하기

끈끈이주걱 팀은 인프라 설정을 분리하는 데 도움이 필요하다. 충돌 문제를 완화하고, 운영 배포 시간을 줄이며, 회사 보안 기준을 준수하도록 IaC를 리팩토링하기로 결정한다. IaC **리팩토링**refactoring은 기존 인프라 자원에 영향을 주지 않으면서 설정이나 코드를 재구조화하는 과정을 포함한다.

> **정의** IaC **리팩토링**은 기존 인프라 자원에 영향을 주지 않고 설정이나 코드를 재구성한다.

끈끈이주걱 팀에게 문제를 해결하기 위해 리팩토링해야 한다고 전달한다. 팀원이 리팩토링을 지지하기는 하나, 영향을 최소화해 달라고 요청한다. 해당 요청을 수락하여, IaC 리팩토링의 잠재적인 영향 범위를 줄이기 위해 몇 가지 기술을 적용한다.

기술 부채

리팩토링은 종종 기술 부채를 해결한다. **기술 부채**(technical debt)라는 용어는 전체 시스템을 변경하거나 확장하기 어렵게 만드는 코드 또는 접근법의 비용을 설명하는 은유로 시작됐다.

IaC 기술 부채를 이해하기 위해 끈끈이주걱 팀이 모든 인프라 자원을 단일 저장소에 넣었다는 사실을 상기해 보자. 끈끈이주걱 팀은 시간과 노력이라는 부채를 축적한다. 하루면 가능한 서버 변경사항 적용이 수백 번의 인프라 API를 호출하고 충돌을 해결하는 과정에서 나흘이 걸리게 되었다. 복잡한 시스템은 어느 정도의 기술 부채가 있으나, 이를 최소화하기 위한 지속적인 노력이 필요하다는 것을 명심하자.

경영 팀은 기능 개발 대신 기술 부채를 해결해야 한다는 소식에 우려를 표한다. 나는 축적된 기술 부채는 반드시 문제를 일으킬 것이라 주장한다. 기술 부채의 악마는 누가 인프라를 변경하여 애플리케이션 장애를 초래하거나 개인정보 유출로 인한 금전 비용을 발생시키는 형태로 나타난다. 기술 부채를 해결하지 않을 때 발생하는 영향도를 평가하는 것은 부채 해결 노력을 정당화하는 데 유용하다.

10.1.1 무중단 배포로 영향 범위 줄이기

식충식물 데이터 센터 플랫폼 보안 팀은 끈끈이주걱 시스템이 사용할 수 있는 안전한 서버 모듈을 제공한다. 끈끈이주걱 인프라 설정은 3개의 서버 설정을 갖고 있으나 안전한 모듈을 사용하지는 않는다. 끈끈이주걱 IaC가 모듈을 사용하도록 어떻게 변경할 수 있을까?

3개의 신규 서버를 동시에 생성하고 즉시 트래픽을 보낸다고 가정해 보자. 만일 애플리케이션이 서버에서 올바르게 동작하지 않으면 전체 끈끈이주걱 시스템에 장애가 발생하고 불쌍한 식물에 물을 주지 못하게 된다! 대신 서버 모듈 리팩토링을 서버에 하나씩 점진적으로 적용함으로써 영향 범위를 줄일 수 있다.

그림 10.1에서는 모듈을 사용해 1개의 서버를 설정하고, 애플리케이션을 신규 서버에 배포한 후, 애플리케이션 동작을 검증하고 이전 서버를 삭제한다. 서버별로 작업을 두 번 더 반복한다. 다음 서버를 변경하기 전에 한 서버의 변경사항을 점진적으로 무중단으로 배포한다.

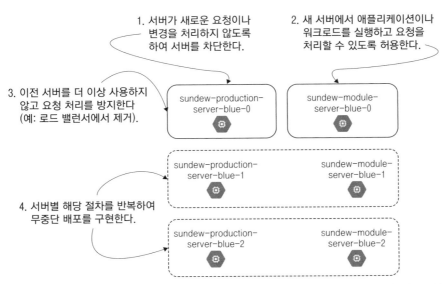

1. 서버가 새로운 요청이나 변경을 처리하지 않도록 하여 서버를 차단한다.

2. 새 서버에서 애플리케이션이나 워크로드를 실행하고 요청을 처리할 수 있도록 허용한다.

3. 이전 서버를 더 이상 사용하지 않고 요청 처리를 방지한다 (예: 로드 밸런서에서 제거).

sundew-production-server-blue-0

sundew-module-server-blue-0

sundew-production-server-blue-1

sundew-module-server-blue-1

4. 서버별 해당 절차를 반복하여 무중단 배포를 구현한다.

sundew-production-server-blue-2

sundew-module-server-blue-2

그림 10.1 무중단 배포를 사용해 새 서버를 각각 생성하여 애플리케이션을 배포하고, 기능을 테스트하는 동시에 다른 자원에 미치는 장애를 최소화한다.

무중단 배포^rolling update^는 유사한 자원을 1개씩 점진적으로 변경하고 변경 작업을 지속하기 전에 테스트한다.

> **정의** **무중단 배포**는 유사한 자원을 하나씩 변경하고 다음 자원을 변경하기 전에 테스트하는 방식이다.

끈끈이주걱 팀 설정을 무중단으로 배포하면 변경으로 발생한 장애를 개별 서버로 분리하고 다음 서버를 변경하기 전에 서버의 기능을 테스트할 수 있다.

무중단 배포는 오설정한 IaC 또는 대량의 변경사항을 분리하여 문제를 해결하는 고통을 막아준다. 예를 들어 식충식물 데이터 센터 모듈이 한 대의 서버에서 동작하지 않는 경우, 나머지 서버에는 영향을 미치지 않는다. 무중단 배포를 통해 다음 서버 업데이트 전에 IaC가 정확한지 검사할 수 있다. 점진적인 접근법은 애플리케이션 장애나 서버 변경 실패를 완화한다.

> **참고** 쿠버네티스 같은 워크로드 오케스트레이터에서 **무중단 배포** 개념을 차용했다. 워크로드 오케스트레이터의 신규 노드(가상 머신)를 변경할 경우 무중단 배포 메커니즘을 사용할 수 있다. 오케스트레이터는 이전 노드를 비활성화하고 신규 워크로드가 노드에서 실행되지 않도록 막는다. 이후 신규 노드에서 프로세스를 실행하고 기존 노드의 프로세스를 받은 뒤 워크로드와 요청을 신규 노드로 보낸다. 리팩토링할 때 이 워크플로를 모방해야 한다!

무중단 배포와 점진적인 테스트 덕분에 서버가 안전한 모듈을 사용해 동작할 수 있음을 알게되었다. 끈끈이주걱 팀에게 서버 리팩토링이 끝났으며 내부 서비스와 함께 동작하는 것을 확인했다고 알린다. 팀은 이제 모든 고객 트래픽을 새로 생성한 안전한 서버로 보낼 수 있다. 그러니 팀원이 먼저 고객용 로드 밸런서를 변경해야 한다고 말한다!

10.1.2 피처 플래그를 사용하는 리팩토링 단계

팀이 승인할 때까지 며칠 동안 고객을 대상으로 하는 로드 밸런서가 새 서버를 사용하지 않도록 숨길 방법이 필요하다. 그러나 이미 모든 설정을 준비했다! 끈끈이주걱 팀이 간단하게 하나의 변수를 사용해 서버 연결을 숨기고 싶다. 팀원이 로드 밸런서 변경을 완료하면, 하나의 변수만 수정하여 로드 밸런서에 신규 서버를 추가하면 된다.

그림 10.2는 변수를 사용해 모듈이 생성한 신규 서버를 추가할 수 있는 방법을 간략하게 제시한다. True 또는 False 값을 갖는 부울^{Boolean} 변수를 만들어 신규 서버 모듈 사용을 활성화 또는 비활성화한다. 그후 IaC에 부울 값을 참조하는 if 문을 추가한다. 값이 True일 경우 신규 서버를 로드 밸런서에 추가하고, False일 경우 서버를 로드 밸런서에서 제거한다.

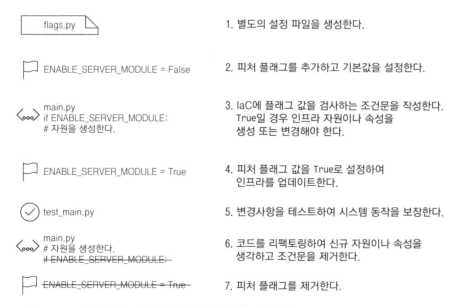

1. 별도의 설정 파일을 생성한다.

2. 피처 플래그를 추가하고 기본값을 설정한다.

3. IaC에 플래그 값을 검사하는 조건문을 작성한다. True일 경우 인프라 자원이나 속성을 생성 또는 변경해야 한다.

4. 피처 플래그 값을 True로 설정하여 인프라를 업데이트한다.

5. 변경사항을 테스트하여 시스템 동작을 보장한다.

6. 코드를 리팩토링하여 신규 자원이나 속성을 생각하고 조건문을 제거한다.

7. 피처 플래그를 제거한다.

그림 10.2 IaC의 피처 플래그는 생성, 관리, 제거 과정을 포함한다.

부울 변수는 IaC의 결합성과 진화 가능성에 유용하다. 변수 하나를 변경할 경우 설정을 추가, 삭제 또는 변경한다. **피처 플래그**feature flag(또는 피처 토글feature toggle)라고 불리는 변수를 사용해 인프라 자원, 의존성, 속성을 활성화하거나 비활성화한다. 종종 소프트웨어의 트렁크 기반 개발 모델(주 브랜치에서 작업하는)에서 피처 플래그를 찾을 수 있다.

> **정의** **피처 플래그(피처 토글**이라고도 함)는 부울 변수를 사용해 인프라 자원, 의존성 또는 속성을 활성화하거나 비활성화한다.

플래그 값은 특정 기능이나 코드를 숨겨 주 브랜치를 사용하는 전체 팀에게 영향을 주지 않도록 한다. 끈끈이주걱 팀의 경우 로드 밸런서 변경이 끝나기 전까지 신규 서버를 숨긴다. 마찬가지로, IaC에 피처 플래그를 사용해 설정을 준비하고 하나의 변수로 변경사항을 푸시할 수 있다.

플래그 설정하기

피처 플래그를 구현하고 신규 서버의 변경사항을 준비하기 위해, 플래그를 추가하고 False 값으로 설정한다. 기본 피처 플래그를 False로 둠으로써 그림 10.3처럼 기본 인프라 상태를 보존한다. 끈끈이주걱 설정은 기본적으로 서버 모듈을 비활성화하여 기존 서버에는 아무런 영향을 주지 않는다.

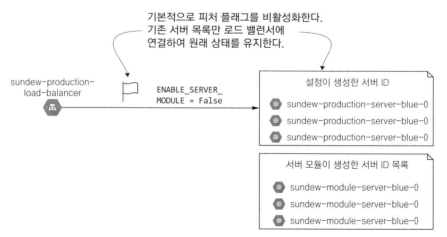

그림 10.3 인프라 자원의 원래 상태와 의존성을 유지하기 위해 기본 피처 플래그 값을 False로 설정한다.

파이썬으로 피처 플래그를 구현해 보자. 별도 flags.py 파일의 서버 모듈 플래그의 기본값을 False로 설정한다. 파일은 ENABLE_SERVER_MODULE 플래그를 정의하고 값을 False로 설정한다.

```
ENABLE_SERVER_MODULE = False
```

피처 플래그를 다른 파일에 변수로 넣을 수도 있지만 추적을 못 하게 될 수도 있다! 그래서 플래그를 별도의 파이썬 파일에 넣기로 결정한다.

참고 나는 피처 플래그를 파일에 정의하여 플래그 식별 및 변경을 한 파일에서 진행한다.

다음 코드는 main.py가 피처 플래그를 가져와 로드 밸런서에 추가할 서버 목록을 생성한다.

코드 10.1 피처 플래그를 사용해 로드 밸런서에 서버 추가하기*

```
import flags                                                    ❶

def _generate_servers(version):
    instances = [                                              ❷
        f'${{google_compute_instance.{version}_0.id}}',       ❷
        f'${{google_compute_instance.{version}_1.id}}',       ❷
        f'${{google_compute_instance.{version}_2.id}}'        ❷
    ]                                                          ❷
    if flags.ENABLE_SERVER_MODULE:                            ❸
        instances = [                                         ❹
```

*옮긴이 주석

코드 10.1 ~ 코드 10.4는 저자의 깃허브 저장소 ch10/s02 부분으로, 해당 경로에 있는 main.tf.json 파일로 실습 진행 시 수정이 필요하다. 역자는 ch10/s02/modules/server.py 파일과 ch10/s02/blue.py 파일의 'ubuntu-1804-lts'를 'ubuntu-2004-lts'로 수정했다. 코드 실습 시 server.py, blue.py 파일의 우분투 이미지 버전을 수정하여 진행해야 함을 참고하자.

ch10/s02/modules/server.py, ch10/s02/blue.py 각 파일마다 아래의 동일한 코드 블록을 수정해야 한다.

```
...
                    'boot_disk': [{
                        'initialize_params': [{
                            # 역자가 수정한 부분
                            'image': 'ubuntu-2004-lts'
                        }]
                    }],
...
```

그리고 GCP로 코드 실행 시, Kubernetes Engine API 사용이 필요함도 유의하자.

```
                f'${{google_compute_instance.module_{version}_0.id}}',        ❹
                f'${{google_compute_instance.module_{version}_1.id}}',        ❹
                f'${{google_compute_instance.module_{version}_2.id}}',        ❹
        ]
    return instances
```

❶ 모든 피처 플래그를 정의한 파일을 가져온다.

❷ 시스템의 테라폼 자원을 사용해 기존 구글 가상 머신 인스턴스(서버) 목록을 정의한다.

❸ 조건문을 사용해 피처 플래그를 평가하고 서버 모듈로 생성한 자원을 로드 밸런서에 추가한다.

❹ 피처 플래그 값이 True로 설정되면 모듈로 생성한 서버를 로드 밸런서에 연결한다. 그 외에는 원래 서버를 유지한다.

AWS와 애저에서 사용하기

코드 10.1을 AWS 또는 애저에서 사용하려면 AWS EC2 테라폼 자원(http://mng.bz/VMMr) 또는 애저 리눅스 가상 머신의 테라폼 자원(http://mng.bz/xnnq)을 사용하자. 인스턴스 목록의 참조 부분을 업데이트해야 한다.

기능 플래그가 비활성화된 상태로 파이썬을 실행하여 JSON 설정 객체를 생성한다. JSON 설정 객체는 기존 서버만 로드 밸런서에 추가함으로써 기존 인프라 자원 상태를 유지한다.

코드 10.2 피처 플래그를 비활성화한 JSON 설정 객체 생성하기

```
{
    "resource": [
        {
            "google_compute_instance_group": {                          ❶
                "blue": [
                    {
                        ""instances"": [
                            "${google_compute_instance.blue_0.id}",      ❷
                            "${google_compute_instance.blue_1.id}",      ❷
                            "${google_compute_instance.blue_2.id}"       ❷
                        ]
                    }
                ]
            }
        }
    ]
}
```

❶ 테라폼 자원을 사용해 로드 밸런서에 연결할 구글 가상 머신 그룹을 생성한다.
❷ 설정은 기존 구글 가상 머신 인스턴스 목록을 포함하여 현재 인프라 자원 상태를 유지한다.

AWS와 애저에서 사용하기

구글 가상 머신 인스턴스 그룹에 직접 대응하는 AWS나 애저 서비스는 없다. 대신 자원을 정의하는 가상 머신 인스턴스 그룹을 로드 밸런서의 AWS 대상 그룹(http://mng.bz/AyyE)으로 바꿔야 한다. 애저의 경우 백엔드 주소 풀과 가상 머신 인스턴스에 대한 3개의 주소(http://mng.bz/ZAAj)가 필요하다.

피처 플래그의 기본값을 False로 설정하는 것은 멱등성의 원칙을 사용한다. IaC 실행 시 인프라 상태는 변하지 않아야 한다. 플래그를 설정하면 실수로 기존 인프라를 변경하지 않도록 보장한다. 기존 서버 상탯값을 유지하면 의존하는 애플리케이션의 장애 발생 확률을 최소화한다.

플래그 활성화하기

끈끈이주걱 팀은 변경 작업을 완료하고 서버 모듈로 생성한 신규 서버를 로드 밸런서에 연결해도 된다고 전달했다. 그림 10.4처럼 피처 플래그 값을 True로 설정한다. 변경사항을 배포할 때, 모듈로 생성한 서버를 로드 밸런서에 추가하고 이전 서버를 제거한다.

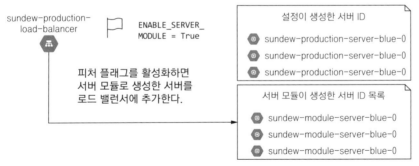

그림 10.4 피처 플래그 값을 True로 설정하면 모듈로 생성한 3개의 신규 서버를 로드 밸런서에 추가하고, 기존 서버를 제외한다.

피처 플래그 값을 활성화할 경우 나타나는 동작을 살펴보자. 먼저 피처 플래그 값을 True로 설정한다.

```
ENABLE_SERVER_MODULE = True
```

파이썬을 실행하여 JSON 설정 객체를 생성한다. 다음 코드의 설정은 나중에 로드 밸런서에 추가할, 모듈이 생성한 서버를 목록에 추가한다.

```json
{
    "resource": [
        {
            "google_compute_instance_group": {
                "blue": [
                    {
                        "instances": [
                            "${google_compute_instance.module_blue_0.id}",      ❶
                            "${google_compute_instance.module_blue_1.id}",      ❶
                            "${google_compute_instance.module_blue_2.id}"       ❶
                        ]
                    }
                ]
            }
        }
    ]
}
```

❶ 피처 플래그 값을 활성화하여 모듈로 생성한 신규 서버가 기존 서버를 대체한다.

피처 플래그는 모듈의 하위 자원인 서버가 상위 자원인 로드 밸런서에 영향을 주지 않도록 준비할 수 있다. 피처 토글 값을 비활성화하고 재실행함으로써 이전 서버를 다시 연결할 수 있다.

왜 피처 플래그를 사용해 서버 모듈을 바꿔야 할까? 피처 플래그 값은 관련 자원을 배포할 준비가 되기 전에 운영 환경에서 자원의 기능을 숨긴다. 하나의 변수를 사용해 자원을 추가 삭제 혹은 변경할 수 있다. 또한 해당 변수를 사용해 변경사항을 원복할 수 있다.

플래그 제거하기

한동안 서버를 실행하고 나서, 끈끈이주걱 팀이 신규 서버 모듈이 정상 동작한다고 보고한다. 이제 코드 10.4처럼 이전 서버를 제거할 수 있다. 더 이상 피처 플래그가 필요 없고, 다른 팀원이 코드를 읽을 때 헷갈리지 않았으면 한다. 로드 밸런서의 파이썬 코드를 리팩토링하여 이전 서버와 피처 플래그를 삭제한다.

```
import blue                                                    ❶

def _generate_servers(version):
    instances = [                                             ❷
        f'${{google_compute_instance.module_{version}_0.id}}',   ❷
        f'${{google_compute_instance.module_{version}_1.id}}',   ❷
        f'${{google_compute_instance.module_{version}_2.id}}',   ❷
    ]
    return instances
```

❶ 더 이상 피처 플래그가 서버에 필요 없으므로 피처 플래그를 가져오는 부분을 제거한다.

❷ 영구적으로 모듈이 생성한 서버를 로드 밸런서에 연결하고 피처 플래그를 제거한다.

도메인 특화 언어

코드 10.4는 프로그래밍 언어의 피처 플래그를 보여준다. 도구에 맞게 변경해야 하나 DSL에서도 피처 플래그를 사용할 수 있다. 테라폼의 경우 변수와 count라는 메타인수(http://mng.bz/R44n)를 사용해 피처 플래그를 모방할 수 있다.

```
variable "enable_server_module" {
  type = bool
  default = false
  description = "Choose true to build servers with a module."
}


module "server" {
  count = var.enable_server_module ? 1 : 0
  ## 가독성을 위해 삭제
}
```

AWS 클라우드포메이션의 경우 매개변수와 조건(http://mng.bz/2nnN)을 전달하여 자원 생성을 활성화하거나 비활성화할 수 있다.

```
AWSTemplateFormatVersion: 2010-09-09
Description: Truncated example for CloudFormation feature flag
Parameters:
  EnableServerModule:
    AllowedValues:
      - 'true'
      - 'false'
```

(이어짐)

```
      Default: 'false'
      Description: Choose true to build servers with a module.
      Type: String
  Conditions:
    EnableServerModule: !Equals
      - !Ref EnableServerModule
      - true
  Resources:
    ServerModule:
      Type: AWS::CloudFormation::Stack
      Condition: EnableServerModule
      ## 가독성을 위해 삭제
```

피처 플래그를 사용해 전체 자원을 활성화하거나 비활성화하는 대신, 조건문을 사용해 자원의 특정 속성을 사용하거나 사용하지 않을 수 있다.

일반적으로 변경을 완료하면 피처 플래그를 제거하자. 너무 많은 피처 플래그 값은 IaC의 로직을 복잡하게 하고, 인프라 설정에 문제 발생 시 해결하기가 어렵다.

사용 사례

피처 플래그를 사용해 **싱글톤 설정을 인프라 모듈로 리팩토링했다**. 나는 종종 피처 플래그를 사용해 인프라 자원 생성과 제거를 단순화한다. 그 밖의 피처 플래그 사용 사례는 다음과 같다.

- **동일한 인프라** 자원이나 의존성에 대한 협업 과정에서 변경사항의 충돌을 방지하기 위해 사용
- 플래그 값을 변경함으로써 **변경사항**을 준비하고 한 번의 변경으로 신속하게 배포하기 위해 사용
- 변경사항 **테스트** 후 장애 발생 시 빠르게 비활성화하기 위해 사용

피처 플래그는 인프라 설정 리팩토링 과정에서 인프라 자원, 속성, 의존성 변경사항을 분리하거나 숨길 수 있는 기술을 제공한다. 그러나 토글 값 변경도 시스템 장애를 초래할 수 있다. 끈끈이주걱 사례를 보더라도 단순히 피처 플래그 값을 True로 변경하더라도 서버 애플리케이션이 정상 동작하리라 기대할 수 없다. 대신 피처 플래그와 무중단 배포 같은 기술을 결합하여 시스템 장애를 최소화할 수 있다.

10.2 모노리스 해체하기

끈끈이주걱 팀원이 시스템에 여전히 문제가 있음을 언급한다. 수백 개의 자원과 속성을 싱글톤으로 설정한 것이 근본 원인임을 파악한다. 누군가가 변경사항을 적용할 때마다 다른 팀원의 변경사항과 충돌하는 것을 해결해야 한다. 또한 변경사항 반영 시 30분을 기다려야 했다.

모노리스 아키텍처monolithic architecture 구조의 IaC는 모든 인프라 자원을 한 장소에 정의한다. IaC 모노리스 구조를 작고 모듈화한 요소로 해체하여 팀원 간 작업 충돌을 최소화하고 변경사항 배포 속도를 개선해야 한다.

> **정의** **모노리스 아키텍처** IaC는 모든 인프라 자원을 하나의 설정이나 상태값으로 정의한다.

이번 절에서는 끈끈이주걱 팀의 모노리스를 리팩토링할 것이다. 가장 중요한 단계는 상위 인프라 자원과 의존성을 파악하고 그룹화하는 것부터 시작한다. 이후 하위 자원 인프라 자원을 리팩토링하는 것으로 리팩토링을 마친다.

모노리스 대 단일 저장소

인프라 설정을 단일 저장소(5장)로 관리할 수 있음을 떠올려 보자. 단일 저장소를 사용하는 것이 모노리스 아키텍처를 의미하는가? 반드시 그렇지는 않다. 단일 저장소를 별도의 하위 디렉토리로 분리할 수 있고, 디렉토리별로 다른 IaC를 둘 수 있다.

모노리스 아키텍처는 강하게 결합된 다른 자원을 한꺼번에 관리하고 하위 변경사항을 분리하여 적용할 수 없다. 모노리스는 보통 초기 싱글톤 패턴(모든 설정을 한 곳에서 설정)이 시간이 지남에 따라 확장되면서 발생한다.

내가 3장과 4장에서 인프라 자원과 의존성을 모듈화하는 패턴을 즉시 다루기 시작했음을 눈치챘을지도 모르겠다. 왜 리팩토링을 하는 이번 장 내용을 초기에 다루지 않았을까? 만약 IaC 개발 초기 단계에서 일부 패턴을 파악하고 적용할 수 있다면 모노리스 아키텍처를 지양할 수 있다. 그러나 어떤 경우에는 모노리스 구조를 받아서 리팩토링해야 할 수도 있다.

10.2.1 상위 자원 리팩토링하기

끈끈이주걱 팀은 수백 개의 자원을 하나의 설정 파일로 관리한다. 어디서부터 IaC를 분리하기 시작해야 할까? 다른 자원에 의존하지 않는 **상위 인프라 자원**을 살펴보기로 결정한다.

끈끈이주걱 팀은 상위 인프라 자원으로 GCP 프로젝트 수준의 IAM 서비스 계정과 역할을 갖고 있다. IAM 서비스 계정과 역할은 프로젝트에 대한 사용자 서비스 계정 및 정책을 설정하기 전에 네트워크나 서버를 생성할 필요가 없다. 어떠한 자원도 IAM 역할이나 서비스 계정에 의존하지 않는다. 따라서 먼저 해당 항목을 그룹화하고 빼낼 수 있다.

GCP는 중복 정책을 허용하지 않으므로 블루–그린 배포 방식을 사용할 수는 없다. 단순히 역할이나 계정을 모노리스 설정에서 제거하고 신규 저장소에 복사할 수도 없다. 설정을 삭제할 경우 누구도 프로젝트에 접속할 수 없다! 어떻게 역할과 계정을 추출할 수 있을까?

설정을 별도의 저장소나 디렉토리에 복사하고, 분리한 설정의 상태를 초기화한 후 신규 설정과 관련이 있는 인프라 상탯값에 가져온다. 이후 모노리스 설정의 IAM 설정을 제거한다. 무중단 배포를 진행하면서 점진적으로 인프라 자원을 변경 및 테스트한 후 다음 자원으로 작업을 이어간다.

그림 10.5는 상위 자원의 모노리스 자원을 리팩토링하는 방법을 대략적으로 제시한다. 모노리스의 코드를 신규 폴더로 복사하고 사용하는 해당 코드에 사용하고 있는 인프라 자원을 가져온다. 코드를 재배포하여 기존 인프라를 변경하지 않는지 확인한다. 마지막으로 모노리스 내 상위 자원을 제거한다.

피처 플래그 때와 마찬가지로 멱등성의 원칙을 사용해 IaC를 실행하더라도 현재 인프라 상탯값에 영향을 주지 않는지를 검증한다. 리팩토링을 언제 하든, 변경사항을 배포하고 드라이 런을 검사하자. 실수로 기존 자원을 변경하여 의존성에 영향을 주고 싶지는 않을 것이다.

다음 예제를 몇 단계로 나누어 리팩토링할 예정이니 잘 따라오길 바란다! 리팩토링 단계가 지루할 수 있음을 잘 알지만, 점진적으로 접근함으로써 시스템에 광범위한 장애가 발생하지 않도록 해야 한다.

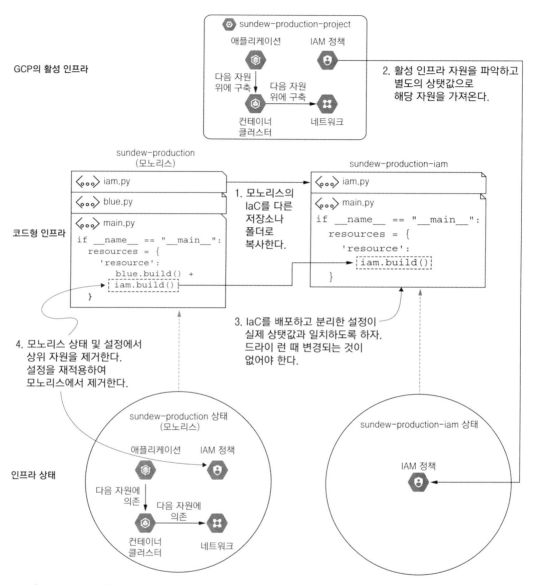

GCP의 활성 인프라

sundew-production-project

애플리케이션   IAM 정책

다음 자원
위에 구축   다음 자원
위에 구축

컨테이너
클러스터   네트워크

2. 활성 인프라 자원을 파악하고
별도의 상탯값으로
해당 자원을 가져온다.

코드형 인프라

sundew-production
(모노리스)

iam.py
blue.py
main.py
```
if __name__ == "__main__":
  resources = {
    'resource':
      blue.build() +
      iam.build()
  }
```

1. 모노리스의
IaC를 다른
저장소나
폴더로
복사한다.

sundew-production-iam

iam.py
main.py
```
if __name__ == "__main__":
  resources = {
    'resource':
      iam.build()
  }
```

4. 모노리스 상태 및 설정에서
상위 자원을 제거한다.
설정을 재적용하여
모노리스에서 제거한다.

3. IaC를 배포하고 분리한 설정이
실제 상탯값과 일치하도록 하자.
드라이 런 때 변경되는 것이
없어야 한다.

인프라 상태

sundew-production 상태
(모노리스)

애플리케이션   IAM 정책

다음 자원에
의존   다음 자원에
의존

컨테이너
클러스터   네트워크

sundew-production-iam 상태

IAM 정책

그림 10.5 끈끈이주걱 GCP 프로젝트 시스템의 IAM 정책은 더 이상 의존성을 갖지 않으며 다른 인프라 자원에 영향을
주지 않으면서 쉽게 리팩토링할 수 있다.

모노리스 코드를 별도의 상탯값으로 복사하기

초기 리팩토링 작업은 IAM 역할과 서비스 계정을 신규 디렉토리에 복사하는 것으로 시작한다. 끈끈이주걱 팀은 IaC를 단일 저장소에 보관하는 싱글톤 저장소 구조를 유지하되 설정을 폴더별로 분리하기를 원한다.

팀 코드 내 IAM 역할과 서비스 계정을 파악하여 그림 10.6처럼 신규 폴더로 복사한다. GCP의 실제 IAM 정책과 인프라 상탯값은 바뀌지 않는다.

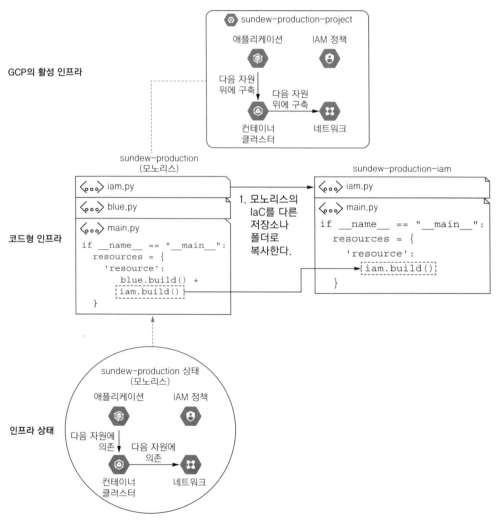

그림 10.6 IAM 정책 파일을 sundew-production-iam 디렉토리로 이동하고 실제 GCP 활성 인프라 자원 변경을 방지하자.

왜 별도의 폴더에 IaC의 IAM 정책을 재현할까? 활성 자원에 영향을 주지 않으면서 모노리스 구조의 IaC를 분리하고 싶을 것이다. 리팩토링 시 가장 중요한 방법은 멱등성을 유지하는 것이다. IaC를 옮기더라도 활성 상탯값은 결코 변하면 안 된다.

모노리스에서 IAM 정책을 분리하는 리팩토링부터 시작하자. GCP 프로젝트의 IAM 정책만 관리하는 신규 디렉토리를 생성한다.

```
$ mkdir -p sundew_production_iam
```

모노리스의 IAM 설정 파일을 신규 디렉토리로 복사하자.

```
$ cp iam.py sundew_production_iam/
```

IAM 정책이 다른 인프라에 의존하지 않으므로 다른 것을 변경할 필요가 없다. iam.py 파일의 다음 코드는 사용자 생성 및 역할 할당 기능을 분리한다.

코드 10.5 모노리스에서 분리한 IAM 설정

```
import json

TEAM = 'sundew'
TERRAFORM_GCP_SERVICE_ACCOUNT_TYPE = 'google_service_account'          ❶
TERRAFORM_GCP_ROLE_ASSIGNMENT_TYPE = 'google_project_iam_member'       ❶

users = {                                                             ❷
    'audit-team': 'roles/viewer',                                    ❷
    'automation-watering': 'roles/editor',                          ❷
    'user-02': 'roles/owner'                                        ❷
}                                                                    ❷

def get_user_id(user):
    return user.replace('-', '_')

def build():
    return iam()

def iam(users=users):                                                 ❸
    iam_members = []
    for user, role in users.items():
```

```
        user_id = get_user_id(user)
        iam_members.append({
            TERRAFORM_GCP_SERVICE_ACCOUNT_TYPE: [{          ❹
                user_id: [{                                  ❹
                    'account_id': user,                      ❹
                    'display_name': user                     ❹
                }]                                           ❹
            }]                                               ❹
        })
        iam_members.append({
            TERRAFORM_GCP_ROLE_ASSIGNMENT_TYPE: [{5
                user_id: [{                                  ❺
                    'role': role,                            ❺
                    'member': 'serviceAccount:${google_service_account.'  ❺
                    + f'{user_id}' + '.email}'               ❺
                }]                                           ❺
            }]                                               ❺
        })
    return iam_members
```

❶ 테라폼이 사용하는 자원 유형을 상수로 설정하여 추후 필요시 참조할 수 있도록 한다.

❷ 프로젝트에 추가한 모든 사용자를 모노리스의 일부로 유지한다.

❸ 모듈을 사용해 모노리스 외부의 IAM 정책에 대한 JSON 설정 객체를 생성한다.

❹ 끈끈이주걱 운영 프로젝트 사용자에 대한 GCP 서비스 계정을 생성한다.

❺ 각 서비스 계정별로 뷰어, 편집자, 소유자 등 특정 역할을 부여한다.

AWS와 애저에서 사용하기

코드 10.5는 모든 사용자와 그룹에 대한 GCP 서비스 계정을 생성함으로써 예제를 성공적으로 수행할 수 있다. 일반적으로 자동화를 위해 서비스 계정을 사용한다.

GCP의 서비스 계정은 서비스 자동화 전용 AWS IAM 사용자, 또는 애저의 클라이언트 비밀정보에 등록된 활성 디렉토리(Active Directory) 애플리케이션과 유사하다. 코드를 AWS 또는 애저용으로 변환하려면, 뷰어, 편집자, 소유자 역할을 AWS 또는 애저의 역할로 조정하자.

상수를 설정하고 자원 유형을 출력하는 함수 및 설정을 분리하는 식별자를 생성하자. 언제나 해당 객체를 사용해 다른 자동화나 지속적인 시스템 유지보수를 진행할 수 있다! 특히 모노리스를 계속 리팩토링할 때 말이다!

다음 코드는 IAM 설정을 참조하고 테라폼 JSON 객체를 생성하는 main.py 파일을 sundew_production_iam 폴더에 생성한다.

코드 10.6 별도의 IAM JSON 설정 객체를 생성하기 위한 진입점

```
import iam                                               ❶
import json

if __name__ == "__main__":
    resources = {
        'resource': iam.build()                          ❶
    }

    with open('main.tf.json', 'w') as outfile:           ❷
        json.dump(resources, outfile,                    ❷
                sort_keys=True, indent=4)                ❷
```

❶ IAM 설정 코드를 가져와서 IAM 정책을 구축한다.
❷ 나중에 테라폼에서 실행할 수 있도록 파이썬 딕셔너리 객체를 JSON 파일로 작성한다.

파이썬을 실행하여 테라폼 JSON을 생성하거나 IAM 정책을 배포하지 말자! 이미 GCP의 일부로 IAM 정책을 정의했다. 만일 python main.py 명령어를 실행하여 분리한 IAM 설정을 갖는 테라폼 JSON 객체를 생성하면 GCP에 사용자 계정과 역할이 이미 존재한다는 오류가 발생한다.

```
$ python main.py

$ terraform apply -auto-approve
## 가독성을 위해 출력값을 제거했음
| Error: Error creating service account: googleapi:
⇒Error 409: Service account audit-team already exists within project
⇒projects/infrastructure-as-code-book., alreadyExists
```

끈끈이주걱 팀원은 기존 계정과 역할을 제거하고 새로 생성하기를 원하지 않는다. 만일 기존 계정을 제거하고 새로 생성할 경우, GCP 프로젝트에 접근할 수가 없다. 모노리스에 존재하는 자원을 이전하고 별도의 폴더에 정의한 코드와 연결할 수 있는 방법이 필요하다.

자원을 신규 상태로 가져오기

때로는 리팩토링한 IaC로 신규 자원을 생성할 경우 개발 팀이나 핵심 사업 시스템을 방해할 수 있다. 불변성의 원칙을 사용해 기존 자원을 제거하고 신규 자원을 생성할 수 없다. 대신 IaC에서 정의한 활성 자원을 다른 곳으로 옮겨야 한다.

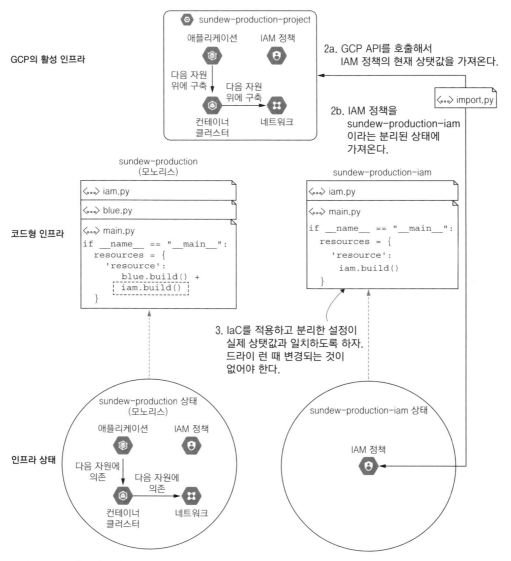

그림 10.7 분리한 자원의 현재 상탯값을 인프라 제공 업체로부터 얻고 IaC를 재적용하기 전에 식별자를 가져오자.

끈끈이주걱 팀의 경우, 모노리스 설정의 각 서비스 계정 식별자를 추출하여 신규 상탯값으로 옮긴다. 그림 10.7은 어떻게 각 계정과 역할 할당 기능을 모노리스에서 분리하고 sundew_production_iam 디렉토리의 IaC와 연결할 수 있는지 보여준다. GCP API를 호출하여 현재 IAM 정책 상탯값을 얻고, 활성 인프라 자원을 분리한 설정과 상태에 가져온다. IaC를 실행하면 드라이 런 때 어떠한 변경도 일어나지 않아야 한다.

왜 IAM 정책 정보를 GCP API로 가져올까? 자원의 업데이트된 현재 상탯값을 가져오고 싶을 것이다. 클라우드 업체의 API는 가장 최신 자원 설정값을 제공한다. GCP API를 호출하여 사용자 이메일, 역할, 또는 끈끈이주걱 팀의 식별자를 가져올 수 있다.

직접 상탯값을 가져오는 부분과 식별자를 저장하는 기능을 파일로 작성하는 대신, 테라폼의 가져오기 기능을 사용해 기존 자원을 상탯값에 추가하기로 결정한다. 다음 코드처럼 테라폼을 감싸는 파이썬 코드를 작성하여 IAM 자원을 가져오는 배치 작업을 자동화하여 끈끈이주걱 팀이 재사용할 수 있도록 했다.

코드 10.7 import.py를 생성하여 끈끈이주걱 IAM 자원 가져오기

```
import iam                                                    ❶
import os
import googleapiclient.discovery                              ❷
import subprocess

PROJECT = os.environ['CLOUDSDK_CORE_PROJECT']                 ❸

def _get_members_from_gcp(project, roles):                    ❷
    roles_and_members = {}                                    ❷
    service = googleapiclient.discovery.build(                ❷
        'cloudresourcemanager', 'v1')                         ❷
    result = service.projects().getIamPolicy(                 ❷
        resource=project, body={}).execute()                  ❷
    bindings = result['bindings']                             ❷
    for binding in bindings:                                  ❷
        if binding['role'] in roles:                          ❷
            roles_and_members[binding['role']] = binding['members']  ❷
    return roles_and_members                                  ❷

def _set_emails_and_roles(users, all_members):                ❹
```

```
        members = []                                                    ❹
        for username, role in users.items():                            ❹
            members += [(iam.get_user_id(username), m, role)            ❹
                for m in all_members[role] if username in m]            ❹
        return members                                                  ❹


def check_import_status(ret, err):
    return ret != 0 and \
        'Resource already managed by Terraform'
        ➡not in str(err)


def import_service_account(project_id, user_id, user_email):            ❺
    email = user_email.replace('serviceAccount:', '')                   ❺
    command = ['terraform', 'import', '-no-color',                      ❺
                f'{iam.TERRAFORM_GCP_SERVICE_ACCOUNT_TYPE}.{user_id}',  ❺
                f'projects/{project_id}/serviceAccounts/{email}']       ❺
    return _terraform(command)                                          ❺


def import_project_iam_member(project_id, role,                         ❻
                             user_id, user_email):                     ❻
    command = ['terraform', 'import', '-no-color',                     ❻
                f'{iam.TERRAFORM_GCP_ROLE_ASSIGNMENT_TYPE}.{user_id}', ❻
                f'{project_id} {role} {user_email}']                    ❻
    return _terraform(command)                                          ❻


def _terraform(command):                                               ❼
    process = subprocess.Popen(                                        ❼
        command,                                                       ❼
        stdout=subprocess.PIPE,                                        ❼
        stderr=subprocess.PIPE)                                        ❼
    stdout, stderr = process.communicate()                            ❼
    return process.returncode, stdout, stderr                         ❼


if __name__ == "__main__":
    sundew_iam = iam.users                                            ❽
    all_members_for_roles = _get_members_from_gcp(                    ❾
        PROJECT, set(sundew_iam.values()))                           ❾
    import_members = _set_emails_and_roles(                          ❿
        sundew_iam, all_members_for_roles)                          ❿
    for user_id, email, role in import_members:
        ret, _, err = import_service_account(PROJECT, user_id, email) ❺
        if check_import_status(ret, err):                            ⓫
```

```
        print(f'import service account failed: {err}')          ⑪
    ret, _, err = import_project_iam_member(PROJECT, role,       ⑥
                                       user_id, email)           ⑥
    if check_import_status(ret, err):                            ⑪
        print(f'import iam member failed: {err}')                ⑪
```

❶ sundew_production_iam 디렉토리의 iam.py 파일에서 끈끈이주걱 사용자 목록을 가져온다.

❷ 파이썬 구글 클라우드 클라이언트 라이브러리를 사용해 GCP 프로젝트에 할당된 사용자와 역할 목록을 가져온다.

❸ CLOUDSDK_CORE_PROJECT 환경 변수로부터 GCP 프로젝트 ID를 가져온다.

❹ 끈끈이주걱 팀 IAM 사용자 id와 이메일만 가져온다.

❺ iam.py 파일에 설정한 자원 유형 상숫값을 사용해 sundew_production_iam 상탯값의 프로젝트와 사용자 이메일에 해당하는 서비스 계정을 가져온다.

❻ iam.py 파일에 설정한 자원 유형 상숫값을 사용해 sundew_production_iam 상탯값의 프로젝트, 역할, 사용자 이메일에 해당하는 역할을 가져온다.

❼ 2개의 함수는 테라폼 CLI 명령어를 래핑하여 오류나 출력값을 반환한다.

❽ sundew_production_iam 디렉토리의 iam.py 파일에서 끈끈이주걱 사용자 목록을 가져온다.

❾ 파이썬 구글 클라우드 클라이언트 라이브러리를 사용해 GCP 프로젝트에 할당된 사용자와 역할 목록을 가져온다.

❿ 끈끈이주걱 팀 IAM 사용자 id와 이메일만 가져온다.

⑪ 함수와 자원 가져오기가 실패할 경우 오류를 출력한다.

립클라우드 대 클라우드 제공 업체 SDK

이번 장의 예제는 아파치 립클라우드 대신 4장에 나왔던 파이썬 구글 클라우드 클라이언트 라이브러리를 사용해야 한다. 아파치 립클라우드가 가상 머신의 정보를 얻는 것은 가능하나, 다른 GCP 자원 정보를 얻지는 못한다. 파이썬 구글 클라우드 클라이언트 라이브러리에 대한 더 많은 정보를 알고 싶을 경우 http://mng.bz/1ooZ를 참고하자.

코드 10.7을 파이썬 애저 라이브러리(http://mng.bz/Pnn2) 또는 AWS의 파이썬 SDK로 변경하여 사용자 정보를 얻을 수 있다. 이러한 라이브러리는 GCP API 클라이언트 라이브러리를 대체한다.

의존성 정의와 관련해서 인프라 API를 사용해 가져오고자 하는 자원 **식별자를 동적으로 얻고** 싶을 것이다. 언제 누군가가 자원을 변경할 수도 있고, 필요하다고 생각한 식별자가 더 이상 존재하지 않을지도 모른다! 태그와 작명 규칙을 활용하여 필요한 자원에 대한 API 응답값을 검색하자.

python import.py를 실행하여 분리한 IAM 설정을 반영한 테라폼 JSON 객체에 대한 드라이
런을 실행할 때 변경이 필요 없다는 메시지를 받는다. 성공적으로 기존 IAM 자원을 분리한
설정 및 상탯값으로부터 가져온다.

```
$ python main.py

$ terraform plan
No changes. Your infrastructure matches the configuration.

Terraform has compared your real infrastructure against your configuration
➡and found no differences, so no changes are needed.

Apply complete! Resources: 0 added, 0 changed, 0 destroyed.
```

때로는 드라이 런이 실제 자원 상태와 분리한 설정값 사이에 드리프트가 있음을 나타내기도
한다. 복사한 설정이 실제 자원 상탯값과 일치하지 않는 것이다. 이러한 차이점은 누군가가
인프라 자원 상탯값을 수동으로 변경하거나 속성의 기본값을 업데이트하는 과정에서 발생한
다. 분리한 IaC를 **실제 인프라 자원 속성의 상탯값과 일치하도록** 업데이트하자.

프로비저닝 도구를 사용하거나 사용하지 않고 가져오기

많은 프로비저닝 도구는 자원을 가져올 수 있는 함수를 갖고 있다. 예를 들어 AWS 클라우드포메이션은
resource import 명령어를 사용한다. 예제는 terraform import를 래핑한 파이썬을 사용해 서비스
계정을 옮긴다. 도구 없이 모노리스 설정을 해제하는 것은 매우 지루한 작업이다.

만일 도구 없이 IaC를 작성한다면 직접 가져올 수 있는 기능이 필요 없다. 대신 자원이 존재하는지 검사
할 로직이 필요하다. 끈끈이주걱 서비스 계정과 역할 할당은 테라폼이나 IaC의 가져오기 기능이 없어도
구현이 가능하다.

1. GCP API를 호출하여 끈끈이주걱 팀의 서비스 계정과 역할이 존재하는지 검사한다.
2. 존재할 경우, 서비스 계정 속성에 대한 API 응답값이 원하는 설정값과 일치하는지 검사한다. 필요
   시 서비스 계정을 업데이트한다.
3. 만일 두 값이 일치하지 않을 경우 서비스 계정과 역할을 생성한다.

모노리스에서 리팩토링한 자원 제거하기

끈끈이주걱 팀의 서비스 계정과 역할을 추출하여 별도의 IaC로 이전했다. 그러나 자원이 모노리스 안에 있기를 원하지 않는다. 그림 10.8처럼 도구를 재배포하고 변경하기 전에 모노리스의 **상태와 설정값**에서 자원을 제거한다.

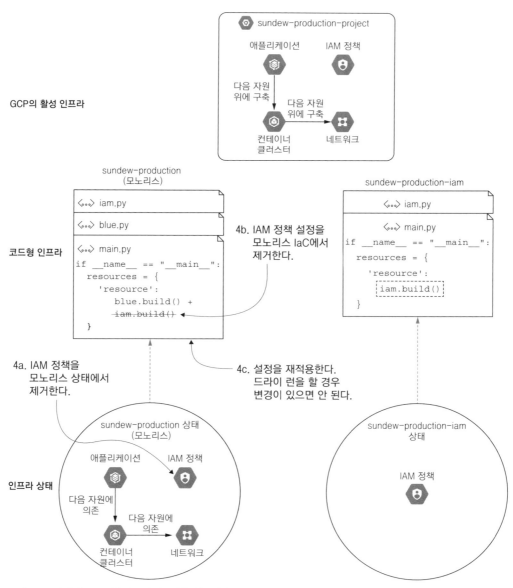

그림 10.8 업데이트를 적용하고 리팩토링을 완료하기 전에 모노리스 상탯값과 설정에서 정책을 제거하자.

해당 단계는 IaC 위생을 유지한다. 2장에서 IaC가 **진실 공급원**이 되어야 한다고 언급했던 걸 기억하자. 하나의 자원을 두 가지 IaC로 관리하고 싶지 않을 것이다. 만일 충돌이 발생할 경우 두 IaC가 정의한 자원이 시스템 의존성과 설정에 영향을 줄 수 있다.

IAM 정책 디렉토리가 진실 공급원이 되기를 원한다. 앞으로는 *끈끈이주걱* 팀이 IAM 정책을 모노리스가 아닌 별도의 디렉토리에 정의해야 한다. 혼동을 방지하기 위해 IAM 자원을 IaC 모노리스에서 제거하자.

시작하기 위해 *끈끈이주걱* IAM 자원을 JSON 파일에 들어 있는 테라폼 상탯값에서 제거해야 한다. 테라폼은 자원 식별자 기반으로 특정 JSON 자원 부분을 제거할 수 있는 명령어를 포함한다. 코드 10.8은 테라폼 명령어를 래핑한 파이썬 코드를 사용한다. 코드는 제거하고 싶은 자원 유형과 식별자를 전달하면 인프라 상태에서 제거한다.

코드 10.8 remove.py로 모노리스 상태에서 자원을 제거하기

```
from sundew_production_iam import iam                              ❶
import subprocess

def check_state_remove_status(ret, err):                          ❷
    return ret != 0 \                                             ❷
        and 'No matching objects found' not in str(err)           ❷

def state_remove(resource_type, resource_identifier):             ❸
    command = ['terraform', 'state', 'rm', '-no-color',           ❸
                f'{resource_type}.{resource_identifier}']         ❸
    return _terraform(command)                                    ❸

def _terraform(command):                                          ❹
    process = subprocess.Popen(
        command,
        stdout=subprocess.PIPE,
        stderr=subprocess.PIPE)
    stdout, stderr = process.communicate()
    return process.returncode, stdout, stderr

if __name__ == "__main__":
    sundew_iam = iam.users                                        ❶
    for user in iam.users:                                        ❺
```

```
        ret, _, err = state_remove(                               ❻
            iam.TERRAFORM_GCP_SERVICE_ACCOUNT_TYPE,                 ❻
            iam.get_user_id(user))                                 ❻
        if check_state_remove_status(ret, err):                    ❼
            print(f'remove service account from state failed: {err}')  ❼
        ret, _, err = state_remove(                               ❽
            iam.TERRAFORM_GCP_ROLE_ASSIGNMENT_TYPE,                ❽
            iam.get_user_id(user))                                 ❽
        if check_state_remove_status(ret, err):                    ❼
            print(f'remove role assignment from state failed: {err}')  ❼
```

❶ sundew_production_iam 디렉토리의 iam.py 파일에서 끈끈이주걱 사용자 목록을 가져온다. 분리한 IaC 변수를 참조함으로써 향후 리팩토링 시 자원 제거를 자동화할 수 있다.

❷ 자원 제거가 실패하고 자원을 제거하지 않은 경우 오류를 출력한다.

❸ 테라폼의 상태 제거 명령어를 래핑하는 함수를 생성한다. 명령어는 서비스 계정과 같은 자원의 유형과 제거할 자원의 식별자를 전달한다.

❹ 테라폼 명령어를 실행하여 상태에서 자원을 제거하는 subprocess를 연다.

❺ 각 sundew_production_iam에 있는 사용자별로 서비스 계정과 역할을 모노리스 상태에서 제거한다.

❻ 사용자 식별자를 기준으로 모노리스의 테라폼 상태에서 GCP 서비스 계정을 제거한다.

❼ subprocess의 테라폼 명령어가 자원을 모노리스 상태에서 성공적으로 제거했는지 검사한다.

❽ 사용자 식별자를 기준으로 모노리스의 테라폼 상태에서 GCP 역할을 제거한다.

아직 python remove.py 명령어를 실행하지 말자! 여전히 모노리스에 IAM 정책에 대한 정의를 갖고 있다. IaC 모노리스의 main.py 파일을 열자. 다음 코드에 따라 끈끈이주걱 팀을 위해 IAM 서비스 계정과 역할을 할당하는 코드를 제거하자.

코드 10.9 모노리스 코드에서 IAM 정책 제거하기

```
import blue                                                        ❶
import json                                                        ❶

if __name__ == "__main__":
    resources = {
        'resource': blue.build()                                   ❷
    }

    with open('main.tf.json', 'w') as outfile:                     ❸
        json.dump(resources, outfile,                              ❸
                sort_keys=True, indent=4)                          ❸
```

❶ IAM 정책을 가져오는 부분을 제거한다.
❷ 모노리스에서 IAM 정책을 생성하는 코드만 제거한다.
❸ 테라폼에서 이후 실행할 JSON 설정 파일을 작성한다. 설정은 IAM 정책을 포함하지 않는다.

이제 모노리스를 업데이트할 수 있다. 먼저 python remove.py를 실행하여 모노리스 상태에서 IAM 자원을 제거한다.

```
$ python remove.py
```

해당 단계는 모노리스가 더 이상 IAM 정책과 서비스 계정의 진실 공급원 역할을 하지 않음을 알린다. IAM 자원을 제거하지는 않는다! 이는 IAM 자원을 별도의 폴더에 있는 신규 IaC가 소유하도록 변경하는 작업으로 상상해 볼 수 있다.

터미널에서 마침내 모노리스를 업데이트할 수 있다. IAM 정책이 없는 신규 테라폼 JSON 객체를 생성하고 업데이트를 적용하자. 자원에 변경이 존재하면 안 된다.

```
$ python main.py

$ terraform apply
google_service_account.blue: Refreshing state...
google_compute_network.blue: Refreshing state...
google_compute_subnetwork.blue: Refreshing state...
google_container_cluster.blue: Refreshing state...
google_container_node_pool.blue: Refreshing state...

No changes. Your infrastructure matches the configuration.

Terraform has compared your real infrastructure against your configuration
➥and found no differences, so no changes are needed.

Apply complete! Resources: 0 added, 0 changed, 0 destroyed.
```

드라이 런이 리팩토링한 자원을 포함할 경우 해당 자원을 모노리스 상태나 설정에서 제거하지 않았음을 알 수 있다. 자원을 검사하고 해당 자원을 수동으로 제거해야 할지 파악해야 한다.

10.2.2 의존성을 갖는 자원 리팩토링하기

이제 끈끈이주걱 팀의 컨테이너 오케스트레이터와 같은 의존성을 갖는 하위 인프라 자원 리팩토링 작업을 할 수 있다. 끈끈이주걱 팀원이 애플리케이션에 영향을 주지 않도록 기존 오케스트레이터를 제거하고 신규 오케스트레이터를 생성하지 말아줄 것을 요청한다. 따라서 수동으로 하위 수준 컨테이너를 리팩토링하고 추출해야 한다.

먼저 IAM 서비스 계정과 역할을 리팩토링했던 것과 동일한 절차대로 모노리스의 컨테이너 설정을 복사한다. sundew_production_orchestrator라는 별도의 폴더를 생성한다.

```
$ mkdir -p sundew_production_orchestrator
```

클러스터 생성 메서드를 sundew_production_orchestrator/cluster.py에 복사한다. 그러나 문제가 존재한다. 컨테이너 오케스트레이터는 **네트워크와 서브넷 이름이 필요하다**. 어떻게 해야 컨테이너가 모노리스를 참조하지 않고 네트워크와 서브넷 이름을 얻을 수 있을까?

그림 10.9는 인프라 API를 추상화 계층으로 사용해 기존 모노리스 의존성을 주입한다. 클러스터를 생성하는 IaC는 GCP API를 호출하여 네트워크 정보를 얻고 클러스터가 사용할 네트워크 ID를 전달한다.

모노리스는 의존성을 자원 간에 명시적으로 전달한다. 신규 폴더를 생성하면 분리한 자원은 필요한 하위 의존성 정보가 필요하다. 4장에서 다뤘던 **의존성 주입**을 활용하여 인프라 모듈을 분리할 수 있었음을 상기해 보자. 상위 모듈은 추상화 계층을 호출하여 하위 의존성 식별자를 얻는다.

의존성을 갖는 자원을 리팩토링하기 시작하면 의존성 주입을 위한 인터페이스를 구현해야 한다. 코드 10.10의 끈끈이주걱 팀의 코드에서 sundew_production_orchestrator/cluster.py가 구글 클라이언트 라이브러리를 사용해 클러스터 설정에 필요한 서브넷과 네트워크 이름을 가져오도록 변경하자.

> 참고 | 가독성을 위해 다양한 의존성, 변수, 라이브러리를 가져오는 부분을 제거했다. 책의 코드 저장소인 https://github.com/joatmon08/manning-book/tree/main/ch10/s03/s02를 참조하여 전체 예제를 확인하자.

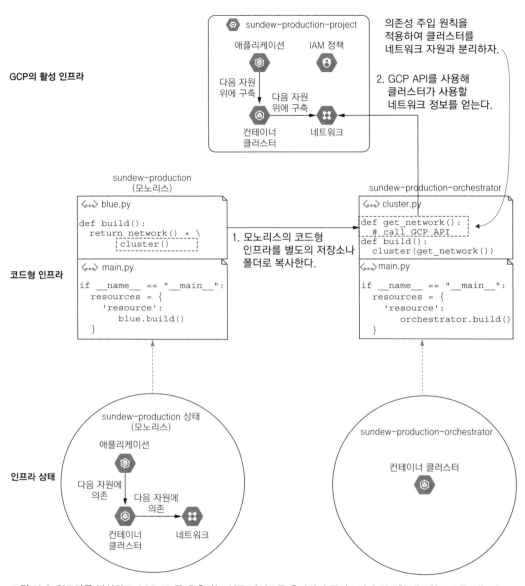

그림 10.9 인프라를 복사하고 GCP API를 호출하는 신규 메서드를 추가하여 클러스터가 필요한 네트워크 ID를 얻는다.

```
import googleapiclient.discovery                              ❶

def _get_network_from_gcp():                                  ❷
    service = googleapiclient.discovery.build(                ❶
        'compute', 'v1')                                      ❶
    result = service.subnetworks().list(                      ❸
        project=PROJECT,                                      ❸
        region=REGION,                                        ❸
        filter=f'name:"{TEAM}-{ENVIRONMENT}-*"').execute()    ❸
    subnetworks = result['items'] if 'items' in result else None
    if len(subnetworks) != 1:                                 ❹
        print("Network not found")                            ❹
        exit(1)                                               ❹
    return subnetworks[0]['network'].split('/')[-1], \        ❺
        subnetworks[0]['name']                                ❺


def cluster(name=cluster_name,                                ❻
            node_name=cluster_nodes,
            service_account=cluster_service_account,
            region=REGION):
    network, subnet = _get_network_from_gcp()                 ❼
    return [
        {
            'google_container_cluster': {                     ❽
                VERSION: [
                    {
                        'name': name,
                        'network': network,                   ❾
                        'subnetwork': subnet                  ❾
                    }
                ]
            },
            'google_container_node_pool': {                   ❽
                VERSION: [                                    ❽
                    {                                         ❽
                        'cluster':                            ❽
                        '${google_container_cluster.' +       ❽
                            f'{VERSION}' + '.name}'           ❽
                    }                                         ❽
                ]                                             ❽
            },                                                ❽
```

```
        'google_service_account': { i
            VERSION: [
                {
                    'account_id': service_account,
                    'display_name': service_account
                }
            ]
        }
    }
]
```

❶ 파이썬 구글 클라우드 클라이언트 라이브러리를 사용해 GCP API에 접근할 수 있도록 설정한다.

❷ GCP 네트워크 정보를 얻고 의존성을 주입할 수 있는 메서드를 생성한다.

❸ GCP API로 sundew-production으로 시작하는 서브네트워크 이름 목록을 질의한다.

❹ GCP API가 서브네트워크를 찾지 못하면 오류를 발생시킨다.

❺ 네트워크와 서브네트워크 이름을 반환한다.

❻ 가독성을 위해 다양한 의존성, 변수, 라이브러리를 가져오는 부분을 제거했다. 전체 코드는 코드 저장소를 참고하자.

❼ 의존성 역전 원칙을 적용하여 GCP API를 호출해서 네트워크와 서브네트워크 이름을 가져온다.

❽ 테라폼 자원을 활용하여 구글 컨테이너 클러스터, 노드 풀, 서비스 계정을 생성한다.

❾ 네트워크와 서브넷 이름을 사용해 컨테이너 클러스터를 변경한다.

> ### AWS와 애저에서 사용하기
>
> 코드 10.10을 변경하여 GCP API 클라이언트 대신 파이썬 애저 라이브러리(http://mng.bz/Pnn2) 또는 AWS의 파이썬 SDK(https://aws.amazon.com/sdk-for-python/)를 사용할 수 있다.
>
> 그런 다음, 자원을 변경하자. 쿠버네티스 노드 풀(**그룹**이라고도 함)용 아마존 VPC와 애저 가상 네트워크를 생성하자. 이후 구글 컨테이너 클러스터를 아마존 EKS 클러스터나 AKS 클러스터로 변경하자.

의존성을 갖는 인프라 자원을 리팩토링할 때는 의존성 주입을 구현하여 하위 자원 속성을 가져와야 한다. 코드 10.10은 인프라 제공 업체의 API를 사용하지만, 어떤 추상화 계층이든 사용할 수 있다. 인프라 제공 업체 API는 보통 가장 직관적인 추상화를 제공한다. API를 사용해 직접 추상화 계층을 구현하지 않아도 된다.

컨테이너 클러스터 설정을 복사하고 GCP API로 얻은 네트워크와 서브네트워크 정보를 참조하도록 변경한 후, 그림 10.10에 나온 리팩토링 워크플로를 반복한다. sundew_production_orchestrator에 활성 인프라 자원을 가져와서 분리한 설정을 적용하고, 실제 상태와 IaC 사이에 드리프트가 존재하는지 검사한 후, 모노리스의 상태에 들어 있는 자원 설정과 참조하는 부분을 제거한다.

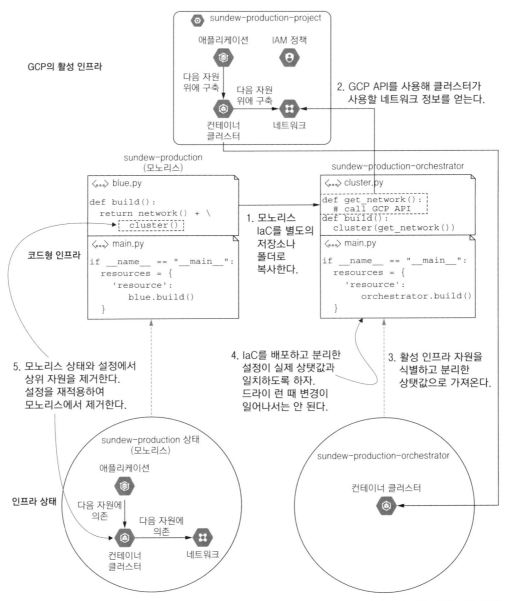

그림 10.10 상위 자원이 GCP API를 통해 하위 자원 식별자를 얻도록 리팩토링한 후 하위 자원 리팩토링을 계속 진행 하자.

모노리스의 상위 자원과 하위 자원 리팩토링에 있어 가장 주요한 차이점은 의존성 주입의 구현 여부다. 인프라 제공 업체 API, 모듈 출력값 또는 인프라 상태 등 사용하고자 하는 의존성 주입 유형을 고를 수 있다. 인프라 제공 업체 API를 사용하지 않을 경우 모노리스 IaC가 속성값을 출력하도록 변경해야 할 수도 있음을 명심하자.

그 외엔 리팩토링 후 IaC를 재실행할 경우 멱등성을 구현하도록 보장하자. 활성 자원에 영향을 주지 않고 변경사항을 IaC로 분리하고 싶을 것이다. 만일 드라이 런에서 변경사항이 발견되면 다음 자원을 작업하기 전에 리팩토링한 코드와 인프라 상탯값 사이에 존재하는 드리프트를 고쳐야 한다.

10.2.3 리팩토링 워크플로 반복하기

IAM 서비스 계정, 역할 및 컨테이너 오케스트레이터를 추출하고 난 후, 끈끈이주걱 시스템의 모노리스 IaC 설정을 계속 해체한다. 그림 10.11의 워크플로는 모노리스 IaC를 해체하는 일반적인 패턴을 요약한다. 어떠한 자원끼리 서로 의존하는지 파악하고, 설정을 추출한 후 의존성 주입을 통해 의존성을 참조하도록 업데이트한다.

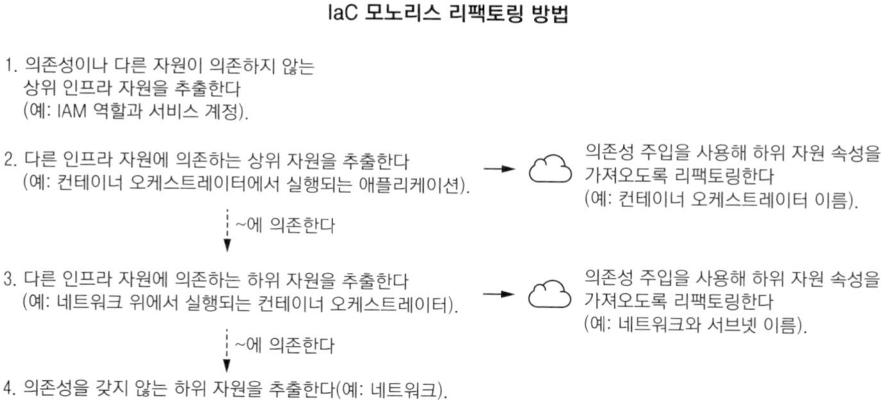

그림 10.11 IaC 모노리스를 리팩토링하는 워크플로는 의존성을 갖지 않는 하위 자원을 식별하는 데서 시작한다.

다른 자원에 의존하거나 다른 자원이 의존하지 않는 상위 인프라 자원을 식별하자. 나는 상위 자원을 사용해 모노리스 설정을 복사 후 분리하고, 분리한 설정을 가져오고, 나중에 모노리스에서 설정을 제거하는 워크플로를 테스트한다. 그런 다음 다른 자원에 의존하는 상위 자원을 파악한다. 복사 과정에서 의존성 주입을 통해 속성값을 참조하도록 리팩토링한다. 시스템에 걸쳐 자원을 식별하고 해당 절차를 반복하여, 결과적으로는 다른 의존성을 갖지 않는 하위 자원 작업을 마지막으로 진행한다.

설정 관리

이번 장은 IaC 프로비저닝 도구에 집중하고 있으나, 설정 관리를 통해서도 자동화 모노리스가 생겨서 실행하는 시간이 오래 걸리거나 설정 일부의 변경사항이 충돌하는 등 유사한 문제가 발생한다. 동일한 리팩토링 워크플로를 모노리스 설정 관리에 적용할 수 있다.

1. 의존성을 갖지 않는 가장 독립적인 자동화 부분을 추출한 후 모듈로 분리한다.
2. 설정 관리자를 실행하여 자원 상태를 변경하지 않았는지 확인하자.
3. 출력값이나 하위 자동화 단계에 의존하는 설정을 식별하자. 해당 설정을 추출하고 의존성 주입을 적용하여 설정에 필요한 값을 가져오자.
4. 설정 관리자를 실행하여 자원 상태를 변경하지 않았는지 확인하자.
5. 설정 관리자의 첫 번째 단계까지 효과적으로 도달할 때까지 위 절차를 반복한다.

IaC 모노리스를 리팩토링하면서 자원들을 분리할 수 있는 방법을 파악하자. 내 생각에 리팩토링은 어려우며 오류나 실수 없이 진행되는 경우는 드물다. 개별 컴포넌트를 분리하고 세심하게 테스트하면 문제점을 파악하고 시스템 장애를 최소화하는 데 유용하다. 만일 장애가 발생할 경우 11장의 기술을 사용해 조치한다.

실습 10.1

다음 코드에 대해 어떤 자원 순서로 리팩토링을 진행하여 모노리스를 해체하겠는가?

```python
if __name__ == "__main__":
    zones = ['us-west1-a', 'us-west1-b', 'us-west1-c']
    project.build()
    network.build(project)
    for zone in zones:
        subnet.build(project, network, zone)
    database.build(project, network)
    for zone in zones:
        server.build(project, network, zone)
    load_balancer.build(project, network)
    dns.build()
```

A. DNS, 로드 밸런서, 서버, 데이터베이스, 네트워크 + 서브넷, 프로젝트
B. 로드 밸런서 + DNS, 데이터베이스, 서버, 네트워크 + 서브넷, 프로젝트
C. 프로젝트, 네트워크 + 서브넷, 서버, 데이터베이스, 로드 밸런서 + DNS
D. 데이터베이스, 로드 밸런서 + DNS, 서버, 네트워크 + 서브넷, 프로젝트

정답은 부록 B를 참고하자.

요약

- IaC 리팩토링은 기존 인프라 자원에 영향을 주지 않고 설정이나 코드를 재구조화하는 과정을 포함한다.

- 리팩토링은 코드 변경에 들어가는 비용에 대한 은유인 기술 부채를 해결한다.

- 무중단 배포는 유사한 인프라 자원을 하나씩 변경하고 다음 자원으로 넘어가기 전에 각 자원을 테스트한다.

- 무중단 배포는 점진적으로 변경사항을 적용하고 문제를 해결할 수 있도록 한다.

- 피처 플래그(또는 피처 토글이라고도 함)는 인프라 자원, 의존성 또는 속성값을 활성화하거나 비활성화한다.

- 피처 플래그를 적용하여 변경사항을 운영 환경에 적용하기 전에 테스트하고 준비하거나 숨기자.

- 피처 플래그를 한 장소(파일 또는 설정 관리자)에 정의하여 한눈에 플래그 값을 파악하자.
- 더 이상 필요 없는 피처 플래그를 제거하자.
- 모노리스 IaC는 모든 인프라 자원을 한 군데서 정의함으로써 한 자원을 제거할 경우 전체 설정에 장애가 발생할 경우를 의미한다.
- 자원을 모노리스에서 분리하는 리팩토링 작업은 설정을 신규 디렉토리나 저장소로 복사하고 별도 상탯값으로 가져온 뒤 모노리스 설정이나 상태에서 자원을 제거하는 과정을 포함한다.
- 만일 자원이 다른 자원에 의존하는 경우, 분리한 자원 설정이 의존성 주입을 사용하고 인프라 제공 업체 API를 통해 식별자를 가져오도록 업데이트하자.
- 모노리스를 해체하는 것은 의존성이 없는 상위 자원이나 설정을 리팩토링하는 것부터 시작한다. 이후 의존성을 갖는 자원 또는 설정을, 마지막으로는 의존성이 없는 하위 자원이나 설정을 리팩토링한다.

11

오류 고치기

11장에서 다루는 내용

- 변경사항을 롤 포워드하여 기능을 복구하도록 결정하는 방법
- IaC 문제 해결을 조직화하는 방법
- 실패한 변경사항 조치 방법을 분류하는 방법

지금까지 많은 장에서 코드형 인프라를 작성하고 협업하는 방법을 다뤘다. 그동안 배우고 축적한 IaC에 대한 모든 방법과 원칙이 변경사항을 푸시하고 시스템 장애가 발생하여 롤백해야 하는 중요한 순간을 맞이한다! 그러나 IaC는 롤백 기능을 제공하지 않는다. IaC 변경사항을 완벽하게 원복하지 않는다. 롤백을 하지 않고 장애를 고친다는 것은 어떤 뜻일까?

11장은 IaC의 실패한 변경사항을 고치는 부분에 집중한다. 먼저 **롤 포워드**^{roll forward}를 통해 IaC를 원복하는 방법을 다룬다. 이후 문제점을 찾고 실패한 변경사항을 고치는 워크플로를 배울 것이다. 이번 장에서 다루는 기술을 각자가 관리하는 시스템에서 겪을 수 있는 모든 시나리오에 적용할 수는 없으나, IaC 장애를 고칠 수 있는 방대한 기초적인 방법을 구축한다.

이 책에서 실패한 시스템의 문제 해결 절차와 원칙을 너무 깊게 다루지는 않는다. 문제 해결 방법에 대한 대부분의 논의는 어떻게 IaC 맥락에서 관리할 것인지에 집중한다. 문재 해결 방법과 신뢰성 있는 시스템 구축에 관해 더 알고 싶다면 벳시 베이어(Betsy Beyer) 등의 『사이트 신뢰성 엔지니어링』(제이펍, 2018)을 참고하자.

일반적으로 문제의 근본 원인을 디버깅하기보다 서비스와 고객을 위한 기능 안정화와 복구에 우선순위를 두자. 임시조치를 통해 문제를 해결하고 좀 더 장기적인 시스템 조치 상황을 적용할 수 있는 기회를 얻을 수 있다.

11.1 기능 복구하기

키보드를 위한 멋진 키캡^{Cool Caps for Keys} 회사에서 일한다고 가정해 보자. 회사는 커스텀 키캡을 생산하고 고객과 아티스트를 연결하여 키캡을 디자인한다. 보안 엔지니어로서 GCP 프로젝트의 사용자와 애플리케이션 접근 권한을 줄여야 한다.

구글 클라우드 SQL 데이터베이스 설정을 복사하고 팀원과 애플리케이션에 최소 권한만 부여하도록 접근 제어를 업데이트했다. 인프라를 사용하도록 애플리케이션별로 필요한 정책을 선택하고 애플리케이션이 여전히 동작하는지 검증한다.

다음으로 영업 팀과 이야기한다. 영업 팀 애플리케이션은 데이터베이스 아이디와 비밀번호를 직접 사용해 데이터베이스에 접근한다. 데이터베이스에 직접 접근하면 영업 팀 서비스 계정에서 `roles/cloudsql.admin` 정책을 제거할 수 있다. 정책을 제거하고, 변경사항을 테스트한 후 영업 팀과 변경사항이 테스트 환경 애플리케이션에 영향을 주지 않았음을 확인한다. 이후 변경사항을 운영 환경에 푸시한다. 그림 11.1을 참고하자.

한 시간이 지난 후, 영업 팀이 애플리케이션이 계속 데이터베이스 접근 오류가 발생하고 있다고 알려준다. 변경사항으로 문제가 발생했는지 의심한다. 문제 원인을 찾아가면서 더 조사하기 전에 먼저 영업 팀 서비스가 데이터베이스에 접근할 수 있도록 조치하는 것을 최우선 순위로 삼는다.

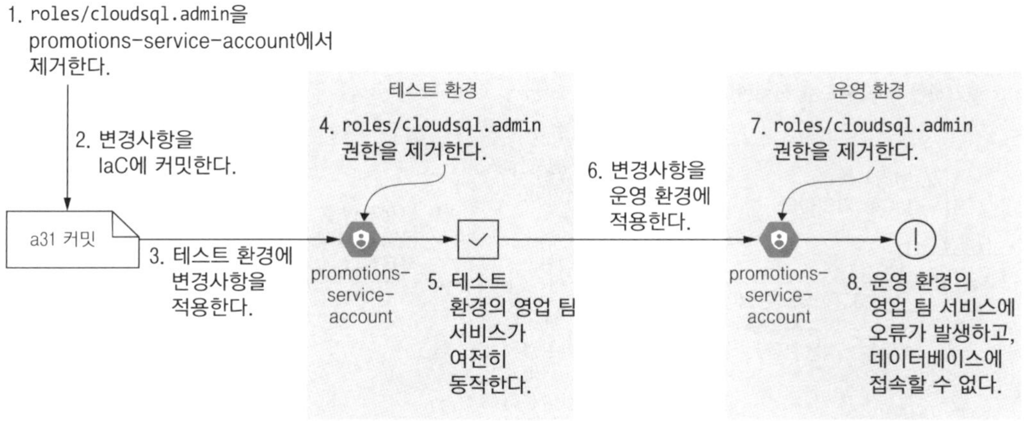

1. roles/cloudsql.admin을 promotions-service-account에서 제거한다.

2. 변경사항을 IaC에 커밋한다.

a31 커밋

3. 테스트 환경에 변경사항을 적용한다.

테스트 환경

4. roles/cloudsql.admin 권한을 제거한다.

promotions-service-account

5. 테스트 환경의 영업 팀 서비스가 여전히 동작한다.

6. 변경사항을 운영 환경에 적용한다.

운영 환경

7. roles/cloudsql.admin 권한을 제거한다.

promotions-service-account

8. 운영 환경의 영업 팀 서비스에 오류가 발생하고, 데이터베이스에 접속할 수 없다.

그림 11.1 영업 팀 서비스의 관리자 데이터베이스 접근 권한을 제거한 후, 변경사항이 서비스가 데이터베이스에 접근하는 기능을 망가뜨렸음을 확인한다.

11.1.1 롤 포워드를 통한 변경사항 원복하기

사용자가 시스템에 요청을 보낼 수 있도록 서비스를 고쳐야 한다. 그러나 단순히 시스템을 이전에 동작했던 상태로 되돌릴 수는 없다. IaC는 불변성을 중요시하므로 변경사항 원복을 하더라도 신규 자원을 생성하게 된다!

예를 들어, 회사의 영업 서비스를 변경사항을 원복하고 서비스 계정에 역할을 추가하는 방법으로 고쳐보자. 그림 11.2는 커밋사항을 원복하고 서비스 계정에 roles/cloudsql.admin을 추가한다. 그런 다음 변경사항을 테스트 및 운영 환경에 푸시한다.

커밋을 원복하고 **푸시 포워드**push forward를 통해 테스트와 운영 환경에 변경사항을 푸시한다. IaC는 불변성을 사용하므로 **롤 포워드**roll forward를 통해 시스템을 동작하는 상태로 복구한다.

정의 IaC **롤 포워드**는 변경사항을 원복하고 불변성을 사용해 시스템을 동작하는 상태로 복구한다.

롤백은 인프라 상태를 이전 상태로 복구하는 것을 암시한다. 현실에서는 IaC 불변성은 변경할 때마다 '새로운' 상태를 생성하는 것을 의미한다. 인프라를 완전하게 이전 상태로 복구할 수는 없다. 때로는 변경사항의 영향 범위가 커서 인프라를 사실상 이전 상태로 복구할 수 없다.

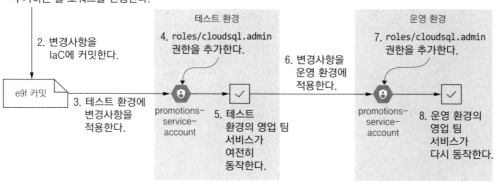

그림 11.2 영업 서비스에 관리자 데이터베이스 역할을 추가하여 시스템이 다시 동작하도록 롤 포워드한다.

이제 서비스 계정 변경사항을 원복하고 롤 포워드로 권한을 다시 추가하자. 먼저 모든 변경 사항 이력이 들어 있는 커밋 이력을 확인한다. 접두사 a31의 커밋이 roles/cloudsql.admin 제 거를 포함했다.

```
$ git log --oneline -2
a3119fc (HEAD -> main) Remove database admin access from promotions 6f84f5d Add database
admin to promotions service
```

7장에서 배운 깃옵스를 적용하여 수동, 긴급 변경사항 적용을 지양하고 IaC를 통한 변경 작 업을 선호한다! 커밋을 원복하고 영업 서비스를 동작 상태로 복구하기 위한 변경사항을 푸시 한다.

```
$ git revert a3119fc
```

커밋을 푸시하면 파이프라인이 서비스 계정에 역할을 다시 추가한다. 롤 포워드 후 애플리케 이션이 다시 동작한다. 성공적으로 인프라 상태를 동작 상태로 복구했다. 그러나 완벽하게 이전 상태를 회복할 수는 없다. 대신 이전 동작 상태와 일치하는 신규 상태를 배포했다.

IaC 롤백은 보통 인프라 상태에 대한 변경사항 롤 포워드를 의미한다. git revert로 불변성 을 유지하고 롤 포워드를 통해 인프라 변경사항을 원복한다.

설정 관리는 불변성을 중시하지는 않으나 여전히 롤 포워드로 서버나 자원 변경사항을 원복한다. 예를 들어, 설치한 3.0.0 버전 패키지를 2.0.0 버전으로 원복해야 한다고 가정해 보자. 설정 관리 도구는 신규 버전을 제거하고 구 버전을 재설치할 수도 있다. 이때 패키지와 설정값을 이전 상태로 복구하지는 않는다. 단지 서버를 구 버전 패키지를 사용하는 신규 동작 상태로 복구하는 것이다.

11.1.2 신규 변경사항 롤 포워드하기

롤 포워드를 사용하도록 마음을 먹을 경우 문제 해결 방법을 확장하는 혜택을 얻는다. 이번 예제는 고장 난 커밋을 원복하고 영업 서비스의 기존 동작 상태를 갖는 신규 상탯값을 만듦으로써 기능을 복구한다. 그러나 때로는 커밋 원복이 시스템을 고치지 않고 문제를 악화시킨다! 대신 **신규 변경사항**을 롤 포워드하고 기능을 복구한다.

변경사항을 롤 포워드했음에도 영업 서비스가 동작하지 않는다고 가정해 보자. 애플리케이션을 고치는 대신 변경사항을 적용하고 신규 영업 서비스가 포함된 환경을 새로 생성한다. 그림 11.3처럼 9장의 카나리 배포 기술을 사용해 점진적으로 트래픽을 증가시켜 애플리케이션을 완전히 복구한다. 모든 요청을 신규 서비스에 전달한 후 디버깅을 위해 실패한 환경을 비활성화한다.

IaC는 적은 노력으로 환경을 재현하도록 한다. 게다가 불변성을 준수한다는 것은 변경사항을 반영한 신규 환경을 생성하는 패턴을 이미 갖고 있음을 의미한다. 두 원칙의 결합은 영향 범위가 넓은 고위험 변경사항을 완화하는 데 유용하다.

데이터나 완벽하게 복구할 수 없는 자원의 경우 롤 포워드로 이전 상태로 돌아갈 수 없다. 이 경우 문제가 계속 발생하는 상황을 해결하는 과정에서 애플리케이션 데이터가 오염되거나 다른 인프라에 영향을 줄 수 있다. 롤 포워드를 통해 원복하는 대신 9장에서 배운 변경 기술을 사용해 신규 변경사항을 적용할 수 있다.

또한 원복과 완전한 신규 변경사항을 결합하여 적용함으로써 기능을 복구할 수 있다. 롤 포워드 방식을 확장하여 신규 변경사항을 포함하면서 잘못된 이전 변경사항을 원복하는 것은 기능을 빨리 회복시키고 시스템의 다른 영역에 미치는 영향을 최소화한다.

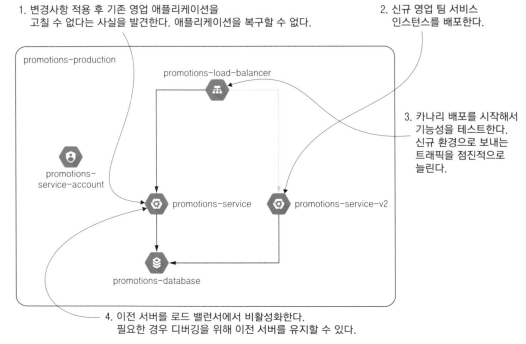

1. 변경사항 적용 후 기존 영업 애플리케이션을 고칠 수 없다는 사실을 발견한다. 애플리케이션을 복구할 수 없다.

2. 신규 영업 팀 서비스 인스턴스를 배포한다.

3. 카나리 배포를 시작해서 기능성을 테스트한다. 신규 환경으로 보내는 트래픽을 점진적으로 늘린다.

4. 이전 서버를 로드 밸런서에서 비활성화한다. 필요한 경우 디버깅을 위해 이전 서버를 유지할 수 있다.

그림 11.3 영업 애플리케이션을 복구할 수 없는 경우 카나리 배포를 사용해 신규 인스턴스로 트래픽을 보내고 시스템을 복구할 수 있다.

11.2 문제 해결

시스템에 반창고로 임시조치를 하여 영업 팀이 회사 상품 프로모션을 보낼 수 있게 되었다. 그러나 애플리케이션의 IAM을 보호해야 한다! 영업 팀에 필요 없는 관리자 권한을 제거하자. 영업 서비스가 실패했는지를 찾기 위해서는 어디서부터 확인해야 할까?

IaC 문제 해결 또한 특정 패턴을 따라간다. 가장 복잡한 인프라 시스템의 경우에도 많은 IaC의 실패한 변경사항은 크게 세 가지 이유로 발생하는데, 바로 드리프트, 의존성, 차이점이다. 설정에 이 세 가지 요인이 있는지 검사하면 문제점의 원인과 해결방안을 찾는 데 유용하다.

11.2.1 드리프트 확인하기

망가진 많은 인프라 변경사항은 설정과 자원 상태 간 존재하는 드리프트로 인해 발생한다.

그림 11.4처럼 드리프트가 있는지 확인한다. 서비스 계정 IaC가 실제 GCP 서비스 계정의
상태와 일치하는지 확인하자.

1. 드리프트가 있는지 확인하자.
   IaC 설정과 운영 환경의
   자원 상태가 일치하는가?

코드형 인프라(운영)

promotions-service-account가
roles/cloudsql.admin
권한을 갖고 있다.

운영 환경

부여한 권한

promotions-
service-account

roles/
cloudsql.admin

그림 11.4 IaC와 자원 상태 간 드리프트가 있는지부터 확인하자.

코드와 인프라 상태 간 드리프트를 검사하면 설정 차이로 인해 장애가 발생하는 경우를 방지
할 수 있다. 코드와 상태 간 차이점이 존재할 경우 예상치 못한 문제가 발생할 수 있다. 이러
한 차이를 제거함으로써 변경사항이 예상한 대로 동작하도록 보장할 수 있다.

키캡 회사 사례에서 IaC로 정의한 영업 서비스 계정의 권한을 검토한다. 다음 코드는 서비스
와 역할을 정의하는 IaC를 대략적으로 보여준다.

코드 11.1 영업 서비스 계정과 데이터베이스 관리자 권한

```
from os import environ
import database                                                      ❶
import iam                                                          ❷
import network                                                      ❸
import server                                                       ❹
import json
import os

SERVICE = 'promotions'
ENVIRONMENT = 'prod'
REGION = 'us-central1'
ZONE = 'us-central1-a'
PROJECT = os.environ['CLOUDSDK_CORE_PROJECT']
role = 'roles/cloudsql.admin'                                       ❺

if __name__ == "__main__":
    resources = {                                                  ❻
        'resource':
        network.Module(SERVICE, ENVIRONMENT, REGION).build() +     ❼
```

```
        iam.Module(SERVICE, ENVIRONMENT, REGION, PROJECT,      ❽
                role).build() +                                 ❽
        database.Module(SERVICE, ENVIRONMENT, REGION).build() + ❾
        server.Module(SERVICE, ENVIRONMENT, ZONE).build()       ❿
    }

    with open('main.tf.json', 'w') as outfile:                 ⓫
        json.dump(resources, outfile,                           ⓫
                sort_keys=True, indent=4)                        ⓫
```

❶ 데이터베이스 모듈을 가져와서 구글 클라우드 SQL 데이터베이스를 구축한다.

❷ 구글 서비스 계정 모듈을 가져와서 설정과 권한을 생성한다.

❸ 네트워크 모듈을 가져와서 구글 네트워크와 서브네트워크를 구축한다.

❹ 서버 모듈을 가져와서 구글 가상 머신 인스턴스를 구축한다.

❺ 영업 서비스 계정은 데이터베이스에 접근할 수 있도록 'cloudsql.admin' 역할 권한이 있어야 한다.

❻ 모듈을 사용해 데이터베이스, 네트워크, 서비스 계정과 서버를 위한 JSON 설정 객체를 생성한다.

❼ 네트워크 모듈을 가져와서 구글 네트워크와 서브네트워크를 구축한다.

❽ 구글 서비스 계정 모듈을 가져와서 설정과 권한을 생성한다.

❾ 데이터베이스 모듈을 가져와서 구글 클라우드 SQL 데이터베이스를 구축한다.

❿ 서버 모듈을 가져와서 구글 가상 머신 인스턴스를 구축한다.

⓫ 나중에 테라폼에서 실행할 수 있도록 파이썬 딕셔너리 객체를 JSON 파일로 작성한다.

AWS와 애저에서 사용하기

GCP의 클라우드 SQL 관리자 권한과 비슷한 AWS 권한은 `AmazonRDSFullAccess`다. 애저의 경우 동일한 권한이 없다. 대신 애저 활성 디렉터리를 데이터베이스에 직접 추가하고 관리자 권한을 애저 SQL 데이터베이스 API에 부여할 수 있다.

그런 다음, 코드와 GCP의 영업 애플리케이션 서비스 계정 권한을 비교한다. 서비스 계정은 IaC와 동일하게 roles/cloudsql.admin 권한만 갖고 있다.

```
$ gcloud projects get-iam-policy $CLOUDSDK_CORE_PROJECT
bindings:
- members:
  - serviceAccount:promotions-prod@infrastructure-as-code-book
  ➥.iam.gserviceaccount.com
  role: roles/cloudsql.admin
version: 1
```

만일 IaC와 활성 자원 상태 간 설정 드리프트를 발견한다면, 차이점이 시스템 기능에 영향을 주는지 더 조사할 수 있다. 일부 드리프트를 제거하기로 선택하면 드리프트가 장애의 근본 원인이 되지 않도록 보장할 수 있다. 그러나 일부 드리프트를 발견했다고 드리프트가 시스템을 망가뜨리는 것은 아니다! 일부 드리프트는 장애와 아무 관련이 없을 수도 있다.

11.2.2 의존성 확인하기

만일 드리프트가 장애를 일으키지 않았다고 결정이 되면, 업데이트한 자원에 의존하는 자원을 확인할 수 있다. 그림 11.5는 어떤 자원이 서비스 계정에 의존하는지를 도식화한다. IaC와 운영 환경에서 서버는 서비스 계정에 의존한다.

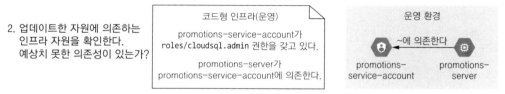

그림 11.5 변경하고자 하는 자원에 의존하는 어떠한 자원이라도 문제를 해결하자.

예상한 의존성과 실제 의존성이 일치하는지 확인하고 싶을 것이다. 예상치 못한 의존성은 변경사항에 장애를 일으킬 수 있다. 다음 코드를 검토할 때, 서비스 계정 이메일이 서버에 전달됨을 검증한다.

코드 11.2 영업 서버가 영업 서비스 계정에 의존한다.

```
class Module():                                              ❶
    def __init__(self, service, environment,
                 zone, machine_type='e2-micro'):
        self._name = f'{service}-{environment}'
        self._environment = environment
        self._zone = zone
        self._machine_type = machine_type

    def build(self):                                         ❶
        return [
            {
                'google_compute_instance': {                 ❷
```

```
            self._environment: {
                'allow_stopping_for_update': True,
                'boot_disk': [{
                    'initialize_params': [{
                        'image': 'ubuntu-2004-lts'
                    }]
                }],
                'machine_type': self._machine_type,
                'name': self._name,
                'zone': self._zone,
                'network_interface': [{
                    'subnetwork':
                    '${google_compute_subnetwork.' +
                    f'{self._environment}' + '.name}',
                    'access_config': {
                        'network_tier': 'STANDARD'
                    }
                }],
                'service_account': [{                    ❸
                    'email': '${google_service_account.' +   ❸
                    f'{self._environment}' + '.email}',      ❸
                    'scopes': ['cloud-platform']             ❸
                }]                                       ❸
            }
        }
    }
]
```

❶ 모듈을 사용해 서버 JSON 설정 객체를 생성한다.

❷ 테라폼 자원을 사용해 이름, 주소, 리전, 네트워크 값에 기반하여 구글 가상 머신 인스턴스를 구축한다.

❸ 영업 애플리케이션 서버 팩토리 모듈은 서비스 계정을 사용해 GCP 서비스에 접근한다.

AWS와 애저에서 사용하기

AWS와 애저에서 네트워크를 구축한다. 그런 다음 코드를 업데이트하여 테라폼 자원의 애저 리눅스 가상 머신(http://mng.bz/J22p)과 사용자 블록(managed identity block)을 사용한다. identity 블록은 사용자 ID와 애저 접근 권한 목록을 포함해야 한다. AWS의 경우 AWS EC2 테라폼 자원의 IAM 인스턴스 프로필 정보를 정의해야 한다.

그러나 영업 팀은 애플리케이션이 IP 주소, 아이디와 비밀번호를 사용해 데이터베이스에 직접 접근한다고 말했다. 애플리케이션이 데이터베이스 연결 정보를 파일에서 읽는 데 왜 서버가 서비스 계정이 필요할까?

이 부분에 차이가 있음을 확인한 후 영업 팀에게 애플리케이션 코드를 보여달라고 요청한다. 애플리케이션 설정은 IP 주소, 아이디 또는 비밀번호를 사용하지 않는다!

영업 팀과 추가 디버깅을 진행한 끝에 영업 애플리케이션이 로컬 호스트로 데이터베이스에 접근하는 것을 확인한다. 설정은 클라우드 SQL의 인증 프록시Cloud SQL Auth proxy(https://cloud.google.com/sql/docs/mysql/sql-proxy)를 사용해 데이터베이스에 연결하고 접속한다! 따라서 서비스 계정이 연결한 서버는 데이터베이스 접근 권한이 필요하다.

그림 11.6은 영업 애플리케이션이 프록시를 통해 데이터베이스에 접근하는 것을 보여준다. 프록시는 서비스 계정을 사용해 인증을 받고 데이터베이스에 접근한다. 서비스 계정은 정책과 데이터베이스 접근 권한이 필요하다.

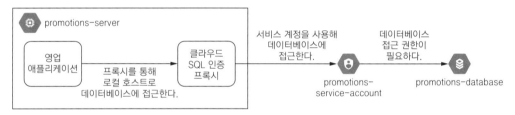

그림 11.6 영업 애플리케이션은 서비스 계정과 데이터베이스 권한을 사용하는 프록시를 통해 데이터베이스에 접근한다.

AWS와 애저에서 사용하기

GCP 클라우드 SQL 인증 프록시와 유사한 AWS 서비스는 아마존 RDS 프록시다. 프록시는 데이터베이스 연결을 강화하고 애플리케이션 코드에 데이터베이스 접속 아이디와 비밀번호 입력을 방지한다.

애저는 유사한 SQL 프록시를 갖고 있지 않다. 대신 데이터베이스와 애저 사설 연결(Azure Private Link)을 설정해야 한다. 이는 선택한 사설 네트워크에 IP 주소를 할당한다. 그런 다음 데이터베이스를 애플리케이션이 애저 활성 디렉토리 내 서비스 원칙에 따라 접근할 수 있도록 설정하면 된다.

축하한다. 영업 애플리케이션이 서비스 계정을 제거하자 왜 장애가 발생했는지 발견했다! 그러나 의구심이 든다. 동일한 문제점을 테스트 환경에서도 발견했어야 하는 것이 아닌가? 결국 테스트 환경에서 변경사항을 테스트했을 때 애플리케이션에 장애가 발생하지 않았다.

11.2.3 환경 간 차이점 확인하기

왜 변경사항이 테스트 환경에서는 동작하고 운영 환경에서는 동작하지 않았을까? 테스트 환경의 영업 애플리케이션을 조사한다. 애플리케이션이 로컬 호스트가 아닌 IP 주소, 아이디, 비밀번호를 사용해 데이터베이스에 접근하는 것을 확인한다.

애플리케이션 팀에게 운영 IaC는 클라우드 SQL 인증 프록시를 사용하지만 테스트 환경 IaC는 데이터베이스를 직접 호출하고 있음을 설명한다. 그림 11.7을 참고하자. 둘 다 `roles/cloudsql.admin` 권한을 사용한다.

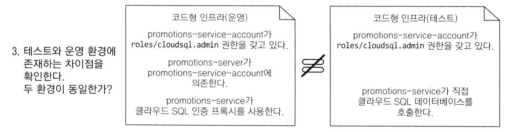

그림 11.7 테스트 환경과 운영 환경의 차이점을 검사하여 테스트를 통과한 변경사항이 장애를 초래하는 경우를 해결하자.

추가적으로 영업 팀과 논의한 끝에, 팀이 긴급 변경사항을 적용하여 운영 환경이 클라우드 SQL 인증 프록시를 사용하도록 보안 조치를 취한 것을 확인했다. 그러니 테스트 환경을 운영 환경과 동일하게 변경할 수 있는 기회가 없었다! 이러한 차이점으로 인해 테스트 환경의 변경사항이 성공했으나 운영 환경에서는 장애가 발생했다.

테스트와 운영 환경을 최대한 동일하게 유지해야 한다. 그러나 항상 운영 환경을 테스트 환경에 재현할 수는 없다. 그 결과 두 환경의 차이로 인해 발생하는 변경 실패를 겪게 된다. 시스템적으로 테스트 환경과 운영 환경의 차이를 식별하면 테스트와 변경사항 제공 과정의 차이점을 확인하는 데 유용하다.

IaC가 시스템의 모든 변경사항을 문서화해야 하나 IaC와 환경 사이에 예상치 못한 차이점을 찾을 수 있다. 그림 11.8은 영업 애플리케이션 IaC의 운영 배포 실패 상황을 구조적으로 디버깅하는 과정을 요약한다. 드리프트, 의존성을 확인한 후 마지막으로 환경 간 차이를 검사한다.

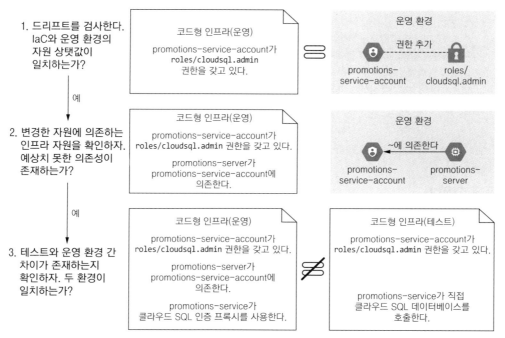

그림 11.8 IaC를 사용해 드리프트, 예상치 못한 의존성, 테스트와 운영 환경 간 차이를 검사함으로써 장애가 발생한 변경 문제를 해결한다.

문제의 원인을 파악한 후 드디어 장기적인 조치를 취할 수 있다. 테스트와 운영 환경의 차이점을 고치고 최소 접근 권한을 재확인하여 영업 애플리케이션 서비스 계정에 보안 조치를 취해야 한다.

팀이 애플리케이션이 더 이상 다른 애플리케이션과 통신할 수 없다고 보고한다. 애플리케이션은 지난주까지는 동작했으나 월요일부터 요청이 계속 실패하고 있다. 팀은 애플리케이션을 변경하지 않아서 방화벽 정책이 원인인 것 같다고 의심한다. 문제를 해결하기 위해 어떠한 단계를 수행할 수 있을까? (해당하는 답을 모두 고르시오.)

    A. 클라우드 업체에 로그인하여 애플리케이션 방화벽 정책을 확인한다.
    B. 신규 인프라와 애플리케이션을 그린 환경에 배포하여 테스트한다.
    C. 애플리케이션 IaC에서 변경사항을 확인한다.
    D. IaC 방화벽 정책을 클라우드 업체의 방화벽 정책과 비교한다.
    E. 방화벽 정책을 수정하고 애플리케이션 간 모든 트래픽을 허용한다.

정답은 부록 B를 참고하자.

11.3 문제 고치기

키캡 회사에서 맡은 원래 임무는 각 애플리케이션 서비스 계정별로 서비스 접근에 대한 최소 권한을 부여하도록 서비스 계정 권한을 변경하는 작업이었다. 영업 애플리케이션 서비스 계정에서 데이터베이스에 대한 관리자 권한을 제거하려고 했으나 실패했다. 문제를 확인한 결과 이제 문제점을 고칠 수 있다.

지금 시점에서 좀 짜증이 날 수도 있다. 결국 회사의 다른 애플리케이션에 대한 접근 권한 변경 작업을 끝내지 못했기 때문이다. 그러나 당장 모든 것을 한 번에 다 바꾸려고 하지 말자. 변경사항을 배치로 계속 푸시할 경우 7장에서 언급했던 문제의 근원을 디버깅하기 어려워질 수 있다. 테스트 환경이 여전히 운영 환경과 다르고, 너무 많은 변경사항을 한 번에 적용할 경우 영업 애플리케이션에 영향을 줄 수 있다.

그동안 이 책에서는 작은 변경사항을 적용함으로써 잠재적인 장애의 영향 범위를 최소화하는 절차를 언급했다. 이와 유사하게 **점진적인 조치**^{incremental fix}는 변경사항을 분리하여 시스템에 적용함으로써 미래의 장애를 예방한다.

> **정의**   **점진적인 조치**는 변경사항을 작은 부분으로 나누어 점진적으로 시스템을 개선하고 미래의 장애를 예방한다.

작은 규모의 설정 변경을 진행하고 점진적으로 배포하면 문제의 첫 번째 조짐을 확인하고 향후 성공을 위해 IaC 변경사항을 준비할 수 있다.

11.3.1 드리프트 해결하기

2장에서 언급했듯이, 인프라에 적용한 모든 수동 변경사항을 IaC에 반영해야 한다. 만일 드리프트를 찾았다면 먼저 해결해야 한다! IaC 사용을 중시한다면 시스템에 긴급 수동 조치사항이 너무 많으면 안 된다.

영업 애플리케이션이 긴급 조치를 통해 테스트와 운영 환경에 차이가 발생한 것을 기억하자. 운영 애플리케이션은 클라우드 SQL 인증 프록시를 사용해 데이터베이스에 접근하고, 테스트 애플리케이션은 IP 주소와 비밀번호를 사용해 데이터베이스에 직접 접속한다. 테스트 환경에 클라우드 SQL 인증 프록시를 구축해야 한다.

드리프트를 고치기 위해 현재 인프라 상태 설정값을 재구축해야 한다. 그림 11.9는 운영 환경의 클라우드 SQL 인증 프록시를 설치하는 명령어를 재구축한다. 그런 다음 명령어를 IaC에 추가하고 테스트 환경에 적용한다.

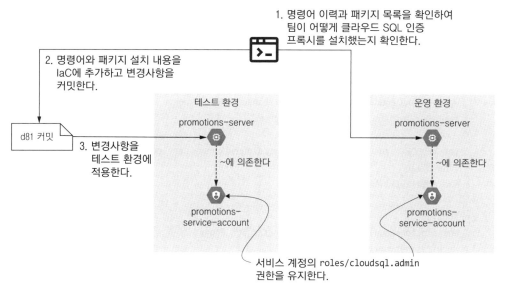

그림 11.9 테스트 환경에 클라우드 SQL 인증 프록시 패키지를 설치하고 긴급 조치사항으로 발생한 드리프트를 해소해야 한다.

이 예제에서 팀은 수동 변경사항을 IaC에 추가하지 않았다. 그 결과 시간을 더 들여서 클라우드 SQL 인증 프록시 설치 프로세스를 재구축해야 했다. 프록시와 같은 대역 외 변경사항이 변경사항 실패를 초래했으며 이를 고치는 데 더 많은 시간과 노력이 필요했다.

이러한 문제를 최소화하기 위해 2장에서 배운 IaC로의 이전 절차를 사용하자. IaC 수동 변경사항을 파악하면 환경 간, 그리고 IaC와 현재 상태 간 차이를 최소화하는 데 유용하다. 만일 인프라 상태를 재구축해야 한다면 2장에서 기존 인프라를 IaC로 이전했던 예제를 기억하자. 그러나 특정 방법이나 도구를 사용해 인프라 상탯값을 IaC로 변환해야 한다.

프록시를 설치하는 IaC를 작성해 보자. 영업 애플리케이션 운영 서버의 명령어 이력을 확인하고 클라우드 SQL 인증 프록시를 설치하는 프로세스를 재구축했다. 다음 코드는 영업 애플리케이션 서버 시작 스크립트의 명령어 및 설치 프로세스를 자동화한다.

코드 11.3 서버 시작 스크립트 실행 시 Cloud SQL 인증 프록시 설치

```
class Module():
    def _startup_script(self):                                          ❶
        proxy_download = 'https://dl.google.com/cloudsql/' + \          ❷
            'cloud_sql_proxy.linux.amd64'                              ❷
        exec_start = '/usr/local/bin/cloud_sql_proxy ' + \            ❸
            '-instances=${google_sql_database_instance.' + \          ❸
            f'{self._environment}.connection_name}}=tcp:3306'         ❸

        return f"""                                                    ❹
        #!/bin/bash
        wget {proxy_download} -O /usr/local/bin/cloud_sql_proxy
        chmod +x /usr/local/bin/cloud_sql_proxy

        cat << EOF > /usr/lib/systemd/system/cloudsqlproxy.service     ❺
        [Install]
        WantedBy=multi-user.target

        [Unit]
        Description=Google Cloud Compute Engine SQL Proxy
        Requires=networking.service
        After=networking.service

        [Service]
        Type=simple
```

```
            WorkingDirectory=/usr/local/bin
            ExecStart={exec_start}
            Restart=always
            StandardOutput=journal
            User=root
            EOF

            systemctl daemon-reload                                    ❺
            systemctl start cloudsqlproxy                              ❺
            """

    def build(self):                                                   ❻
        return [
            {
                'google_compute_instance': {                           ❼
                    self._environment: {                               ❼
                        'metadata_startup_script': self._startup_script()  ❼
                    }                                                   ❼
                }                                                       ❼
            }
        ]"
```

❶ 클라우드 SQL 인증 프록시 수동 설치 명령어를 재구성하는 시작 스크립트를 생성한다.

❷ 프록시 다운로드 URL을 변수로 설정한다.

❸ 3306 포트에서 클라우드 SQL 인증 프록시 바이너리를 실행하는 변수를 설정한다.

❹ 프록시를 설치하고 서버와 함께 실행하는 셸 스크립트를 반환한다.

❺ 클라우드 SQL 인증 프록시를 시작하고 중지하는 systemd 데몬을 설정한다.

❻ 모듈을 사용해 구글 가상 머신 인스턴스 JSON 설정 객체와 프록시를 설치하기 위한 시작 스크립트를 생성한다.

❼ 시작 스크립트를 서버에 추가한다. 가독성을 위해 스크립트 속성은 생략했다.

AWS와 애저에서 사용하기

AWS 및 애저의 경우 인스턴스에 프록시 소프트웨어를 설치할 필요가 없다. 코드 11.3을 AWS와 애저에서 사용하고 싶다면, 시작 스크립트를 user_data로 AWS 인스턴스로 전달하거나, custom_data로 애저 리눅스 가상 머신으로 전달할 수 있다.

서비스 계정에 새 권한을 부여하지 않는다! 점진적인 조치를 진행하자는 마음가짐으로, 운영 환경에 푸시할 때 더 많은 변경사항을 추적하기를 원하진 않는다. 시작 스크립트를 애플리케이션 서버에 추가하고 테스트 환경을 더 업데이트하지 않는다.

11.3.2 환경 간 차이를 조정하기

드리프트를 해결하기 위해 IaC를 업데이트했지만, 테스트 및 운영 환경이 새 IaC를 사용하게 해야 한다. 키캡 회사의 경우 테스트 환경에서 데이터베이스 연결이 작동하는지 확인한다. 그런 다음 영업 팀에게 프록시를 통해 로컬 호스트로 데이터베이스에 연결할 수 있도록 애플리케이션 설정 업데이트를 요청한다.

그림 11.10에 나타난 대로 영업 팀은 테스트 환경에서 클라우드 SQL 인증 프록시를 사용하는 애플리케이션 설정을 푸시하고, 테스트를 진행한 후 운영 환경에 반영한다. 프록시가 사용해야 하므로 서비스 계정에 roles/cloudsql.admin 권한을 유지한다.

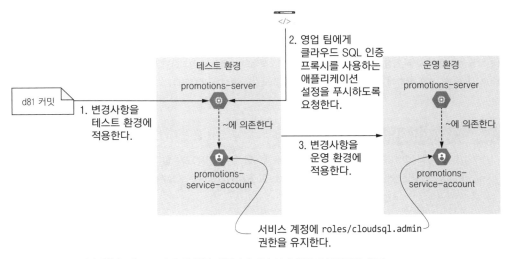

그림 11.10 IaC 변경사항을 테스트 및 운영 영업 애플리케이션 서버 환경에 푸시해야 한다.

변경사항을 적용함으로써 신규 시작 스크립트와 운영 서버를 재생성한다. 운영 애플리케이션에 대해 추가 종단 간 테스트를 진행한 후 성공적으로 테스트 및 운영 환경을 업데이트했음을 확인한다.

왜 테스트와 운영 환경 간 차이점을 해결하기 전에 드리프트를 조정해야 할까? 이 예제에서 드리프트를 먼저 조정하는 이유는 테스트 환경에서 패키지를 수동으로 설치하는 데 더 많은 시간을 할애하게 되기 때문이다. IaC를 변경하고 패키지 설치를 자동화하면 운영 환경에 배포하기 전에 변경사항이 테스트 환경에서 동작함을 보장할 수 있다.

드리프트 양이 많다면 먼저 테스트와 운영 환경의 차이점을 해결할 수 있다. 이 경우 드리프트를 해결하기 전에 테스트와 운영 환경을 일치시키자. 조정사항을 반영하기 전에 정확한 테스트 환경을 갖고 싶을 것이다.

드리프트와 환경 간 차이를 해소하여 다음 담당자가 시스템 변경사항을 작업할 때 도움을 주자. 작업자는 설정 간 차이를 알거나, 수동으로 프록시를 설정하는 것을 걱정하지 않아도 된다. IaC 변경에 시간을 투자하면 추가적인 디버깅 시간을 줄이는 데 유용하다!

11.3.3 원래 변경사항 구현하기

이제 드리프트를 조정하고 환경을 변경하여 잠재적인 장애의 영향 범위를 최소화했으므로 원래의 변경 작업을 진행할 수 있다. 디버깅과 점진적인 조치를 통해 인프라가 변경됐다. 원래의 변경사항을 구현하기 위해 코드를 조정해야 할 수도 있다.

키캡 회사의 영업 애플리케이션에 대한 원래 변경사항을 완료하자. 보안 팀이 서비스 계정에서 관리자 권한을 제거하도록 요청한 것을 떠올리자. 해당 절차는 최소 권한 접근을 보장하고 클라우드 SQL 인증 프록시 사용을 고려한다.

애플리케이션이 클라우드 SQL 인증 프록시를 사용하기 때문에 서비스 계정의 데이터베이스 접근이 필요한 것을 안다. 이제 애플리케이션이 어떠한 유형의 최소 권한을 사용해야 하는지를 알고자 한다. `roles/cloudsql.client` 권한은 서비스 계정이 인스턴스 목록을 얻고 연결하는 데 충분한 접근 권한을 제공한다.

그림 11.11은 서비스 계정의 권한을 관리자 권한에서 roles/cloudsql.client로 변경한다. 해당 변경사항을 테스트 환경에 푸시하고 영업 애플리케이션 동작을 검증한 뒤, roles/cloud sql.client 권한을 운영 환경에 배포한다.

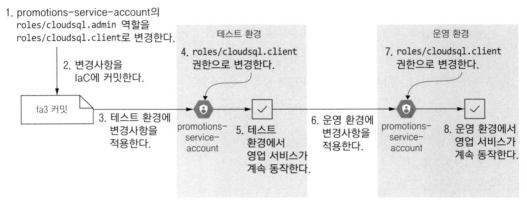

그림 11.11 IaC 변경사항을 테스트 및 운영 환경의 영업 애플리케이션 서버에 푸시해야 한다.

프록시 테스트 환경과 운영 환경의 차이를 조정했다. 이론적으로 테스트 환경은 이제 변경사항에 대한 어떠한 문제도 잡아낼 수 있어야 한다. 실패한 어떤 변경사항이든 이제 테스트 환경에 나타날 것이다. 다음 코드를 통해 서비스 계정의 권한을 roles/cloudsql.admin에서 roles/cloudsql.client로 변경하자.

코드 11.4 서비스 계정 역할을 데이터베이스 클라이언트로 변경

```
from os import environ
import database
import iam
import network
import server
import json
import os


SERVICE = 'promotions'
ENVIRONMENT = 'prod'
REGION = 'us-central1'
ZONE = 'us-central1-a'
PROJECT = os.environ['CLOUDSDK_CORE_PROJECT']
```

```
        role = 'roles/cloudsql.client'                                    ❶

if __name__ == ""__main__"":
    resources = {                                                         ❷
        'resource':                                                       ❷
        network.Module(SERVICE, ENVIRONMENT, REGION).build() +            ❷
        iam.Module(SERVICE, ENVIRONMENT, REGION, PROJECT,                 ❸
                role).build() +                                           ❸
        database.Module(SERVICE, ENVIRONMENT, REGION).build() +           ❷
        server.Module(SERVICE, ENVIRONMENT, ZONE).build()                 ❷
    }                                                                     ❷

    with open('main.tf.json', 'w') as outfile:
        json.dump(resources, outfile,
                sort_keys=True, indent=4)"
```

❶ 영업 서비스 계정 역할을 클라이언트 접근 권한으로 변경하여 데이터베이스 인스턴스에 연결할 수 있도록 한다.

❷ 자원 변경 없이 네트워크, 데이터베이스, 서버 모듈을 가져온다.

❸ 서비스 계정을 가져오고 권한에 'roles/cloudsql.client' 역할을 연결한다.

AWS와 애저에서 사용하기

GCP의 클라우드 SQL 관리자 권한과 비슷한 AWS 권한은 `AmazonRDSFullAccess`다. 애저의 경우 동일한 권한이 없다. 대신 애저 활성 디렉토리를 데이터베이스에 직접 추가하고 관리자 권한을 애저 SQL 데이터베이스 API에 부여할 수 있다.

AWS는 EC2 인스턴스에 연결된 IAM 역할에 `rds-db:connect` 액션을 추가할 수 있다. 애저의 경우 관리자 접근 권한을 회수하고 데이터베이스 사용자와 연결된 애저 AD 사용자에게 `SELECT` 권한을 부여해야 한다(http://mng.bz/woo7).

변경사항을 커밋하고 적용한다. 테스트 환경이 변경사항을 적용한 후 애플리케이션이 여전히 동작함을 검증한다! 영업 팀과 확인한 후 운영 환경 변경을 승인받는다.

팀은 새로운 권한을 운영 환경에 반영하고, 종단 간 테스트를 실행한 후, 영업 애플리케이션이 데이터베이스에 접근할 수 있음을 확인한다! 몇 주 동안 디버깅과 변경 작업을 수행한 후에 마침내 회사의 다른 애플리케이션도 고칠 수 있게 되었다.

왜 실패한 변경사항을 고치는 데 장 하나를 할애했을까? 이는 IaC를 수정하는 현실적인 상황을 보여준다. 상황을 악화시키지 않으면서 장애를 최대한 빨리 해결하고 싶은 것이다.

롤 포워드는 시스템을 동작 상태를 복구하고 인프라 자원 중단을 최소화하는 데 유용하다. 그런 다음 문제의 근본 원인을 해결할 수 있다. 많은 인프라 장애는 드리프트, 의존성 또는 테스트 환경과 운영 환경 간의 차이에서 발생한다. 이러한 불일치를 해결한 후 원래 변경사항을 구현한다.

IaC를 롤 포워드하는 기술을 배우기 위해서는 많은 시간과 경험이 필요하다. 시스템이 동작하도록 하기 위해 클라우드 업체 콘솔에 로그인하여 수동 변경사항을 적용할 수도 있지만, 이러한 임시조치는 금방 효력이 떨어지고 장기적인 관점에서 시스템 회복을 촉진하지 않음을 기억하자. IaC를 사용해 시스템을 점진적으로 검사하고 고침으로써 조치 내용의 영향도를 최소화하고 시스템을 변경하는 사람에게 맥락 정보를 제공한다.

요약

- IaC 오류 복구 시 수정사항을 원복하는 대신 롤 포워드를 포함한다.
- 롤 포워드 IaC는 불변성을 사용해 시스템을 작동 상태로 되돌린다.
- 문제를 디버깅하고 장기적인 조치사항을 구현하기 전에, 시스템을 동작 상태로 안정화하고 복구하는 걸 우선시하자.
- IaC 문제를 해결할 때 문제의 근본 원인의 일부인 드리프트, 예상치 못한 의존성, 환경 간 차이를 확인하자.
- 점진적으로 조치하여 빠르게 문제점을 확인하고 잠재적인 장애의 폭발 반격을 줄이자.
- 원래 변경사항을 다시 구현하기 전에, 정확한 테스트와 미래의 시스템 변경을 위해 드리프트와 환경 간 차이점을 조정하자.
- 드리프트를 조정하기 위해 IaC를 재구성할 때 수동으로 진행한 서버 설정 명령어나 인프라 메타데이터를 IaC로 변환하는 작업을 포함한다.

12

클라우드 비용

12장에서 다루는 내용

- 클라우드 비용의 원가 동인 조사
- 비용 최적화 사례 비교
- 비용을 준수하는 IaC 테스트 구현
- 인프라 비용 추정치 계산

클라우드를 사용하면 프로비저닝이 간편하다는 점에 매우 흥미를 느끼게 된다. 명령어를 하나 입력하거나 마우스 클릭으로 자원을 생성할 수 있기 때문이다. 그러나 조직이 확장되고 성장함에 따라 클라우드 사용 비용을 걱정하게 된다. 코드형 인프라를 변경하면 전반적인 클라우드 비용에 영향을 줄 수 있다!

인프라 보안을 신경 쓰듯이 비용도 고려해야 한다. 시스템을 생성하고 비용을 초과한 것을 알게 된다면, 자원을 제거하고 클라우드 사용 비용을 줄이려다 시스템을 망가뜨릴 수 있다. 8장에서 인프라 보안 구축 시 케이크를 만드는 것처럼 진행할 것을 추천했었다. 재료비는 얼마나 많은 케익을 만들 수 있을지에 영향을 주므로, 케이크 만드는 작업을 시작하기 '전에' 알아야 한다.

12장에서는 IaC와 결합하여 클라우드 비용을 관리하고 활용하지 않는 자원을 줄일 수 있는 방법을 다룬다. IaC 맥락에서 설명하는 상위 수준 및 일반적인 비용 관리 관행과 패턴을 찾을 수 있을 것이다. 그러나 고객 요구, 조직 규모 및 클라우드 비용에 기반하여 시스템이 발전함에 따라 이러한 관행을 정기적으로 적용하여 비용을 다시 최적화하자.

내 데이터 센터와 관리 서비스 비용은 어떤가?

나는 유연성과 온디맨드 요금 때문에 클라우드에 중점을 둔다. 종종 조직의 청구 및 환불 체계를 사용해 데이터 센터 컴퓨팅 비용을 계산한다. 각 사업 부문은 데이터 센터 자원에 대한 예산을 설정하고, 기술 부서는 자원 사용량 및 운영 비용을 고려하여 비용 청구를 진행한다.

언제나 비용 관리 및 예측 방법을 활용하여 원가 동인을 관리할 수 있다. 그러나 클라우드, 데이터 센터, 관리 서비스의 사용 여부와 상관없이 비용 절감 및 최적화를 위해 제시한 기술이 모든 상황에 항상 통하는 것은 아니다. 규모, 지리 아키텍처, 사업 도메인, 데이터 센터 사용에 따라 각자의 사용 사례와 시스템은 특별한 평가나 플랫폼 이전이 필요할 수 있다.

12.1 원가 동인 관리

본인이 공용 클라우드로 이벤트 및 회의를 지원하는 플랫폼을 이전해야 하는 회사 컨설턴트라고 가정해 보자. 회사는 데이터 센터 설정을 공용 클라우드로 리프트 앤 시프트^{lift and shift}하라고 요청한다. 책에서 배운 모든 원칙과 방법을 적용하여 회사 팀이 GCP 환경에서 인프라를 구축하는 작업을 지원한다. 결국 팀은 GCP에 플랫폼을 롤아웃하고 성공적으로 첫 번째 고객의 3시간 커뮤니티 회의를 지원한다.

몇 주 후 고객이 비밀 회의를 잡는다. 회의를 시작하자 고객이 클라우드 청구서를 보여준다. 3시간짜리 단일 회의를 위한 개발과 지원에 1만 달러 이상이 들어갔다! 재무 팀은 회사가 회의를 지원하면서 손해를 봤으므로 비용이 탐탁지 않았다. **회의당 사용 비용을 가능한 한 줄이라**는 다음 과제를 받는다.

8장에서 차용한 태그 관행 덕분에 청구서는 태그를 사용해 커뮤니티 회의 서비스와 환경이 어떤 자원을 사용하는지 식별한다. 표 12.1에 나온 대로 클라우드 비용을 분석하여 인프라 자원의 유형과 크기별로 비용을 식별한다.

표 12.1 제품 및 환경별 클라우드 청구서

서비스	테스트 환경 소계	운영 환경 소계	소계
연산(서버)	$400	$3,600	$4,000
데이터베이스(클라우드 SQL)	$250	$2,250	$2,500
메시징(Pub/Sub)	$100	$900	$1,000
객체 저장소(클라우드 저장소)	$100	$900	$1,000
데이터 전송(네트워크 송신)	$100	$900	$1,000
기타(클라우드 CDN 및 지원)	$50	$450	$500
총계	$1,000	$9,000	$10,000

AWS와 애저에서 사용하기

클라우드 청구서는 대부분 유사한 애저 및 AWS 특정 서비스 이름을 추상화한다. 가독성을 위해 GCP 서비스와 유사한 AWS, 애저 서비스를 나열한다.

- 데이터베이스(클라우드 SQL): 아마존 RDS, 애저 SQL 데이터베이스
- 메시징(Pub/Sub): 아마존의 SQS(Simple Queue Service)와 SNS(Simple Notification Service), 애저의 Service Bus
- 객체 저장소(클라우드 저장소): 아마존 S3, 애저 Blob Storage
- 기타(클라우드 CDN, 지원): 아마존 CloudFront, 애저 CDN(Content Delivery Network)

제품 및 환경 단위로 비용을 분리하면 비용에 영향을 미치는 요소와 추가 조사가 필요한 부분 식별에 유용하다. 비용을 절감하기 위해 총 비용에 영향을 미치는 요소나 활동인 **원가 동인**cost driver을 결정해야 한다.

정의 **원가 동인**은 총 클라우드 컴퓨팅 비용에 영향을 미치는 요소 또는 활동이다.

원가 동인을 평가할 때는 클라우드 서비스의 비용 비율을 계산하자. 어떤 서비스는 다른 서비스보다 더 비쌀 수 있다. 비용 분석을 사용하면 최적화할 서비스를 식별하는 데 유용하다. 환경별로 비용을 분석하면 테스트 환경과 운영 환경 자원량 식별에 유용하다. 두 환경을 비교함으로써 어떤 환경의 비효율성을 줄일 수 있는지를 더 잘 이해할 수 있다.

분석한 결과에 기반하여 서비스 및 환경의 비용 비율을 계산한다. 그림 12.1에서 연산 자원이 전체 비용의 40%를 차지한다는 것을 그래프로 도식화한다. 또한 팀이 총 비용의 10%를 테스트 환경에, 90%를 운영 환경에 사용하고 있음을 발견한다.

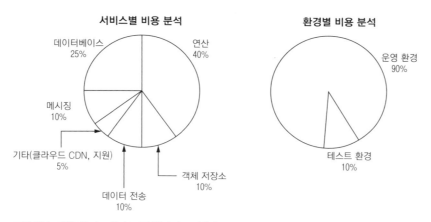

그림 12.1 자원 태그는 서비스 및 환경별로 비용을 분류한다.

청구서의 상당 부분을 연산 자원, 특히 서버가 사용한다. 만일 팀 구성원이 더 큰 회의를 지원해야 할 경우 생성하는 자원의 유형을 제어하고 사용량에 기반하여 자원 크기를 최적화해야 한다. 팀이 사용할 수 있는 서버의 유형과 크기를 제어할 수 있는 방법을 조사하기로 결정한다.

12.1.1 비용 제어 테스트 구현

각 서버별 회의 지표 및 자원 사용량을 조사한다. 어떠한 서버도 가상 CPU(vCPU)나 메모리 사용량을 초과하지 않았다. 대부분의 경우 운영 환경에 최대 32개의 가상 CPU가 필요한 것으로 결정한다. 고객의 인프라 팀은 최대 사용량이 가상 CPU 32개를 초과하지 않는다고 확인했다.

> **참고** GCP는 **머신 유형**(machine type)이라는 용어로 워크로드 요구사항에 맞는 특정 vCPU 및 메모리 비율을 갖춘 사전 정의된 가상 머신 형태를 나타낸다. 마찬가지로 AWS는 **인스턴스 유형**(instance type)이라는 용어를, 애저는 **크기**(size)라는 용어를 사용한다.

그러나 공용 클라우드를 사용하면 누구나 서버가 48개의 vCPU를 사용하도록 조정하기 쉽다. 추가 CPU를 사용하면 비용이 50% 증가하며, 심지어 전체 자원을 사용하지도 않는다. IaC를 사용해 비용을 적극적으로 제어하기 위해, 6장의 단위 테스트와 9장의 정책 강화를 결합한다.

그림 12.2는 서버의 제공 파이프라인에 새로운 정책 테스트를 추가한다. 테스트는 IaC에 정의한 모든 서버의 vCPU 개수와 GCP API에서 변환된 값을 비교한다. 만약 API 정보가 최대 vCPU 제한인 32개를 초과하면 테스트가 실패한다.

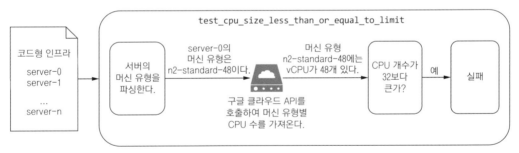

그림 12.2 테스트는 서버 설정의 머신 유형 값을 파싱하고, GCP API로 CPU 수를 확인한 뒤, CPU 개수가 한도를 초과하지 않는지 확인해야 한다.

왜 인프라 제공 업체 API를 호출하여 vCPU 정보를 얻을까? 많은 인프라 제공 업체는 카탈로그 내 머신 유형 값을 가져올 수 있는 API나 클라이언트 라이브러리를 제공한다. 이를 활용하여 동적으로 CPU 개수와 메모리 정보를 얻을 수 있다.

인프라 제공 업체는 자주 서비스 내용을 변경한다. 더구나 모든 서버 유형을 예측할 수는 없다. 테스트가 인프라 제공 업체 API를 호출하여 가장 최신 정보를 가져오도록 한다면 전반적인 테스트의 진화 가능성을 증진할 수 있다.

코드 12.1처럼 최대 vCPU 제한 개수를 확인하기 위한 정책 테스트를 구현해 보자. 먼저, 특정 머신 유형의 vCPU 수를 얻기 위해 GCP API를 호출하는 메서드를 작성한다.

코드 12.1 GCP API에서 머신 유형의 vCPU 수 가져오기*

```python
import googleapiclient.discovery

class MachineType():                                    ❶
    def __init__(self, gcp_json):                       ❶
        self.name = gcp_json['name']                    ❶
        self.cpus = gcp_json['guestCpus']               ❶
        self.ram = self._convert_mb_to_gb(              ❷
            gcp_json['memoryMb'])                       ❷
        self.maxPersistentDisks = gcp_json[             ❷
            'maximumPersistentDisks']                   ❷
        self.maxPersistentDiskSizeGb = gcp_json[        ❷
            'maximumPersistentDisksSizeGb']             ❷
        self.isSharedCpu = gcp_json['isSharedCpu']      ❷

    def _convert_mb_to_gb(self, mb):                    ❷
        GIGABYTE = 1.0/1024                             ❷
        return GIGABYTE * mb                            ❷

def get_machine_type(project, zone, type):
    service = googleapiclient.discovery.build(
        'compute', 'v1')
    result = service.machineTypes().list(               ❸
        project=project,                                ❸
        zone=zone,                                      ❸
        filter=f'name:"{type}"').execute()              ❸
    types = result['items'] if 'items' in result else None
    if len(types) != 1:
        return None
    return MachineType(types[0])                         ❹
```

❶ vCPU 수를 포함하여 확인해야 할 모든 속성을 저장하는 머신 유형 객체를 정의한다.

❷ 일관된 단위 측정을 위해 메가바이트 메모리를 기가바이트로 변환한다.

❸ GCP API를 호출하여 특정 머신 유형에 대한 vCPU 개수를 가져온다.

❹ vCPU 및 디스크 속성을 포함하는 머신 유형 객체를 반환한다.

*옮긴이
주석

코드 12.1 ~ 코드 12.8 실습 시 ch12/s01/modules/server.py의 'ubuntu-1804-lts'를 'ubuntu-2004-lts' 내지는 최신 이미지로 바꾸어 진행하자.

```
ch12/s01/modules/server.py
...
                'boot_disk': [{
                    'initialize_params': [{
                        # 역자가 수정한 부분
                        'image': 'ubuntu-2004-lts'
                    }]
                }],
...
```

또한 27라인의 날짜(2021-12-03)를 최신 일자로 수정하여 진행했다. 과거 일자인 예제의 2021-12-03으로 실습 진행 시 오류가 발생하니 주의하자. 마찬가지로 ch12/s01/prod/main.py, ch12/s01/testing/main.py의 2021-12-03 날짜도 실습일 기준 최신 일자로 바꿔서 실습을 진행하자.

```
ch12/s01/prod/main.py
...
    resources.append(schedule.build(
        f'{ENVIRONMENT}-schedule',
        # 원저자 깃허브 저장소에 쓰여 있는 부분
        REGION, '2021-12-03'))

        # 최신 일자 기준으로 수정해야 하는 부분
        REGION, '202X-XX-XX'))
...
```

```
ch12/s01/testing/main.py
...
    resources.append(schedule.build(
        f'{ENVIRONMENT}-schedule',
        # 원저자 깃허브 저장소에 쓰여 있는 부분
        REGION, '2021-12-03'))

        # 최신 일자 기준으로 수정해야 하는 부분
        REGION, '202X-XX-XX'))
...
```

실습을 위해 gcp 프로젝트 권한도 수정했다. gcp 대시보드 왼쪽 사이드 메뉴에서 'IAM 및 관리자' 탭을 클릭해서 접속한다. IAM 화면에서 'Google 제공 역할 부여 포함' 체크박스를 클릭한다. 그런 다음, 리스트에서 'service-${data,google_project.project.number}@compute-system.iam.gserviceaccount.com'을 찾아 오른쪽의 펜 아이콘 클릭하여 편집 모드로 이동한다. Compute Engine에서 Compute 인스턴스 관리자(v1) 역할 추가 및 저장한다.

코드를 변경한 이유는 'service-${data.google_project.project.number}@compute-system.iam.gserviceaccount.com' 계정에 compute.instances.start, compute.instances.stop 권한 설정이 필요한데 이를 위해 해당 계정에 compute 인스턴스 관리자 권한이 필요하기 때문이다.

마지막으로, 저자의 깃허브 저장소 소스에서 ch12/s01/modules/schedule.py 파일에 조건문을 설정하여 커스텀 역할이 이미 존재하는지 확인하고, 없을 경우에만 역할을 생성하도록 수정했다. 이런 이유로, 해당 파일을 참조하는 ch12/s01/testing/main.py 파일 실행 시, main.tf.json에서 해당 부분이 생략된 채 수정된다. 수정한 코드인 ch12/s01/modules/schedule.py는 다음과 같다. 즉, 책의 깃허브 저장소 소스에서 ch12/s01/modules/schedule.py 파일을 다음과 같이 수정했음을 밝혀둔다.

```python
from datetime import datetime, timezone
import os

project = os.environ['CLOUDSDK_CORE_PROJECT']

def iam():
    compute_service_account = f'service-{project}@compute-system.iam.gserviceaccount.com'
    data = [{
        'google_project': {
            'project': {}
        }
    }]
    resources = []

    # 커스텀 IAM 역할이 이미 존재하는지 아닌지 검사
    existing_role_id = '${google_project_iam_custom_role.weekend.id}'
    if not existing_role_id:
        resources.append({
            'google_project_iam_custom_role': {
                'weekend': {
                    'role_id': 'weekendShutdown',
                    'title': 'Weekend Shutdown of Servers',
                    'permissions': [
                        'compute.instances.start',
                        'compute.instances.stop'
                    ]
                }
            }
        })

    return data, resources

def build(name, region, week_before_conference):
    expiration_time = datetime.strptime(
        week_before_conference,
        '%Y-%m-%d').replace(
```

```
                    tzinfo=timezone.utc).isoformat().replace(
                        '+00:00', 'Z')
        return {
            'google_compute_resource_policy': {
                'weekend': {
                    'name': name,
                    'region': region,
                    'description':
                    'start and stop instances over the weekend',
                    'instance_schedule_policy': {
                        'vm_start_schedule': {
                            'schedule': '0 0 * * MON'
                        },
                        'vm_stop_schedule': {
                            'schedule': '0 0 * * SAT'
                        },
                        'time_zone': 'US/Central',
                        'expiration_time': expiration_time
                    }
                }
            }
        }

    def id():
        return '${google_compute_resource_policy.weekend.id}'


    def service_account():
        return '${google_service_account.weekend.email}'
```

책의 깃허브 저장소에 나온 코드를 기준으로 해당 부분의 실습을 진행할 경우 weekendShutdown이라는 role id를 만들 수 없다는 오류가 발생한다. 그래서 위와 같이 코드에 조건문을 설정하여 수정해 주었다.

AWS와 애저에서 사용하기

EC2 인스턴스를 가져와 인스턴스 유형을 파싱하기 위해 AWS의 파이썬 SDK를 사용할 수 있다. 그후 인스턴스 유형을 설명하여 vCPU 및 메모리 정보를 얻을 수 있다(http://mng.bz/qYYK).

애저의 머신 유형 및 SKU(재고 관리 단위)를 가져오려면 파이썬용 애저 라이브러리를 사용할 수 있다. 인스턴스 목록에서 크기를 가져온 다음, Resource Skus API를 호출하여 CPU 및 메모리 정보를 얻을 수 있다(http://mng.bz/YG1N).

새로운 머신 유형을 사용할 때마다 동일한 함수를 사용해 vCPU 및 메모리 정보를 가져올 수 있다. 그런 다음, 설정으로 정의한 각 서버의 머신 유형을 파싱하는 테스트를 작성한다. 다음 코드는 서버 목록의 각 머신 유형에 대한 vCPU 수를 가져오고, vCPU가 32를 초과하지 않는지 확인하는 테스트를 작성한다.

코드 12.2 서버의 vCPU 개수가 32개를 초과하는지 확인하는 정책 테스트 작성하기

```
import pytest
import os
import compute
import json

ENVIRONMENTS = ['testing', 'prod']                              ❶
CONFIGURATION_FILE = 'main.tf.json'                             ❶

PROJECT = os.environ['CLOUDSDK_CORE_PROJECT']                   ❶

@pytest.fixture(scope=""module"")                               ❶
def configuration():                                           ❶
    merged = []                                                ❶
    for environment in ENVIRONMENTS:                           ❶
        with open(f'{environment}/{CONFIGURATION_FILE}', 'r') as f:   ❶
            environment_configuration = json.load(f)           ❶
            merged += environment_configuration['resource']    ❶
    return merged                                             ❶

def resources(configuration, resource_type):                   ❶
    resource_list = []                                         ❶
    for resource in configuration:                             ❶
        if resource_type in resource.keys():                   ❶
            resource_name = list(                              ❶
                resource[resource_type].keys())[0]             ❶
            resource_list.append(                              ❶
                resource[resource_type]                        ❶
                [resource_name])                               ❶
    return resource_list                                      ❶

@pytest.fixture                                                ❶
def servers(configuration):                                    ❶
    return resources(configuration,
```

```
                    'google_compute_instance')

def test_cpu_size_less_than_or_equal_to_limit(servers):
    CPU_LIMIT = 32                                              ❷
    non_compliant_servers = []                                 ❸
    for server in servers:
        type = compute.get_machine_type(                       ❹
            PROJECT, server['zone'],                           ❹
            server['machine_type'])                            ❹
        if type.cpus > CPU_LIMIT:                              ❺
            non_compliant_servers.append(server['name'])       ❺
    assert len(non_compliant_servers) == 0, \                  ❻
        f'Servers found using over {CPU_LIMIT}' + \            ❻
        f' vCPUs: {non_compliant_servers}'                     ❻
```

❶ 테스트와 운영 환경 서버 JSON 설정을 파싱하고 추출한다.
❷ CPU 제한을 애플리케이션이 필요한 최대치인 32로 설정한다.
❸ vCPU 32개 제한을 초과한 정책 미준수 서버 목록을 초기화한다.
❹ 서버 설정별로 머신 유형 속성을 가져와서 GCP API 호출을 통해 정보를 가져온다.
❺ 서버 설정이 32 vCPU 제한을 초과하는 머신 유형을 갖고 있다면, 정책 미준수 서버 목록에 추가한다.
❻ 모든 서버가 CPU 제한을 준수하는지 확인한다. 준수하지 않는 서버가 있다면 테스트가 실패하고 제한을 넘는 서버 목록을 오류 메시지로 출력한다.

테스트를 일부 예외 처리 가능한 정책으로 설정한다. **일부 예외 처리 가능한**soft mendatory enforcement 정책은 팀원이 해당 자원 유형을 사전 검토 및 승인을 받아 자원을 생성할 수 있음을 의미한다. 만일 정당한 사업 이유가 있다면 머신 유형이 더 큰 크기를 사용하도록 오버라이딩할 수 있다.

머신 유형을 검사하여 vCPU와 메모리 제한을 확인하는 것 외에도, 아키텍처나 머신 유형을 머신러닝과 같은 특정 사용 사례에 맞게 오버라이딩해야 할 수도 있다. 그러나 해당 사례의 경우 일반 자원 유형보다 비용이 더 비싸다.

IaC가 기본적으로 일반 자원을 사용하는지 테스트할 수 있다. 일반 머신이나 자원 유형은 비용이 저렴한 옵션을 제공한다. 만약 누군가가 특화된 좀 더 비싼 자원이 필요하다면, 일부 예외 처리가 가능한 정책으로 허용할 수 있다.

그 밖의 테스트는 예약된 재부팅, 오토스케일링 또는 사설 네트워크와 같은 구체적인 설정 확인을 포함할 수 있다. 각 설정은 자원 비용 최적화에 기여한다. 설정을 IaC로 표현하면 개발 프로세스 초기에 설정이 비용을 절감할 수 있는 모범 사례를 준수하는지 검증할 수 있다.

12.1.2 비용 추정 자동화

비용을 통제하기 위해 크거나 비싼 자원 변경사항에 대응하는 정책 테스트를 수행한다. 원가 동인을 변경함으로써 예산을 어떻게 조절할 수 있을지 미리 확인하려면 어떻게 해야 할까? 운영 서버 크기를 n2d-standard-16(16 vCPU) 머신 유형으로 조정하면 다른 3시간 회의 비용에 어떤 영향을 미칠지 알고 싶다고 가정해 보자.

그림 12.3은 n2d-standard-16 머신 유형을 사용해 서버 5대의 비용을 추정하는 워크플로를 간략하게 설명한다. 비용을 계산한 후 정책 테스트를 추가하여 총 사용 금액이 월 예산을 초과하지 않는지 검증할 수 있다.

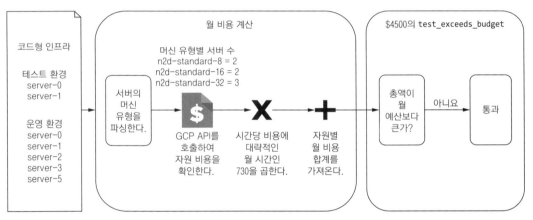

그림 12.3 비용 추정 시 IaC에서 파싱한 머신 유형별 월 비용을 계산하여 예산과 비교할 금액을 생성한다.

비용 추정cost estimation은 IaC 자원 속성을 파싱하여 자원의 비용 추정치를 생성한다. 비용 추정치를 사용해 변경사항으로 인한 비용 발생이 예산 범위 내에서 이뤄지는지 혹은 원가 동인에 대한 조정치를 평가할 수 있다.

> **정의** **비용 추정**은 인프라 자원 속성을 추출하고 총 비용 추정치를 생성한다.

어떻게 추정치가 인프라 진화에 도움을 줄 수 있을까? 비용 추정은 아키텍처에 영향을 줄 수 있는 원가 동인에 추가적인 투명성을 제공한다. 시스템을 변경하면서 이러한 테스트를 사용하면 팀 간 예산 관리 및 환불 관련 내용을 공유하는 데 유용하다.

비용 추정 예제 및 도구

나는 비용 추정 워크플로의 일반 예시를 보여주기 위해 최소한의 코드로 작성했다. 가독성을 위해 일부 코드를 제거했다. 전체 코드는 https://github.com/joatmon08/manning-book/tree/main/ch12에서 확인할 수 있다.

예제는 카탈로그별 비용을 제공하는 구글 클라우드 청구 카탈로그 API(Google Cloud Billing Catalog API)를 사용한다. 나는 또한 클라우드 카탈로그용 특수 파이썬 클라이언트 라이브러리를 사용해 청구 API에 접근한다. 예제는 서비스 지속 사용을 통한 금액 할인이나 선점형 서비스(AWS의 스팟 인스턴스 (spot instance)) 사용과 같은 특별한 가격 정책을 반영하지 않는다.

비용 추정 기능을 제공하는 도구를 찾을 수 있다. 각 클라우드 업체는 자원을 입력하면 사용자 인터페이스를 통해 비용을 추정할 수 있는 기능을 제공한다. 다른 도구는 설정값을 파싱하고 클라우드 API를 호출하여 비용을 추정하는 나의 예제보다 확장된 워크플로를 제공한다. 비용 추정 도구는 자주 변경되고 클라우드 및 IaC 도구별로 다를 수 있으므로 이 장에서 언급하진 않겠다.

단위별 금액 얻기

클라우드 서비스 카탈로그 API로부터 동적으로 정보를 요청하는 방법을 추천한다. 단위 가격은 바뀔 수 있으며, 가격을 하드코딩할 경우 틀린 비용 추정치가 나올 수 있다. 예제의 비용 추정을 구현하기 위해 클라우드 업체의 카탈로그를 호출하고 머신 유형별 단위 가격을 가져오는 로직이 필요하다.

구글 클라우드 청구 카탈로그 API는 서비스 목록과 CPU 또는 메모리(RAM)의 단위 가격에 대한 SKU 값을 제공한다. 코드 12.3에서 구글 가상 머신 서비스의 서비스 식별자를 가져온다. 구글 클라우드 청구 카탈로그 API는 서비스 식별자 기반으로 비용을 유형화하는데, 이를 동적으로 가져와야 한다.

```
from google.cloud import billing_v1

class ComputeService:
    def __init__(self):
        self.billing = \                                               ❶
            billing_v1.services.cloud_catalog.CloudCatalogClient()      ❶
        for result in self.billing.list_services():
            if result.display_name == 'Compute Engine':                 ❷
                self.name = result.name
```

❶ 파이썬 라이브러리로 구글 클라우드 청구 카탈로그 API를 호출하기 위한 클라이언트를 생성한다.
❷ 구글 가상 머신 카탈로그의 서비스 식별자를 가져온다.

> **AWS와 애저에서 사용하기**
>
> AWS의 경우 GCP 클라이언트 라이브러리 대신 AWS 비용 탐색 API(Cost Explorer API, http://mng.bz/5Qm4)를 호출하도록 업데이트하자. 애저는 리테일 가격 정보를 주는 공개 REST API 엔드포인트(http://mng.bz/6X9G)를 제공한다. 추가 코드를 작성하여 카탈로그 정보를 요청할 수 있다.

코드 12.4처럼 구글 클라우드 청구 카탈로그 API를 다시 호출하여 금액을 얻을 수 있다. 앞서 얻은 서비스 식별자를 사용해 구글 가상 머신 서비스의 SKU 목록을 가져온다. 코드를 작성하여 머신 유형과 목적에 일치하는 SKU 목록을 파싱하면 CPU나 메모리 기가바이트 단위별 가격을 얻게 된다.

코드 12.4 가상 머신 SKU를 활용하여 CPU와 RAM 가격 얻기

```
from google.cloud import billing_v1

class ComputeSKU:
    def __init__(self, machine_type, service_name):
        self.billing = \                                               ❶
            billing_v1.services.cloud_catalog.CloudCatalogClient()      ❶
        self.service_name = service_name
        type_name = machine_type.split('-')                             ❷
        self.family = type_name[0]                                      ❷
        self.exclude = [                                                ❸
            'custom',                                                   ❸
```

```
                'preemptible',                                          ❸
                'sole tenancy',                                         ❸
                'commitment'                                            ❸
            ] if type_name[1] == 'standard' else []                     ❸

        def _filter(self, description):                                 ❸
            return not any(                                             ❸
                type in description for type in self.exclude            ❸
            )                                                           ❸

        def _get_unit_price(self, result):                              ❹
            expression = result.pricing_info[0]
            unit_price = expression. \
                pricing_expression.tiered_rates[0].unit_price.nanos \
                if expression else 0
            category = result.category.resource_group
            if category == 'CPU':
                self.cpu_pricing = unit_price
            if category == 'RAM':
                self.ram_pricing = unit_price

        def get_pricing(self, region):                                  ❺
            for result in self.billing.list_skus(parent=self.service_name):
                description = result.description.lower()                ❻
                if region in result.service_regions and \               ❻
                        self.family in description and \                ❻
                        self._filter(description):                      ❻
                    self._get_unit_price(result)
            return self.cpu_pricing, self.ram_pricing
```

❶ 파이썬 라이브러리로 구글 클라우드 청구 카탈로그 API를 호출하기 위한 클라이언트를 생성한다.

❷ n2d-standard-16 머신 유형의 경우 머신 계열(N2D)과 목적(표준) 값을 추출하여 SKU를 식별한다.

❸ 만일 표준 머신 유형을 사용하고 있다면, 카탈로그 내에서 특별한 서비스에 해당하는 SKU를 검색하지 않는다.

❹ CPU와 RAM의 나노 달러(10^{-9}) 기준 단위 가격을 가져온다.

❺ 구글 클라우드 청구 카탈로그 API를 호출하여 가상 머신 서비스의 SKU 목록을 가져온다.

❻ 설명에 부합하고 리전, 머신 계열, 목적과 일치하는 SKU를 가져온다.

구글 클라우드 청구 카탈로그는 CPU 개수와 메모리 기가바이트 단위로 가격을 책정한다. 그 결과, 머신 유형 이름으로 가격을 검색할 수 없다. 대신 범용 머신 유형과 카탈로그의 설명을 연계해야 한다.

단일 자원의 월 비용 계산하기

머신 유형별 CPU와 RAM 단위 가격을 얻은 후 머신 단일 인스턴스의 월 비용을 계산할 수 있다. 일부 클라우드 카탈로그는 요인별로 단위 가격을 책정한다. 예를 들어, GCP는 나노 단위[nano unit]를 사용하므로 요인별로 금액을 곱해야 한다. 코드 12.5는 코드로 단일 서버의 월 비용을 계산한다. 단위 가격을 월 평균 사용 시간인 730 및 나노 단위와 곱해야 한다.

코드 12.5 단일 서버 월 비용 계산하기

```
HOURS_IN_MONTH = 730                                        ❶
NANO_UNITS = 10 ** -9                                       ❶

def calculate_monthly_compute(machine_type, region):
    service_name = ComputeService().name                   ❷
    sku = ComputeSKU(machine_type.name, service_name)       ❸
    cpu_price, ram_price = sku.get_pricing(region)          ❸

    cpu_cost = machine_type.cpus * cpu_price * \            ❹
        HOURS_IN_MONTH if cpu_price else 0                  ❹
    ram_cost = machine_type.ram * ram_price * \             ❺
        HOURS_IN_MONTH if ram_price else 0                  ❺
    return (cpu_cost + ram_cost) * NANO_UNITS               ❻
```

❶ 월 평균 사용량인 730시간과 나노 달러(10^{-9})를 달러로 환산하는 상수를 설정한다.
❷ 구글 클라우드 청구 카탈로그 API를 호출하여 가상 머신 식별자를 가져온다.
❸ 머신 유형의 SKU를 설정하여 CPU와 RAM 단위 가격을 가져온다.
❹ 머신 유형의 CPU 개수와 단위 가격, 월 사용 시간을 곱한다.
❺ 머신 유형의 RAM 기가바이트와 단위 가격, 월 사용 시간을 곱한다.
❻ CPU와 RAM 사용 비용을 더한 후 달러 단위 가격으로 환산한다.

이제 단일 서버 비용을 계산할 수 있는 최소한도의 비용 추정 도구를 갖게 되었다. 단일 서버의 초기 비용 계산 도구를 통해 전체 서버 IaC를 파싱하여 머신 유형과 리전 값을 가져오고 총 비용을 계산할 수 있다. 미래에는 더 많은 로직을 추가하여 데이터베이스나 메시지 서비스의 SKU를 가져올 수도 있다.

비용이 예산을 초과하지 않는지 확인하기

비용 추정을 통해 더 많은 것을 할 수 있다고 결정한다. 예상한 비용이 월 예산을 초과하지 않는지 검사하는 일부 예외 처리 가능한 테스트를 작성한다. 예를 들어, 고객이 월 콘퍼런스 비용이 $4,500를 초과하면 안 된다고 알려준다. 예상한 비용과 예산을 비교하여 선제적으로 원가 동인을 파악할 수 있다.

서버의 신규 비용을 추정하고 이를 예산과 비교하는 테스트를 작성해 보자. 다음 코드는 모든 서버의 IaC를 파싱하고 서버 개수와 특정 머신 유형, 리전 값을 가져온다.

코드 12.6 IaC를 파싱하여 모든 서버 정보 얻기

```
from compute import get_machine_type
import pytest
import os
import json


ENVIRONMENTS = ['testing', 'prod']
CONFIGURATION_FILE = 'main.tf.json'


@pytest.fixture(scope="module")
def configuration():                                              ❶
    merged = []
    for environment in ENVIRONMENTS:
        with open(f'{environment}/{CONFIGURATION_FILE}', 'r') as f:
            environment_configuration = json.load(f)
            merged += environment_configuration['resource']
    return merged


@pytest.fixture
def servers(configuration):                                       ❷
    servers = dict()
    server_config = resources(configuration,
                             'google_compute_instance')
    for server in server_configs:
        region = server['zone'].rsplit('-', 1)[0]
        machine_type = server['machine_type']
        key = f'{region},{machine_type}'
        if key not in servers:
            type = get_machine_type(                              ❸
```

```
                PROJECT, server['zone'],                    ❸
                machine_type)                               ❸
            servers[key] = {                                ❹
                'type': type,                               ❹
                'num_servers': 1                            ❹
            }                                               ❹
        else:                                               ❹
            servers[key]['num_servers'] += 1                ❹
    return servers
```

❶ 테스트, 운영 등 각 환경을 정의한 모든 설정 파일을 읽는다.

❷ 설정 파일의 서버별 리전과 머신 유형 값 목록을 생성한다.

❸ 구글 가상 머신 API를 호출하여 CPU 개수와 메모리 등 머신 유형 정보를 가져온다.

❹ 특정 머신 유형과 리전 값을 갖는 서버를 추적하여 추출해야 하는 SKU를 간소화한다.

테스트 시 이러한 메서드를 호출하여 특정 리전의 머신 유형별 비용 정보를 가져와서 총 비용을 계산할 수 있다. 다음 코드의 테스트는 총 비용이 월 예산인 $4,500를 초과하는지 검사한다.

코드 12.7 가상 머신 SKU의 CPU와 RAM 가격 가져오기

```
from estimation import calculate_monthly_compute

PROJECT = os.environ['CLOUDSDK_CORE_PROJECT']
MONTHTLY_COMPUTE_BUDGET = 4500                                         ❶

def test_monthly_compute_budget_not_exceeded(servers):               ❷
    total = 0
    for key, value in servers.items():
        region, _ = key.split(',')
        total += calculate_monthly_compute(value['type'], region) * \ ❸
            value['num_servers']                                     ❸
    assert total < MONTHTLY_COMPUTE_BUDGE                             ❹
```

❶ 월 예산 비용을 상수로 설정한다.

❷ 서버 비용이 예산을 초과하지 않는지 테스트한다.

❸ 월 비용을 서버 개수 곱하기 머신 유형, 리전 값으로 추정한다.

❹ 추정 비용이 월 예산 비용을 넘지 않음을 확인한다.

이제 총 가상 머신 자원 예상 비용과 예산을 비교할 수 있는 테스트를 갖게 되었다! 누군가가 인프라를 변경할 때마다 신규 시스템 비용을 재계산한다.

비용 추정 시 일반적인 인프라 비용에 대한 시야를 얻게 되지만 정확한 비용을 반영하지는 않을 수도 있다. 어느 정도 금액의 오류는 감내해야 한다. 만일 추정치가 예산을 초과한다면 자원 크기나 사용량을 재평가해야 할 수도 있음을 의미한다. 또한 시스템 성장에 따라 월 예산치를 재조정하게 될 것이다.

지속적인 제공과 비용 추정 결합하기

인프라 변경사항이 예산을 초과하지 않는지 어떻게 확인할 수 있을까? IaC를 변경하고 저장소에 푸시할 때마다 비용 추정 및 예산 초과 여부를 확인하는 테스트를 실행한다. 파이프라인의 예산 테스트는 비용이 많이 증가하는 변경사항을 식별하고 테스트 환경의 자원을 재조정하는 데 유용하다. 이러한 절차는 운영 환경에서 지불 거절이 일어나지 않도록 방지한다.

예를 들어, 다른 회의를 위해 테스트 환경에 서버를 추가하고 싶다고 가정해 보자. 그림 12.4에서 n2d-standard-8 서버를 추가하기 위한 설정을 생성한다. 파이프라인이 테스트를 실행하여 월 추정치를 계산하고 월 예산과 비교한다.

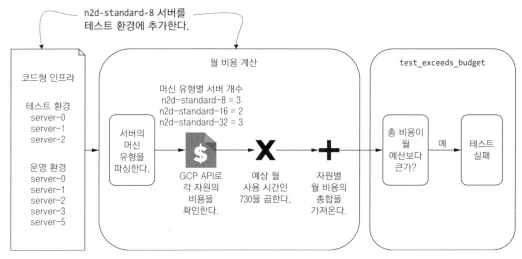

그림 12.4 서버를 추가할 경우 월 예산 $4,500를 초과하므로 테스트가 실패한다.

설정을 저장소에 푸시하고, 제공 파이프라인이 테스트를 실행하여 비용을 준수하는지 검사한다. 파이프라인이 실패한다! 로그를 확인하고 비용 추정치가 월 예산 비용을 초과했음을 발견한다.

```
$ pytest test_budget.py
FAILED test_budget.py::test_monthly_compute_budget_not_exceeded -
➥assert 4687.6161600000005 < 4500
```

재무 팀과 이야기한다. 재무 분석가가 신규 테스트 인스턴스를 충당하기 위해 예산을 증액할 수 있음을 확인해 준다. 미래 변경사항을 테스트하기 위한 월 예산 금액을 $4,700로 업데이트한다!

비용 추정 메커니즘을 작성하든 도구를 사용하든 제공 파이프라인에 정책 테스트로 추가하는 방법을 고려해야 한다. 예산 추정은 인스턴스 크기와 사용량 지침을 안내하는 데 유용하다. 비용 추정치는 운영 배포를 앞둔 변경사항을 막아서는 안 된다. 그러나 자원의 필요성을 재평가할 수 있는 **기회**를 제공해야 한다.

모든 원가 동인을 비용 추정 시 반영하지 말자. 대신 비용의 많은 부분을 차지하는 자원을 선택하자. 예제는 비용의 큰 비중을 차지하는 서버와 같은 자원에 집중한다. 데이터베이스나 메시지 프레임워크 같은 자원의 비용 추정을 구현할 수도 있다.

항상 비용 추정의 정확성을 의심하라! 어떤 자원을 생성하고 어떻게 사용할지 예상할 수 없다. 예를 들어, 리전 간 데이터나 서비스 이전 비용은 실제로 진행하기 전엔 예측하기 어렵다. 월 비용 청구 금액을 기준으로 비용 추정을 조정하고 어떠한 원가 동인으로 차이가 발생했는지 평가하자.

월간 비교는 추정치의 배율에 기반하여 예산의 변경사항을 식별하는 데 유용하다. 이번 장의 남은 부분에서는 클라우드 낭비를 줄일 수 있는 방법과 테스트 또는 추정치를 통한 선제적인 방법 외에 비용을 최적화하는 방법을 다룰 예정이다.

다음 코드에 대해 옳은 문장은 무엇인가? (해당하는 답을 모두 고르시오.)

```
HOURS_IN_MONTH = 730
MONTHLY_BUDGET = 5000
DATABASE_COST_PER_HOUR = 5
NUM_DATABASES = 2
BUFFER = 0.1


def test_monthly_budget_not_exceeded():
    total = HOURS_IN_MONTH * NUM_DATABASES * DATABASE_COST_PER_HOUR
    assert total < MONTHLY_BUDGET + MONTHLY_BUDGET * BUFFER
```

A. 데이터베이스 비용이 예산을 초과하지 않으므로 테스트를 통과할 것이다.
B. 테스트는 데이터베이스 월 사용 비용을 추정한다.
C. 테스트는 다른 데이터베이스 유형을 고려하지 않는다.
D. 테스트는 데이터베이스 인스턴스별 월 사용 비용을 계산한다.
E. 테스트는 예외 처리 가능 정책의 일환으로 10%의 비용 초과가 가능하다.

정답은 부록 B를 참고하자.

12.2 클라우드 낭비 줄이기

IaC를 사용해 선제적으로 클라우드 원가 동인을 관리할 수 있다. 그러나 이를 다른 방법과 결합함으로써 비용을 줄이고 최적화해야 한다. 결국 고객은 3시간 회의에 $10,000를 지불하는 것을 인정하지 않기 때문이다!

만일 모든 CPU나 메모리를 사용하지 않는 큰 서버를 제공할 경우 사용하지 않는 CPU나 메모리를 갖게 된다. 이제 클라우드 비용을 절감할 수 있는 기회가 생겼다! 비용 상태를 개선할 수 있는 한 가지 방법은 사용하지 않거나 덜 사용하는 인프라 자원인 **클라우드 낭비**^{cloud waste}를 제거하는 것이다.

> **정의** **클라우드 낭비**는 사용하지 않거나 충분히 사용하지 않는 인프라 자원이다.

사용하지 않는 자원을 제거, 만료 또는 중지하는 방법, 사용량에 따라 인스턴스를 스케줄링하거나 확장하는 방법, 정확한 자원 크기나 유형을 산정하는 방법으로 클라우드 낭비를 줄일 수 있다. 그림 12.5를 참고하자.

클라우드 낭비 줄이기

| 태깅되지 않거나 사용하지 않는 자원을 중지한다. | 일정에 따라 자원을 활성화하거나 중지한다. | 정확한 자원 유형, 크기, 예약을 선택한다. | 자원 오토스케일링을 활성화한다. | 자원 만료를 위한 태그를 설정한다. |

그림 12.5 사용하지 않는 자원을 제거하거나 사용 패턴에 따라 자원 사용을 스케줄링하거나 크기를 조정함으로써 클라우드 낭비를 줄일 수 있다.

클라우드 비용에 깜짝 놀란 후 첫 대응책으로 클라우드 낭비를 파악하게 된다. 그러나 이러한 기술을 데이터 센터, 특히 사설 클라우드에 사용해야 한다. 즉시 단기적인 혜택을 제공하지는 않으나, 데이터 센터 자원 사용량 최적화와 장기적인 비용 절감에 유용하다.

12.2.1 태깅되지 않거나 사용하지 않는 자원 중지하기

때로는 팀이 테스트나 다른 설정을 적용하기 위해 인프라 자원을 생성하기도 한다. 이후 비용이 청구되기 전에 해당 자원에 대해 잊기도 한다. 클라우드 낭비를 줄이기 위한 첫 번째 대책으로 사용하지 않는 자원을 식별하고 제거할 수 있다.

고객으로부터 회의 비용을 낮추는 임무를 받은 것을 떠올려 보자. 사용하지 않는 자원을 식별함으로써 비용을 줄일 수 있을까? 물론이다! 때로는 팀원이 테스트 자원을 생성하고 제거하는 것을 잊을 수도 있다.

예를 들어, 구글 클라우드 프로젝트의 서버 목록을 가져와서 표 12.2처럼 조사한다. 많은 테스트 및 운영 환경 자원에 태그 값이 있지만, 두 인스턴스에 태그가 없음을 발견한다. n2d-standard-16 머신은 $700(월 비용의 7%)가 든다.

표 12.2 유형과 환경별 서버 비용

머신 유형	환경	서버 개수	소계
n2d-standard-8	테스트	2	$400
n2d-standard-16	운영	2	$700
n2d-standard-32	운영	3	$2,900
총계			$4,000

팀원에게 운영 환경의 태깅되지 않은 인스턴스에 대해 물어본다. 확인 결과, 애플리케이션 검증을 위한 샌드박스용 서버를 생성했으나 사용한 적이 없다고 한다. 확실히 하기 위해 월 서버 사용 지표를 본 결과, 사용량이 0임을 확인한다. 클라우드 낭비 자원을 식별했다!

팀은 IaC를 사용해 서버를 생성했다. 설정을 제거하고 변경사항을 푸시하여 사용하지 않는 인스턴스를 제거한다. 설정을 제거하면 인스턴스에 연결한 디스크와 자원을 제거한다. 운이 좋게도, 다음 회의 때 사용한 클라우드 비용이 줄었다.

왜 지표와 팀원을 통해 서버 사용량을 확인해야 할까? 사용하는 자원을 실수로 제거하고 싶지는 않을 것이다. 때로는 사용하지 않는 자원이 예상치 못한 의존성을 갖는 경우도 있다.

제거하고자 하는 자원이 추가적인 의존성을 갖지 않는지 확인하자. 만일 태깅되지 않거나 사용하지 않는 자원을 제거하는 것이 걱정이라면 자원을 1, 2주 정도 중지한 후 시스템에 장애가 발생하는지 확인한 다음에 제거하면 된다.

12.2.2 일정에 따라 자원 기동 및 중지하기

사용하지 않는 서버를 제거하여 다음 달 클라우드 비용의 7%가 줄었다. 그러나 재무 팀은 비용을 더 낮추기를 원한다. 고객 팀원과 이야기를 하면서 실마리를 찾는다. 고객은 주말 동안에는 테스트를 진행하거나 인프라 자원을 사용하지 않는다고 언급했다. 고객은 회의 전 주말에 플랫폼을 사용할 수 있어야 한다.

금요일 밤에 서버를 끄고 월요일에 다시 켤 수 있는 방법이 있을까? 서버를 닫은 48시간 동안 비용이 발생하지 않는다. 정기적인 서버 중지 일정을 잡으면 비용을 줄일 수 있다.

GCP가 자원 정책^{compute resource policy}(http://mng.bz/o25N)으로 인스턴스 중지 배치를 정의한 것을 발견한다. 그림 12.6처럼 각 서버를 월요일에 시작하고 토요일에 내리도록 설정한다.

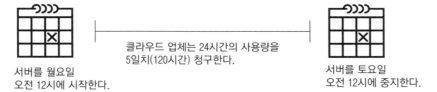

서버를 월요일
오전 12시에 시작한다.

클라우드 업체는 24시간의 사용량을
5일치(120시간) 청구한다.

서버를 토요일
오전 12시에 중지한다.

그림 12.6 자원을 사용하지 않을 때 중지하도록 자원을 스케줄링하여 비용을 줄일 수 있다.

배치로 인스턴스를 중지하면 서버 기동 비용이 완화된다. 그러나 이러한 기술은 시스템 동작을 이해했을 때만 통한다. 일정에 따라 자원을 시작하고 중지하면 개발 작업을 방해할 수 있다.

일부 애플리케이션은 내결함성^{fault tolerance}이 없고 자원이 성공적으로 재시작해도 계속 실패할 수 있다. 일반적으로 대부분의 리부팅 일정은 테스트 환경에서만 수행한다. 배치 작업은 매주 시스템이 중단되므로 시스템의 회복 탄력성을 검증할 수 있는 기회를 제공한다.

코드 12.8은 GCP 인스턴스 스케줄링을 위한 배치 정책을 구현한다. 배치는 회의 전주 주말 동안 서버를 중지하지 않도록 해당 기간에 동작하지 않는다. 개발 팀은 회의 며칠 전 플랫폼 작업을 해야 할 수도 있다.

코드 12.8 배치 자원 정책 생성하기

```
def build(name, region, week_before_conference):
    expiration_time = datetime.strptime(          ❶
        week_before_conference,                    ❶
        '%Y-%m-%d').replace(                       ❶
            tzinfo=timezone.utc).isoformat().replace(  ❶
                '+00:00', 'Z')                     ❶
    return {
        'google_compute_resource_policy': {
            'weekend': {
                'name': name,
                'region': region,
                'description':
                'start and stop instances over the weekend',
```

```
                'instance_schedule_policy': {                          ❷
                    'vm_start_schedule': {                             ❸
                        'schedule': '0 0 * * MON'                      ❸
                    },                                                 ❸

                    'vm_stop_schedule': {                              ❹
                        'schedule': '0 0 * * SAT'                      ❹
                    },
                    'time_zone': 'US/Central',                         ❺
                    'expiration_time': expiration_time
                }
            }
        }
    }
```

❶ RFC 3339 일자 값 형식을 사용해 회의 전주 배치 작업을 진행하지 않는다.

❷ 인스턴스 일정에 따른 배치 정책을 생성한다.

❸ 매주 월요일 자정에 가상 머신을 시작한다.

❹ 매주 토요일 자정에 가상 머신을 중지한다.

❺ 개발 팀이 중부 지역에서 일하고 있으므로 미국 중부시간대(US central time zone) 기준으로 배치 작업을 실행한다.

AWS와 애저에서 사용하기

다른 퍼블릭 제공 업체는 가상 머신을 일정에 따라 시작하고 중지할 수 있는 유사한 자동화 기능을 제공한다. AWS의 경우 인스턴스 스케줄러(Instance Scheduler)를 사용해 서버와 데이터베이스를 시작 및 중지한다(http://mng.bz/nNev). 애저의 경우 애저 함수(Azure functions)를 사용해 가상 머신 워크플로를 시작하거나 중지한다(http://mng.bz/v6Xx).

만일 공용 혹은 사설 클라우드 플랫폼이 서비스 중지를 할 수 있는 배치 기능을 제공하지 않는다면 일정에 따라 동작하도록 자동화 스크립트를 작성해야 한다. 나는 서버리스 함수, 컨테이너 오케스트레이터의 크론 작업, 지속적인 통합 프레임워크의 배치 작업과 같은 다양한 도구를 사용해 구현했었다.

서버를 매월 730시간 기동하는 대신, 144시간 덜 사용하게 된다(매월 3주, 한 주에 48시간 중지 시). 비용 추정 코드를 사용해 월 사용 시간을 586시간으로 업데이트한다. 출력값은 총 $700(총 월 비용의 7%)를 줄였다고 나온다.

예제는 테스트 환경에 배치 일정을 추가한다. 그러나 규칙적인 사용 패턴이 있을 경우 운영 환경에도 배치 재부팅 작업을 추가할 수 있다. 예를 들어, 회의 플랫폼은 주중 3시간 정도만 실행되어 사용자 트래픽을 처리한다. 서버와 데이터베이스를 주말 48시간 동안 중지한다고 사용자 트래픽을 방해하지는 않는다. 그러나 요청을 지속적으로 처리하는 운영 환경에 대한 배치 재부팅 작업을 구현하고 싶지는 않을 것이다.

12.2.3 정확한 자원 유형과 크기 선택하기

만일 운영 환경이 고객 요청을 24시간 일주일 내내 처리해야 한다면 자원 유형과 크기를 평가함으로써 배치 작업 없이 클라우드 낭비를 줄일 수 있다. 많은 자원은 CPU나 메모리를 완전히 사용하지 못한다.

많은 경우 얼마나 자원이 필요한지 모르기에 거대한 자원을 마련한다. 시스템을 일정 기간 동안 준비한 이후, 자원의 크기를 실제 사용량에 맞추어 조정할 수 있다. 그림 12.7처럼 자원 유형, 크기, 예약, 복제본^{replica} 심지어는 클라우드 업체를 변경함으로써 비용을 줄일 수 있다.

만일 애플리케이션과 요청 처리에 있어서 다음 항목에 영향을 주지 않는다면

성능   부하   가용성

자원 변경을 통해 인프라 비용을 절감할 수 있다.

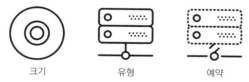

크기   유형   예약

그림 12.7 자원 속성을 변경하여 자원을 더 잘 활용하고 비용을 줄일 수 있다.

고객의 회의 플랫폼을 조사하여 자원 유형과 크기에 따른 클라우드 낭비를 찾기로 결정한다. 연산 자원을 줄일 수 없다는 사실을 깨닫고 데이터베이스(클라우드 SQL)를 확인한다. 팀은 표 12.3에 나온 것처럼 운영 환경 데이터베이스로 4테라바이트 솔리드 스테이트 드라이브^{SSD,} $^{Solid-State\ Drive}$를 제공하고 있다.

표 12.3 제품 및 자원별 클라우드 비용

서비스	유형	환경	개수	소계
클라우드 SQL				$2,500
	db-standard-1, 400GB SSD, 600GB 백업	테스트	1	$250
	db-standard-4, 4TB SSD, 6TB 백업	운영	1	$2,250

지표와 데이터베이스 사용량을 확인한 후 1TB SSD만 필요함을 알게 된다. IaC의 데이터베이스 디스크 크기를 업데이트한다. 디스크 크기를 줄여서 월 비용 $1,350(총 월 비용의 22.5%)를 줄인다!

그 외에도 많은 방법으로 자원을 완전히 활용하지 않을 수도 있다. 자원이 더 비싼 머신 유형을 사용할 경우 다른 유형으로 변경하는 것을 고려할 수 있다. 성능 테스트를 진행하지 않는다면 테스트 환경에 고성능 데이터베이스가 필요한지 스스로와 팀에게 질문해야 한다.

질문에 대한 답변은 "아마도 그렇지 않을 것이다!"이다. 주어진 환경에 적합한 자원의 크기와 유형을 선택하는 것은 몇 번의 반복 작업이 필요할 수 있다. 비용이 두 배가 되지는 않지만 운영 환경을 모방하는 자원 유형, 크기, 복제본을 선택하고 싶을 것이다.

회의 예시의 경우 운영 환경은 3개의 n2d-standard-32 인스턴스를, 테스트 환경은 3개의 n2d-standard-8 인스턴스를 가질 수 있다. 해당 설정은 CPU 72개를 사용하는 비용이 발생하지는 않으나 3개의 애플리케이션 인스턴스를 테스트한다.

다른 경우에는 자원의 예약 유형을 변경할 수 있다. GCP 및 많은 클라우드 업체는 **일시적인** ephemeral(스팟spot 또는 선점 가능한preemptible) 자원 유형을 제공한다. 해당 자원의 비용은 더 저렴하지만 클라우드 업체가 자원을 중지하고 CPU 또는 메모리를 다른 고객에게 제공할 수 있는 권한을 갖는다. 예약 자원은 비용을 줄일 수 있지만 애플리케이션과 시스템이 장애에 대응할 수 있는지를 신중하게 고려해야 한다.

12.2.4 오토스케일링 활성화하기

환경에서 가능한 한 많은 클라우드 낭비를 식별하려 했으나, 여전히 비용을 더 줄이고자 한다. 많은 시스템은 고객 사용 패턴을 갖고 있으며 CPU, 메모리 또는 시스템 대역폭을 매시간 매일 사용할 필요는 없다.

예를 들어, 회의 플랫폼은 회의를 진행하는 3시간 동안에만 자원을 100% 사용하면 된다! 수요에 따라 서버의 수를 자동으로 늘리거나 줄일 수 있었을까?

그림 12.8은 CPU 목표 사용률을 75%로 설정하여 GCP가 관리하는 인스턴스 그룹이 지표에 맞게 서버를 시작하고 중지하고, 수요에 따라 그룹의 크기를 늘리거나 줄인다.

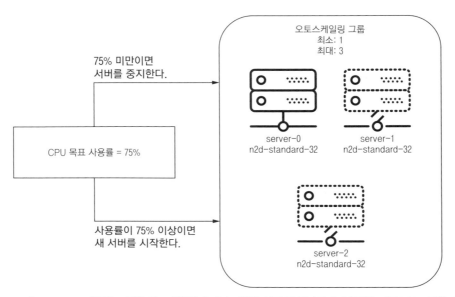

그림 12.8 오토스케일링 그룹은 목표 활용률에 따라 자원을 시작 및 중지하여 사용량을 자동으로 조정할 수 있다.

서버 그룹별로 오토스케일링을 추가했다. **오토스케일링**autoscaling은 CPU 또는 메모리 같은 지표에 기반하여 자원의 개수를 늘리거나 줄인다. 많은 공용 클라우드 업체는 IaC로 생성할 수 있는 오토스케일링 그룹 자원을 제공한다.

정의 **오토스케일링**은 지표를 기반으로 그룹의 자원 수를 자동으로 늘리거나 줄이는 방법이다.

GCP 오토스케일링은 자원을 확장하거나 축소하기 위한 목표 지표를 설정해야 한다. 한 달의 대부분은 트래픽이 낮으므로 서버를 하나만 사용할 것으로 예상한다. 그러나 회의 플랫폼의 트래픽이 가장 높을 때는 서버가 최대 세 대가 필요하다. CPU 사용률을 지표로 사용하기로 결정하고 목표치를 75%로 설정한다.

서버 IaC를 변경한다. 코드 12.9는 기존 서버와 인스턴스 배치 자원 정책을 오토스케일링 정책을 적용한 관리형 인스턴스 그룹으로 대체한다. 오토스케일링 배치는 매일 아침 시작하여 인스턴스 CPU 사용률 75%를 달성하기 위해 인스턴스 수를 늘리거나 줄이며, 저녁에는 사용률을 0으로 축소한다.

코드 12.9 CPU 사용률 기반의 오토스케일링 그룹 만들기*

```
def build(name, machine_type, zone,
        min, max, cpu_utilization,
        cooldown=60,
        network='default'):
    region = zone.rsplit('-', 1)[0]
    return [{                                                       ❶
        'google_compute_autoscaler': {                              ❶
            name: {                                                 ❶
                'name': name,                                       ❶
                'zone': zone,                                       ❶
                'target': '${google_compute_instance_group_manager.' +   ❶
                f'{name}.id}}',
                'autoscaling_policy': {
                    'max_replicas': max,                            ❷
                    'min_replicas': 0,                              ❸
                    'cooldown_period': cooldown,
                    'cpu_utilization': {
                        'target': cpu_utilization                   ❹
                    },
```

```
                'scaling_schedules': {                          ❺
                    'name': 'weekday-scaleup',                  ❺
                    'min_required_replicas': min,               ❺
                    'schedule': '0 6 * * MON-FRI',              ❺
                    'duration_sec': '57600',                    ❺
                    'time_zone': 'US/Central'                   ❺
                }                                               ❺
            }
        }
    }
}]
```

❶ 오토스케일링 자원에 인스턴스 그룹을 연결한다. 가독성을 위해 인스턴스 그룹은 생략했다.

❷ CPU 사용률이 75%를 넘는 경우 확장할 최대 복제본 수를 설정한다.

❸ 최소 복제본 수의 기본값을 0으로 설정하여 가상 머신이 중지되도록 한다.

❹ CPU 사용률을 오토스케일링 그룹 목표 지표로 사용한다.

❺ 개발 팀 사용 패턴에 따라 매주 월요일부터 금요일 아침 최소 복제본 개수를 늘리는 배치 작업 일정을 설정한다.

> **AWS와 애저에서 사용하기**
>
> GCP는 관리형 인스턴스 그룹을 오토스케일링 정책에 연결한다. GCP는 자원 정책을 연결하도록 허용하지 않는다. 오토스케일링 그룹에 배치 작업을 구현해야 한다.
>
> 다른 공용 클라우드 업체는 서버, 때로는 데이터베이스에 대한 오토스케일링 기능을 제공한다. AWS는 오토스케일링 그룹을 사용한다. 애저는 스케일 모음에 대한 오토스케일 정책을 사용한다.

예제에 확장 배치 작업을 설정하여 이전에 구현한 주말 서버 중지 기능을 모방할 수 있다. 일반적으로 모듈 패턴을 사용해 오토스케일링 모듈을 생성하자. 모듈은 워크로드에 따른 기본적이고 특화된 지표를 설정해야 한다.

만약 모듈의 목표 지표에 부합하지 않는 독특한 워크로드를 갖고 있다면, 시간 경과에 따라 CPU 및 메모리 사용률을 기본 목표 지표로 삼도록 설정할 수 있다. 인스턴스 그룹을 배포할 경우 9장에서 다룬 블루-그린 배포 패턴을 적용하여 활성 워크로드나 인스턴스를 대체하자. 배치 작업이나 오토스케일링 그룹을 배포할 경우 애플리케이션에 영향을 주면 안 된다.

팀이 오토스케일링 그룹과 배치 작업을 사용하도록 권장하기 위해 몇 가지 정책 테스트를 작성하여 오토스케일링 그룹이 클라우드 낭비를 줄이도록 한다. 예를 들어, 하나의 테스트는 IaC에 개별 서버가 아닌 오토스케일링 그룹만 갖고 있는지 검증할 수 있다. 테스트는 팀이 탄력성을 활용하도록 권장한다.

최대 복제본 개수를 확인하는 또 다른 테스트를 추가할 수 있다. 애플리케이션이 순간적으로 많은 CPU와 메모리를 사용하거나, 나쁜 사람이 암호화폐 마이닝 프로그램을 머신에 주입한다고 가정해 보자. 이러한 경우 오토스케일링 그룹이 순간적으로 머신 100대를 추가하기를 원하지는 않을 것이다.

12.2.5 자원 만료 태그 설정하기

동적으로 자원 사용량에 따라 자원을 늘리거나 줄임으로써 클라우드 낭비를 줄일 수 있지만 수요 기반on-demand의 수동으로 생성한 자원도 수용할 수 있어야 한다. 예를 들어, 고객 팀원은 더 테스트를 진행하기 위해 종종 샌드박스 서버를 생성해야 한다는 점에 불만을 표했다. 그러나 팀원은 때로는 서버에 대해 잊기도 한다. 누구도 업데이트하지 않는 서버를 '만료' 처리할 수 있을까?

태그 모듈을 업데이트하여 **만료 일자**expiration date 태그를 테스트 환경에 추가하기로 결정한다. 3장에서 프로토타입 패턴을 사용해 표준 태그를 구축할 수 있었음을 떠올려 보자. 8장에서 배운 태그 준수 여부를 확인하는 정책 테스트를 적용한 후, 각 테스트 환경 자원이 만료 일자를 갖게 될 것을 알 수 있다.

예를 들어 팀원은 그림 12.9처럼 초기 만료일이 2월 2일인 서버를 생성할 수 있다. 그러나 서버를 변경하기로 결정한다. 변경사항의 일부로 태그 모듈은 현재 일자(2월 5일)를 가져와서, 만료일에 7일을 추가한 다음 태그 만료 기한을 2월 12일로 업데이트한다.

왜 태그 모듈의 일부로 만료 일자를 설정할까? 태그 모듈은 모든 IaC에 적용되어야 한다. 이는 모든 인프라 자원을 대상으로 **기본 만료일**을 7일로 구축할 수 있도록 한다.

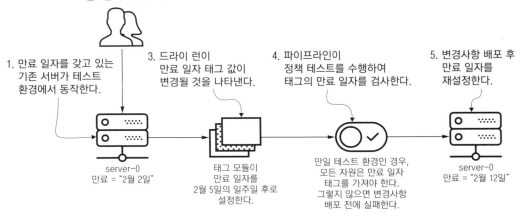

2. 팀원이 서버 변경사항을
2월 5일에 푸시한다.

1. 만료 일자를 갖고 있는
기존 서버가 테스트
환경에서 동작한다.

3. 드라이 런이
만료 일자 태그 값이
변경될 것을 나타낸다.

4. 파이프라인이
정책 테스트를 수행하여
태그의 만료 일자를 검사한다.

5. 변경사항 배포 후
만료 일자를
재설정한다.

server-0
만료 = "2월 2일"

태그 모듈이
만료 일자를
2월 5일의 일주일 후로
설정한다.

만일 테스트 환경인 경우,
모든 자원은 만료 일자
태그를 가져야 한다.
그렇지 않으면 변경사항
배포 전에 실패한다.

server-0
만료 = "2월 12일"

그림 12.9 태그 모듈로 만료 일자 태그를 생성하고 변경사항 배포 시 배포일의 일주일 후로 만료 일자를 재설정한다.

또한 언제 모듈의 일부로 만료 일자 태그를 적용할지 제어할 수 있다. 모듈은 운영 환경 자원이 아니거나 테스트 환경에서 지속적으로 실행하지 않는 자원을 대상으로 만료 일자 태그를 적용한다. 다음 코드는 프로토타입 모듈을 업데이트하여 만료 일자를 기본 태그로 설정한다.

코드 12.10 태그 모듈에 만료 일자 추가하기*

```
import datetime

EXPIRATION_DATE_FORMAT = '%Y-%m-%d'              ❶
EXPIRATION_NUMBER_OF_DAYS = 7                    ❷


class DefaultTags():
    def __init__(self, environment, long_term=False):
        self.tags = {
            'customer': 'community',
            'automated': True,
            'cost_center': 123456,
            'environment': environment
        }
        if environment != 'prod' and not long_term:    ❸
            self._set_expiration()                      ❸

    def get(self):
```

```
        return self.tags

    def _set_expiration(self):
        expiration_date = (                              ❹
            datetime.datetime.now() +                    ❹
            datetime.timedelta(                          ❹
                days=EXPIRATION_NUMBER_OF_DAYS)          ❹
        ).strftime(EXPIRATION_DATE_FORMAT)               ❺
        self.tags['expiration'] = expiration_date
```

❶ 일자 형식을 연, 월, 일 문자 형태로 설정한다.

❷ 현재 일자로부터 7일 후인 만료 일자를 계산한다.

❸ 만일 운영 환경 자원을 생성하지 않거나 오래 유지되는(long_term) 자원이 아닌 경우 만료 일자 태그를 설정한다.

❹ 현재 일자로부터 7일 후인 만료 일자를 계산한다.

❺ 일자 형식을 연, 월, 일 문자 형태로 설정한다.

---

*옮긴이
주석

코드 12.10과 코드 12.11 실습 시 ch12/s02/s05 디렉토리의 modules/server.py 파일에서 'ubuntu-1804-lts'를
'ubuntu-2004-lts' 혹은 이후 버전으로 수정하자.

```
ch12/s02/s05/modules/server.py
...
                'boot_disk': [{
                    'initialize_params': [{
                    # 역자가 수정한 부분
                        'image': 'ubuntu-2004-lts'
                    }]
                }],
...
```

팀원이 자원을 개발하고 테스트할 수 있는 충분한 시간인 일주일 후로 기본 만료 일자를 설정한다. 팀원은 필요할 경우 제공 파이프라인을 사용해 태그를 자동으로 변경함으로써 만료 일자를 일주일 단위로 갱신할 수 있다. 그러나 테스트 환경에 오래 유지되는 자원을 허용하기 위한 오버라이딩을 허용해야 한다.

어떻게 기본적으로 만료 일자 태그 값을 강제하면서도 특정 자원의 만료 일자를 제외할 수 있을까? 일부 예외 처리 가능한 정책 테스트를 생성할 수 있다. 해당 정책은 예외 처리를 하고 테스트 환경의 오래 유지되는 자원을 감시한다.

코드 12.11에서 각 서버 자원의 만료 일자 태그 값을 강제하는 테스트를 작성해 보자. 만일 서버가 예외 자원 목록에 속하지 않는 경우 테스트에 실패하고 변경사항을 운영 환경에 배포하기 전에 제공 파이프라인을 중지한다.

코드 12.11 테스트 자원이 만료 일자가 있는지 검사하는 테스트 작성하기

```python
import pytest

def test_all_nonprod_resources_should_have_expiration_tag(
        servers, server_exemptions):                              ❶
    noncompliant = []
    for name, values in servers.items():
        if 'expiration' not in values['labels'].keys() and \     ❷
                name not in server_exemptions:                    ❸
            noncompliant.append(name)                             ❸
    assert len(noncompliant) == 0, \
        'all nonprod resources should have ' + \
        f'expiration tag, {noncompliant}'
```

❶ 설정의 서버 목록과 정책 예외 처리 대상 서버 목록을 가져온다.
❷ 서버 태그에 만료 일자가 존재하는지 검사한다.
❸ 만약 서버가 예외 처리 대상이 아닐 경우, 해당 서버는 정책을 준수하지 않는다고 판단해야 한다.

자원을 예외 목록에 추가한다는 것은 팀원이 어떤 자원이 테스트 환경에서 유지되는지 잘 확인해야 한다는 뜻이다. 7장에서 다룬 동료 검토 중에 예외 목록의 변경에 따라 오래 유지되는 신규 자원을 파악하게 될 수 있다. 테스트 환경의 영구 자원용 단일 공급원을 사용하면 개발 단계 초기에 비용을 감시하고 비용 제어를 논의할 수 있도록 보장한다.

IaC에 만료 일자를 구현한 후 매일 실행하는 스크립트를 작성해야 한다. 그림 12.10은 스크립트의 워크플로를 보여준다. 워크플로는 만료 일자가 현재 일자와 일치하는지 검사하고 일치할 경우 자원을 제거한다.

왜 IaC를 사용해 만료 일자를 설정해야 할까? 태그 모듈을 사용해 만료 일자를 설정하는 워크플로는 자원의 만료 일자를 갱신할 수 있는 기능을 구축한다! 자동화를 별도로 추가하여 개발을 방해하는 대신 개발 단계에 갱신 단계를 구축한다.

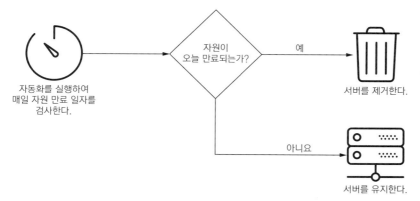

자동화를 실행하여
매일 자원 만료 일자를
검사한다.

자원이
오늘 만료되는가?

예

서버를 제거한다.

아니요

서버를 유지한다.

그림 12.10 만료 일자 태그를 설정하면 매일 자동화를 진행하여 임시 자원을 제거하고 비용을 줄일지 결정할 수 있다.

예를 들어 팀에게 자원이 더 필요하다면, 항상 IaC 제공 파이프라인을 재실행하여 만료 일자를 7일 연장할 수 있다. 자원에 대한 변경이 일어날 경우에도 만료 일자를 갱신한다. 만일 인프라를 변경한다면 아마도 해당 자원이 더 필요할 것이다.

자원이 만료됐으나 여전히 자원이 필요한 경우에는 어떻게 될까? 언제나 IaC를 재실행하여 신규 자원을 생성할 수 있다. IaC를 사용해 만료 일자를 생성하고 갱신하면 팀 간 비용을 준수하고 기능의 가시성을 제공할 수 있다.

> **참고** 때로는 자동 태깅을 위한 별도의 자동화가 있는 경우가 있다. 이러한 자동화는 인프라 자원 생성 후 만료 일자를 추가한다. 자동 태깅의 경우 비용 준수에 대한 더 나은 통제를 의미하지만 실제 상태와 설정 간 드리프트를 초래하기도 한다. 게다가 자원의 자동 만료는 종종 팀원을 혼란스럽게 하기도 한다. 만일 대화에 집중하지 않는다면 자원이 삭제된 후 며칠이 지나서야 알게 될 수도 있다!

언제나 만료 일자 갱신 주기를 며칠이 아닌 다른 기간으로 설정할 수 있다. 만일 팀에 좀 더 유연성을 제공하고 싶다면 태그 모듈을 통해 일자 범위 값을 제공할 수도 있다. 나는 쉬운 자동화를 위해 시간이 아닌 일자 단위의 절댓값을 계산하여 태그에 추가하는 방식을 권장한다.

예제의 모든 변경사항을 반영한 후 고객의 클라우드 비용이 어떻게 됐을까? 비용이 $10,000를 약간 넘는 금액에서 $6,500(대략 35% 감소)가 되었다! 고객은 클라우드 자원을 효율적으로 사용하게 된 것에 대해 감사를 표한다.

현실적으로는 예제와 같은 엄청난 비용 절감을 달성하지 못할 수도 있다. 그러나 IaC에 책에서 다룬 기술과 방법을 도입하여 비용을 절감할 수 있는 작은 변경사항을 적용할 수 있다. 비용 절감 방안을 포착하는 테스트를 적용할 경우 모두가 비용 제한을 염두에 두고 IaC를 작성할 수 있도록 보장한다.

실습 12.2

서버 3대가 있다고 가정해 보자. 서버 사용량을 검사하고 다음 내용을 확인한다.

- 최소 트래픽에 대응하기 위해 서버 1대가 필요하다.
- 최대 트래픽에 대응하기 위해 서버 3대가 필요하다.
- 서버는 트래픽을 일주일 내내 하루 24시간씩 처리한다.

다음 달 서버 비용을 최적화하기 위해 어떤 조치를 취할 수 있는가?

   A. 주말에는 자원을 정지하는 배치 작업을 등록한다.
   B. 메모리 사용량에 기반하여 서버를 확장할 수 있는 오토스케일링 정책을 추가한다.
   C. 모든 서버의 만료 기한을 3시간으로 설정한다.
   D. 더 작은 CPU와 메모리를 사용하도록 서버 머신 유형을 변경한다.
   E. 애플리케이션을 컨테이너로 이전하고 서버에 더 촘촘하게 패키징한다.

정답은 부록 B를 참고하자.

12.3 비용 최적화하기

다른 IaC 원칙이나 방법을 적용하여 클라우드 낭비를 줄이고 원가 동인을 관리할 수 있다. 그림 12.11에 나타난 대로 수요에 따른 환경 구축, 리전 간 루트 변경, 운영 환경에서 테스트 진행과 같은 기술을 사용해 비용을 좀 더 최적화할 수 있다.

특히 재현성, 결합성, 진화 가능성의 원칙은 비용을 더 최적화할 수 있는 창의적인 기술을 제공한다. 이러한 기술은 수요에 따른 환경 재현을 통한 오래 유지되는 테스트 환경의 제거, 클라우드 간 인프라의 결합, 리전 및 클라우드 간 운영 인프라의 진화 방법을 포함한다.

고객의 클라우드 비용을 35% 절감했음을 떠올려 보자. 1년이 지난 후 재무 팀이 재무 플랫폼 비용을 최적화해 달라고 요청한다. 재무 팀 사업이 확장되면서 수백 명의 고객에게 제공하는 관리형 서비스 비용을 최적화하고자 한다.

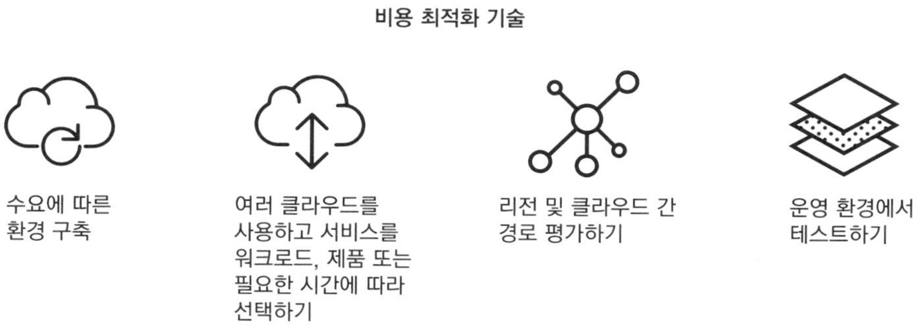

수요에 따른
환경 구축

여러 클라우드를
사용하고 서비스를
워크로드, 제품 또는
필요한 시간에 따라
선택하기

리전 및 클라우드 간
경로 평가하기

운영 환경에서
테스트하기

그림 12.11 비용 최적화를 위해서는 인프라 자원을 확장하고 배포하는 laC 방법이 필요하다.

12.3.1 수요에 따른 환경 구축하기

좀 더 넓은 관점에서 어떠한 환경이 테스트 및 운영 환경에 존재하는지 검사해야 한다. 모든 환경의 클라우드 낭비를 줄이는 방법으로 진행할 수 있다. 그러나 회사가 성장하면서 상품을 제공하고 테스트하기 위해 더 많은 환경을 추가한다.

고객의 인프라를 검사한다고 가정해 보자. 고객은 많은 테스트 환경을 갖고 있다. 그중 서너 개의 환경은 지속적으로 존재하면 특화된 테스트를 제공한다고 결정한다. 예를 들어, 품질 관리^{QA, Quality Assurance} 팀은 1년에 두 번 하나의 환경을 사용해 성능을 테스트한다. 테스트 기간 외에 해당 환경은 동면 상태로 존재한다.

지속적으로 실행하는 환경을 제거하기로 결정한다. 만일 QA 팀이 성능 테스트 환경을 요청한다면 요청에 따라 생성한다. 팀은 운영 환경 및 입력값을 처리할 팩토리 빌더 모듈을 복사한다. 모듈을 다른 환경에 대응하는 특정 변수와 매개변수를 유연하게 제공한다.

그림 12.12는 수요에 따른 환경 구축 워크플로를 보여준다. QA 팀은 laC를 조직의 다중 저장소 구조 내에 있는 테스트 환경용 신규 저장소에 복사한다. 팀은 매개변수와 변수를 변경하고, 테스트를 진행한 후 환경을 제거한다.

| 품질 관리 팀은 수요 기반 환경이 필요하다. | 사용하는 모듈을 포함하는 운영 환경 IaC를 복사한다. | 환경의 입력 변숫값을 커스터마이즈한다. | 환경을 생성하고 테스트 완료 후 제거한다. |

그림 12.12 운영 환경 설정을 복사하여 테스트용 수요 기반 환경을 생성하고 커스터마이즈할 수 있다.

왜 재현성을 사용해 수요에 따라 신규 환경을 생성하고 제거할까? 변경된 신규 환경은 최신 설정 적용 및 운영 환경과 동일함을 보장한다. 만일 환경을 매년 한 번만 사용한다면 굳이 11개월 동안에도 유지하기를 원하지는 않을 것이다.

신규 환경 생성에 시간이 걸리기는 하지만 테스트 환경과 운영 환경 사이의 드리프트를 고치는 데 어차피 그 정도의 시간이 걸릴 것이다. 불필요한 장기 인프라 자원을 식별하고 수요 기반 모델로 변경할 경우, 특히 자원을 쉽게 재생성할 수 있는 경우 비용 완화에 유용하다.

12.3.2 여러 클라우드 사용하기

몇 개의 클라우드 업체가 있으므로 서비스를 다른 클라우드에 배포함으로써 자원, 워크로드, 사용 시간에 기반한 비용 최적화를 고려할 수 있다. IaC는 여러 클라우드에서 사용할 수 있도록 설정을 표준화하고 조직화하는 데 유용하다. 여러 클라우드에 배포할 경우 특정 인프라 자원을 원하는 팀의 요구나 특별한 워크로드에 대응할 수 있다.

예를 들어, 고객이 구글 클라우드 데이터플로$^{Cloud\ Dataflow}$를 사용해 스트리밍 데이터를 처리한다고 가정해 보자. 그러나 파이프라인 유형에 따라 비용이 달라진다. 일부 보고 팀의 일부 패치 처리 파이프라인을 아마존 EMR로 이전하여 비용을 절감하도록 설득한다.

> **애저에서 사용하기**
>
> 아마존 EMR이나 구글 클라우드 데이터플로와 유사한 애저 서비스는 HDInsight다.

그림 12.13에서 보고 서비스 팀은 IaC가 아마존 EMR 모듈을 사용하도록 변경한다. 작업 장애를 최소화하기 위해, 팀은 9장의 블루-그린 배포 패턴을 사용해 아마존 EMR에서 실행하는 작업을 점진적으로 늘린다.

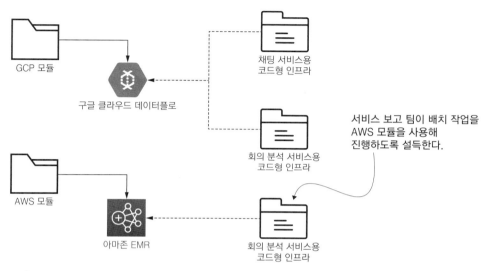

그림 12.13 보고 서비스가 다른 모듈을 참조함으로써 배치 작업을 구글 클라우드 데이터플로가 아닌 아마존 EMR을 사용하도록 변경한다.

결합성의 원칙은 다중 클라우드 설정에 있어서 중요한 부분을 차지한다. IaC는 여러 클라우드에 존재하는 인프라 자원 식별 및 관리를 용이하게 한다. 모듈을 사용해 클라우드 간 의존성을 표현하면 시간이 지남에 따른 자원을 진화시키는 데도 유용하다.

5장에서는 IaC 설정을 도구와 제공 업체별로 다른 폴더로 분리했다. 많은 IaC 도구는 클라우드 업체의 자원에 대한 통합된 데이터 모델을 제공하지 않는다. 사용하고자 하는 클라우드별로 다른 모듈을 구축하자. 모듈을 클라우드별로 분리할 경우 복잡성을 낮추고 모듈 테스트를 분리하여 진행할 수 있다. 클라우드 업체별 모듈을 분리하여 관리할 경우 인프라 자원과 제공 업체 식별이 용이하다.

12.3.3 리전과 클라우드 간 데이터 전송 평가하기

다중 클라우드를 도입하면서 전반적인 클라우드 사용 비용이 감소하지 않았음을 발견할 수 있다. 클라우드 업체가 리전 간 또는 클라우드 네트워크 외부로의 데이터 전송 비용을 청구할 수 있으므로 다중 클라우드 사용을 조심스럽게 고려해야 한다. 데이터 전송 비용은 놀랍도록 커질 수 있다!

고객의 클라우드 사용 비용을 확인하고 많은 비용이 리전 간, 네트워크 외 장소로 데이터를 전송하는 과정에서 발생하는 것을 눈치챈다. 몇 번의 조사 결과 많은 서비스와 테스트 환경이 리전, 가용 영역, 네트워크 외부 리전과 통신하고 있음을 발견한다.

예를 들어 us-central1-a 리전의 채팅 서비스 통합 테스트가 us-central1-b 리전의 사용자 프로필 서비스에 속하는 IP 주소를 사용한다! 통합 테스트 환경의 모든 서비스는 리전, 가용 영역, 네트워크 외부 연결에 대해 테스트할 필요가 없음을 깨닫는다.

통합 테스트는 시스템 및 그 자체가 아닌 다른 서비스와 관련 있는 서비스의 기능을 테스트한다. 그림 12.14는 10장에서 다룬 리팩토링 기술을 사용해 통합 테스트 환경에 있는 인프라 자원을 하나의 가용 영역으로 통합한다.

가용 영역에 장애가 발생할 경우 어떻게 될까? 항상 IaC가 다른 리전이나 가용 영역으로 변경할 수 있다. 애플리케이션은 여전히 사설 네트워크를 사용해 통신하고 구글 클라우드 네트워크 외부 또는 리전, 영역 간 통신으로 인한 데이터 전송 비용이 발생하지 않는다.

공용 네트워크보다 사설 네트워크를 보안 목적뿐만 아니라 비용과 효율성 측면에서도 선호하자. 만일 다중 클라우드를 사용할 경우 어떤 자원에 클라우드 간 통신이 필요한지 숙지하자. 때로는 전체 서비스를 다른 클라우드로 이전하는 것이 데이터를 이전하는 것보다 비용 면에서 효율적일 수도 있다. 9장과 10장에서 다룬 변경사항 적용과 리팩토링 기술을 사용하면 서비스와 통신을 통합하는 데 유용하다.

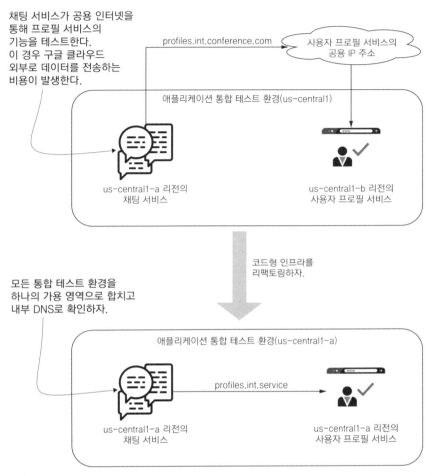

채팅 서비스가 공용 인터넷을
통해 프로필 서비스의
기능을 테스트한다.
이 경우 구글 클라우드
외부로 데이터를 전송하는
비용이 발생한다.

profiles.int.conference.com

사용자 프로필 서비스의
공용 IP 주소

애플리케이션 통합 테스트 환경(us-central1)

us-central1-a 리전의
채팅 서비스

us-central1-b 리전의
사용자 프로필 서비스

코드형 인프라를
리팩토링하자.

모든 통합 테스트 환경을
하나의 가용 영역으로 합치고
내부 DNS로 확인하자.

애플리케이션 통합 테스트 환경(us-central1-a)

profiles.int.service

us-central1-a 리전의
채팅 서비스

us-central1-a 리전의
사용자 프로필 서비스

그림 12.14 IaC를 리팩토링하여 통합 테스트 환경이 단일 가용 영역에서 진행되도록 하고 사설 IP 주소를 사용하게 하자.

12.3.4 운영 환경에서 테스트하기

다중 클라우드로 전환하고 데이터 전송 비용을 최적화한 후에도 테스트 환경이 운영 환경을
완벽하게 모방할 수 없고 운영에 너무 많은 비용이 소요됨을 알게 될 수도 있다. 어떤 시점에
는 분리된 환경에서 테스트하는 것을 정당화하지 못할 수 있다. 전체 운영 환경을 모방하는
대신 직접 운영 환경에서 테스트를 진행함으로써 비용을 최적화할 수 있다.

회의 플랫폼의 경우 영상 서비스 팀이 운영 환경에서 테스트를 진행하도록 구현할 수 있다. 그림 12.15에서 팀원은 변경사항을 반영한 신규 인프라 자원을 피처 플래그 값으로 숨겨서 준비한다. 이후 플래그 값을 변경하여 모든 애플리케이션과 사용자 트래픽을 신규 자원으로 전달하고 운영 환경에서 기능을 검증한다. 몇 주간 2개의 자원을 동시에 실행한다. 몇 주 경과 후 이전 인프라 자원을 제거한다.

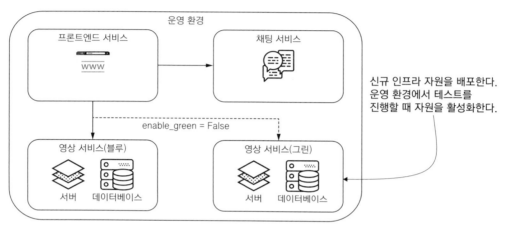

그림 12.15 운영 환경에서 테스트하는 IaC는 블루-그린 배포와 피처 플래그를 적용한다.

팀은 테스트 환경이 아닌 블루-그린 서비스를 적용하여 운영 환경에서 테스트한다. **운영 환경 테스트**는 운영 데이터와 시스템을 대상으로 테스트를 진행한다.

정의 **운영 환경 테스트**는 운영 데이터와 시스템을 대상으로 테스트할 수 있는 방법을 의미한다.

소프트웨어 개발의 경우 피처 플래그를 사용해 특정 운영 환경 함수를 숨기고 테스트를 진행한다. 마찬가지로, 카나리 배포를 사용해 전체 플랫폼 사용자에게 제공하기 전에 소규모 사용자를 대상으로 테스트를 진행할 수 있다.

IaC의 경우 운영 환경 테스트 방법은 소프트웨어 개발 방법과 완벽하게 일치하지는 않는다. 소규모 사용자에게 코드가 동작하는지를 테스트하고 싶지는 않을 것이다. 그냥 사용자에게 '영향'을 줄 수 있는 잘못된 인프라 시스템을 생성했는지를 알고 싶을 뿐이다. 이때 9장과 10장에서 다룬 피처 플래그와 카나리 배포 기술을 사용할 수 있다.

블루–그린 배포나 피처 플래그 없이 IaC를 운영 환경에서 직접 테스트할 수 있다. 그러나 실패 시 대응하기 위한 롤 포워드 계획을 잘 세워야 한다. 나는 예전에 운영 환경 배포 전에 로컬 환경 테스트에만 의존하는 기관에서 일했던 적이 있었다. 변경사항이 실패할 경우 시스템을 이전 상태로 업데이트하려고 시도했다. 만약 변경사항 외에 전부 실패할 경우 전체 인프라 환경을 다시 구축하고 신규 환경으로 애플리케이션과 사용자 트래픽을 이전했다.

비용 최적화, 클라우드 낭비 제거 및 원가 동인 제어 기술을 전부 사용하더라도 클라우드 비용을 완벽하게 최적화할 수 없다. 시간이 지나면서 조직의 사용량과 제품의 요구사항이 변한다.

만약 적절한 시스템 모니터링 및 계측^{instrumentation}을 진행하고 있다면, 시스템이 주기적으로 많거나 적은 수요가 발생하는 것을 찾을 수도 있다. 예를 들어 고객의 플랫폼은 회의 성수기인 5, 6, 10, 11월 사용량이 가장 많다.

> **참고** 공용 클라우드를 **탄력적**(서비스를 늘리거나 줄여 비용을 줄일 수 있는 능력)으로 사용하기 위해 시스템 아키텍처를 재구성해야 할 수도 있다. 일부 소프트웨어 아키텍처는 동적으로 자원을 늘리거나 줄이기가 어렵다. 이에 대한 해법으로 애플리케이션 리팩토링이나 플랫폼 이전을 통해 시스템의 비용 효율성을 개선할 수 있다.

시스템의 자원 사용량과 요구량을 이해하면 이번 장에서 다룬 기술을 넘어서는 방법으로 비용을 좀 더 최적화할 수 있다. 인프라 제공 업체와 계약을 협상함으로써 비용을 더 줄일 수도 있다. 신규 과금 모델을 선택하여 특정 수량의 예약 인스턴스를 사용하거나 사용량 기반의 할인을 받아 비용을 아낄 수도 있다.

시스템을 오래 실행할수록 더 많은 지표를 축적한다. 정보를 활용하여 원가 동인을 제어하고, 클라우드 낭비를 줄이고, IaC의 전반적인 비용을 최적화할 수 있다. 또한 해당 정보를 사용해 클라우드 제공 업체와 협상함으로써 예상치 못한 클라우드 비용을 줄일 수 있다!

요약

- 비용 절감을 위해 IaC를 변경하기 전에 총 비용에 영향을 주는 원가 동인(자원 또는 활동)을 먼저 파악하자.
- 정책 테스트로 자원 유형, 크기 및 예약량을 검사함으로써 연산 자원과 같은 인프라 원가 동인을 관리하자.
- 비용 추정은 IaC를 파싱하여 얻은 자원 속성을 바탕으로 클라우드 업체의 API를 호출하여 예상 비용을 생성한다.
- 정책 테스트를 추가하여 비용 추정치가 월 예산을 초과하는지 검사할 수 있다.
- 클라우드 낭비는 사용하지 않거나 덜 사용하는 인프라 자원이다.
- 클라우드 낭비를 제거하면 클라우드 비용을 줄이는 데 유용하다.
- 태그가 달리지 않거나 사용하지 않는 자원을 제거하거나 중지하고, 일정에 따라 자원을 시작하거나 중지하며, 사용률을 높이기 위해 필요한 크기의 인프라 자원을 설정하고, 오토스케일링을 활성화하고 자원 만료 일자를 태깅함으로써 클라우드 낭비를 줄이자.
- 오토스케일링은 CPU 또는 메모리 같은 지표에 근거하여 자원 그룹에 해당하는 자원의 개수나 성능을 늘리거나 줄인다.
- 클라우드 비용을 최적화하는 기술로 수요에 따른 환경 구축, 다중 클라우드 사용, 데이터 전송 비용 평가, 운영 환경에서 테스트를 진행하는 방법이 있다.
- 운영 환경에서 테스트하기 위해 블루-그린 배포와 피처 플래그를 사용해 테스트 환경 없이 인프라 변경사항을 테스트한다.

13

도구 관리

코드형 인프라 작성법, 제공 파이프라인 및 테스트를 활용하여 팀과 코드형 인프라를 업데이트하는 방법, 조직 내 보안과 비용을 관리하는 방법을 배웠다. 인프라 시스템이 발전하면서 이러한 패턴과 관행을 적용하고 새로운 워크플로 및 사용 사례에 부합하게 조정한다. 마찬가지로 도구는 변하지만 확장, 협업 및 운영이 가능한 인프라를 위한 패턴과 관행을 방해하면 안 된다.

도구를 변경할 때 몇 가지 작업이 필요할 수 있다. 신규 버전으로 변경하거나, 신규 도구로 변경하거나, 좀 더 동적으로 IaC를 사용할 수 있다. 13장에서는 IaC 도구를 변경하기 위한 패턴과 관행에 대해 논의한다.

이러한 패턴은 **프로비저닝, 설정 관리, 이미지 빌딩**을 다루는 모든 도구에 적용된다. 또한 소프트웨어 개발에도 적용됨을 알 수 있으나, 나는 인프라에 특화되도록 패턴을 조정했다. 패턴과 관행을 사용해 변경사항의 폭발 반경을 최소화하고 신규 도구를 팀 내에 확장하며 사업 요구사항을 지원하기 위해 시스템을 계속 발전시키자.

> **참고** 이번 장에는 어떠한 코드도 없다. 예제를 추가하면 또 다른 도구를 소개함을 의미한다. 상위 수준에서 패턴과 접근법을 설명하며 이러한 기술을 DSL 또는 프로그래밍 언어를 지원하는 어떠한 도구에든 적용할 수 있다.

책의 많은 장을 읽고 다양한 산업 및 회사에서 IaC를 실습했다. 당신은 IaC를 설정하고 확장하는 업무에 대한 명성을 쌓았다. 어느 날 소셜 미디어 회사가 플랫폼 팀 역할을 제안한다.

회사는 이미 몇 년간 IaC 실천 방법을 구축해 왔다. 직원은 IaC 도구를 계속 최신 상태로 유지하고 관리하기 위한 도움이 필요하다. 당신은 제안을 받아들이고 첫날부터 시작할 프로젝트 백로그를 받게 된다.

13.1 오픈소스 도구 및 모듈 사용하기

버전 관리 및 공개 저장소 접근성은 자체 도구를 작성하는 대신 기존 도구나 인프라 모듈 검색을 더 간단하게 만든다. 깃허브나 다른 서비스를 통해 필요한 자동화 및 기타 도구를 찾을 수 있다. 그러나 신규 도구를 도입하기 전에 충분히 주의를 기울여야 한다.

예를 들어, 소셜 미디어 피드 기능을 유지보수하는 팀원이 연락한다고 가정해 보자. 팀은 온라인에서 데이터베이스를 생성하는 인프라 모듈을 찾아 사용하고 싶어 한다. 또한 팀은 개발 속도를 높이고 다른 팀이 데이터베이스 설정을 검토하는 동안 기다리고 싶지 않다. 이때 바퀴를 다시 발명할 필요가 있을까?

모듈의 보안과 모범 사례를 검토할 수 있도록 지원하기로 한다. 소셜 미디어 회사의 다른 팀에 모듈을 도입하기 전에, 그림 13.1을 사용해 데이터베이스 모듈 도입 전에 모듈의 기능성, 보안성과 수명 주기를 평가한다.

오픈소스 담당자가 새로운 데이터베이스 모듈을 릴리스할 때마다 모듈을 재평가한다. 의사 결정 워크플로를 사용해 외부 IaC 모듈과 도구를 안전하게 도입할 수 있다. 도구나 모듈을 사용 가능케 하면서도 보안에 취약한 설정으로 인해 나쁜 행위자가 시스템을 악용하지 못하게 방지하고자 한다.

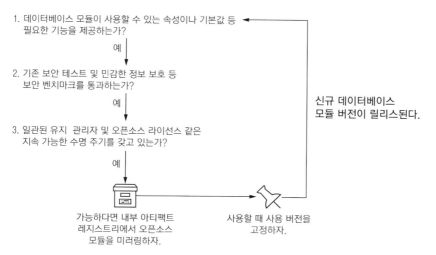

1. 데이터베이스 모듈이 사용할 수 있는 속성이나 기본값 등
   필요한 기능을 제공하는가?

   예 ↓

2. 기존 보안 테스트 및 민감한 정보 보호 등
   보안 벤치마크를 통과하는가?

   예 ↓

3. 일관된 유지 관리자 및 오픈소스 라이선스 같은
   지속 가능한 수명 주기를 갖고 있는가?

   예 ↓

신규 데이터베이스
모듈 버전이 릴리스된다.

가능하다면 내부 아티팩트
레지스트리에서 오픈소스
모듈을 미러링하자.

사용할 때 사용 버전을
고정하자.

그림 13.1 도구나 모듈을 사용하기 전에 기능, 보안 및 수명 주기를 평가한다.

13.1.1 기능성

도입하기에 유망한 모듈이나 도구를 찾을 수 있다. 해당 도구는 매우 유연하게 필요한 속성을 설정할 수 있다. 그러나 2장과 3장에서 언급한 것처럼 주관적인 기본값을 포함해야 한다. 이러한 기본값이 지나치게 유연한 모듈은 최종적으로 시스템을 망가뜨릴 수 있는 일회용 모듈이 될 수 있다.

피드 팀이 데이터베이스 모듈의 기본값을 확인하도록 권장한다. 팀은 그림 13.2처럼 모듈을 평가한다. 모듈은 매우 독선적인 기본값을 사용하고, 데이터베이스 버전을 고정하며, 호환성을 철저히 테스트한다.

도큐먼트에 모듈이 데이터베이스 버전을 고정하여 설정 및 특정 버전의 데이터베이스와의 호환성을 철저히 테스트한다고 적혀 있다. 피드 팀원은 해당 데이터베이스 버전을 사용하고 있음을 확인하고 모듈의 기본값을 승인한다.

그런 다음 모듈의 입력 변수를 평가한다. 데이터베이스 모듈로 데이터베이스 이름과 같은 필요한 속성, 태깅, 네트워크를 설정할 수 있다. 피드 팀원은 그 이상 변수를 설정할 필요가 없음을 확인한다.

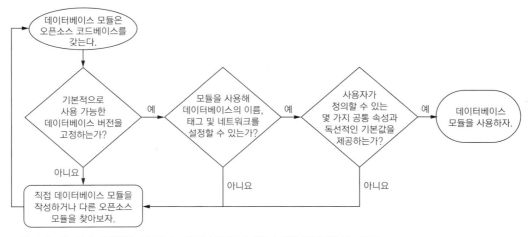

그림 13.2 기능성에 기반하여 모듈이나 도구의 사용을 평가하기 위한 의사결정 워크플로

모듈이 모든 속성을 입력 변수로 제공하지 않고 팀에게 특화된 기본값을 제공하기 때문에 모듈의 기능성을 승인한다. 일반적으로 모듈 문서와 커밋 이력을 검토하자. 만약 모듈이 버전 호환성을 테스트하고 기능에 특화된 기본값을 제공한다면 보안 평가를 진행할 수 있다.

만약 모듈이 변경이 필요한 특정 기본값이나 변수를 제공하지 않는다면 다른 모듈을 찾거나, 직접 모듈을 생성하거나, 해당 모듈의 제한사항을 인지하고 사용할 수 있다. 마찬가지로 도구 선택 시에도 의사결정 워크플로를 적용하고 도구의 단점을 찾을 수 있다. 하나의 도구로 모든 것을 처리할 수는 없다! 도구가 갖고 있는 기능의 유연성과 인프라 변경에 대한 예측 가능성을 균형 있게 고려해야 한다.

13.1.2 보안성

먼저 모듈이나 도구의 기능성을 평가하지만 이후 보안성을 평가해야 한다. 보안은 오픈소스 도구나 모듈 사용을 결정하는 중요한 기준이 된다. 오픈소스 모듈의 보안 설정이나 코드에 대한 신중한 평가 없이 사용할 경우 시스템을 침해할 수 있는 나쁜 행위자가 접근할 수 있는 기회를 제공하게 될 수도 있다.

피드 팀이 데이터베이스 모듈을 사용하기 전에 모듈이 보안 이슈를 갖고 있는지 확인해야 한다. 그림 13.3에 나온 것처럼 데이터베이스 모듈이 민감한 정보를 노출 또는 출력하는지, 정보를 제3자 엔드포인트로 전송하는지, 기존 보안 및 규정 테스트를 통과하는지 확인한다.

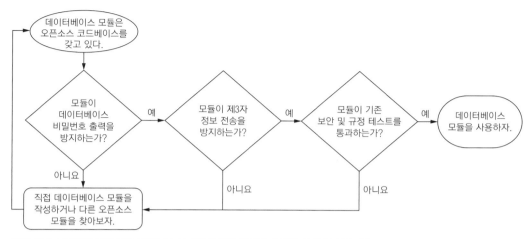

그림 13.3 보안성에 기반하여 모듈이나 도구의 사용을 평가하기 위한 의사결정 워크플로

이 예시 데이터베이스 모듈은 비밀번호나 민감한 설정을 출력하지 않으며 정보를 제3자 엔드포인트로 전송하지 않는다. 또한 모듈은 8장에서 작성한 데이터베이스 보안 및 규정 테스트를 통과한다. 왜 모듈 도입 시 위 세 가지 사항을 확인해야 할까?

모듈은 실수로 민감한 정보를 노출하거나 출력할 수 있다. 예를 들어 설정이 드라이 런 도중 실수로 비밀번호를 출력할 수 있다. 이 경우 해당 비밀번호를 완화하거나 마스킹하고 변경할 수 있는 방법이 있는지 확인하자.

마찬가지로, 모듈은 허가받지 않은 제3자에게 정보를 기록하거나 전송하면 안 된다. 나쁜 행위자는 네트워크 정보를 HTTP 엔드포인트로 전송하는 작은 설정을 추가할 수 있다. 각 자원을 검토하고 제3자에게 아무것도 전송하지 않는지 확인하자.

보안과 오픈소스

소프트웨어 공급망 공격은 행위자가 제공 업체 소프트웨어에 악성 코드를 추가하고 고객에게 배송하여 데이터와 시스템을 침해하는 경우에 발생한다. 오픈소스의 이점은 고객으로서 코드를 사용하기 전에 내용물을 검토할 수 있다는 것이다.

이번 절에서 위험 평가와 공급망 공격 방어 가드레일을 지나치게 단순하게 서술했음을 인정한다. 좀 더 많은 정보를 원한다면 더 많은 방법을 잘 정리한 NIST 백서(http://mng.bz/449B)를 참고하자.

마지막으로, 인프라 자원용 **보안** 및 **규정** 테스트를 실행하자. 안전하고 규정을 준수하는 자원을 원할 것이다. 그렇지 않다면 모듈을 업데이트하여 요구사항을 만족시키도록 조정해야 한다.

IaC 내 모듈을 분리된 테스트 환경에 배포하고 보안 및 규정 테스트를 진행하자. 별도의 환경으로 분리하면 규정을 준수하지 않는 설정을 사용하는 환경에 도입하지 않도록 보장한다.

모든 보안 및 규정 테스트를 통과하지 않을 수 있음을 염두에 두자. 테스트에 실패할 경우 모듈과 함께 동작할 수 있도록 소규모 리팩토링이 필요하다. 모든 테스트를 통과하면 해당 모듈의 안전성을 승인할 수 있다.

도구의 보안 평가도 유사한 의사결정 워크플로를 따른다. 그러나 IaC 도구를 위한 보안 및 규정 테스트는 정적 코드 분석과 조직 내 추가 검토를 포함할 수 있다. 드라이 런 도중 설정이나 기타 정보를 출력하는 도구에 대해서는 8장에서 다룬 조치를 적용하고 싶을 것이다.

13.1.3 수명 주기

모듈의 기능과 보안을 검토했지만, 규정 준수 팀원이 매우 중요한 질문을 던진다. 그들은 공개 모듈 관리자에 대해 문의한다. 만일 모듈 유지보수 담당자가 더 이상 모듈을 관리하지 않는다면 조직에서 해당 모듈이나 도구에 대한 개인 또는 공개적인 소유권을 가져야 한다.

그림 13.4에 나온 것처럼 모듈의 수명 주기와 관리자를 이해하기 위해 문서를 검토한다. 만일 데이터베이스 모듈이 회사 후원을 받거나 적절한 라이선스를 갖고 있다면 모듈을 사용할 가능성이 높다.

데이터베이스 모듈 관리자를 검사한다. 관리자는 잘 알려진 기술 회사 출신이고, 모듈이 많은 기여자를 갖고 있다는 점에서 프로젝트가 활발한 커뮤니티가 있음을 의미한다. 커뮤니티는 몇 달 주기로 신규 모듈 버전을 릴리스하고 각 변경사항은 모듈이 망가지지 않았음을 검증하기 위한 테스트를 통과해야 한다.

그런 다음, 데이터베이스 모듈의 오픈 라이선스 정보를 얻는다. 오픈소스 라이선스가 회사에 어떤 영향을 미치는지 알지 못하므로 법무 팀에 문의한다. 피드 팀이 모듈을 사용하기 전에 법무 팀이 라이선스를 검토한다.

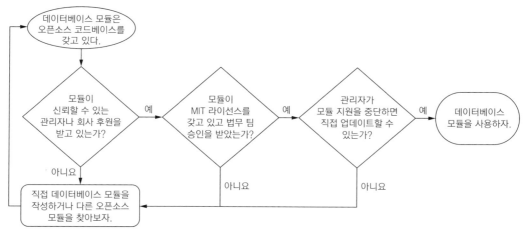

그림 13.4 도구나 모듈 수명 주기 기반으로 모듈 또는 도구의 사용 여부를 평가하기 위한 의사결정 워크플로

모듈은 MIT 라이선스를 포함한다. **허용형 오픈소스 라이선스**^{permissive open source license}인 MIT 라이선스는 만일 모듈을 포크^{fork}(복사본 유지)하거나 변경할 경우, 라이선스 사본과 원본 저작권 고지를 포함해야 한다. 만일 관리자가 모듈이나 도구를 더 이상 관리하지 않을 경우 허용형 라이선스는 사용자가 직접 모듈을 수정하고 변경할 수 있도록 허용한다.

> **정의** **허용형 오픈소스 라이선스**는 사용자가 라이선스 사본과 원본 저작권을 고지하는 한 코드를 포크하거나 수정할 수 있다.

회사 법무 팀은 모듈이 전반적인 인프라 설정에 최소한의 위험도를 갖고 있으므로 라이선스를 승인한다. 회사는 필요한 경우 모듈을 편집할 수 있지만 공개적으로 릴리스할 필요는 없다. 법무 팀 승인을 받으면 오픈소스 모듈에 기여할 수도 있다.

모듈이나 도구가 카피레프트 오픈소스 라이선스를 포함할 수도 있다. **카피레프트**^{copyleft} 라이선스는 수정사항을 반영한 코드베이스를 릴리스해야 한다는 조항을 포함한다.

> **정의** **카피레프트 오픈소스 라이선스**를 사용하면 수정한 코드베이스를 릴리스하는 한 코드를 포크하거나 수정할 수 있다.

카피레프트 라이선스는 도구나 모듈의 수정 및 배포에 대해 더 엄격한 제한을 두는 경우가 많다. 회사 법무 팀은 회사가 더 제한적인 라이선스로 오픈소스 IaC를 사용할 수 있는지 평가한다.

오픈소스 라이선스에 관한 자세한 내용은 오픈소스 이니셔티브(Open Source Initiative)의 라이선스 표준사항(https://opensource.org/licenses)을 검토하자.

신난 피드 팀은 데이터베이스 모듈을 사용할 수 있다. 팀이 모듈 버전을 내부 아티팩트 저장소에 미러링하여 고정하도록 추천한다. 모듈을 미러링하면 팀이 내부 저장소의 승인된 모듈만 사용할 수 있다. 만일 모듈의 퍼블릭 엔드포인트가 다운되더라도 팀은 언제나 내부 저장소의 복사본을 갖게 된다. 모듈 관리자가 신규 버전을 릴리스할 때마다 변경사항을 검사하고 최신 버전 사용을 승인해야 한다.

조직이 허용한다면 오픈소스에 기여하는 것도 고려해 보자. 오픈소스 모듈이나 도구를 포크하고 독자적으로 관리하면서 신규 버전을 반영하는 작업은 운영 부담을 늘린다. 오픈소스 버전에 따른 변경사항과 사내 모듈 버전 간 차이를 조율하는 데 많은 시간을 할애해야 할 수 있다. 변경사항을 공용 저장소에 직접 반영할 경우 독자적인 변경사항을 유지하는 데 필요한 부담을 줄일 수 있다.

13.2 도구 업그레이드하기

IaC를 몇 년간 사용하다 보면 결국 도구나 해당 도구에서 사용하는 플러그인을 변경할 수밖에 없는 상황에 직면하게 된다. 사용하는 도구 버전과 최신 버전 간 차이가 클수록 최소한의 중단으로 인프라를 업데이트하는 작업이 더 어려워진다.

앞서 5장 모듈 버전 관리에서 이러한 어려움에 대해 배웠다. 이번 절에서는 도구를 업그레이드할 때 고려해야 할 사항 및 패턴에 대해 다룰 것이다.

참고 완벽하게 모든 것을 이전해 주는 마법 같은 도구를 찾을 수는 없다. 도구 업그레이드에는 언제나 어려운 난관이 따른다. IaC의 고유 패턴(인라인 스크립팅 같은)은 업그레이드 중 시스템을 망가뜨릴 수 있다! 결과적으로 가능한 IaC 로직의 복잡성을 제한하자.

회사의 IaC 도구(프로비저닝, 설정 관리, 이미지 빌딩)를 감시한다고 가정해 보자. 대부분의 회사 IaC는 1.7 버전을 사용한다. 그러나 최신 도구 버전은 4.0이다. IaC 변경에 대한 첫 번째 대규모 프로젝트는 도구 버전을 4.0으로 올리는 것이다.

13.2.1 업그레이드 사전 체크리스트

도구나 플러그인을 업그레이드하기 전에 인프라에 발생할 수 있는 잠재적인 중단을 최소화하기 위해 필수적인 실천사항을 확인해야 한다. 체크리스트는 IaC를 분리, 안정화, 조율하는 몇 가지 단계를 포함해야 한다.

그림 13.5는 체크리스트를 보여준다. 모든 의존성을 분리하고 버전을 확인 및 고정하며 IaC를 배포하여 드리프트를 줄인다.

의존성 주입을 사용해 인프라 의존성을 분리한다.　모든 모듈이 버전 관리되는지 확인하자.　저장소 간 모듈 버전을 고정한다.　도구 및 해당 플러그인 버전을 고정한다.　IaC 도구를 실행하여 버전 관리 변경사항을 적용하자.

그림 13.5 도구 업그레이드 사전 체크리스트는 모듈, 플러그인 및 도구의 모든 버전을 고정하고 확인하는 내용을 포함해야 한다.

도구 업그레이드가 필드를 추가하거나 제거하는 경우, 각 자원이 기대하는 정확한 정보를 전달해야 한다. 의존성 주입은 인프라 자원 간 설정값에 대한 추상화 계층을 제공한다(4장 참고). 이는 각 하위 자원 간 변경 내용으로부터 서로를 보호한다.

모든 IaC 모듈에 버전 관리를 추가했는지 확인한다(5장 참고). 마찬가지로, IaC나 모듈을 사용하는 저장소가 특정 버전을 고정하여 사용하도록 한다.

예를 들어, 회사 소셜 미디어 부서 한 팀은 늘 최신 버전 모듈을 사용한다. 당신은 버전 2.3.1 모듈을 팀 저장소에 추가한다. 버전 3.0.0 모듈 및 도구 변경사항을 릴리스할 경우, 팀 IaC를 망가뜨릴 수도 있다. 모듈 버전을 고정하지 않고 업데이트하면 사용 중인 모든 사용자에게 장애가 발생할 수 있는 주요 변경사항을 배포할 수 있다!

또한 각 팀이 현재 도구 및 플러그인 버전을 고정했는지 검증한다. 플러그인이 미래에 호환성이 없을 수 있으니 현재 버전을 유지하고 다른 버전을 사용해 신규 설정이 추가되는 것을 방지할 수 있다. 마지막으로, 고정한 모듈과 도구, 플러그인을 IaC 모듈과 설정에 푸시한다. 고정한 버전이 신규 변경사항을 도입하지 않도록 보장한다.

업그레이드 사전 체크리스트를 완료한 후 도구 업그레이드 경로를 계획해야 한다. 그림 13.6
은 도구 버전을 1.0에서 4.0으로 업그레이드할 때 장애가 발생할 수 있음을 보여준다! 따라
서 1.7 버전과 호환이 되는 3.0 버전으로 업그레이드할 수 있다고 결정하고, 이후 3.0 버전
을 4.0으로 업그레이드하여 주요한 변경사항의 영향도를 최소화할 수 있다.

그림 13.6 도구 업그레이드 경로를 계획하고 이전 버전과 호환되는 버전과 주요 변경사항이 있는 버전을 고려한다.

즉시 최신 버전으로 업그레이드하지 말자. 대신 도구의 주요 변경사항을 살펴보고 변경사항
을 수용할 수 있는지 평가하자. 나는 한 번에 2개 이상의 버전(베타 릴리스의 경우 하위 버전)으
로 업그레이드하는 것을 피한다. 대부분의 도구는 동작이나 구문 관련 중요한 변경사항을 갖
고 있다.

운영 배포 전 업그레이드 사항을 테스트 환경에서 테스트하는 것을 고려해 보자. 시스템 및
테스트 환경에 기반하여 도구 업그레이드가 인프라에 장애를 초래할 수 있는지 파악할 수 있
다. 업그레이드는 예상한 대로 원활하게 이뤄지지 않을 것이며, 테스트 환경에서 운영 환경
업그레이드 전에 중요한 문제를 식별하는 데 유용하다.

13.2.2 이전 버전과의 호환성

많은 IaC 도구는 변경사항에 대한 하위 호환성을 제공한다. 일반적으로 이전 기능을 폐기하
기 전에 한두 개 이전 버전에 대해서는 기존 및 신규 기능을 지원한다. 도구가 하위 호환성을
지원하더라도 가능한 한 빨리 신규 기능을 사용하도록 리팩토링하자.

예시에서는 도구를 1.7에서 3.0 버전으로 업그레이드한다. 다행히도 3.0 버전은 1.7 버전과
호환이 된다. 신규 버전은 새로운 기능을 제공하지만 IaC에 영향을 미칠 수 있는 주요 변경
사항은 없다. 혹시 모를 사태를 대비하여 신중하게 업그레이드를 진행한다.

업그레이드를 돕기로 한 피드 팀부터 작업을 시작한다. 피드 팀은 모든 변경사항을 배포하고 IaC에 신규 변경사항을 추가하지 않는지 확인한다. 그런 다음 소셜 미디어 피드를 방해하지 않으면서 도구를 업그레이드할 수 있는 최선의 방법을 찾기 위해 설정을 확인한다.

그림 13.7은 10장의 리팩토링 기술을 적용하여 도구를 업그레이드한다. 다른 자원에 의존하지 않는 상위 자원부터 변경사항을 배포하고, 시스템을 테스트한 후 하위 자원을 업그레이드한다.

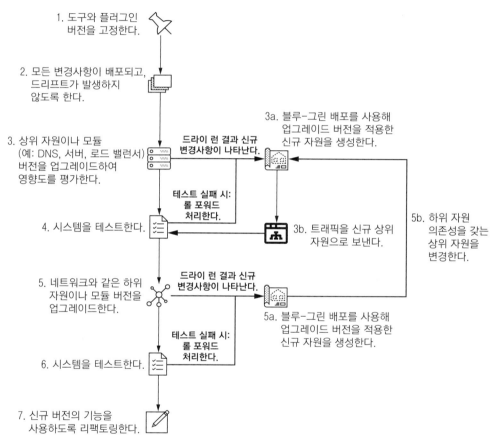

그림 13.7 리팩토링 기술을 적용하여 상위 자원부터 하위 자원 순서로 하위 버전과 호환 가능한 도구 버전으로 업그레이드한다.

DNS 및 로드 밸런서 인프라 자원을 먼저 업그레이드할 것임을 피드 팀에게 알린다. 다른 자원은 이들에 의존하지 않는다. 먼저 상위 자원을 변경함으로써 업그레이드 패턴이 정상 동작하는지 테스트할 수 있다. 자원의 도구 버전을 변경하고 IaC를 실행하여 버전을 업그레이드할 수 있다. 장애가 발생하지 않았는지 확인하기 위해 제공 파이프라인의 드라이 런과 테스트를 확인한다.

DNS와 로드 밸런서 같은 상위 자원은 다른 자원에 영향을 주지 않고 업데이트된다. 그런 다음 하위 자원 변경을 진행한다. 10장의 롤링 업데이트 패턴을 사용해 서버를 업데이트한다. 모든 서버를 동시에 업그레이드하는 대신, 서버 하나의 업그레이드를 진행하고 바로 문제가 발생한다.

운영 서버 설정은 도구를 업그레이드할 경우 장애가 발생하는 오버라이드 스크립트를 갖고 있다. 다행히도 롤링 업데이트를 적용하여 하나의 서버만 영향을 받았다. 결국 소셜 미디어 피드가 계속 동작하고 사용 가능하도록 유지해야 한다.

그림 13.8은 11장의 롤 포워드 기술을 적용하여 더 이상 동작하지 않는 서버를 고친다. 수동 조치사항을 구현하고 이전 서버의 문제점을 디버깅한다. 테스트 환경에서 문제점을 고친 후 오버라이드 스크립트 변경사항을 푸시하고 서버 롤링 업데이트를 계속 진행한다.

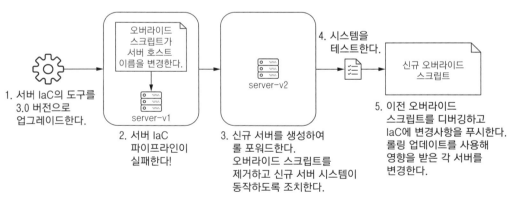

그림 13.8 롤링 업데이트 패턴을 사용해 실패한 도구 업그레이드의 영향 범위를 최소화하고 실패한 변경사항을 롤 포워드할 수 있다.

서버가 테스트를 통과한다. 이제 하위 자원인 네트워크 업그레이드 작업을 진행한다. 만약의 상황에 대비하기 위해 9장의 블루-그린 배포 패턴을 사용해 신규 버전 네트워크를 배포한다. 모든 사항을 신규 네트워크에 배포 후 모든 종단 간 테스트를 진행하고 시스템이 여전히 동작하는지 확인한다. 그후 도구 업그레이드를 완료한다.

왜 리팩토링, 블루-그린 배포와 롤링 업그레이드 같은 패턴을 다시 언급할까? 잠재적인 실패사항의 영향 범위를 최소화하고 싶을 것이다. 이러한 패턴은 반복적으로 보이긴 하나 시스템 업그레이드를 위한 구조화된, 덜 위험한 접근법을 제공한다. 도구를 변경할 경우 인프라도 변경하게 되므로, 유사한 기술을 적용하여 동일한 결과를 얻을 수 있다.

일반적으로 IaC에 롤링 업그레이드를 사용해 서버나 연산 자원을 업그레이드하자. 블루-그린 배포를 사용하면 고위험의 하위 인프라 자원을 업그레이드하는 데 유용하다. 일반적으로 상위 자원은 수동으로 직접 변경할 수 있다.

그러나 모든 장애를 예방할 수는 없다. 장애가 발생한 경우 11장의 롤 포워드 방법을 사용하자. 상위 자원은 수동으로 직접 설정을 원복할 수 있으나 하위 자원의 경우 이전 변경사항을 적용한 신규 자원을 생성할 수 있다.

13.2.3 주요 변경사항 업그레이드하기

가끔씩 인프라 도구나 플러그인이 주요 변경사항을 갖는 신규 버전을 릴리스하는 것을 확인할 수 있다. 주요 변경사항이 있는 신규 버전은 종종 도구가 신규 혹은 특수 사용 사례를 다루는 초기 버전에서 나타난다. 만일 주요 변경사항이나 기능을 갖는 도구 업그레이드를 진행해야 한다면 9장의 변경사항 적용 기술을 사용하자.

소셜 미디어 회사의 경우 피드 팀 도구를 1.7 버전에서 3.0 버전으로 업그레이드했다. 그러나 3.0 버전을 4.0으로 업그레이드하는 것은 주요 변경사항을 포함한다! 버전 4.0은 자원에 영향을 줄 수 있는 백엔드 스키마 변경사항을 갖고 있다. 어떻게 시스템에 영향을 주지 않으면서 인프라 버전을 4.0으로 변경할 수 있을까?

4장에서 **도구 상태**의 존재를 언급했던 것을 기억하자. 도구는 인프라 상탯값 사본을 유지하여 실제 자원 상태와 설정의 상탯값 사이의 드리프트를 탐지하고 어떤 자원을 관리하는지 추적한다. 도구 상태는 실제 인프라 상태와 다르다. 도구를 변경할 경우 이전 도구 상탯값에서 벗어난 신규 상태로 변경하고 싶을 것이다.

좀 전의 예시에서는 이전 도구 상탯값인 3.0 버전을 신규 상탯값인 4.0 버전과 분리하고 싶을 것이다. 도구 상탯값을 분리하면 도구가 변경해야 하는 인프라 자원을 분리함으로써 잠재적인 실패의 영향 범위를 최소화한다. 적은 자원은 빠른 복구와 시스템의 다른 부분에 미치는 잠재적인 영향이 더 적음을 의미한다.

그림 13.9에서 각 소셜 미디어 회사 팀은 도구 상탯값을 다른 장소로 분리한다. 도구 상탯값을 분리하면 피드 팀 블루 인프라 변경사항이 그린 인프라에 영향을 주지 않도록 보장한다.

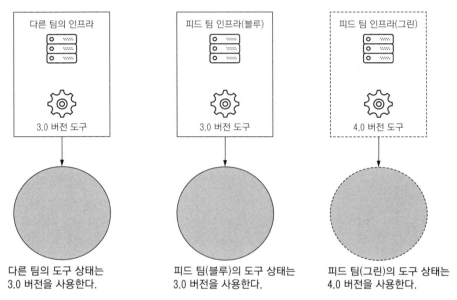

그림 13.9 도구 상태는 도구의 인프라 상탯값을 포착하여 비교한다. 도구 상태는 도구가 사용할 수 있는 별도의 공간에 존재할 수 있다.

먼저 피드 팀 IaC 간 도구와 모듈 버전을 고정한다. 그런 다음 인프라 모듈이 사용하는 도구 버전을 4.0으로 변경한다. 신규 모듈 버전을 릴리스하고, 주요 변경사항이 포함됐다는 노트를 작성한다.

기존 설정을 신규 폴더로 복사한다. 각 신규 폴더는 신규 도구 상태를 생성한다. 네트워크 폴더를 찾아서 4.0 버전 도구를 사용하는 신규 네트워크를 생성한다. 이제 기존 3.0 버전 도구를 사용하는 '블루' 자원과 4.0 버전 도구를 사용하는 '그린' 자원이 생길 것이다.

도구 상태에 블루-그린 배포 전략^{blue-green deployment strategy}을 적용하여 신규 도구와 신규 자원을 생성했다! 신규 버전을 사용하는 자원을 생성하면 주요 변경사항이 기존 인프라에 영향을 주지 않도록 보장한다.

> **정의** **도구 상태를 위한 블루-그린 배포**는 신규 도구 버전을 갖는 하위 인프라 자원을 생성하는 패턴이다. 점진적으로 이전 자원(블루) 트래픽을 신규 자원(그린)으로 넘긴다. 패턴은 주요 변경사항을 테스트할 수 있는 신규 자원으로 분리한다.

하위 자원 생성 후 상위 자원을 신규 폴더로 복사한다. 상위 자원이 도구 버전 4.0을 사용하는 하위 자원을 참조하도록 의존성을 변경한다. 결국 모든 자원이 신규 도구 버전을 사용하길 원한다.

그림 13.10이 전략을 요약한다. 상위 자원 생성 및 테스트 진행 후 신규 자원으로 트래픽을 전송한다.

이 접근법은 9장의 블루-그린 배포와는 다르다. 신규 자원과 완전히 새로운 도구 상태를 생성한다. 만일 의존성이 약하게 결합되어 있다면 시스템 기능에 영향을 주지 않으면서 자원별로 다른 도구 버전을 가질 수 있다.

다중 저장소 구조(5장)와 브랜치 모델(7장)을 활용하여 IaC 작업을 진행할 수 있음을 떠올리자. 저장소 구조와 브랜치 모델에 따라 도구 상태를 다르게 분리할 수 있다. 항상 신규 브랜치를 병합하고 파이프라인을 변경하여 인프라를 배포하거나 주 설정 저장소의 별도 폴더에 설정을 복사할 수 있다.

조직이 제공 파이프라인에 대한 독자적인 방법을 사용하고 주 브랜치에서만 운영 배포가 가능하다고 가정해 보자. 이 경우 도구 변경을 위한 신규 저장소를 생성하고 이전 도구 저장소를 기록 보관소에 보관할 수 있다.

드라이 런을 실행하고 테스트를 세세하게 진행한다면 수동으로 업그레이드할 수 있다. 만약 실패한다면, 업그레이드한 도구를 사용해 신규 도구 상탯값을 갖는 신규 자원을 생성한다. 확신이 없을 때는 도구의 업그레이드 문서를 참고하자. 나는 일반적으로 도구나 스크립트가 일부 이전 기능을 제공한다면 변경이 용이하도록 수동 변경을 시도한다.

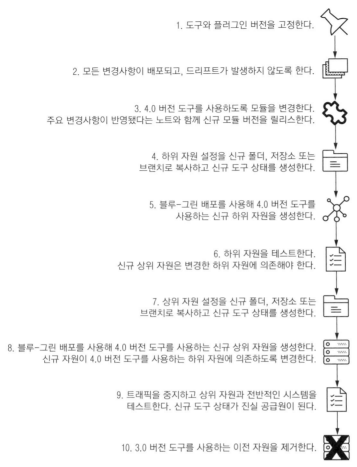

1. 도구와 플러그인 버전을 고정한다.

2. 모든 변경사항이 배포되고, 드리프트가 발생하지 않도록 한다.

3. 4.0 버전 도구를 사용하도록 모듈을 변경한다.
주요 변경사항이 반영됐다는 노트와 함께 신규 모듈 버전을 릴리스한다.

4. 하위 자원 설정을 신규 폴더, 저장소 또는
브랜치로 복사하고 신규 도구 상태를 생성한다.

5. 블루-그린 배포를 사용해 4.0 버전 도구를
사용하는 신규 하위 자원을 생성한다.

6. 하위 자원을 테스트한다.
신규 상위 자원은 변경한 하위 자원에 의존해야 한다.

7. 상위 자원 설정을 신규 폴더, 저장소 또는
브랜치로 복사하고 신규 도구 상태를 생성한다.

8. 블루-그린 배포를 사용해 4.0 버전 도구를 사용하는 신규 상위 자원을 생성한다.
신규 자원이 4.0 버전 도구를 사용하는 하위 자원에 의존하도록 변경한다.

9. 트래픽을 중지하고 상위 자원과 전반적인 시스템을
테스트한다. 신규 도구 상태가 진실 공급원이 된다.

10. 3.0 버전 도구를 사용하는 이전 자원을 제거한다.

그림 13.10 주요 변경사항에 대해서는 다른 상탯값을 갖는 신규 자원을 생성하고, 최신 버전의 도구를 사용하는 신규 자원으로 트래픽을 이동하는 방안을 고려하자.

13.3 도구 교체하기

이 책에서는 가능한 한 특정 도구에만 의존하지 않으면서도 최대한 구체적인 패턴과 실천법을 제공하고자 노력했다. 이후에 책을 개정하여 기존에 언급한 도구를 가장 최신, 훌륭한 도구로 교체해야 함을 인지하고 있다! IaC를 한동안 실행하면서 필연적으로 기능을 개선하거나 제공 업체의 지원을 받기 위해 도구를 변경하게 된다. 신규 도구로 이전할 때 어떤 패턴을 사용해야 할까?

책의 많은 패턴과 실천법은 시스템을 이러한 변화로부터 보호하는 데 유용할 것이다. 3장에서 제시한 패턴을 사용해 인프라 범위를 규정하고 모듈화한 뒤, 4장의 패턴을 사용해 의존성을 분리함으로써 팀이 사용 사례에 맞는 도구를 사용하고 필요에 따라 교체할 수 있다. 만약 패턴이 없다면 신규 도구로 이전하는 데 어려움을 겪을 수 있다.

소셜 미디어 회사의 IaC가 사용하는 도구 업그레이드를 완료했다고 가정해 보자. 휴식을 취하려는 순간 네트워크 팀원이 도움을 요청한다. 팀은 제공 업체 DSL을 오픈소스 DSL로 변경하고자 한다. 오픈소스 설정은 제공 업체에 대해 전혀 모르는 소셜 미디어 피드 팀의 추가 검토를 받아야 한다.

조사 결과 직접적인 이전 기능을 제공해 주는 제공 업체나 오픈소스 스크립트를 찾지 못했다. 업체 DSL을 오픈소스용으로 번역해 줄 수 있는 도구가 있으면 좋겠다고 생각한다. 도구가 없다면 당신과 네트워크 팀은 조심스럽게 이전을 진행해야 한다.

13.3.1 가져오기를 지원하는 신규 도구

도구 간 이전을 자동으로 '번역'해 주는 도구를 찾을 수 없었다. 하지만 책에서 배운 패턴을 적용하여 도구 이전 작업을 진행할 수 있다. 일부 도구는 신규 자원을 도구 상태에 추가할 수 있는 가져오기 기능을 지원한다. 2장의 방법을 사용해 기존 자원을 신규 도구로 이전할 수 있다.

그림 13.11은 모듈을 새로운 오픈소스 DSL을 사용하도록 업그레이드한다. 또한 업그레이드 사항이 테스트를 통과하도록 테스트를 변경한다. 이전 작업을 시작하기 위해 변경할 수 있는 하위 자원 일부를 식별한다. 새로운 DSL을 제공 업체 DSL로부터 분리하기 위해 별도의 폴더, 브랜치 또는 저장소를 생성한다. 신규 DSL 설정을 작성한 후, 기존 자원을 신규 DSL 상태로 가져온다.

신규 오픈소스 DSL의 신규 구문을 검사하도록 테스트를 재작성한다. 테스트를 통과하면 설정을 계속 작성하여 상위 자원을 가져온 뒤 마지막으로 IaC를 제거한다.

오픈소스 DSL을 사용하는 신규 IaC를 작성하는 주기마다 드라이 런을 확인하고 테스트를 재작성하고 싶을 것이다. 드라이 런은 신규 도구 기본값이 기존 상탯값과 일치하지 않는지 보여준다. 일치하지 않으면 신규 IaC를 변경하여 드리프트를 고쳐야 한다.

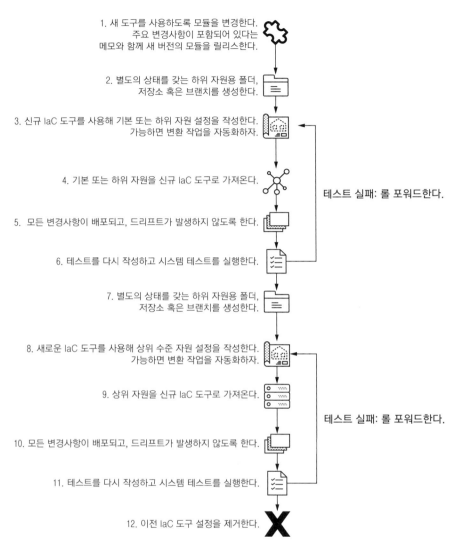

1. 새 도구를 사용하도록 모듈을 변경한다.
주요 변경사항이 포함되어 있다는
메모와 함께 새 버전의 모듈을 릴리스한다.

2. 별도의 상태를 갖는 하위 자원용 폴더,
저장소 혹은 브랜치를 생성한다.

3. 신규 IaC 도구를 사용해 기본 또는 하위 자원 설정을 작성한다.
가능하면 변환 작업을 자동화하자.

4. 기본 또는 하위 자원을 신규 IaC 도구로 가져온다.

테스트 실패: 롤 포워드한다.

5. 모든 변경사항이 배포되고, 드리프트가 발생하지 않도록 한다.

6. 테스트를 다시 작성하고 시스템 테스트를 실행한다.

7. 별도의 상태를 갖는 하위 자원용 폴더,
저장소 혹은 브랜치를 생성한다.

8. 새로운 IaC 도구를 사용해 상위 수준 자원 설정을 작성한다.
가능하면 변환 작업을 자동화하자.

9. 상위 자원을 신규 IaC 도구로 가져온다.

테스트 실패: 롤 포워드한다.

10. 모든 변경사항이 배포되고, 드리프트가 발생하지 않도록 한다.

11. 테스트를 다시 작성하고 시스템 테스트를 실행한다.

12. 이전 IaC 도구 설정을 제거한다.

그림 13.11 자원 가져오기를 지원하는 새로운 도구를 사용하면 기존 자원 변경 없이 새 도구를 사용할 수 있다.

13.3.2 가져오기 기능이 없는 경우

일부 도구는 가져오기 기능을 지원하지 않아 도구용 자원을 새로 생성해야 할 수도 있다. 네트워크 팀이 한 제공 업체 DSL에서 다른 제공 업체 DSL로 변환하는 작업을 도와달라고 요청했다고 가정해 보자. 그러나 새로운 제공 업체 DSL은 기존 자원을 가져올 수 없다.

새 도구가 기존 자원을 가져오는 기능이 없다면 도구 상태에 블루-그린 배포 전략을 사용해 자원을 재생성해야 한다. 그림 13.12에서 하위 자원을 위한 신규 IaC를 작성하고 신규 도구를 테스트할 수 있도록 테스트를 리팩토링한다. 작업을 반복하면서 상위 자원 이전을 완료한 이후, 트래픽을 신규 자원으로 전환하고 전체 시스템을 테스트한다.

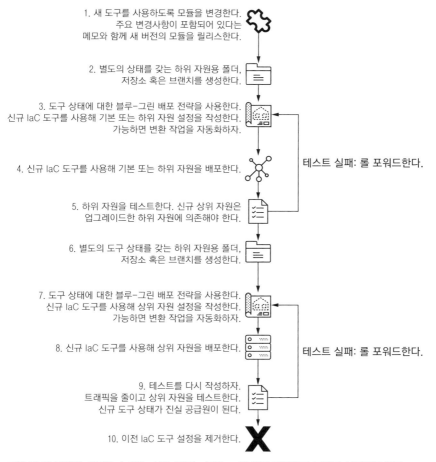

1. 새 도구를 사용하도록 모듈을 변경한다.
   주요 변경사항이 포함되어 있다는
   메모와 함께 새 버전의 모듈을 릴리스한다.

2. 별도의 상태를 갖는 하위 자원용 폴더,
   저장소 혹은 브랜치를 생성한다.

3. 도구 상태에 대한 블루-그린 배포 전략을 사용한다.
   신규 IaC 도구를 사용해 기본 또는 하위 자원 설정을 작성한다.
   가능하면 변환 작업을 자동화하자.

4. 신규 IaC 도구를 사용해 기본 또는 하위 자원을 배포한다.

테스트 실패: 롤 포워드한다.

5. 하위 자원을 테스트한다. 신규 상위 자원은
   업그레이드한 하위 자원에 의존해야 한다.

6. 별도의 도구 상태를 갖는 하위 자원용 폴더,
   저장소 혹은 브랜치를 생성한다.

7. 도구 상태에 대한 블루-그린 배포 전략을 사용한다.
   신규 IaC 도구를 사용해 상위 자원 설정을 작성한다.
   가능하면 변환 작업을 자동화하자.

8. 신규 IaC 도구를 사용해 상위 자원을 배포한다.

테스트 실패: 롤 포워드한다.

9. 테스트를 다시 작성하자.
   트래픽을 줄이고 상위 자원을 테스트한다.
   신규 도구 상태가 진실 공급원이 된다.

10. 이전 IaC 도구 설정을 제거한다.

그림 13.12 자원을 가져올 수 없는 신규 도구는 블루-그린 배포 전략으로 도구를 이전해야 한다.

도구 이전 패턴은 가져오기 기능이 있든 없든 일관적이다. 그러나 가져오기 기능이 없을 경우 시스템을 재생성해야 하므로 더 많은 노력이 필요하다. 하나의 도구에서 다른 도구로 이전하는 마법 같은 스크립트가 있다 하더라도, 중요한 인프라 자원(예: 네트워크)을 망가뜨리지 않기 위해 일부 패턴과 실천법을 적용하는 것을 고려할 수 있다.

조직은 항상 인프라 생태계에 도구를 추가하거나 교체할 텐데, 아키텍처 목표에 부합하는 도구를 선택할 것이다. 모듈화, 분리 및 IaC 관리 기법을 적용하면 IaC 진화를 수용할 수 있다. 나는 항상 인프라, IaC, 모듈, 도구 및 조직 변경을 수행하고 변경사항이 핵심 시스템에 미칠 수 있는 위험을 완화하기 위한 실천과 패턴으로 돌아간다.

도구가 가져오기 기능이 있든 없든 관계없이, 리팩토링한 자원별로 테스트를 재작성해야 한다. 그림 13.13은 이전하는 모듈 및 하위 자원별로 단위 및 계약 테스트를 리팩토링해야 함을 보여준다. 그러나 종단 간 테스트 및 통합 테스트는 그대로 유지할 수 있다.

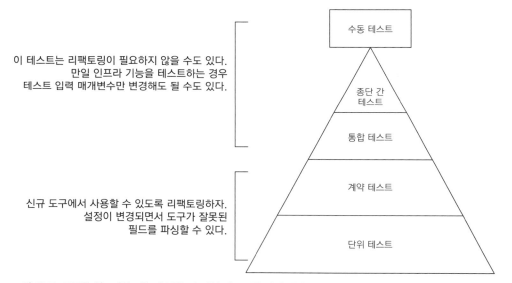

그림 13.13 도구를 업그레이드할 때 단위 및 계약 테스트를 다시 작성해야 하지만 통합, 종단 간 및 수동 테스트는 거의 동일하게 유지할 수 있다.

신규 도구는 다른 상탯값과 메타데이터 형식을 사용하기 때문에 단위 테스트와 계약 테스트에 영향을 미칠 것이다. 테스트는 신규 도구의 정확한 정보를 파싱할 수 없다. 통합 테스트와 종단 간 테스트는 도구 자체가 아닌 인프라 기능을 평가하므로 동일한 상태를 유지할 가능성이 높다.

진행하면서 테스트를 리팩토링하면 더 많은 테스트를 추가하거나 중복 테스트를 제거하거나 더 넓은 보안 또는 정책 테스트를 변경할 수 있다. 각기 다른 자원을 사용하므로 수동 테스트, 통합 테스트, 종단 간 테스트에 새로운 입력 매개변수를 추가해야 한다. 그러나 테스트는 인프라 속성이 아닌 시스템 기능을 테스트하므로 크게 변경되지 않아야 한다.

13.4 이벤트 기반 IaC

이 책의 대부분은 핵심 시스템의 잠재적인 실패의 영향을 줄이기 위해 IaC를 작성하고 협업하는 방법을 다룬다. IaC 원칙과 방법에 익숙해지면 좀 더 동적인 형태로 사용을 확장할 수 있다.

예를 들어 개발 팀은 IaC를 동적으로 자동화하고 싶다. 개발 팀원이 애플리케이션 신규 인스턴스를 배포할 때마다 방화벽 정책을 변경하여 인스턴스의 데이터베이스 접근을 허용해야 한다. 먼저 신규 인스턴스를 푸시하고 방화벽 정책을 이후에 변경하는 대신, 일종의 자동화를 통해 애플리케이션 인스턴스가 실행된 후 인프라 모듈을 실행하여 방화벽을 설정하기를 원한다.

그림 13.14는 자동화로 구현한 내용을 보여준다. 신규 IP 주소를 갖는 애플리케이션을 배포한다. 자동화 스크립트가 새 IP 주소를 포착하고 IaC를 실행한다. IaC 설정이 신규 IP 주소로 방화벽 정책을 변경한다. 해당 자동화 작업은 신규 IP 주소를 갖는 새 애플리케이션을 배포할 때마다 반복 수행한다.

시스템 변경 시 인프라 모듈을 자동으로 실행하는 방안을 고려할 수 있다. **이벤트 기반 IaC**event-driven IaC는 인프라를 설정하거나 이벤트에 대응하기 위한 최소 범위의 인프라 모듈 실행을 의미한다. 자동화를 사용해 다른 자원을 변경하거나 이벤트에 기반하여 시스템을 고칠 수 있다.

> **정의** **이벤트 기반 IaC**는 최소 범위의 인프라 모듈을 실행하여 인프라를 설정하거나 이벤트에 대응한다.

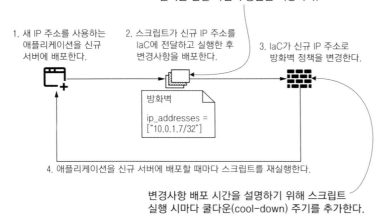

너무 많은 인프라 자원이나, 변경 시 오랜 시간이
걸리는 단일 자원의 공급을 지양하자.

1. 새 IP 주소를 사용하는   2. 스크립트가 신규 IP 주소를
    애플리케이션을 신규   IaC에 전달하고 실행한 후   3. IaC가 신규 IP 주소로
    서버에 배포한다.   변경사항을 배포한다.   방화벽 정책을 변경한다.

방화벽

ip_addresses =
["10.0.1.7/32"]

4. 애플리케이션을 신규 서버에 배포할 때마다 스크립트를 재실행한다.

변경사항 배포 시간을 설명하기 위해 스크립트
실행 시마다 쿨다운(cool-down) 주기를 추가한다.

그림 13.14 애플리케이션 인스턴스가 신규 IP 주소를 얻을 때마다, 인프라 모듈이 신규 IP 주소로 방화벽 정책을 변경한다.

애플리케이션 변경은 이벤트와 동일하다. 일부 스크립트, 애플리케이션 또는 자동화는 이벤트를 감지하고 인프라 모듈을 실행하여 대응한다! 직접 작성하거나 오픈소스 도구를 사용해 이벤트를 식별하고 대응할 수 있다. 실제 사용할 수 있는 이벤트 탐지 및 대응 자동화 도구로는 쿠버네티스 오퍼레이터, 서버리스 기능, 또는 이벤트 대기열을 사용하는 애플리케이션이 있다.

이건 깃옵스 아닌가?

7장에서 책의 방법과 패턴은 깃옵스로 향한다고 언급했다. 깃옵스는 선언적 설정, 드리프트 탐지, 버전 관리, 지속적인 배포를 결합한다. 해당 방법론은 이벤트 기반 IaC를 달성한다. 나는 깃옵스가 설정 드리프트 이벤트에 자동으로 대응한다는 점에서 이벤트 기반 IaC의 일부로 본다.

만일 깃옵스 프레임워크가 드리프트를 탐지한다면 자동화를 실행하여 설정 간 차이점을 해소한다. 예를 들어, 쿠버네티스의 컨테이너 오케스트레이터는 컨트롤러를 사용해 자동으로 선언적 설정과 자원 상태 간 존재하는 차이점을 해소한다. 그러나 이벤트 기반 IaC는 단순히 드리프트가 아닌 좀 더 넓은 범위의 이벤트를 자동화하는 IaC를 설명한다.

이벤트 기반 IaC의 사용 사례는 동적 서비스와 애플리케이션의 등장으로 좀 더 만연해졌다. 만일 이벤트 기반 IaC를 사용한다면 다음 방법을 명심하자.

- 인프라 자원 생성 및 설정 시 오랜 시간이 걸리는 자원은 지양하자. 자원 생성 시 1시간이 걸리는 인프라를 IaC에 추가하고 싶지 않다.
- 너무 많은 자원을 이벤트 기반 모듈에 추가하지 말자. 그 경우 많은 인스턴스 생성 시 시간이 오래 걸린다.
- 모듈로 변경사항을 실행하는 시간과 이벤트가 상호작용하는 시간 사이에서 균형을 찾자.
- 2장의 모듈 사례와 6장의 테스트 패턴을 결합하여 이벤트 기반 IaC가 신속하고 정확하게 실행되는지 검증하자.

일부 이벤트는 높은 빈도로 발생한다. 이 경우 이벤트 발생 빈도보다 빨리 배포되는 인프라를 구축하거나 자동화 스크립트를 사용해 특정 주기로 변경사항을 배치 처리해야 한다. 이벤트 기반 IaC로 최소한의 인프라 자원만 배포해야 한다.

코드 커밋으로 배포하는 정적 IaC부터 이벤트에 따라 실행하는 동적 IaC에 이르기까지 동일한 패턴, 방법, 원칙을 적용하여 IaC를 관리하고 협업한다. 당신의 목적, 팀의 요구사항 또는 조직의 사업은 시간이 지남에 따라 계속 진화하고 변화할 것이다. 바라건대 IaC도 함께 성장할 것이다. 테스트 전략, 인프라 비용, 보안 및 규정 준수를 늘 명심하자.

요약

- 오픈소스 도구나 모듈을 조직에 도입하기 전에 기능성, 보안성 및 수명 주기를 검토하자.
- 오픈소스 도구나 모듈은 변경사항의 예측 가능성과 안정성을 제공하는 기본값이나 행동을 가져야 한다. 그렇지 않다면 직접 코드를 작성하여 조직에 필요한 특정 기본값을 추가해야 한다.
- 인프라를 공급망 공격으로부터 보호하기 위해 인프라 도구나 모듈을 검사하고, 제3자 데이터 저장을 확인하고, 기존의 보안 및 규정 테스트를 실행하자.

- 도구나 모듈의 관리자 및 라이선스 유형과 숫자도 조직의 사용에 영향을 준다.
- 오픈소스 도구와 모듈은 허용형 라이선스와 카피레프트 라이선스라는 두 가지 유형을 가질 수 있다.
- 허용형 라이선스를 사용하면, 라이선스 사본과 원본 저작권 고지를 포함하는 한 모듈이나 도구를 업데이트할 수 있다.
- 카피레프트 라이선스를 사용하면, 라이선스 사본과 원본 저작권 고지를 포함하여 작업물을 오픈소스로 릴리스하는 한 모듈이나 도구를 수정하거나 업데이트할 수 있다.
- IaC 도구를 업그레이드하기 전에 인프라 의존성을 분리하고 모듈, 플러그인 및 도구 버전을 고정하자.
- 도구 변경 시 하위 호환되도록 상위 자원을 가변적으로 리팩토링하고 하위 자원을 변경하자.
- 도구 상태 블루-그린 배포 전략은 기존 설정과 분리하여 신규 인프라 자원을 생성하는 것을 의미한다.
- 도구 상태는 IaC 도구가 드리프트나 자원을 탐지하기 위해 사용하는 인프라 상태를 복사하는 것을 의미한다.
- 주요 변경사항을 갖는 도구 변경 시 도구 상태에 대한 블루-그린 배포 전략을 적용하여 하위 자원부터 시작하여 상위 자원 순으로 작업하자.
- 도구를 교체할 경우 신규 도구의 가져오기 기능을 사용해 기존 자원을 신규 도구로 가져오자. 하위 자원부터 작업한 후 상위 자원에 적용하자. 그런 다음, 이전의 도구 설정을 제거하자.
- 만일 신규 도구가 기존 인프라 자원 가져오기 기능이 없다면 도구 상태에 대한 블루-그린 배포 전략을 적용해야 할 것이다.
- 이벤트 기반 IaC는 시스템 이벤트에 대응하기 위해 최소한도의 IaC 모듈을 실행하여 인프라 변경사항을 자동화한다.
- 이벤트 기반 IaC 모듈은 가능한 한 적은 자원을 배포하여 배포가 빠르도록 하자.

부록 A

예제 실행

이 책의 예제는 파이썬을 사용해 하시코프 테라폼에서 실행할 수 있는 JSON 설정 파일을 생성한다. 부록 A는 예제를 실행하는 방법을 알려준다. 왜 파이썬으로 JSON 파일을 생성한 다음 테라폼으로 자원을 생성하는 두 단계를 신경 써야 할까?

첫째, 예제를 실행하고 싶으나 구글 클라우드 플랫폼^{GCP}을 사용할 수 없는 독자에게도 예제를 더 확인할 수 있는 기회를 제공하고자 했다. 이는 로컬 개발 및 테스트를 가능케 하고 선택적으로 실제 인프라 자원을 생성할 수 있다.

둘째, JSON 파일은 많은 내용을 갖고 있다! 파이썬 래퍼^{wrapper}를 사용하면 JSON 설정 라인을 다 거치지 않고도 패턴 예제를 제공할 수 있다. 테라폼 JSON 문맥에 파이썬 코드를 추가함으로써 다른 도구로 예제를 재작성할 때 활용이 가능하다.

> **참고** 참조 링크. 라이브러리와 도구 문맥은 바뀐다. 가장 최신 코드는 https://github.com/joatmon08/manning-book을 확인하자.

그림 A.1은 예제를 실행하기 위한 워크플로를 재차 보여준다. `python main.py`를 실행하면
.tf.json 확장자를 갖는 JSON 파일을 얻게 된다.

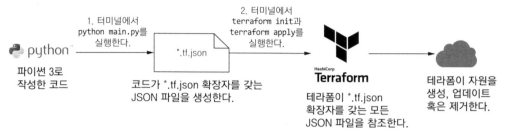

그림 A.1 파이썬 코드 목록을 사용해 JSON 파일을 생성하고 테라폼에서 실행하자.

CLI에서 `terraform init`을 실행하여 도구 상태를 초기화하고, `terraform apply`를 실행하여
자원을 공급하자.

다양한 클라우드 업체 계정을 설정하는 방법을 간단하게 다루겠다. 이후 인프라 API나 테스
트 등 예제에서 사용한 파이썬과 라이브러리를 소개하겠다. 마지막으로, GCP에서 테라폼을
사용하는 방법을 간단하게 설명하겠다.

A.1 클라우드 업체

이 책의 예제는 구글 클라우드 플랫폼[GCP]을 클라우드 업체로 사용한다. 다른 업체를 선호하
는 독자를 위해, 많은 예제에 유사한 아키텍처를 구현하기 위한 주석을 달아뒀다. 표 A.1은
GCP, 아마존 웹 서비스[AWS], 마이크로소프트 애저 간 유사한 자원 유형을 보여준다.

이번 절에서는 여러분이 선택한 클라우드 업체별로 초기 작업을 대략적으로 설명한다.

표 A.1 클라우드 업체 간 자원 유형

자원	GCP	AWS	애저
자원 그룹화	구글 프로젝트	AWS 계정	애저 구독 및 자원 그룹
신원 및 접근 관리(IAM)	구글 IAM	AWS IAM	애저 활성 디렉토리
리눅스 서버(우분투)	구글 가상 머신 인스턴스	아마존 EC2 인스턴스	애저 리눅스 가상 머신
네트워크	구글 가상 사설 클라우드 (VPC) 서브넷 참고: 기본 네트워크를 갖고 있음	아마존 가상 사설 클라우드 (VPC) 서브넷 라우팅 테이블 게이트웨이 참고: 기본 네트워크를 갖고 있음	애저 가상 네트워크 서브넷 라우팅 테이블
방화벽 정책	방화벽 정책	보안 그룹 네트워크 접근 제어 목록	네트워크 보안 그룹
로드 밸런싱	구글 컴퓨트 포워드 규칙 (L4) HTTP(S) 로드 밸런싱 (L7)	AWS 일래스틱 로드 밸런싱 (ELB, L4) AWS 애플리케이션 로드 밸런서(ALB, L7)	애저 로드 밸런서(L4) 애저 애플리케이션 게이트웨이(L7)
관계형 데이터베이스 (PostgreSQL)	구글 클라우드 SQL	아마존 관계형 데이터베이스 서비스(RDS)	애저 PostgreSQL
컨테이너 오케스트레이터(쿠버네티스)	구글 쿠버네티스 엔진 (GKE)	아마존 일래스틱 쿠버네티스 서비스(EKS)	애저 쿠버네티스 서비스 (AKS)

A.1.1 구글 클라우드 플랫폼

GCP 사용을 시작하면 신규 프로젝트(http://mng.bz/mOV2)를 생성하고 전체 예제를 거기서 실행하자. 이렇게 할 경우, 책을 다 읽으면 프로젝트와 자원을 제거할 수 있다.

그런 다음 gcloud CLI(https://cloud.google.com/sdk/docs/install)를 설치하자. CLI는 테라폼이 GCP API에 접근할 수 있는 인증 과정을 도와준다.

```
$ gcloud auth application-default login
```

명령어는 머신에 인증 정보를 설정하여 테라폼이 GCP(http://mng.bz/5Qw1)에 접근할 수 있다.

A.1.2 아마존 웹 서비스

AWS 사용을 시작하면 신규 계정(http://mng.bz/6XDD)을 생성하고 전체 예제를 거기서 실행하자. 이렇게 하면 책을 다 읽은 후 계정과 자원을 제거할 수 있다.

그런 다음 AWS 콘솔(http://mng.bz/o21r)에서 접근 키를 생성하자. 해당 키를 저장해야 테라폼이 AWS API에 접근할 수 있다.

접근 키 ID와 비밀 접근 키를 복사하고 환경 변수에 저장하자.

```
$ export AWS_ACCESS_KEY_ID="<접근 키 ID>"
$ export AWS_SECRET_ACCESS_KEY="<비밀 접근 키>"
```

이후 사용하고자 하는 AWS 리전을 설정하자.

```
$ export AWS_REGION="us-east-1"
```

명령어는 머신 인증을 설정하여 테라폼이 AWS(http://mng.bz/nNWg)에 접근할 수 있다.

A.1.3 마이크로소프트 애저

애저 사용 시 신규 계정(http://mng.bz/v6nJ)을 생성하자. 신규 계정을 생성하면 기본적으로 구독을 제공한다. 구독 내에서 자원을 생성할 수 있고 자원 그룹으로 그룹화할 수 있다. 책을 다 읽으면 자원 그룹을 제거할 수 있다.

그런 다음 애저 CLI(http://mng.bz/44Da)를 설치하자. CLI는 테라폼이 애저 API에 접근할 수 있는 인증 작업을 돕는다.

애저 CLI에 로그인한다.

```
$ az login
```

기본 구독이 되어 있는 ID를 찾을 수 있도록 구독 목록을 조회한다.

```
$ az account list
```

구독 ID를 복사하여 환경 변수에 저장한다.

```
$ export ARM_SUBSCRIPTION_ID="<구독 ID>"
```

명령어는 머신 인증을 설정하여 테라폼이 애저(http://mng.bz/QvPw)에 접근할 수 있다. 예제별로 애저 자원 그룹(http://mng.bz/XZNG)을 생성해야 한다. 자원 그룹을 삭제하여 예제의 모든 인프라 자원을 제거하자.

A.2 파이썬

예제를 실행하기 전에 파이썬을 먼저 내려받아야 한다. 나는 파이썬 3를 사용했다. 파이썬은 파이썬 다운로드 페이지의 패키지 선택 관리자(www.python.org/downloads/)를 사용하는 등 몇 가지 방법으로 설치할 수 있다. 그러나 나는 pyenv(https://github.com/pyenv/pyenv)를 사용해 파이썬을 다운로드하고 버전을 관리한다. pyenv는 필요한 파이썬 버전을 선택하고 파이썬의 venv 라이브러리(https://docs.python.org/3/library/venv.html)를 사용해 가상 환경에 설치한다. 내가 가상 환경을 사용하는 이유는 다양한 파이썬 버전이 필요한 많은 프로젝트를 갖고 있기 때문이다. 프로젝트별로 다른 버전을 동일한 환경에 설치할 경우 헷갈리거나 코드가 망가지기도 한다. 결과적으로 각 프로젝트를 별도의 파이썬 버전과 의존성을 갖는 분리된 개발 환경으로 구축하고자 한다.

A.2.1 파이썬 라이브러리 설치하기

파이썬 3를 개발 혹은 가상 환경에 설치한 후 외부 라이브러리를 설치해야 한다. 코드 A.1은 라이브러리와 의존성이 적힌 requirements.txt라는 텍스트 파일에 패키지 이름과 버전 목록을 작성한다.

코드 A.1 이 책에 필요한 라이브러리 목록이 적힌 requirements.txt 파일

```
apache-libcloud==3.3.1              ❶
google-api-python-client==2.17.0    ❷
google-cloud-billing==1.3.3         ❷
netaddr==0.8.0                      ❸
pytest==6.2.4                       ❹
```

❶ 아파치 립클라우드 라이브러리를 설치한다.
❷ GCP, 파이썬 및 클라우드 청구 클라이언트를 설치한다.
❸ 네트워크 정보를 파싱하는 netaddr을 설치한다.
❹ 파이썬 테스트 프레임워크인 pytest를 설치한다.

예제 저장소는 설치해야 하는 라이브러리 버전을 고정해 주는 requirements.txt 파일을 갖고 있다. 파이썬 개발 환경 CLI에서 파이썬 패키지 설치 명령어 pip로 라이브러리를 설치하자.

```
$ pip install -r requirements.txt
```

일부 예제는 복잡한 자동화나 테스트가 필요하다. 해당 예제는 별도로 가져와야 하는 라이브러리를 참조한다. 좀 더 자세하게 라이브러리 다운로드를 살펴보자.

아파치 립클라우드

아파치 립클라우드^{Apache Libcloud}(https://libcloud.apache.org/)는 클라우드 자원을 생성, 업데이트, 조회, 삭제할 수 있는 파이썬 인터페이스를 제공한다. 라이브러리는 클라우드 서비스 및 제공 업체에 대한 단일 불가지론적 인터페이스를 포함한다. 나는 책 초기에 통합 및 종단 간 테스트 예제 작성 시 해당 라이브러리를 언급했다. 아파치 립클라우드를 코드에서 사용하려면 libcloud 패키지를 가져와서 GCP 연결 드라이버를 설정하면 된다.

코드 A.2 아파치 립클라우드 가져오기

```
from libcloud.compute.types import Provider          ❶
from libcloud.compute.providers import get_driver     ❷

ComputeEngine = get_driver(Provider.GCE)               ❸
driver = ComputeEngine(                                ❹
    credentials.GOOGLE_SERVICE_ACCOUNT,                ❹
    credentials.GOOGLE_SERVICE_ACCOUNT_FILE,           ❹
    project=credentials.GOOGLE_PROJECT,                ❹
    datacenter=credentials.GOOGLE_REGION)              ❹
```

❶ GCP 같은 클라우드 업체 설정을 위한 객체를 가져온다.
❷ 클라우드 업체 드라이버를 초기화하기 위한 함수를 가져온다.
❸ 구글 클라우드에 연결할 드라이버를 설정한다.
❹ 드라이버를 초기화하기 위한 구글 클라우드 API 연결 인증 정보를 전달한다.

나는 테스트에서 구글 클라우드 클라이언트 라이브러리 대신 어느 클라우드에든 접근할 수 있는 통합 API를 제공하는 아파치 립클라우드를 사용했다. 만일 예제를 AWS나 애저에서 사용하도록 바꾸고 싶다면, 클라우드 업체의 드라이버만 변경하면 된다. 테스트는 클라우드 업체의 정보를 읽을 뿐 아파치 립클라우드를 사용해 복잡한 동작을 수행하지 않는다.

> **AWS와 애저에서 사용하기**
>
> 아파치 립클라우드 드라이버를 변경하여 아마존 EC2 드라이버(http://mng.bz/yvQG)를 사용하거나 애저 ARM 연산 드라이버(http://mng.bz/M5B7)를 사용해야 한다.

구글 클라우드용 파이썬 클라이언트

이 책의 후반부는 아파치 립클라우드로 구현하지 않은, 좀 더 정교한 IaC와 테스트를 포함한다. 아파치 립클라우드는 가격 정보와 같은 구글 클라우드 자원의 특정 정보를 가져오는 사용 사례를 지원하지 않는다! 다음 코드는 이런 경우에 대해 특정 구글 클라우드용 클라이언트 라이브러리를 사용한 방법을 보여준다.

코드 A.3 구글 클라이언트 라이브러리 가져오기

```
import googleapiclient.discovery                    ❶
from google.cloud import billing_v1                 ❷
```

❶ 파이썬 구글 클라우드 라이브러리를 가져온다.
❷ 파이썬 구글 클라우드 청구 API 라이브러리를 가져온다.

> **AWS와 애저에서 사용하기**
>
> 파이썬 AWS SDK(https://aws.amazon.com/sdk-for-python/) 또는 애저 라이브러리(http://mng.bz/VMV0)를 가져와서 AWS나 애저용 예제를 생성할 수 있다.

예제는 구글 클라우드가 관리하는 두 라이브러리를 사용한다. 파이썬 구글 클라이언트 라이브러리(http://mng.bz/aJ1z)를 사용하면 많은 구글 클라우드 API에 접근하여 자원을 생성, 조회, 업데이트, 삭제할 수 있다. 그러나 라이브러리로 구글 클라우드 청구 API에 접근할 수는 없다.

따라서 비용을 다루는 12장에서 구글 클라우드가 관리하는 다른 라이브러리를 가져와서 청구 카탈로그 정보를 가져와야 했다. 구글 클라우드 청구 API(http://mng.bz/gwBl)를 사용해 구글 클라우드 서비스 카탈로그 정보를 조회할 수 있다.

IaC가 특정 자원이나 아파치 립클라우드 같은 통합 API에 없는 API를 참조해야 하는 경우, 종종 필요한 정보를 검색하기 위해 별도의 라이브러리를 찾아야 한다. 의존성을 최소화하길 원하지만 모든 라이브러리가 모든 사용 사례를 만족시키지는 못함을 깨달아야 한다. 기존 라이브러리로 자동화를 수행할 수 없다면 다른 라이브러리를 선택하자.

netaddr

5장에서 IP 주소 블록을 수정해야 했다. 정확한 주소를 수학적으로 계산하는 방법도 고려했으나 라이브러리를 사용하기로 결정했다. 파이썬은 내장 IP 주소 라이브러리를 갖고 있으나 라이브러리에는 필요한 기능이 없다. 나는 IP 주소를 계산하는 코드를 작성하는 대신 netaddr(https://netaddr.readthedocs.io/en/latest/)을 설치했다.

파이테스트

이 책의 많은 테스트는 파이썬 테스트 프레임워크인 파이테스트를 사용한다. 파이썬의 unittest 모듈을 사용해 테스트를 작성하고 실행해도 된다. 나는 좀 더 복잡한 테스트 기능 없이 최소한의 인터페이스로 테스트를 작성 및 실행할 수 있다는 점에서 파이테스트를 선호한다. 파이테스트에 대해 더 깊게 설명하는 대신, 테스트에서 사용한 일부 기능과 테스트 실행 방법을 간단하게 설명하겠다.

파이테스트는 'test_' 접두사가 붙은 파이썬 파일을 검색한다. 파일 이름은 파이썬 테스트를 포함하고 있음을 나타낸다. 테스트 함수도 'test_' 접두사를 사용한다. 파이테스트는 접두사를 기반으로 테스트를 선택한 후 실행한다.

이 책의 많은 테스트는 고정 객체를 포함한다. **고정 객체**[test fixture]는 다양한 테스트에서 비교를 위해 사용할 수 있는 이름이나 상수 같은 알려진 객체를 포착한다. 다음 코드는 고정 객체를 사용해 네트워크 속성과 같이 여러 테스트 간에 공통으로 사용되는 객체를 전달한다.

```
import pytest                                                    ❶

@pytest.fixture                                                  ❷
def network():                                                   ❸
    return 'my-network'                                          ❸

def test_configuration_for_network_name(network):               ❸
    assert network == 'my-network', 'Network name does not match expected'   ❹
```

❶ 파이테스트 라이브러리를 가져온다.

❷ 알려진 객체 혹은 고정 객체를 설정한다.

❸ 알려진 네트워크 이름인 'my-network'를 반환하고 첫 번째 테스트에 전달한다.

❹ 네트워크 이름이 예상한 이름과 일치하는지 테스트하고, 일치하지 않으면 테스트에 실패한다. 실패 이유를 설명하는 자세한 오류 메시지를 추가할 수 있다.

테스트의 가장 중요한 부분은 예상값과 실젯값이 일치하는지 검사 혹은 **검증**^{assert}하는 것이다. 파이테스트는 테스트별로 하나의 assert 문을 제안한다. 나는 좀 더 자세하고 유용한 테스트 작성에 도움이 되므로 해당 관행을 따른다. 테스트는 가능한 한 테스트 의도와 결과를 명확하게 설명해야 한다.

파이테스트로 테스트를 실행하려면 테스트 파일이 들어 있는 디렉토리를 전달할 수 있다. 그러나 파이테스트로 읽는 모든 테스트가 절대 경로로 파일을 참조하도록 하자! 예를 들어 4장의 테스트는 외부 JSON 파일을 읽는다. 그 결과 해당 장과 절의 작업 디렉토리를 변경해야한다.

```
$ cd ch05/s02
```

CLI 파이테스트 명령어에 '.'을 전달하여 모든 디렉토리 내 테스트를 실행할 수 있다.

```
$ pytest .
```

파일 이름을 CLI에 전달하여 하나의 파일 테스트만 실행할 수 있다.

```
$ pytest test_network.py
```

이 책의 많은 테스트는 유사한 패턴의 고정 객체와 테스트 문구를 사용한다. 다른 파이테스트 기능에 관한 좀 더 자세한 정보를 원한다면 문서(https://docs.pytest.org)를 검토하자. 예제를 실행하기 위해 pytest나 python main.py 명령어를 실행할 것이다.

A.2.2 파이썬 실행하기

나는 인프라 자원을 각각의 파이썬 파일로 분리했다. 모든 디렉토리는 코드 A.5에 나온 것처럼 main.py를 갖고 있다. 파일은 항상 파이썬 딕셔너리 객체를 JSON 파일로 저장한다. 객체는 테라폼의 인프라 자원 JSON 설정 문맥을 사용해야 한다.

코드 A.5 딕셔너리 객체를 JSON 파일에 저장하는 main.py 파일 예제

```python
import json

if __name__ == "__main__":
    server = ServerFactoryModule(name='hello-world')              ❶
    with open('main.tf.json', 'w') as outfile:                    ❷
        json.dump(server.resources, outfile, sort_keys=True, indent=4)   ❸
```

❶ GCP 서버 파이썬 딕셔너리 객체를 생성한다.
❷ 테라폼과 호환되는 JSON 설정을 갖고 있는 'main.tf.json' 파일을 생성한다.
❸ 서버 딕셔너리 객체를 파일에 쓴다.

터미널에서 파이썬 스크립트를 실행할 수 있다.

```
$ python main.py
```

파일 목록을 출력하면, 이름이 main.tf.json인 신규 JSON 파일을 찾을 수 있다.

```
$ ls
main.py     main.tf.json
```

많은 예제는 별도의 내용이 없는 한 파이썬으로 main.py를 실행해서 main.tf.json 파일을 생성한다. 그러나 일부 예제는 자동화나 테스트를 위해 다른 라이브러리나 코드를 사용한다.

A.3 하시코프 테라폼

python main.py를 실행해서 main.tf.json 파일을 생성한 후, GCP에 자원을 구축해야 한다. .tf.json 파일은 하시코프 테라폼을 통해 GCP 자원을 생성, 조회, 업데이트, 삭제한다.

선택한 패키지 관리자(www.terraform.io/downloads.html)를 통해 테라폼을 내려받고 설치할 수 있다. CLI 명령어로 실행하므로 바이너리 파일을 내려받고 터미널에서 실행할 수 있어야 한다. 테라폼은 작업하는 위치의 .tf나 .tf.json 확장자 파일을 검색하여 파일에 정의한 자원을 생성, 조회, 업데이트, 삭제한다.

A.3.1 JSON 설정 구문

테라폼은 인프라 자원을 생성할 수 있는 다양한 인터페이스를 제공한다. 대부분 인터페이스 문서는 하시코프 설정 언어HCL, HashiCorp Configuration Language라는 DSL을 사용해 클라우드 업체별 인프라 자원을 정의한다. 테라폼에 관해 더 알아보려면 문서(www.terraform.io/docs/index.html)를 참고하자.

이 책의 예제는 HCL을 사용하지 않는다. 대신 테라폼에 특화된 JSON 설정 구문(www.terraform.io/docs/language/syntax/json.html)을 사용한다. 구문은 JSON 형태를 갖는 HCL과 동일한 DSL을 사용한다.

각 main.py는 딕셔너리 객체를 JSON 파일에 저장한다. 코드 A.6은 테라폼 JSON 설정 구문에 맞게 어떻게 딕셔너리 객체를 정의하는지 보여준다. JSON 자원은 테라폼이 정의한 google_compute_instance 자원(http://mng.bz/e71z)을 참조하여 필요한 속성값을 설정한다.

코드 A.6 테라폼 JSON 구문에 맞는 서버용 파이썬 딕셔너리 객체 생성하기

```
terraform_json = {
    'resource': [{                                          ❶
        'google_compute_instance': [{                       ❷
            'my_server': [{                                 ❸
                'allow_stopping_for_update': True
                'boot_disk': [{
                    'initialize_params': [{
                        'image': 'ubuntu-2004-lts'
```

```
            }]
        }],
        'machine_type': 'e2-micro',
        'name': 'my-server',
        'zone': 'us-central1-a',
      }]
    }]
  }]
}
```

❶ 자원 목록을 정의할 것임을 테라폼에게 알린다.
❷ GCP 서버를 생성 및 설정하는 테라폼 자원인 'google_compute_instance'를 정의한다.
❸ 테라폼이 추적할 수 있는 고유 식별자를 정의한다.

> **AWS와 애저에서 사용하기**
>
> AWS의 경우 `aws_instance` 테라폼 자원(http://mng.bz/pOPG)을 사용해 기본 VPC를 참조할 수 있다.
>
> 애저의 경우 가상 네트워크와 서브넷을 생성해야 한다. 이후 `azurerm_linux_virtual_machine` 테라폼 자원(http://mng.bz/Ooxn)을 네트워크 위에 생성하자.

파이썬 딕셔너리를 JSON 파일로 저장하면서 테라폼 JSON 설정 구문으로 바꾼다. 테라폼은 작업하는 위치의 .tf 또는 .tf.json 파일을 참고하여 파일이 정의한 자원을 생성한다. 만일 .tf.json 확장자를 갖지 않는 JSON 파일을 생성하도록 코드를 변경한다면 테라폼은 파일 내 자원을 식별하지 않는다.

A.3.2 상탯값 초기화하기

파이썬을 실행하여 JSON 파일을 생성하면 작업하는 위치에서 테라폼을 초기화해야 한다. 그림 A.2는 상탯값을 초기화하고 인프라 변경 상태를 적용하기 위한 터미널 명령어를 제시한다.

터미널에서 *.tf.json 파일이 위치한 디렉토리로 이동하자. 예를 들어 2.3절의 예제가 있는 디렉토리로 이동한다.

```
$ cd ch02/s03
```

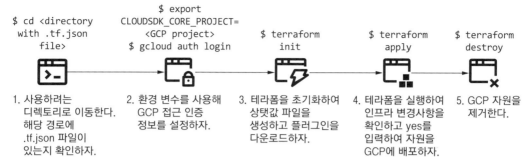

1. 사용하려는
디렉토리로 이동한다.
해당 경로에
.tf.json 파일이
있는지 확인하자.

2. 환경 변수를 사용해
GCP 접근 인증
정보를 설정하자.

3. 테라폼을 초기화하여
상탯값 파일을
생성하고 플러그인을
다운로드하자.

4. 테라폼을 실행하여
인프라 변경사항을
확인하고 yes를
입력하여 자원을
GCP에 배포하자.

5. GCP 자원을
제거한다.

그림 A.2 작업하는 위치에서 테라폼을 사용해 테라폼 초기화 및 자원 배포를 진행하자. 예제를 완료한 후 자원을 제거하자.

터미널에서 테라폼을 초기화한다.

```
$ terraform init
Initializing the backend...

Initializing provider plugins...
- Reusing previous version of hashicorp/google from the dependency lock file
- Using previously-installed hashicorp/google v3.86.0

Terraform has been successfully initialized!

You may now begin working with Terraform. Try running "terraform plan"
➡to see any changes that are required for your infrastructure.
➡All Terraform commands should now work.

If you ever set or change modules or backend configuration
➡for Terraform, rerun this command to reinitialize
➡your working directory. If you forget, other
➡commands will detect it and remind you to do so if necessary.
```

테라폼은 초기화 단계를 실행하여 **backend**라는 도구 상태를 생성하고 플러그인과 모듈을 설치한다. 초기화 단계는 파일 시스템에서 삭제하면 안 되는 일련의 파일을 생성한다. 테라폼 초기화가 끝난 후 디렉토리 파일 목록을 확인해 보면 신규 파일과 일부 숨겨진 파일을 확인할 수 있다.

```
$ ls -al
drwxr-xr-x  .terraform
-rw-r--r--  .terraform.lock.hcl
-rw-r--r--  main.py
-rw-r--r--  main.tf.json
-rw-r--r--  terraform.tfstate
-rw-r--r--  terraform.tfstate.backup
```

테라폼은 도구 상태를 정적 파일에 저장하여 빠르게 인프라 자원에 적용한 변경사항을 조정한다. 테라폼은 로컬 디렉토리, 서버, 아티팩트 저장소, 객체 저장소 또는 다른 장소에 저장한 정적 파일을 참조할 수 있다. 예제는 도구 상태를 terraform.tfstate라는 로컬 파일에 저장한다. 만약 파일을 실수로 삭제한다면 테라폼은 더 이상 관리하는 자원을 인식하지 못한다! 로컬 상태 파일을 제거하거나 예제가 원격 백엔드를 사용하도록 변경하지 않도록 하자. 또한 테라폼이 변경사항을 적용하기 전 도구 상태 백업에 사용하는 terraform.tfstate.backup 파일도 찾을 수 있다.

초기화는 테라폼이 구글과 통신하기 위한 플러그인도 설치한다. 테라폼은 플러그인 시스템을 사용해 엔진을 확장하고 클라우드 업체와 인터페이스한다. AWS 예제는 `terraform init` 명령을 사용해 AWS 플러그인을 자동으로 다운로드한다. 플러그인 또는 모듈은 .terraform 폴더에 내려받는다.

테라폼은 파이썬의 requirements.txt 파일처럼 사용자를 위해 플러그인 버전을 고정한다. .terraform.lock.hcl 파일에서 고정한 플러그인 버전 목록을 찾을 수 있다. 나는 예제 저장소에 .terraform.lock.hcl 파일을 커밋하여 예제 생성 및 테스트 시점에서 설치한 플러그인만 설치하도록 했다.

A.3.3 터미널에서 자격증명 설정하기

대부분의 테라폼 플러그인은 인프라 제공 업체 API의 자격증명을 환경 변수를 통해 조회한다. 일반적으로 GCP 프로젝트 환경 변수를 설정하여 테라폼이 정확한 GCP 프로젝트에 연결할 수 있도록 한다.

```
$ export CLOUDSDK_CORE_PROJECT=<당신의 GCP 프로젝트 ID>
```

나는 gcloud CLI 도구를 사용해 GCP 인증을 받는다. 명령어는 테라폼이 GCP에 접근할 수 있도록 사용자 인증 정보를 자동으로 설정한다.

```
$ gcloud auth login
```

다른 클라우드 제공 업체의 경우 터미널에서 환경 변수를 설정하여 AWS 또는 애저 계정을 인증하는 방법을 추천한다. 변수 설정 방법은 A.1절을 참고하자.

A.3.4 테라폼 적용하기

자격증명을 설정한 후 테라폼을 사용해 드라이 런을 실행하고 인프라 자원을 배포할 수 있다. 터미널에서 terraform apply 명령어를 실행하여 변경사항 배포를 시작할 수 있다.

```
$ terraform apply

Terraform used the selected providers to generate
➡the following execution plan. Resource actions
➡are indicated with the following symbols:
  + create

Terraform will perform the following actions:

  # google_compute_instance.hello-world will be created
  + resource ""google_compute_instance"" ""hello-world"" {"

... 생략 ...

Plan: 1 to add, 0 to change, 0 to destroy.

Do you want to perform these actions?
  Terraform will perform the actions described above.
  Only 'yes' will be accepted to approve.

  Enter a value:"
```

명령이 중지되고 yes를 입력할 때까지 기다린다. 사용자가 변경사항을 검토하고 자원을 추가, 변경 또는 삭제하고 싶은지 확인이 끝날 때까지 기다린다. yes를 입력하기 전에 항상 변경사항을 검토하자!

yes를 입력하면 테라폼이 자원 배포를 시작한다.

```
  Enter a value: yes

google_compute_instance.hello-world: Creating...
google_compute_instance.hello-world:
➥Still creating... [10s elapsed]
google_compute_instance.hello-world:
➥Creation complete after 15s [id=projects/infrastructure-as-code-book/zones
➥/us-central1-a/instances/hello-world]

Apply complete! Resources: 1 added, 0 changed, 0 destroyed."
```

terraform apply 명령어 실행 후 GCP 프로젝트에서 자원을 찾을 수 있다.

A.3.5 자원 정리하기

많은 예제는 중복되는 이름이나 네트워크 CIDR 블록을 사용한다. 각 장과 절 예제가 끝날 때마다 자원을 정리할 것을 추천한다. 테라폼은 terraform destroy 명령어를 사용해 terraform.tfstate에 나열한 모든 자원을 GCP에서 삭제한다. 터미널에서 GCP 또는 인프라 제공 업체 자격증명이 되었는지 확인하자.

terraform destroy 명령어를 실행하면 삭제할 자원 목록이 출력된다. 자원 목록을 검토하여 정말 자원을 삭제할 것인지 확인하자!

```
$ terraform destroy

Terraform used the selected providers to generate
➥the following execution plan. Resource actions
➥are indicated with the following symbols:
  - destroy

Terraform will perform the following actions:

  # google_compute_instance.hello-world will be destroyed

  ... 생략 ...
```

```
Plan: 0 to add, 0 to change, 1 to destroy.

Do you really want to destroy all resources?
  Terraform will destroy all your managed infrastructure,
  ➡as shown above.
  There is no undo. Only 'yes' will be accepted to confirm.

  Enter a value:"
```

삭제할 자원을 검토한 후 명령 프롬프트에 **yes**를 입력한다. 테라폼은 GCP 자원을 삭제할 것이다. 자원 삭제에 시간이 걸리므로 명령어 실행에 몇 분이 걸릴 것이라고 예상하자. 일부 예제는 더 많은 자원을 갖고 있으므로 배포 및 삭제 시간이 더 오래 걸린다.

```
  Enter a value: yes

google_compute_instance.hello-world: Destroying... elapsed]
google_compute_instance.hello-world: Still destroying...
➡[id=projects/infrastructure-as-code-book/zones
➡/us-central1-a/instances/hello-world, 2m10s elapsed]
google_compute_instance.hello-world: Destruction complete after 2m24s

Destroy complete! Resources: 1 destroyed.
```

자원을 삭제한 후 원하는 경우 terraform.tfstate, terraform .tfstate.backup, .terraform 파일을 제거할 수 있다. 클라우드 비용을 줄이기 위해 예제를 완료할 때마다 GCP에서 자원(또는 전체 프로젝트)을 삭제하는 것을 잊지 말자!

부록 B
실습 문제 답안

실습 1.1

조직 내 인프라 스크립트나 설정을 선택하여 IaC 원칙을 준수하는지 평가하자. 해당 스크립트나 설정이 재현성을 촉진하고 멱등성을 사용하며, 결합성에 기여하고 진화 가능성을 용이하게 하는가?

정답

다음 단계를 사용해 설정 스크립트가 IaC 원칙을 따르는지 파악할 수 있다.

- **재현성**: 스크립트나 설정을 복사하여 다른 사람과 공유하고 설정을 수정하거나 변경하지 않고 자원을 생성하도록 요청하자.
- **멱등성**: 스크립트를 여러 번 실행하더라도 인프라 변경이 일어나서는 안 된다.
- **결합성**: 설정 일부를 복사하여 다른 인프라 자원 위에 구축하자.
- **진화 가능성**: 설정에 신규 인프라 자원을 추가하고 해당 자원을 다른 자원에 영향을 주지 않고 변경할 수 있는지 검증하자.

실습 2.1

다음 인프라 설정이 명령형 또는 선언형 방식을 사용하는가?

```
if __name__ == ""__main__"":
    update_packages()
    read_ssh_keys()
    update_users()
    if enable_secure_configuration:
        update_ip_tables()
```

정답

이 코드 스니펫은 인프라 설정 시 **명령형** 방식을 사용한다. 코드는 특정 목표 설정을 선언하는 대신 특정 순서대로 서버를 설정하는 방법을 **단계별로** 정의한다.

실습 2.2

다음 중 불변성 원칙의 혜택을 받는 변경사항은 무엇인가? (해당하는 답을 모두 고르시오.)

    A. IP 주소를 더 작게 갖도록 네트워크 축소하기

    B. 관계형 데이터베이스에 열 추가하기

    C. 기존 DNS 항목에 새 IP 주소 추가하기

    D. 서버 패키지를 하위 호환되지 않는 버전으로 업데이트하기

    E. 인프라 자원을 다른 리전으로 이전하기

정답

정답은 A, D, E다. 각 변경사항은 변경사항을 구현한 신규 자원을 생성할 때 이점을 얻는다. 만약 수동으로 변경을 시도하면 실수로 기존 시스템을 중단시킬 수 있다. 예를 들어, 더 적은 IP 주소를 가진 네트워크로 축소하면 해당 네트워크를 사용하는 자원이 동작하지 않을 수도 있다.

패키지를 하위 호환되지 않는 버전으로 변경하면 버전 변경이 잘못될 경우 서버가 사용자 요청을 처리하는 기능에 영향을 줄 수 있다. 인프라 자원을 다른 리전으로 이전할 때 시간이 걸린다. 모든 클라우드 업체가 이전 리전에 모든 유형의 자원을 지원하는 것은 아니다. 신규

자원을 생성하면 이전과 관련된 문제를 완화하는 데 유용하다. B와 C 항목은 시스템에 영향을 미치지 않고도 가변적으로 변경할 수 있다.

실습 3.1

다음 IaC는 어떤 모듈 패턴을 사용하는가? (해당하는 답을 모두 고르시오.)

```python
if __name__ == """__main__""":
    environment = 'development'
    name = f'{environment}-hello-world'
    cidr_block = '10.0.0.0/16'

    # NetworkModule이 서브넷과 네트워크를 반환한다.
    network = NetworkModule(name, cidr_block)

    # Tags는 태그 리스트를 반환한다.
    tags = TagsModule()

    # ServerModule이 단일 서버를 반환한다.
    server = ServerModule(name, network, tags)"
```

A. 팩토리

B. 싱글톤

C. 프로토타입

D. 빌더

E. 컴포지트

정답

코드형 인프라는 A, C, E를 적용한다. 네트워크 모듈은 컴포지트 패턴을 사용해 서브넷과 네트워크를 구성한다. 태그 모듈은 프로토타입 패턴을 사용해 상탯값 메타데이터를 반환한다. 서버 모듈은 팩토리 패턴을 사용해 이름, 네트워크, 태그에 기반하여 단일 서버를 반환한다.

위의 코드는 싱글톤 또는 빌더 패턴을 사용하지 않는다. 특정 자원을 구축하기 위해 단일 전역 자원이나 내부 로직을 생성하지 않는다.

실습 4.1

다음 IaC에서 데이터베이스가 네트워크에 갖는 의존성을 어떻게 잘 분리할 수 있을까?

```
class Database:
    def __init__(self, name):
        spec = {
            'name': name,
            'settings': {
                'ip_configuration': {
                    'private_network': 'default'
                }
            }
        }
```

A. 이 접근 방식은 데이터베이스와 네트워크를 적절하게 분리한다.

B. 네트워크 ID를 default로 하드코딩하지 않고 변수로 전달한다.

C. 모든 네트워크 속성값을 갖는 NetworkOutput 객체를 구현하고 데이터베이스 모듈에 전달한다.

D. 네트워크 모듈에 함수를 추가하여 네트워크 ID를 데이터베이스 모듈에 푸시한다.

E. 데이터베이스 모듈에 인프라 API를 호출하는 함수를 추가하여 default 네트워크 ID 값을 가져온다.

정답

네트워크 속성을 출력하기 위해 어댑터 패턴(C)을 구현할 수 있다. 데이터베이스는 네트워크 ID 또는 CIDR 블록 등 사용할 네트워크 속성을 선택한다. 이 방식은 의존성 주입 원칙을 가장 잘 준수한다. D는 의존성 역전을 구현하지만 제어 역전을 구현하지는 않는다. E는 의존성 주입을 구현하지만 여전히 네트워크 ID를 하드코딩한다.

실습 6.1

신규 로드 밸런서 모듈 버전이 DNS 설정을 망가뜨리고 있음을 알게 되었다. 팀원이 공용 IP 주소가 아닌 사설 IP 주소를 출력하도록 모듈을 변경했다. 어떻게 해야 모듈이 공용 IP 주소가 필요함을 팀원에게 더 잘 인지시킬 수 있을까?

A. 사설 IP 주소를 사용하는 별도의 로드 밸런서 모듈을 생성한다.

B. 모듈이 사설 및 공용 IP 주소를 모두 출력하는지 확인하기 위해 모듈 계약 테스트를 추가한다.

C. 모듈 문서에 공용 IP 주소가 필요하다는 내용을 추가한다.

D. 모듈에서 통합 테스트를 실행하고 IP 주소가 외부에서 접근 가능한지 검사한다.

정답

새 모듈을 만드는 대신, 팀이 공용 및 사설 IP 주소가 모두 필요함을 기억하는 데 도움이 되는 계약 테스트를 추가할 수 있다(B). 별도의 로드 밸런서 모듈을 만들 수도 있다(A). 그러나 이는 팀이 특정 모듈이 특정 변수를 출력해야 함을 기억하는 데 도움이 되지 않을 수 있다. 모듈 문서를 변경할 경우(C) 팀이 먼저 문서를 읽어야 한다는 것을 기억해야 한다. 통합 테스트의 경우 실행 시 시간 및 재정 비용이 발생할 수 있으나(D) 계약 테스트의 경우 문제를 적절하게 해결할 수 있다.

실습 6.2

애플리케이션이 신규 대기열에 접근할 수 있도록 방화벽 정책을 추가했다. 어떤 테스트를 결합하여 사용하는 것이 가장 팀에게 좋을까?

A. 단위 테스트와 통합 테스트

B. 계약 테스트와 종단 간 테스트

C. 계약 테스트와 통합 테스트

D. 단위 테스트와 종단 간 테스트

정답

가장 가치 있는 두 가지 테스트는 단위 테스트와 종단 간 테스트다(D). 단위 테스트는 추후 누군가가 신규 정책을 제거하지 않도록 보장하는 데 유용하다. 종단 간 테스트는 애플리케이션이 대기열에 성공적으로 접근할 수 있는지 확인한다. 계약 테스트는 방화벽 정책에 대한 입출력값을 테스트할 필요가 없기 때문에 도움이 되지 않는다.

실습 7.1

조직의 표준 인프라 변경사항을 선택하자. 신뢰할 수 있도록 지속적으로 변경사항을 운영 환경에 제공하기 위해서는 무엇이 필요할까? 지속적인 배포를 위해서는? 두 가지 제공 파이프라인에 대한 다이어그램이나 절차를 작성해 보자.

정답

실습을 진행하면서 다음 사항을 고려하자.

- 단위 테스트, 통합 테스트 또는 종단 간 테스트를 진행하는가?
- 어떠한 브랜칭 모델을 사용하는가?
- '회사가 운영 환경에 변경사항을 적용하기 전에 두 명이 승인해야 한다'와 같은 규정 요건을 갖고 있는가?
- 누군가가 변경사항을 적용해야 한다면 어떤 일이 일어나는가?

실습 9.1

다음 코드를 보자.

```
if __name__ == ""__main__"":
    network.build()"
    queue.build(network)
    server.build(network, queue)
    load_balancer.build(server)
    dns.build(load_balancer)
```

대기열은 네트워크에 의존한다. 서버는 네트워크와 대기열에 의존한다. 대기열에 SSL을 적용하기 위해 어떻게 블루-그린 배포를 진행할 수 있을까?

정답

SSL을 적용한 green 대기열을 생성한다. 이후 해당 대기열에 의존하는 green 서버를 구축한다. 그린 서버 애플리케이션이 SSL을 적용한 대기열에 접근할 수 있는지 테스트한다. 테스트를 통과하면 그린 서버를 로드 밸런서에 추가한다. 카나리 배포를 사용해 점진적으로 그린 서버 트래픽을 늘리면서 모든 요청이 성공적으로 수행되는지 확인한다. 이후 이전 서버와 대기열을 제거한다.

그린 서버를 생성하는 대신 기존 서버에서 SSL을 적용한 대기열에 직접 트래픽을 보내도 된다. 그러나 해당 방법으로는 카나리 배포를 진행할 수 없다. 이 경우 서버 설정을 변경하여 신규 대기열과 직접 통신한다.

실습 10.1

다음 코드에 대해 어떤 자원 순서로 리팩토링을 진행하여 모노리스를 해체하겠는가?

```python
if __name__ == "__main__":
    zones = ['us-west1-a', 'us-west1-b', 'us-west1-c']
    project.build()
    network.build(project)
    for zone in zones:
        subnet.build(project, network, zone)
    database.build(project, network)
    for zone in zones:
        server.build(project, network, zone)
    load_balancer.build(project, network)
    dns.build()
```

A. DNS, 로드 밸런서, 서버, 데이터베이스, 네트워크 + 서브넷, 프로젝트

B. 로드 밸런서 + DNS, 데이터베이스, 서버, 네트워크 + 서브넷, 프로젝트

C. 프로젝트, 네트워크 + 서브넷, 서버, 데이터베이스, 로드 밸런서 + DNS

D. 데이터베이스, 로드 밸런서 + DNS, 서버, 네트워크 + 서브넷, 프로젝트

정답

가장 위험도가 낮은 DNS부터 시작하여 로드 밸런서, 대기열, 데이터베이스, 서버, 네트워크와 서브넷, 프로젝트 순으로 리팩토링을 진행한다(A). DNS가 가장 최상위 의존성이며 로드 밸런서로부터 분리하여 진화할 수 있다. 로드 밸런서의 경우 프로젝트와 네트워크 속성에 의존한다. 이후 서버, 데이터베이스, 네트워크, 프로젝트 순으로 리팩토링을 진행하자.

서버를 데이터베이스보다 먼저 리팩토링하는 이유는 서버는 직접적으로 데이터를 관리하지 않고 데이터베이스에 의존만 하기 때문이다. 데이터베이스를 리팩토링할 수 있다는 자신감이 없더라도, 적어도 서버를 모노리스에서 분리했다! 데이터베이스는 네트워크, 프로젝트와 함께 모노리스에 놔둬도 된다. 모노리스에서 자원 무리를 제거하는 리팩토링은 시스템을 확장 가능하게 한다.

실습 11.1

팀이 애플리케이션이 더 이상 다른 애플리케이션과 통신할 수 없다고 보고한다. 애플리케이션은 지난주까지는 동작했으나 월요일부터 요청이 계속 실패하고 있다. 팀은 애플리케이션을 변경하지 않아서 방화벽 정책이 원인인 것 같다고 의심한다. 문제를 해결하기 위해 어떠한 단계를 수행할 수 있을까? (해당하는 답을 모두 고르시오.)

- **A.** 클라우드 업체에 로그인하여 애플리케이션 방화벽 정책을 확인한다.
- **B.** 신규 인프라와 애플리케이션을 그린 환경에 배포하여 테스트한다.
- **C.** 애플리케이션 IaC에서 변경사항을 확인한다.
- **D.** IaC 방화벽 정책을 클라우드 업체의 방화벽 정책과 비교한다.
- **E.** 방화벽 정책을 수정하고 애플리케이션 간 모든 트래픽을 허용한다.

정답

정답은 A, C, D다. 방화벽 정책에 드리프트가 존재하는지 확인하여 문제를 해결할 수 있다. 만일 드리프트가 없다면, 애플리케이션을 실행하는 IaC를 확인하여 다른 차이점이 있는지 확인할 수 있다. 문제 해결의 관점에서는 테스트를 위해 신규 환경을 구축하거나 애플리케이션 간 모든 트래픽을 허용할 필요는 없다.

실습 12.1

다음 코드에 대해 옳은 문장은 무엇인가? (해당하는 답을 모두 고르시오.)

```
HOURS_IN_MONTH = 730
MONTHLY_BUDGET = 5000
DATABASE_COST_PER_HOUR = 5
```

```
NUM_DATABASES = 2
BUFFER = 0.1

def test_monthly_budget_not_exceeded():
    total = HOURS_IN_MONTH * NUM_DATABASES * DATABASE_COST_PER_HOUR
    assert total < MONTHLY_BUDGET + MONTHLY_BUDGET * BUFFER
```

   A. 데이터베이스 비용이 예산을 초과하지 않으므로 테스트를 통과할 것이다.

   B. 테스트는 데이터베이스 월 사용 비용을 추정한다.

   C. 테스트는 다른 데이터베이스 유형을 고려하지 않는다.

   D. 테스트는 데이터베이스 인스턴스별 월 사용 비용을 계산한다.

   E. 테스트는 예외 처리 가능 정책의 일환으로 10%의 비용 초과가 가능하다.

정답

정답은 B, C, E다. 데이터베이스의 총 월 추정 비용은 $7,300이고, 완충 비용을 포함한 월 예산은 $5,500이므로 테스트는 실패한다. 테스트는 데이터베이스 유형을 고려하지 않고 데이터베이스 인스턴스당 월 사용 비용을 계산한다. 비용은 시간당 비용과 데이터베이스 개수에 기반하여 산정한다. 10%의 완충 비용을 추가함으로써 예산에 대한 일부 예외 처리를 진행한다. 예산 내에서 지불할 수 있는 적은 비용의 변경사항은 변경사항을 운영 환경에 배포할 때 발생할 수 있는 갈등을 줄이지만 주요 변경사항을 표시한다.

실습 12.2

서버 3대가 있다고 가정해 보자. 서버 사용량을 검사하고 다음 사항을 확인한다.

- 최소 트래픽에 대응하기 위해 서버 1대가 필요하다.
- 최대 트래픽에 대응하기 위해 서버 3대가 필요하다.
- 서버는 트래픽을 일주일 내내 하루 24시간씩 처리한다.

다음 달 서버 비용을 최적화하기 위해 어떤 조치를 취할 수 있는가?

   A. 주말에는 자원을 정지하는 배치 작업을 등록한다.

   B. 메모리 사용량에 기반하여 서버를 확장할 수 있는 오토스케일링 정책을 추가한다.

C. 모든 서버의 만료 기한을 3시간으로 설정한다.

D. 더 작은 CPU와 메모리를 사용하도록 서버 머신 유형을 변경한다.

E. 애플리케이션을 컨테이너로 이전하고 서버에 더 촘촘하게 패키징한다.

정답

메모리 사용량에 기반한 오토스케일링 정책을 추가할 수 있다(B). 주말에도 최소 한 대의 서버가 필요하므로 서버를 정지할 수는 없다. 만료 기한을 설정하거나 서버 크기를 줄이는 것은 비용 최적화에 도움이 되지 않는다. 애플리케이션을 컨테이너로 이전하는 것은 장기적인 해결책으로, 다음 달 비용을 최적화하는 데는 도움이 되지 않는다.

찾아보기

파이썬과 테라폼으로 알아보는
코드형 인프라의 패턴과 실무

발 행 | 2025년 2월 17일

지은이 | 로즈마리 왕
옮긴이 | 이 국 성 · 김 찬 규

펴낸이 | 옥 경 석
편집장 | 황 영 주
편 집 | 임 지 원
　　　　임 승 경
디자인 | 윤 서 빈

에이콘출판주식회사
서울특별시 양천구 국회대로 287 (목동)
전화 02-2653-7600, 팩스 02-2653-0433
www.acornpub.co.kr / editor@acornpub.co.kr

책값은 뒤표지에 있습니다.

재현성	멱등성	결합성	진화 가능성
동일한 설정을 사용해 환경 또는 인프라 자원을 재현할 수 있는가?	현재 상탯값을 변경하지 않으면서 인프라 자동화를 반복 수행할 수 있는가?	신규 시스템 구축 없이 인프라 자원을 모으거나 결합할 수 있는가?	전체 시스템에 미치는 장애를 최소화하면서 인프라를 변경할 수 있는가?

개발 환경 설정

설정을 복사하여 동일한 인프라 자원을 생성할 수 있다.

운영 환경 설정

다음을 실행한다.
- □ 1단계
- □ 2단계
- □ 3단계

수행 시 동일한 상탯값을 얻는다.

1단계를 실행했다고 가정할 때 다음을 실행한다.
- □ 2단계
- □ 3단계

시스템에 쉽게 캐시를 추가할 수 있다.

컨테이너 오케스트레이터

가상 머신 | 캐시

네트워크

데이터베이스를 교체하면서도 애플리케이션 장애를 최소화할 수 있다.

애플리케이션

관계형 데이터베이스 ← NoSQL 데이터베이스

네트워크

코드형 인프라 원칙은 재현성, 멱등성, 결합성, 진화 가능성을 포함한다. 각 원칙은 코드형 인프라 사용 시 확장과 성장을 돕는다.